Richtung Amselfeld. Von den südl. Küstenstädten aus führte eine Route über Sveti Srđ und →Skutari, dem →Drim folgend, nach →Prizren. Vrbas, Bosna und →Drina erlaubten von N her den besten Zugang nach Bosnien und Serbien. M. Blagojević

Lit.: C. Jireček, Die Heers. von Belgrad nach Constantinopel und die Balkanpässe, 1877 – Ders., Die Handelss.en und Bergwerke von Serbien und Bosnien während des MA, AAP VI. Folge, 10. Bd. Cl. für Philos., Gesch. und Philologie, Nr. 2, 1879 – P. Mutafčiev, Starijat drum prez Trajanova vrata, Spisanie 55, 1937, 19–148 – M. Dinić, Dubrovačka srednjovekovna karavanska trgovina, Jugoslovenski istorijski časopis III, 1937, 119–146 [Srpske zemlje u srednjem veku, 1978, 305–330] – D. Kovačević, Trgovina u srednjovjekovnoj Bosni, Djela Naučnog društva BiH XX, knj. XVIII, 1961 – G. Škrivanić, Putevi u srednjovekovnoj Srbiji, 1974 – Lj. Maksimović, Srbija i pravci vizantijskih pohoda u XII veku, ZRVI 22, 1983, 7–20.

III. Byzantinischer Bereich: ὁδός oder auch wie die Post (cursus publicus) (δημόσιος) δρόμος, στράτα, μονοπάτιον. Es wurde unterschieden zw. ksl. ('basilikai hodoi') und staatl. ('demiosiai', 'demiosiakai hodoi') S.n sowie verschiedenen Arten wie große, kleine, enge, alte, solche für den allg. Verkehr ('katholikai'), für den Holztransport ('xylophorikai') oder für den Karrenverkehr ('hamaxegai'). Lokale Pflasterwege von Ort zu Ort oder Kl. zu Kl. hießen στράτα; sie sind bes. auf dem →Athos und den Ägaischen Inseln (wie z. B. in Siphnos) noch gut erhalten. Für den Unterhalt der Ferns.n war wohl auch der 'Logothetes tu dromu' zuständig (→Post), dem in den Provinzen ein Chartularios tu dromu (durch ein Siegel bekannt für das →Thema Charsianon) unterstand. In spätbyz. Zeit sind der S.nbau und die S.ninstandhaltung immer mehr Lokalangelegenheit, wie urkdl. bezeugte Befreiungen von der hodostrosia bezeugen.

Byz. S.n sind u. a. durch →Brücken, →Gasthäuser/ Mansiones/Mutationes – sie werden in der Zeit der →Selğuqen oft zu Karavansarays (→Karawanserei) –, Meilensteine und S.nfestungen nachzuweisen. Manchmal sind aber auch längere, oft gepflasterte Partien erhalten oder bezeugt, so am Euphrat-Limes, in →Kilikien (die Via Tauri durch die Kilik. Pforten/Pylai Kilikiai nördl. v. Tarsos bei Bayramlı, heute Sağlıklı oder die S. von Korykos nach Cambazlı), in Pamphylien (die Via Sebaste durch den Döşemeboğazı-Paß von Attaleia/→Antalya nach Pisidien), in N-Syrien die S. zw. Antiocheia und Berroia/ Aleppo (Bāb el-Hawāʾ) und in Palästina die S. zw. Ioppe/ Jaffa und Jerusalem. Viele byz. Ruinenstätten, v. a. in Syrien (*Villes mortes* in NW-Syrien, Hauran in S-Syrien), in Jordanien (Gerasa), in der Kyrenaika/Lybien (Kyrene und Apollonia), in Griechenland →Mistra, Palaichora auf Aigina oder das Kastro auf Siphnos und deren Nachfolgeorte, allen voran →Konstantinopel, →Thessalonike oder →Nikaia, bewahren oder tradieren noch das alte S.nnetz, oft mit der alten S.npflasterung.

Nachrichten über das byz. S.nnetz liefern uns v. a. die →Itinerare, von denen das Itinerarium Burdigalense oder Hierosolymitanum (333 n. Chr.), das mit großer Genauigkeit den Pilgerweg von Burdigala (→Bordeaux) nach →Jerusalem (Hierosolyma) beschreibt, und die →Tabula Peutingeriana (5. Jh. n. Chr.) hervorzuheben sind. Manche Details bieten auch die Pilger- und Kreuzzugslit. sowie die Berichte über die byz. Feldzüge. Details über den frühbyz. S.nbau erfahren wir aus »De aedificiis« des →Prokopios v. Kaisareia und Brief 98 des Ks.s →Julianus Apostata. Das byz. S.nsystem basierte zwar auf dem röm., war aber nun auf Byzanz/Konstantinopel/Nea Rome ausgerichtet, das zur Drehscheibe wurde. Für den Wagenverkehr waren die byz. S.n freil. nicht mehr geeignet; primitive Karrentransporte konnten jedoch wie auch heute noch (für die Feldarbeit) auf den alten S.n durchgeführt werden.

Aus Europa führten zwei wichtige S.n nach Konstantinopel, die »Heers.« durch den Balkan über Singidunum (→Belgrad), Naissus (→Niš), Serdica (→Sofia) und →Adrianopel (Edirne) und die Via Egnatia von →Dyrrhachion (mit Anschluß an Italien) über →Ohrid und Thessalonike, wo eine S. aus den südlicheren (griech.) Gebieten – die Byzantiner nennen diese κατωτικὰ μέρη – einmündete, die von Athen (mit Anschluß an die Peloponnes/→Morea) durch die Thermopylen (byz. Skelos) und das Tempe-Tal hochzog.

Von Konstantinopel führte eine Diagonals. durch Kleinasien über Nikaia, →Dorylaion, →Ankara, Koloneia (Aksaray) und durch die Pylai Kilikiai nach Kilikien, Syrien, Mesopotamien und Palästina. Dorylaion und Koloneia sind auch als ἄπληκτα (Truppensammelpunkte) bekannt. Eine Variante dieser Route bog in Dorylaion nach Süden ab und erreichte über Konya die Pylai Kilikiai (1. →Kreuzzug) oder durch das Tal des Kalykadnos/Saleph die kleinasiat. S-Küste (3. →Kreuzzug: Tod von Ks. Friedrich Barbarossa im Saleph).

Eine andere Route führte von Konstantinopel in südl. Richtung über Nikaia, →Pergamon und →Laodikeia am Lykos nach Antalya (auch 2. →Kreuzzug), eine dritte über Ankara oder →Kastamonu nach →Trapezunt. Antalya und Trapezunt sind als wichtige Orient-Außenhäfen für Konstantinopel beim arab. Geographen →Ibn Ḥauqal (10. Jh.) überliefert, der wie Ibn Ḥordaḏbeh (9. Jh.) und →al-Idrīsī (12. Jh.) wichtige Details zum byz. S.nsystem beisteuert. Antalya und Trapezunt wiederum waren durch eine SW-NO-Diagonals. durch Kleinasien miteinander verbunden, deren Abschnitt Ikonion/Konya-Kaisareia/ →Kayseri-Sebasteia/→Sivas zum »Ulu Yol«, dem »Großen Weg«, auch bezeugt durch zahlreiche monumentale Karawansereien, im Reich der →Selğuqen des 12./13. Jh. wurde. Von Lajazzo (→Ayas) in Kilikien führte eine weitere S. über Sivas nach Trapezunt; sie ist im Kaufmannsbuch →Pegolottis bezeugt und wurde auch von Marco →Polo auf dem Weg nach →China benutzt. F. Hild

Lit.: C. Jireček, Die Heerstraße von Belgrad nach Constantinopel und die Balkanpässe, 1877 – Ph. Koukoulés, Βυζαντινῶνβίος καὶ πολιτιομός, IV, 1951, 318–341 – Th. Pekáry, Unters. zu den röm. S.n, 1968 – D. Claude, Die byz. Stadt im 6. Jh., 1969 – R. Chevallier, Les voies romaines, 1972 – Tabula Imperii Byzantini I–VII, 1976–90 – F. Hild, Das byz. S.nsystem in Kappadokien, 1977 – Dict. of the MA X, 1988, 422–425 – Oxford Dict. of Byzantium, 1991, 131, 324f., 662, 679, 1798 – D. H. French, A Road Problem: Roman or Byzantine?, Istanbuler Mitt. 43, 1993, 445–454 – E. Malamut, Sur la route des saints byz., 1993 – A. Külzer, Peregrinatio graeca in Terram Sanctam, 1994.

IV. Osmanischer Bereich: Das osman. *Überlandstraßennetz* setzte die ma. Verhältnisse fort. →Konstantinopel war Ausgangs- und Zielpunkt der großen Marschrouten und Pilgers.n nach Iran (wechselnder Verlauf der Nordroute über →Ankara, →Amasya, Erzurum), Syrien (über →Konya und Adana) und Südosteuropa. Ab dem frühen 16. Jh. existieren Feldzugsitinerare (Selîm I.), Pilgerberichte und andere Q., die eine vollständige Rekonstruktion erlauben. Die Osmanen nutzten v. a. in Zentralanatolien die aus der Zeit der →Selğuqen überkommenen Verkehrsbauten (→Brücke, →Karawanserei), während sie im W Anatoliens und auf der Balkanhalbinsel häufiger Neubauten in Form von Sultans- und Wesirstiftungen anlegten. Beispiele sind eine Brücke Sultan →Murâds I. in Ankara (1375/76) und die thrak. Flußübergänge bei Filibe (→Philippopel) von Lala

Uzunköprü (1433/34). Ihrem Schutz dienten einfache Forts (*palanka*). Pässe und Brückenköpfe (*derbent*) wurden von steuerlich entlasteten *voynuks* bewacht. Der Unterhalt des Pflasters (*kaldırım*) oblag einer eigenen Berufsgruppe.

Innerstädtische Wege genügten dem Verkehr von Fußgängern und Tragtieren. Archivdokumente unterscheiden grundsätzl. zw. öffentl. und privaten S.n. Die nichtplanmäßige Auffüllung der Innenflächen von Baublöcken dürfte für die Entstehung des »oriental.« Sackgassensystems verantwortl. sein. Gelegentl. wurden Kapitalerträge aus Stiftungen für den Unterhalt von S.n innerhalb der Wohnviertel bestimmt.   K. Kreiser

Lit.: Taeschner, Wegenetz – C. Orhonlu, Meslekî bir teşekkül olarak kaldırımcılık ve Osmanlı şehir yolları hakkında düşünceler (Güney-Doğu Avrupa Araştırmaları Dergisi 1, 1972), 93–138 – O. Zirojević, Carigradski drum od Beograda do Budima u XVI u XVII veku, 1976.

Strategika → Taktika

Strategopulos, Alexios, byz. Heerführer, Geburtsdatum unbekannt, † zw. Dez. 1270 und 1275; entstammte einer Familie, die erstmals im Ksr. v. →Nikaia begegnet (1216), tauchte 1252 im Heer auf, verlor aber unter →Theodor II. seine Stelle, weswegen er sich →Michael VIII. zuwandte und sich bes. in der Schlacht v. →Pelagonia (1259) und den darauffolgenden Eroberungen hervortat, was ihm den Titel eines Kaisar (→Caesar, II) einbrachte. 1261 beauftragt, die Lateiner in →Konstantinopel zu überwachen, gelang ihm in der Nacht vom 24. auf den 25. Juli die überraschende Einnahme der Kaiserstadt, die er bis zur Ankunft des Ks.s (14. Aug.) verwaltete. Zum Dank erhielt er einen Triumphzug und eine einjährige Kommemoration in den Gottesdiensten. Schon 1261 wurde er bei einem Feldzug in Epiros gefangengenommen und erst ein Jahr später gegen Anna-Konstanze v. Hohenstaufen ausgetauscht. Er war verheiratet mit einer Tochter von →Johannes III. Dukas Vatatzes; sein (einziger?) Sohn (Konstantin) wurde (1255) von Theodor II. geblendet. Nachkommen sind in hohen Stellungen bis zum Ende des Byz. Reiches bekannt.   P. Schreiner

Lit.: PLP, Nr. 26894 – Oxford Dict. of Byzantium, 1991, 1963f.

Strategos, bis ins 7. Jh. in antiker Tradition Bezeichnung für den Heerführer, wird mit der Schaffung der →Themen Berufsbezeichnung für den Gouverneur, der militär. und zivile Aufgaben innehat, auf Zeit ernannt und auch versetzbar ist. Mit dem Niedergang der Themenordnung in der 2. Hälfte des 11. Jh. übernimmt in regional kleineren Bereichen der →Dux oder →Katepan dessen militär. Aufgaben, während für die Führung von Kriegszügen wiederum der S. begegnet, oft in der Person von Mitgliedern des Ks.hauses oder der führenden Familien, während der Oberbefehlshaber die Bezeichnung S. αὐτοκράτωρ trägt. Diese Formen werden auch in spätbyz. Zeit weitergeführt.   P. Schreiner

Lit.: A. Hohlweg, Beitr. zur Verwaltungsgesch. des Oström. Reiches und der Komnenen, 1965, bes. 118–122 – Lj. Maksimović, The Byz. Provincial Administration under the Palaiologoi, 1988 – H.-G. Kühn, Die byz. Armee im 10. und 11. Jh., 1991 [Index] – Oxford Dict. of Byzantium, 1991, 1964 – W. Treadgold, Byzantium and its Army, 1995 [Ind.].

Stratford, John of, Bf. v. →Winchester seit 20. Juni 1323, Ebf. v. →Canterbury seit 26. Nov. 1333, * wahrscheinl. um 1275/80 in Stratford, † 23. Aug. 1348; 1312 Doktor für Zivilrecht in Oxford, im Dienst der Prioren v. Worcester, 1315 Proktor des Bf.s Maidstone am Court of →Canterbury, 1317 Offizial der Diöz. Lincoln, 1317 Mitglied des kgl. Rats und 1318–20 des Parlaments. Er hielt sich in diplomat. Mission in Frankreich und an der päpstl. Kurie

bis 1325 auf. 1326 schloß er sich Kgn. →Isabella an, fungierte 1326–27 als Schatzmeister und spielte eine bedeutende Rolle bei der Absetzung Eduards II. Doch schloß er sich den Lancastrians an, die den Sturz von Roger →Mortimer herbeiführten. Kanzler war er 1330–34, 1335–37 und 1340. Als Eduard III. 1340 in Frankreich war, führte er in England die Regierung, wurde aber im »Libellus famosus« heftig angeklagt. Er erlangte zwar wieder die Gunst des Kg.s, spielte aber bis zu seinem Tod keine bedeutende polit. Rolle mehr. J. of S. war ein Verteidiger der kirchl. Freiheiten, er veröffentlichte 1342 Provinzialstatuten und Verordnungen für den Court of Canterbury.   R. M. Haines

Q. und Lit.: BRUO III, 1796–1798 – R. M. Haines, Archbishop S., 1986.

Stratford-on-Avon, mittelengl. Stadt in Warwickshire an einem seit röm. Zeit genutzten Übergang über den Avon. Der dem Bf. v. →Worcester unterstehende *manor* gewann nach der norm. Eroberung erhebl. an Bedeutung; lag sein steuertechn. Wert 1066 noch bei £5, so verzeichnet das →Domesday Book für 1086 einen Gesamtwert von £25. Gleichzeitig notiert die Q. 29 steuerpflichtige Einwohner (aber keine *burgesses*), was auf eine Gesamtzahl von rund 120 Bewohnern deutet. Durch die bewußte Ansiedlungspolitik des Bf.s John de Coutance (1196–98), der von Kg. Richard I. 1196 das Marktrecht für S. erhielt, hatte sich deren Zahl zu Ausgang des 12. Jh. fast verdreifacht; die Q. dokumentieren dabei einen außergewöhnl. weiten Migrationsradius. Die Ansiedlungspolitik wurde unter Johns Nachfolgern fortgeführt. Obgleich S. erst im 16. Jh. Stadtrecht erhielt, ist der Ort ein Beispiel für eine wirtschaftl. erfolgreiche Marktortplanung.   B. Brodt

Q. und Lit.: E. M. Carus-Wilson, The First Half-Century of the Borough of S., EconHR 18, 1965.

Strathclyde, Tal (gäl. *srath*, altwalis. *istrat*) des Flusses Clyde, war vom 6. bis zum 11. Jh. eines der selbständigen Kgr.e im n. Britannien. Es erstreckte sich vom n. Rand des Loch Lomond bis zum Solway Firth. Die andere, nicht völlig synonyme Bezeichnung für S., Cumbria, umschließt ein größeres Gebiet, das im S so weit reichte wie die späteren engl. Gft.en →Cumberland, →Westmorland und das n. →Lancashire. N. von Solway wies das Kgr. S. eine Kontinuität mit dem Gebiet der brit. Stämme auf, die von den röm. Schriftstellern als Damnonii (→Dumnonii; Zentrum: Dumbarton), Novantae (heute Galloway) und teilweise auch als Selgovae (Dumfriesshire und Roxburghshire) bezeichnet wurden. Zu den ersten Vorgängern (5. Jh.) der hist. Kg.e v. S. gehörte wohl Coroticus (Ceredig), an den der hl. →Patrick einen tadelnden Brief adressierte; doch der erste Kg., der hist. faßbar wird, ist Tudwal, Vater von Rhydderch (Rodericus) »the Liberal«. Rhydderch starb wohl um 614. Nach →Adamnanus v. Hy zählte er zu den Freunden des hl. →Columba. Doch war er auch mit dem hl. Kentigern (→Mungo) befreundet. Rhydderch hat wohl Krieg gegen die Angeln geführt, die bereits im sö. Schottland und im nö. England eingedrungen waren und sich dort angesiedelt hatten. Wahrscheinl. ist er in Partick (jetzt ein Teil von →Glasgow) gestorben. Die Nachfolge der Kg.e in männl. Linie kann von Rhydderchs zweitem Cousin Beli († um 627) bis zu Ywain (Ewan oder Owen) verfolgt werden, der Kg. v. S. oder Cumbria im frühen 11. Jh. war. Nach einer im allg. zuverlässigen Q. beteiligte sich Ywain an der Schlacht v. →Carham-on-Tweed zw. dem scot. Kg. Malcolm II. und den Northumbriern unter Earl Eadwulf. Obwohl er auf der Seite der Sieger kämpfte, verlor Ywain, von dem bekannt ist, daß er um diese Zeit starb, wahrscheinl. sein Leben in der Schlacht. Er gilt als letzter der brit. Kg.e v. S., aber das Kgr. bestand weiter, bis sein schott. Herrscher Duncan I. 1040 von Macbeth getötet wurde. Als selbständige polit. Einheit überdauerte S. bis 1124, als David, der jüngste Sohn von Malcolm III., seinem Bruder Alexander I. als Kg. v. Schottland folgte. 1107–24 herrschte David als princeps in S. (allg. als Cumbria bekannt), ein tatsächl. Nachfolger der alten Kg.sdynastie. Außerdem waren vielleicht ein gewisser Donald, Sohn von Ewan, und dessen Sohn Ewan, die Mitte des 12. Jh. in S. einige Bedeutung erlangten, Nachkommen der früheren Kg.e. 1092 verleibte Wilhelm II. Rufus, Kg. v. England, Cumberland und Westmorland gewaltsam seinem Kgr. ein. Und obwohl David I. 1136 dieses Territorium für Schottland zurückgewann, wurde es schließlich von Heinrich II. 1157 endgültig in England eingefügt.　　　G. W. S. Barrow

Lit.: →Cumberland – A. MACQUARRIE, The Kings of S. (Medieval Scotland: Crown, Lordship and Community, hg. A. GRANT–K. J. STRINGER, 1993), 1–19.

Strathearn, eine der alten Provinzen (und →Earldoms) von →Schottland, die das Flußtal (*strath*) des Earn umfaßte, aber auch das Gebiet bis Dunblane in der Nähe von →Stirling einschloß. Sie bildete das Kernland des pikt. Kgr.es ('Fortriu'; →Pikten) vor ca. 850, mit den kgl. Residenzen in Dunning und Forteviot. Eine Dynastie der Earls kann seit etwa 1124 nachgewiesen werden und vererbte sich bis 1344 vom Vater auf den Sohn. 1357 wurde das Earldom an Robert übertragen, den 7. erbl. →Steward oder Stewart, der 1371 als Robert II. den Thron bestieg, anschließend ging die Nachfolge an einen jüngeren Sohn über. Traditionellerweise spielte der Earl of S. die führende Rolle bei der Einsetzungszeremonie der Kg.e v. Schottland in →Scone. 1160 war Earl Ferteth Führer der schott. Earls, die in Perth gegen die Teilnahme Kg. Malcolms IV. an dem Feldzug Kg. Heinrichs II. v. England nach Toulouse (1159) protestierten. Sein Sohn, Earl Gilbert (1171–1223), der viele Jahre als kgl. Justitiar diente, gründete um 1200 die Augustinerabtei Inchaffray. Die Earls v. S. waren Patrone des kleinen Bm.s Dunblane. Ihre wichtigsten Residenzorte scheinen Dunning und Crieff gewesen zu sein, doch wurde im Earldom keine bedeutende Burg vor dem 14. Jh. errichtet.　　　G. W. S. Barrow

Q. und Lit.: Charters etc. Relating to the Abbey of Inchaffray, ed. W. A. LINDSAY, J. DOWDEN, J. M. THOMSON (Scottish Hist. Society, 1908).

Stratiot (gr. στρατιώτης), in allen Epochen gebräuchlichster Terminus im Griech. zur Bezeichnung eines Soldaten (→Heer, B. I). Dem Bedeutungswandel unterliegend, war das Wort zumeist ein terminus technicus. In Byzanz kristallisieren sich zwei engere Bedeutungen heraus: 1. In der höchsten Blütezeit (Ende 8. bis 10. Jh.) der Themenverfassung (→Thema) hatten S.en relativ kleine Landgüter (Mindestwert von zwei bis fünf Goldpfund, je nach Zeit und Art des S.en), die sog. Stratiotengüter (στρατιωτικὰ κτήματα) des 10. Jh., inne. Aus diesem Erbbesitz zog der S. den größten Teil seines Unterhaltes und finanzierte seine Bewaffnung, unabhängig davon, ob er selbst oder sein Bevollmächtigter (στρατευόμενος) den Militärdienst (στρατεία) leistete. Auch konnte eine Gruppe verarmter S.en sich zusammenschließen, um gemeinsam einen Soldaten auszurüsten. Obwohl nicht offiziell aufgehoben, verkümmerte das System in der 2. Hälfte des 10. Jh. – 2. In der spätbyz. Zeit (vom 12. Jh. an) bezeichnet das Wort S. zumeist den Inhaber einer →Pronoia. Mit dieser zusammen wurden auch abhängige Bauern-Paroiken übertragen, ohne daß dadurch Eigentumsrechte begründet wur-

den. Seit Ende des 13. Jh. konnte der S. durch Übernahme und Erneuerung des väterl. Vertrages die Pronoia faktisch erben. Solche S.en gehörten unabhängig von deutl. Vermögensunterschieden zur Aristokratenschicht. Seit Anfang des 14. Jh. findet man diese Art der S.en auch in Serbien.　　　Lj. Makismović

Lit.: zu 1: OSTROGORSKY, Geschichte³ [mit älterer Lit.] – J. HALDON, Recruitment and Conscription in the Byz. Army, 1979 – P. LEMERLE, The Agrarian Hist. of Byzantium from the Origins to the Twelfth Cent., 1979 – R. J. LILIE, Die zweihundertjährige Reform, BSl 45, 1984, 27–39, 190–201 – M. GRIGORIOU-IOANNIDOU, Stratologia kai engia stratiotiki idioktisia sto Vizandio, 1989 – DIES., Les biens militaires et le recrutement en Byzance, Βυζαντιακά, 12, 1992, 217–226 – M. KAPLAN, Les hommes et la terre à Byzance du VIᶜ au XIᶜ s., 1992 – J. HALDON, Military Service, Military Lands and the Status of Soldiers, DOP 47, 1993, 1–67 – *zu 2:* →Pronoia.

Strator → Marschall

Straubing. [1] *Stadt:* S. liegt im altbesiedelten, reichen Donaugau, am Flußübergang der Straße in den Bayer. Wald. Am Römerlager bei Alt-St. Peter entstand im 5. Jh. eine germ. Siedlung, deren Reihengräber für die Erforschung der bayer. Stammesbildung wichtig sind. S. wurde zu einem präurbanen Zentralort mit roman. Peterskirche und Petersmarkt des Domkapitels v. →Augsburg (seit 1029). 1228 gründete der bayer. Hzg. die Neustadt S. – wiederum auf Augsburger Domkapitelsgut – in einer Zeit, in der die benachbarten Gf.en v. →Bogen ausstarben. Die Donau- und Brückenstadt entwickelte sich rasch, Bürgerkämpfe vollzogen sich weniger mit dem Hzg. als mit dem Domkapitel. Trotz des Stürmens der Judensiedlung 1338 sind später Juden in S. bezeugt. Im 14./15. Jh. entwickelte sich ein reiches Gewerbe und Patriziat. S., das stets auch für den hzgl. Stadtherrn wichtig war, erhielt wertvolle hzgl. Privilegien. 1356 begann Hzg. Albrecht mit dem Bau des Schlosses (Residenz), dazu brachte er 1368 die Karmeliten nach S., deren Kl.kirche fsl. →Grablege wurde. Die Bürger erbauten um 1400 die prächtige Hallenkirche St. Jakob.

[2] *Herzogtum:* Die polit. Wichtigkeit des jungen Zentralorts zeigt sich in der Schwertleite des Hzg.ssohns Otto II. 1228 in S. 1293 gehörte S., seit 1271 Sitz eines Vitztumamts, zu den drei Hauptorten, an denen der niederbayer. Hzg. residieren sollte. 1353–1429 war S. bayer. Zentrale des neuen Teilhzm.s S.-Holland. Dieses Teilhzm. war eine Folge der Hausmachtpolitik Ks. Ludwigs d. Bayern: Er hatte sich 1324 mit Margarethe v. Hennegau-Holland vermählt, die 1345 die Gft. erbte. 1353 schuf der Regensburger Vertrag das Hzm. S.-Holland. De facto war S. nur 1353–ca. 1358 und 1387/89–97 Sitz der regierenden Teilfs.en, dann wurde die Residenz nach Holland verlegt. Nach dem Tode des letzten männl. Dynasten, Bf. Johanns v. Lüttich, wurde der S.er Teil nach internen Auseinandersetzungen 1430 viergeteilt. Die letzte Vertreterin der Linie, →Jakobäa, mußte 1433 auf ihre nld. Herrschaftsrechte verzichten. S. und Umland fielen an Bayern-München, und der Hzg.ssohn →Albrecht (III.; 4. A.) wurde Statthalter in S. Seine unstandesgemäße Gattin Agnes →Bernauer wurde in S. aus dynast. Gründen ertränkt.　　　W. Störmer

Q. und Lit.: F. SOLLEDER, UB der Stadt S., 1911–18 – S., hg. K. BOSL, 1968 – W. STÖRMER, S. als präurbane Siedlung und zentraler Ort, ZBLG 32, 1969, 24–37 – L. BOEHM, Das Haus Wittelsbach in den Niederlanden, ebd. 44, 1981, 93–130.

Strauß (mlat. struthio, -cio, klass. struthocamelus bei Plin., gr. strouthós bzw. strouthokámēlos, daher Behauptung der Kamelfüße), von Thomas v. Cantimpré 5, 110 (zit. bei Vinzenz v. Beauvais 16, 139) nach Aristoteles, dem »Experimentator« und hauptsächl. Plin. n. h. 10, 1–2 beschrieben. Die eigenartige Zwischenstellung zw. Vierfüßer und Vogel (vgl. Albertus Magnus, animal. 23, 139) wird von Aristoteles, p. a. 4, 14 p. 697 b 13–26 diskutiert. Vieles übernimmt Thomas vom »Experimentator« (vgl. Wolfenbüttel, HAB, cod. Aug. 8.8, f. 32r–v), nämlich, daß er (nach Job 39, 13) Federn wie der Habicht (herodius) bzw. Sperber (accipiter) habe, sie aber nicht zum Fliegen benutzen könne, daß er beim Laufen die Flügel hebe und sich mit unter diesen angebrachten scharfen Stacheln oder Spornen (aculeis acutis sub alis insertis) – bei Thomas zu einem kleinen Knöchelchen (parvum habet ossiculum) verändert – zum Gehen (et sic ire compellit) oder zum Zorn (quando provocantur ad iram; so Thomas) antreibe. Dadurch wird er Thomas zum Sinnbild für Menschen, welche, durch ein leichtsinniges Wort erzürnt, vom Teufel zur Rache getrieben werden. Weitere Moralisationen u. a. bei Hrabanus Maurus, de univ. 8, 6 (MPL 111, 245f.). Im Gegensatz zu anderen Vögeln habe er (vgl. Plin. 11, 155), und hier folgt er wörtl. Aristoteles (vgl. auch p. a. 2, 14 p. 658 a 13f.), eine obere Nickhaut (palpebre superiores nur in Ms. Stuttgart 2° 24, f. 83v), und ein Teil des Kopfes und oberen Halses seien »divisa« (wie in den Mss. der lat. Version des Michael Scotus statt nackt = nuda für griech. psilós). Auch daß er wegen seiner sehr warmen Natur Eisen verschlinge und verdaue, was Albert aus eigener experimenteller Erfahrung widerlegt, sowie seine Feindschaft mit dem Pferd stammen aus dieser Q., ebenso die wörtl. Schilderung der Eiablage zur Zeit des Erscheinens des Sternes »Virgilia«, d. h. der Pleiaden, im Juli, in den Sand. Die vergessenen Eier werden dann von der Bodenwärme (vgl. Albert) ausgebrütet. Thomas fügt nur den Hinweis auf den von ihm aus dem Physiologus, versio B, c. 27, übernommenen Namen »asida« aus der Vorvulgata-Form von Jerem. 8, 7 hinzu (vgl. Mc Cullough, 146f.). In der letzten Redaktion stellt er dann noch eine scharfsinnige scholast. Quaestio an, warum der S. die Eier nur durch Anschauen (solo visu), d. h. durch die Wärme des Sehstrahles (calore visibilis spiritus), ausbrüte, was Albert als falsches Gerücht ablehnt. Die natürl. Kahlheit (des Halses) bei Plin. 11, 130 mißversteht er als Totalmauser und übernimmt auch (Plin. 10, 2) seine angebl. Dummheit, sich nach Verbergen des Halses für ganz versteckt zu halten. Die Q. für die hufartigen unbefiederten Zehen, mit denen er gegen Kälte geschützt ist, sowie für das breite schildartige Brustbein (ohne Kamm, wonach die heutige Ordnung der Flachbrustvögel benannt ist) ist unbekannt.   Ch. Hünemörder

Q.: → Albertus Magnus, → Alexander Neckam, → Hrabanus Maurus – Thomas Cantimpr., Lib. de nat. rerum, T. 1, ed. H. Boese, 1973 – Vinc. Bellov., Speculum nat., 1624 [Neudr. 1964] – Lit.: A. Garboe, Der S. in der Gesch. der Naturwiss., AGNT 7, 1916, 420–425 – F. Mc Cullough, Mediaeval Latin and French Bestiaries, 1960.

Strebenhelm, Helm sarmat. Ursprungs aus Stirnreif, geraden Streben und Scheitelplatte. Die Lücken wurden durch Horn- oder Metallplatten geschlossen. Dazu gehörten Wangenklappen und ein Nackenschutz aus Panzerzeug. Beispiele sind der Helm II von Kertsch, der Helm von Mezöband und der Helm aus dem Knabengrab im Kölner Dom.   O. Gamber

Lit.: P. Post, Der kupferne Spangenhelm (34. Ber. der Röm.-Germ. Kommission, 1951–53) – O. Gamber, Die frühma. Spangenhelme, WKK, 1982.

Strebewerk. Das S. got. Kirchen bildet konstruktiv mit den Gurtbogen und Rippen eine unlösbare Einheit, die aus dem queroblongen Kreuzrippengewölbe des Mittelschiffjoches und dessen vier Pfeilern, je einem (bei fünfschiffi- gen Kirchen je zwei, Kölner Dom) Kreuzrippengewölbe der Seitenschiffjoche und den jeweils zwei Strebepfeilern mit ihren Strebebögen besteht. Das Kreuzrippengewölbe sammelt die Auflager- und Schubkräfte auf die vier Fußpunkte der Rippen, deren Auflager auf der Hochschiffmauer bes. ausgebildet sein müssen, um die konzentrierten Kräfte aufnehmen zu können. Die zw. den Auflagern liegende Mauer ist weitgehend unbelastet und kann durch Maßwerk-Glaswände ersetzt werden. Die zur Verstärkung der Mauer an den Auflagern angebrachten senkrechten, dem Kräfteverlauf entsprechend über Kaffgesimsen abgetreppten Strebepfeiler (Reims, Chorkapellen; Elisabethkirche in Marburg) stehen zumeist nach außen vor, sind in die Mauer eingebunden und bilden mit den inneren Wandvorlagen (→Diensten) eine konstruktive Einheit. Die Strebepfeiler können auch nach innen gezogen sein (Wandpfeilerkirche, Einsatzkapellen). Sie enden entweder mit einem kleinen Pultdach, das als Wasserschlag dient, oder sind turmartig ausgebildet mit Satteldach oder →Fiale, auch mit einem Tabernakel und eingestellten Figuren. In der Hochgotik werden sie zusätzl. mit →Maßwerk verblendet, und die über das Traufgesims des Daches reichenden Strebepfeiler werden durch eine auch von →Wimpergen unterbrochene und von Fialen bekrönte Maßwerk-Brüstung verbunden.

Um den Gewölbeschub des Mittelschiffes bei Basiliken auf die Außenmauern mit ihren Strebepfeilern übertragen zu können, werden zunächst Quermauern über den Gurtbogen der Seitenschiffgewölbe gespannt, die unter dem Pultdach unsichtbar bleiben. Diese Aufgabe können auch die Gewölbe von Seitenschiffemporen übernehmen (Schwibbogen in der Normandie; Halbtonnen in der Auvergne; Kreuzgewölbe in der Provence, Île de France, Lombardei, Niederrhein, 12. Jh.). Der Strebebogen, ein ansteigender Halbbogen zur Ableitung des Gewölbeschubs, ist frei über die Seitenschiffdächer hinweg auf die Strebepfeiler gespannt. Er wird seit etwa 1160 zunächst bei Umgangschören in der Normandie und Île de France angewandt, seit etwa 1200 auch beim Langhaus (Paris), wo der Fortfall der Emporen eine Steigerung der Vertikaltendenz zur Folge hat. Bei zunehmender Höhe des Mittelschiffs und bei fünfschiffigen Kirchen sind zwei oder drei Strebebögen übereinander (Reims, Amiens, Beauvais, Köln) notwendig. Aus der zunächst schlichten Zweckform entwickelt sich das S. zum dominierenden Formträger des Außenbaus. Über 50 m hoch sind die Strebepfeiler am Hochchor von Beauvais. Der Strebebogen verliert seine Bedeutung mit dem Ende der Gotik; in Dtl. wird er schon seit dem ausgehenden 14. Jh. mit der Ablösung der Basilika durch die Halle oder den Saal kaum noch eingesetzt.

Die Aufgabe des Strebebogens ist das Verstreben oder besser das Ableiten größerer Schubkräfte von der Hochschiffwand bzw. vom Hauptpfeiler in die Strebepfeiler als Endauflager für die Horizontalkräfte, die aus Gewölbeschräglast und Winddruck entstehen. Dieses wird durch die Bogenaufmauerung, die Spreize, bewirkt. In Köln werden die Spreizen durch Vierpaß-Maßwerk auf Abstand gehalten. Der untere Strebebogen dient vorrangig zur Weiterleitung des Gewölbeschubs, der obere zur Übertragung des Winddrucks, der allerdings auch teilweise auf den unteren Strebebogen einwirkt. In Chartres hat man anscheinend den Winddruck unterschätzt und mußte nachträgl. obere Strebebogen anbringen. Der eigtl. Strebebogen wird zw. dem unteren, dem Strebepfeiler eingebundenen Bogenansatz und dem oberen, anfangs von Säulchen getragenen (Soissons, Chartres, Amiens)

Kragstein über ein hölzernes Lehrgerüst gespannt und dient als Tragelement für den aufgelagerten Spreizkörper. Die Entwicklung läßt sich deutlich erkennen über Noyon, dessen Strebebogen aus zwei übereinander gesetzten Steinlagen besteht, und Chartres, wo dieselben aus einer mächtigen hochkant stehenden Schicht gebildet werden. Später läßt sich der innere Aufbau des Strebebogens an den Fugen ablesen, die klar den Tragbogen vom Strebekörper trennen. Schließlich verwendet Senlis nur die gerade Strebe ohne Bogen, dazu gehört auch St. Etienne in Beauvais mit dem an den Enden unterlegten Schmuck-Bogen oder Mont-Saint-Michel. »ˈStrebebogenˈ ist demnach eher zu lesen als ˈStrebe plus Bogenˈ und nicht so sehr als ˈBogen, der strebtˈ.« (SEGGER 1969, 25). Der Bogen muß nur das Eigengewicht des ganzen Strebebogens tragen. Die äußere Fiale des Strebepfeilers hat vornehmlich dekorative Funktion, weil sie statisch eher schädlich ist. Im Gegensatz dazu ist ein stat. Effekt der inneren, höheren Fiale nicht zu bestreiten. Durch sie wird die Resultierende der Kräfte unterhalb des oberen Strebebogens zum Kern hingelenkt. Mit den nach unten anwachsenden Massen verliert sich die Wirkung der Fiale sehr schnell, so daß ihr Wert nur auf die oberen Bereiche beziehbar ist.   G. Binding

Lit.: H. WEBER, Das wechselseitige Verhältnis von Konstruktion und Formung an den Kathedralen Nordfrankreichs [Diss. Hannover 1957] – J. SEGGER, Zur Statik got. Kathedralen [Diss. Aachen 1969] – R. MARKS−W. CLARK, Architektur in der Gotik (Strebwerk), Spektrum der Wiss., Jan. 1985, 122–130 – G. BINDING, Architekton. Formenlehre, 1987, 174f. – DERS., Beitr. zum Gotik-Verständnis, 1995, 170–175.

Streichinstrumente → Musikinstrumente, B. II

Streifbuckel, runde Buckel am Pferde-Brustpanzer (Fürbug), →Roßharnisch.   O. Gamber

Streifenbild, Streifenillustration. a) *Formal:* eine querformatige Miniatur oder Zeichnung mit oder ohne Rahmen, die die gesamte Breite und maximal die halbe Höhe des Schriftraumes einnimmt. b) *Inhaltlich:* eine Illustration des beistehenden Textes durch eine oder mehrere – oft narrative – Szenen.

Obwohl in der Buchausstattung des gesamten MA anzutreffen, sind Entstehung, Geschichte und Funktion des S.es erst ansatzweise untersucht worden. Während WEITZMANN die Entstehung mehrszeniger streifenförmiger Bilder durch eine Aneinanderreihung mehrerer zuvor isolierter Einzelszenen in Byzanz im 9./10. Jh. vermutet, halten WICKHOFF und PÄCHT die kontinuierl. Bilderzählung in Streifen für die ursprgl. Illustrationsform der Buchrolle; aus ihr sei das S. in die frühma. Bibelillustration übernommen worden (Wiener Genesis, Wien ÖNB Cod. theol. gr. 31, 6. Jh.); dann immer wieder in bibl. Werken aufgegriffen (Genesisparaphrase des Ælfric, London BL Cotton Claudius B. IV, um 1040; Pantheonbibel, Rom. Vat. lat. 12958, 1125–30; Bibel des Federico da Montefeltro, Rom Vat. Urb. lat. 1, 1476–78). In der Buchillustration des gesamten MA ist das S. vielfach anzutreffen, wenn antike Vorbilder (mittelbar) zugrundeliegen (Stuttgarter Bilderpsalter, Stuttgart Württ. Landesbibl. fol. 23, 9. Jh.; Terenzkomödien, Rom Vat. lat. 3868, 9. Jh.; Oxford Bodl. Libr. ms. Auct. F. 2. 13, 12. Jh.; Paris BN lat. 7907 A, 1407). Seine Aufnahme bleibt abhängig von der Buchgattung, bedingt u. a. durch funktionale Aspekte: tendenziell in Hss. für die Meßliturgie und private Andacht eher selten zu finden, zur Bebilderung hist.-chronikal. und enzyklopäd. Werke seit dem 13. Jh. zunehmend eingesetzt (Weltchronik des Rudolf v. Ems, München Bayer. Staatsbibl. Cgm 6406, um 1255–70; Speculum historiale des Vinzenz v. Beauvais, Leiden Univ. bibl. Ms. Voss. G. G.

F. 3 A, um 1340); in lit. Werken zwar seit der Spätantike vertreten, aber erst vom 12. Jh. an in volkssprachigen Hss. häufiger (Rolandslied des Pfaffen Konrad, Heidelberg Univ. bibl. Cod. Pal. germ. 112, 12. Jh.; Roman de la Rose, Warschau, Nat. bibl. Ms. Fr. Q. v. XIV. 1, 14. Jh.).
          I. Siede

Lit.: F. WICKHOFF, Röm. Kunst, 1912 – K. WEITZMANN, Illustr. in Roll and Codex, 1970 – W. WERNER, Das Rolandslied des Pfaffen Konrad, 1970 – O. PÄCHT, Buchmalerei des MA, 1984 – G. SUCKALE-REDLEFSEN, Der Buchschmuck zum Psalmenkommentar des Petrus Lombardus, 1986 – C. JAKOBI, Buchmalerei: ihre Terminologie, 1991.

Streiftartsche, am Sattel hängende, halbrunde Schilde des 15. Jh. zum Schutze der Oberschenkel, bes. beim →Rennen gebraucht.   O. Gamber

Lit.: QU. V. LEITNER, Der Freydal Ks. Maximilians I., 1880–82.

Streik. Für den erst um die Mitte des 19. Jh. in England geprägten und sich dann allg. ausbreitenden Begriff *strike* – S. finden sich in spätma. Texten nur Umschreibungen. Zwar fehlen dem MA die mit dem Begriff S. verbundenen Erscheinungen von industrieller Arbeitswelt, Gewerkschaften und ausgebildetem S.recht, aber die offizielle (Bundesarbeitsgericht) Definition von S. als »die gemeinsame und planmäßig durchgeführte Arbeitseinstellung durch eine größere Anzahl von Arbeitnehmern zu einem Kampfziel« innerhalb eines Berufs oder Betriebs findet durchaus ihre sachl. Entsprechung in Konflikten der ma. Arbeitswelt. Verwiesen wird in der Lit. dabei bes. auf die im 15. Jh. sehr selbstbewußt auftretenden Vereinigungen der Handwerksgesellen (→Gesellen). Allerdings sind solche Arbeitskonflikte bereits früher und in anderen Zusammenhängen bezeugt. Als es im Zuge der wirtschaftl. Umgestaltung im 12. Jh. zu einer Neustrukturierung der älteren Grundherrschaft kam, wurde dieser Prozeß durch Maßnahmen der Arbeitsverweigerung beschleunigt oder erzwungen. Ein interessantes Zeugnis stellt die Beilegung eines derartigen Konflikts zw. dem Kl. Maria im Kapitol zu Köln und den Hörigen bzw. bäuerl. Hintersassen durch den Ebf. v. Köln i. J. 1158 dar, dem die Arbeitsverweigerung und das Verlassen der Hofstellen vorangegangen waren. Auch bei der Entstehung der abendländ. →Universitäten um die Wende vom 12. zum 13. Jh. und der Absicherung ihrer bes. rechtl. und wirtschaftl.-sozialen Stellung gegenüber den verschiedenen konkurrierenden Ansprüchen kam es zur Praktizierung des S.s. Im Falle von Paris wurde 1229 nach schweren Konflikten und dem Abzug der Dozenten in Verbindung mit der Gewährung weitgehender Freiheiten und Rechtssicherheiten durch Papst Gregor IX. »die älteste Garantie eines S.rechts« (CLASSEN, 185) ausgesprochen: »...liceat vobis usque ad satisfactionem condignam suspendere lectiones« (vgl. auch die Auszüge aus Bologna 1204–10 und Oxford 1208/ 09–1213/14).

V. a. lassen sich in den spätma. Städten in zunehmendem Maße organisierte Lohn- und Sozialkonflikte beobachten, die durchaus den Charakter von S.s hatten. Das gilt einerseits für die seit der Mitte des 14. Jh. sich in größerem räuml. Maßstab – bes. am Oberrhein – organisierenden Handwerksgesellen, die – angefangen von den 1330er Jahren über eine große Welle von Konflikten um 1400 bis hin zu dem berühmten Colmarer Bäckers. v. 1495 bis 1505/13 (→Colmar) und den Bestimmungen der »Reichspoliceyordnung« v. 1530 – durch Arbeitsniederlegung, Auszug aus der Stadt, durch »Verrufen« und »Verbieten« genannte Boykottmaßnahmen sowie durch die Ausbildung einer eigenen Gesellengerichtsbarkeit ihre Forderungen hinsichtl. Entlohnung, Arbeitsbedingungen und ihrer »Ehre« durchzusetzen versuchten. Anderseits kam es zu größeren S.maßnahmen bes. in Gebieten und Gewerben, in die das Verlagswesen mit Lohnarbeit Eingang gefunden hatte. Bekannte Beispiele sind zweifellos die »Industriestadt« Gent der →Artevelde und das Florenz der →Ciompi. Anschaul. Einzelfälle stellen die S.maßnahmen der Walker in Leiden 1443, 1447 und bes. 1478 dar, als 700 bis 900 Meister und Gesellen die Arbeit niederlegten, nach Gouda zogen und nach mehr als zweimonatigen Verhandlungen ihre Forderungen weitgehend durchsetzten. – Die abweichende frz. S.-Terminologie (*grève*) geht zurück auf einen der Pariser Häfen, den am rechten Seineufer gelegenen Port en Grève (→Paris, A. VI); die *Place de Grève* diente seit dem SpätMA der Anwerbung von Handwerkern und Lohnarbeitern.　　　　　　　　　　　K. Schulz

Q. und Lit.: Q. zur Gesch. des dt. Bauernstandes im MA, hg. G. FRANZ, 1967, Nr. 85 – Staatslex. I, 1985⁷, 253–268 – Ev. Staatslex. I, 1987³, 70–78 – M. MOLLAT–PH. WOLFF, Ongles bleus, Jacques et Ciompi, 1970 – H. RÜTHING, Die ma. Univ. (Hist. Texte MA, 16, 1973), Nr. 10 – P. CLASSEN, Studium und Ges. im MA, 1983 – K. SCHULZ, Handwerksgesellen und Lohnarbeiter, 1985 – Forme ed Evoluzione del Lavoro in Europa: XIII–XVIII sec., ed. A. GUARDUCCI, 1991.

Streitaxt, bereits in der Steinzeit gebräuchl. Waffe. Die Sumerer schufen die pickelförmige S. aus Metall, die sich in der Steppenkultur durch Jahrtausende erhielt. In der Bronzezeit gab es daneben bärtige Klingen von bisweilen bizarrer Gestalt. Gleichzeitig kamen S.e mit halbmondförmiger Klinge auf (Kreta). Die meist nur von Leichtbewaffneten zusammen mit dem Pfeilbogen geführte S. der Germanen war schlank und leicht gebogen, die frk. Wurfaxt »Franziska« sogar s-förmig geschwungen. In Nordeuropa folgte auf schlanke S.e im 8. und 9. Jh. die riesige, halbmondförmige »Dänenaxt«, die durch die Warägergarden von Byzanz als Paradeaxt zu Mamlüken und Osmanen kam. Im europ. MA verwendeten Fußvolk und Reiter meist halbmondförmige S.e verschiedener Länge.　　　　　　　　　　　　　　　　　O. Gamber

Lit.: H. SEITZ, Blankwaffen, 1965 – O. GAMBER, Waffe und Rüstung Eurasiens, 1978.

Streitgedicht

I. Allgemein – II. Mittellateinische Literatur – III. Romanische Literaturen – IV. Deutsche Literatur – V. Englische Literatur – VI. Skandinavische Literatur.

I. ALLGEMEIN: Die Form des S.s ist, entsprechend der tatsächl. Häufigkeit von Streitgesprächen (s. a. →Disputation, →Religionsgespräche), in den verschiedensten Lebensbereichen, weltweit verbreitet. Für das ma. S. ist die Tradition der antiken Wettkämpfe, von Wechselreden in dramat. Szenen und im Theater, bei Gerichtsverhandlungen sowie bei theol.-wiss. Disputationen bestimmend gewesen.　　　　　　　　　　　　　　　　　U. Müller

II. MITTELLATEINISCHE LITERATUR: S., altercatio, conflictus, dialogus, disputatio u.a. (vgl. H. WALTHER, 3): Dialoggedicht, das zwei (selten mehrere) Repräsentanten gegensätzl. Standpunkte über den Vorrang ihrer Sache oder ihrer eigenen Person oder über ihr Verhalten sich auseinandersetzen läßt. Sie treten als Personifikationen auf (z.B. als Sommer und Winter, Wasser und Wein, Auge und Herz, Leib und Seele, Schaf und Lein), als mytholog., allegor. oder fiktive Personen (Ganymed und Helena, Pseustis und Alethia, Phyllis und Flora), als Vertreter eines Standes (Zisterzienser und Cluniazenser), als lebende, hist. oder bibl. Personen (Urbanus und Clemens, Petrus und seine Frau) oder deren Sachwalter (Octavian und Alexander). Dabei kann eine Einleitung den Rahmen geben, der Schluß eine Entscheidung bringen, eventuell durch einen angerufenen Schiedsrichter. Die Form ist zunächst metrisch, bes. seit dem 11./12. Jh. auch rhyth-

misch. In der Regel sind den Parteien abwechselnd gleichviele Strophen oder Zeilen zugewiesen. Die Absicht des S.s ist in erster Linie, dem Hörer oder Leser mit Sprach- und Argumentationskunst, Witz und manchmal auch Derbheit zu gefallen. Im Gegensatz zu vielen bloß versifizierenden Dialogdichtungen (→Dialog, IV. 3) ist das S. im engeren Sinne eine genuin poet. Gattung. Manche der Gedichte dienen aber auch der Belehrung, der Glaubenspropaganda (Ecloga Theoduli), der polit. und kirchenpolit. Auseinandersetzung (Rex Francie und rex Anglorum, Octavian und Alexander). – S.e sind seit sumer. Zeit in vielen verschiedenen Lit.en anzutreffen. Die ma. lat. Tradition des S.s ist zu einem Teil aus der Ekloge herzuleiten (→Bukolik), daneben sind Einflüsse aus der lat. Fabeldichtung und aus der mündl. Tradition der Völker anzunehmen. Nach Anfängen in karol. und otton. Zeit (Conflictus veris et hiemis, Petrus und seine Frau, Ecloga Theoduli) zeugt eine reiche und überaus vielfältige S.-Lit. von der Beliebtheit der Gattung.　　　　　　　　　　　　　　G. Bernt

Ed.: s. Lit. – ausgew. Beispiele: Conflictus veris et hiemis: MGH PP 1, 270 – Petrus und seine Frau: B. BISCHOFF–G. SILAGI, Scheidung auf Galiläisch (Tradition und Wertung [Fschr. F. BRUNHÖLZL, hg. G. BERNT u.a., 1989]), 47ff. – Octavian und Alexander: MGH L.d.L 3, 549 – Phyllis und Flora: →Carmina Burana 92 – Wasser und Wein: ebd. 193 – Herz und Auge: AnalHym 21, 114 – *Lit.:* H. WALTHER, Das S. in der lat. Lit. des MA. Mit einem Vorw., Nachtr. und Registern v. P. G. SCHMIDT, 1984 [grundlegend, mit Ausg. von 21 S.n] – WALTHER, S. 1181 [Register] – Dispute Poems and Dialogues in the Ancient and Mediaeval Near East, ed. G. J. REININK–H. L. J. VANSTIPHOUT, 1991 [auch über allg. Fragen und Lateinisches].

III. ROMANISCHE LITERATUREN: Das S. (poet. Streitgespräch) ist in allen roman. Lit.en des MA verbreitet und geht vielfach auf gemeinsame (mittel-)lat. Vorbilder zurück. In der antiken Lit. finden sich ebenso wie in der arab. und jüd. Lit. ähnl. Texte. Die lit. Streitrede, in der Lob und Tadel, Schwächen und Vorzüge, Wert und Rang einer Person oder eines Gegenstandes rhetorisch kunstvoll, scherzhaft oder satirisch verhandelt werden, heißt synkrisis (wertender Vergleich) bzw. agôn. Für die allegor. Ausgestaltung von Inhalten und Figuren der christl. Glaubenslehre in dramat. bewegter Wechselrede gibt die ʼPsychomachiaʼ des →Prudentius nachhaltig fortwirkende Anregungen (Streit zw. Tugenden und Lastern um die Seele). Die →Ecloga Theoduli, die als Schullektüre diente, bietet ein weiteres Muster für die dialog. strukturierte Behandlung eines Themas. Die Vielfalt der verwendeten Bezeichnungen läßt den Spielraum bei der formalen Ausführung des S.s erkennen: altercatio, conflictus, disputatio, dialogus, rixa; contrasto (it.), disputa, débat, bataille, jugement u.a. Die Beliebtheit des S.s hängt einerseits zusammen mit der Ausbildung der schulmäßigen scholast. Disputationstechnik (quaestio de quolibet) und den logisch-dialekt. Methoden zur Erkenntnisgewinnung sowie mit der Rhetorik (Gerichtsrede), zum anderen entwickelten sich in der prov. Lyrik feste Formen (→tensó, Tenzone, →partimen, →joc partit) für die stilisierte Erörterung liebeskasuist. Probleme vor einem mit den poet. Konventionen vertrauten Publikum. Mit der Vorbildgeltung der Troubadourdichtung erlangten diese Formen international weite Verbreitung. S.e, in denen zwei junge Frauen über die Vorzüge ihrer Verehrer, eines clericus und eines Ritters, disputieren, spiegeln vor dem Hintergrund der →ars-amandi-Lit. gesellschaftl. Spannungen im Rangstreit der Stände. Beim Vergleich der Idealtypen unterliegt zumeist der Ritter. Die früheste Behandlung des Themas findet sich in mittellat. Gedichten (ʼAltercatio Phillidis et Floraeʼ, Mitte 12. Jh.) und im »Liebeskonzil«

von Remiremont (Lothringen). Der pikard. Text 'Jugement d'Amour' (12./13. Jh.) steht am Anfang einer Reihe von anglonorm. und frankoit. Bearbeitungen aus dem 13. Jh. (z. B. Hueline et Aiglantine, Blancheflor et Florence), die z. T. auch in anderen Lit.en aufgenommen wurden. Das leones. Versfragment 'Elena y María' (13. Jh.) gehört zu den ältesten lit. Zeugnissen in Spanien. Die in einer Hs. zusammen mit den 'Denuestos del agua y el vino' (Streit zw. Wasser und Wein) überlieferte 'Razón d'amor' ist aragones. gefärbt (frühes 13. Jh.). In Italien verfaßte →Jacopone da Todi drei seiner Laude in Form von Streitgesprächen. Der Mailänder →Bonvesin de la Riva († 1315) komponierte eine Reihe von S.en (GRLMA Nr. 2484–2504), darunter den auch anderwärts häufig dargestellten Streit zw. Körper und Seele, 'Disputatio mensium', 'Disputatio musce cum formica' bzw. 'rosae cum viola', 'De peccatore cum Virgine', 'De Sathana cum Virgine'. Berühmt wurde das südit.-sizil. (?) Gedicht 'Rosa fresca aulentissima' des →Cielo d'Alcamo (1. Hälfte 13. Jh.).

Der Streit zw. Leib und Seele ist nach der Vorlage der Visio Philiberti in der frz., it., katal. und span. Dichtung teilw. bis in das 16. Jh. hinein häufig bearbeitet worden. Die span. →'Disputa del alma y cuerpo' stammt aus dem frühen 13. Jh. Im Zusammenhang mit der Todesdidaktik stehen auch zahlreiche Fassungen der Begegnung der →Drei Lebenden und Toten (mit entsprechenden bildl. Darstellungen).

Die burlesk-satir. Schlacht zw. Karneval und Fastenzeit ist z. B. von →Guido Faba (um 1243) und Juan →Ruiz im 'Libro de buen amor' gestaltet worden. Einen für die Kontroverstheologie und apologet. Religionspolitik wichtigen Typ stellt die 'Desputoison de la Sinagogue et de Sainte Eglise' (späteres 13. Jh.) dar (GRLMA Nr. 2554).

Bildungsgeschichtl. sind die 'Bataille d'Enfer et de Paradis' (um 1230), der Streit zw. Arras und Paris, in Form eines allegor. Turniers, sowie die 'Bataille des sept arts' (Mitte 13. Jh.) von →Henri d'Andeli aufschlußreich, die den Streit zw. antiqui et moderni, zw. der Schule von Orléans und Paris, in kleinepischer parod. Manier ausführt. Die katal. Lit. bietet mit der anonymen 'Disputació d'En Buch ab son cavall' (2. Hälfte 14. Jh.), dem scherzhaften Versstreitgespräch zw. einem Pferd und 'seinem' Herrn sowie mit →Anselm Turmedas 'Disputa de l'ase' (1417–18), einem Gespräch zw. Esel und »Autor«, neben der Belial-Bearbeitung im Mascaron einige bemerkenswerte Zeugnisse. Katal. Dichter wie Pastrano, Auzias March, →Jordi de Sant Jordi greifen im 15. Jh. die Form des S.s wieder auf. Auch die kast. und frz. Lyrik des 15. Jh. weist zahlreiche Umgestaltungen des Schemas auf (respuestas y preguntas in der höf. Cancionero-Dichtung, Alain →Chartier). Rodrigo Cotas 'Dialogo entre el Amor y el Viejo' nimmt einen geradezu szenisch-dramat. Charakter an. Als dramat. Streitgespräch mit dem Tod sind auch die vier Dialoge (1498) des Diego Ramírez Villaescusa zum Trost der Kath. Könige anläßl. des Todes des Thronfolgers Don Juan (1497) angelegt.

D. Briesemeister

Ed.: Medieval Debate Poetry, ed. M.-A. BOSSY, 1987 – *Lit.*: MERKER-STAMMLER² IV, 28–245 – GRLMA II, 1, 5 [E. KÖHLER, Partimen], 16–32; II, 1, 7 [it. Gedichte]; VIII, 1, 95–110 [frz. Lit.], X, 2, 142–145 [it. contrasti] – BOSSUAT, 2636–2645 – HLF 23, 216–234 [frz. 13. Jh.] – T. BATIOUCHKOF, Le Débat de l'âme et du corps, Romania 20, 1891, 1–55, 513–578 – C. OULMONT, Les débats du clerc et du chevalier, 1911 – J. H. HANFORD, The Medieval Debate Between Wine and Water, PMLA 28, 1913, 315–367 – A. GARCÍA SOLALINDE, La disputa del alma y el cuerpo, HR 1, 1933, 196–207 – P. LE GENTIL, La poésie lyrique esp. et port. au MA, 1949, I, 458–519 – F. J. E. RABY, A Hist. of Secular Latin Poetry, 1957, II, 282–308 – M. DI PINTO, Due contrasti d'amore nella Spagna medievale, 1959 – E. WAGNER, Die arab. Rangstreitdichtung, 1962 – G. TAVANI, Il dibattito sul chierico e il cavaliere nella tradizione mediolatina e volgare, Roman. Jb. 15, 1964, 51–84 – J. G. CUMMINS, The Survival of the Spanish cancioneros of the Form and Themes of Provençal and Old French Poetic Debates, BHS 42, 1965, 9–17 – S. NEUMEISTER, Das Spiel mit der höf. Lit., 1969 [altprov. partimen] – C. SCHLUMBOHM, Jocus und Amor. Liebesdiskussionen vom ms. joc partit bis zu den pretiösen questions d'amour, 1974 – M. A. BOSSY, Medieval Debates of Body and Soul, Comparative Lit. 28, 1976, 144–163 – R. SCHNELL, Zur Entstehung des altprov. dilemmat. S.s, GRM 33, 1983 – D. HELLER, Studien zum it. contrasto, 1991 – J. F. ALCINA, Un fragm. de la Visio Philiberti y la tradición hispana del Diálogo del alma y el cuerpo, NRFH 40, 1992, 513–522 – D. CAPRA, La renovación del dialogo en las Preguntas y Respuestas de G. Manrique, Romance Quarterly 39, 1992, 185–198 – L. SIMÓ GOBERNA, Razón de amor y la lirica lat. medieval, Revista de Literatura Medieval 4, 1992, 197–212 – J. WEISS, La question entre dos cavalleros, un nuevo tratado político de s. XV, Revista de Lit. Medieval 4, 1992, 9–39 – E. FRANCHINI, El ms., la lenguay el ser lit. de la Razón de Amor, 1993 – F. LANYA RANZ, La disputa burlesca. Origen y trayectoria, Criticon (Toulouse) 64, 1995.

IV. DEUTSCHE LITERATUR: Die ältesten erhaltenen Streitgespräche der Dt. Lit., zu Religion und Liebe, finden sich innerhalb der →»Kaiserchronik« (Mitte 12. Jh.). Wohl unter roman. Einfluß gibt es selbständige S.e ab der 2. Hälfte des 12. Jh. in der mhd. Liebesdichtung, in Form des gereimten Traktats erstmals im »Klage-Büchlein« →Hartmanns v. Aue (Streit zw. Herz und Leib), in verschiedener Ausprägung auch in der Liebeslyrik (Vorformen: →Friedrich v. Hausen 47, 9 [Herz und Leib]; →Albrecht v. Johannsdorf 93, 12 [Dame–Ritter]). Zunehmend beliebt werden S.e zu verschiedenen Fragen der Liebe (→Minne) vom 13. Jh. an, wenn auch nicht so stark wie in den roman. Lit.en: insbes. in verschiedenen anonymen →Minnereden (dazu: BLANK, GLIER, KASTEN), aber auch in Reimpaarreden von Peter →Suchenwirt (XXVIII; XLVI) und →Oswald v. Wolkenstein (25), zumeist mit oder zw. allegor. Figuren, ferner auch in Lied-Form (z. B.: →Heinrich v. Meißen/Frauenlob IV, →Reinmar v. Brennenberg IV 10–12), bes. häufig dann im →Meistersang (z. B. Hans →Folz, Hans →Sachs). Das später häufigere Streitgespräch mit →Frau Welt findet sich erstmals bei →Walther von der Vogelweide (100, 24); ein anonymes Lied des 13. Jh. bringt einen Disput zw. den Romanfiguren Gawan/Keie (HAGEN, Minnesinger II, 152f.). Beliebt waren in der Sangspruchlyrik (→Spruchdichtung) und in Reimreden Streitgespräche unter bzw. zw. →Tugend(en) und Laster(n), z. B. bei Stolle, Kelin und Frauenlob, ferner später – in epischer Großform – in »Der Meide Kranz« des →Heinrich v. Mügeln (Mitte 14. Jh.) oder bei Hans Folz; des weiteren etwa zw. Leib und Seele oder →Ecclesia und Synagoge; der letztgenannte Gegensatz wurde bes. häufig in der bildenden Kunst dargestellt (Plastik). Ebenfalls in vorwiegend lat. und mittellat. Tradition stehen S.e zw. Jahreszeiten, zw. Wasser und Wein (z. B. Hans Sachs) etc. Auf der Streitrede vor Gericht basiert die Struktur des »Ackermann aus Böhmen« des →Johannes v. Tepl (zw. Tod und 'Ackermann', d. h. einem Schreiber und Literaten, dessen »Pflug« die Schreibfeder ist); häufig sind Streitreden im ma. →Drama (→Fastnachtspiel). – Eine bes. Form sind S.e zw. verschiedenen Autoren, die sog. 'Sängerkriege' (teilweise sicher unter roman. Einfluß): Während die vielzitierte 'Fehde' zw. →Reinmar dem Alten und Walther von der Vogelweide in mögl. Bedeutung und im Verlauf unklar ist (und von der früheren Germanistik wohl überbetont wurde), sind ausführl. S.e um und zw. Sangspruchlyrikern des 13. und frühen 14. Jh. häufig überliefert, nämlich dem →Marner, dem →Meißner,

→Konrad v. Würzburg, Rumelant, Singuf, Hermann →Damen, →Regenboge und insbes. Frauenlob (Streit um lit. Rang; um 'wîp/frouwe'), immer wieder verbunden mit Rätselwettkämpfen; sie spiegeln sicherl. auch Existenzkämpfe der Berufssänger wider. Höhepunkt ist der →»Wartburgkrieg« (2. Hälfte des 13. Jh., mit späteren Erweiterungen; die seit Richard Wagner bekannte Verbindung mit der Tannhäuser-Sage stammt erst aus dem 19. Jh.). Die Thematik des S.s und des Sängerwettkampfs war auch wichtig im Meistersang (Wettsingen; Typen des Straflieds und des 'Fürwurf'). Im volkstüml. Lied gibt es Elemente des ma. S.s bis heute.   U. Müller

Lit.: MERKER–STAMMLER² IV, 3/4, 1980, s.v. S./Streitgespräch – H. JANTZEN, Gesch. des dt. S.s im MA, 1896 – W. BLANK, Die dt. Minneallegorie, 1970 – I. GLIER, Artes amandi, 1971 – I. KASTEN, Stud. zu Thematik und Form des mhd. S.s, 1973 – B. WACHINGER, Sängerkrieg, 1973 – G. SCHWEIKLE, Die Fehde zw. Walther von der Vogelweide und Reinmar dem Alten. Ein Beispiel germanist. Legendenbildung, ZDA 97, 1986 [abgedr. in: DERS., Minnesang in neuer Sicht, 1994] – S. OBERMAIER, Von Nachtigallen und Handwerkern. 'Dichtung über Dichtung' in Minnesang und Spruchdichtung, 1995.

V. ENGLISCHE LITERATUR: Das S. (*debate poem*) ist eine dialog. Gedichtform, die u.a. auf lat., prov. und afrz. Vorbilder, auf volkstüml. Streitreden (*flyting* 'Zänkerei') sowie auf traditionsstiftende lat. Texte (→Alkuin, »Conflictus Veris et Hiemis«, spätes 8. Jh.) zurückgeht. Die gesteigerte Rolle der scholast. Disputation seit Ende des 12. Jh. und die an Rechtsschulen (→ *Inns of Court*) gelehrte Kunst der jurist. Argumentation sind kulturelles Fundament für den spieler., teilweise parodist. Einsatz von Diskussionsstrukturen und -metaphern in unterhaltender Literatur. Zu unterscheiden ist zw. S.en mit hierarch. Sprecherverteilung (Lehrer/Schüler, Christus/Mensch) und solchen Texten, in denen die Redner einander gleichgeordnet gegenüberstehen, der Diskussionsausgang in der Regel offenbleibt und die ambivalente Erfahrungswirklichkeit akzentuiert wird. Der eher moralisierende Typ ist in England stärker vertreten als die die offizielle Kultur unterlaufende, »karnevaleske« Variante. Neben religiös-didakt. Streitreden, in denen übernatürl. (himml., dämon.) Figuren, Abstrakta (Tod, Hoffnung; →»Soul and Body«) oder menschl. Wesen miteinander konfrontiert werden, gibt es Liebesdebatten zw. Vögeln, menschl. Wesen oder Abstrakta. Die Zahl der Sprecher beträgt in der Regel zwei, verschiedentl. treten weitere Figuren sowie Erzähler und Richter auf. Rahmenstrukturen sind u.a. Traumvision, Parlamentsdebatte und →Pastourelle. Themen sind kontroverse theol. oder jurist. Positionen, Glaubensgegensätze (Christen gegen Juden), Unterschiede zw. den Ständen, Altersstufen, Jahreszeiten sowie Fragen des Ehe- und Sexualverhaltens.

»The →Owl and the Nightingale« (um 1200) wurde als Streitdialog (Muster: Gerichtsverhandlung und Schuldisputation) zw. Vögeln über Lebensfreude und Moral gattungsprägend (u.a. »The Thrush and the Nightingale«, »The Cuckoo and the Nightingale«). In →»Winner and Waster« (um 1350) werden ökonom. Fragen (Sparsamkeit gegen Ausgabenfreude) diskutiert. Dialog. Struktur weisen William →Langlands »Piers Plowman« (1362–87), John →Gowers »Confessio Amantis« (um 1400) sowie Geoffrey →Chaucers »The Parliament of Fowls« (nach 1380) und »The Canterbury Tales« (1387–1400) auf. Ende des 15. Jh. hört die Gattung auf zu existieren. →Dialog, IX.   U. Böker

Bibliogr.: ManualME 3.VII, 1972, 669–745, 829–902 – *Ed.:* J. W. CONLEE, ME Debate Poetry: A Critical Anthology, 1991 – *Lit.:* TH. L. REED, Jr., ME Debate Poetry and the Aesthetics of Irresolution, 1990.

VI. SKANDINAVISCHE LITERATUR: Im Altnord. findet sich die Form des S.s in der Gattung der Senna (→Schmähdichtung, V), am ausgeprägtesten in der eddischen →Lokasenna, eingegliedert auch in die Helgakviđa Hundingsbana I, 34–46, sowie im Männervergleich (*mannjafnađr*; hierzu etwa das eddische Hárbarđsljóđ, ein schwankartiges Wortduell zw. Odin und Thor). Im Norden ausgeprägter und besser belegt ist die Form des Wissenswettstreits, wie er uns in den Dialogliedern Alvíssmál, →Grímnismál, →Vafþrúđnismál, Svipdagsmál (eigtl. dessen Teil Fjölsvinnsmál) und Hyndluljóđ entgegentritt, die vorwiegend mytholog. Wissen (→Wissensdichtung) tradieren; ob und wieweit diese Formen des Wissenswettstreites von älteren Rätseln einerseits, antiken und ma. Formen lat. Wissenswettstreite (altercatio, →disputatio) andererseits beeinflußt ist, harrt noch eingehender Untersuchung. Dagegen sind im Altnord. Texte zu der (auch im Altengl. und in mittellat. Q.) literar. gutbelegten Sitte der provokativen Streitrede als Kampfpreliminarien (ags. *gelp*), die wiederum der altnord. *hvöt* nahestehen, nicht überliefert.

Direkt auf ausländ. Vorbilder gehen dagegen die gemeinsam überlieferten Streitreden zw. »Tapferkeit und Furcht« und »Leib und Seele« zurück, die im Altnord. als Viđræđa æđru ok hugrekki ok líkams ok sálar überliefert sind; die erste ist eine Übers. von Kap. 26 des »Moralium dogma philosophorum« des →Wilhelm v. Conches (im MA dem →Walter v. Châtillon, im Altnord. daher 'Meistar Valltír', zugeschrieben), die zweite eine Übertragung von →Hugos v. St. Victor »Soliloquium de arrha animae«; ein Fragment des ersten Dialogs ist schon in einer Hs. aus der Zeit um 1270 erhalten, so daß die beiden Übersetzungen möglicherweise schon Mitte des 13. Jh. in Norwegen entstanden sind.   R. Simek

Lit.: F. R. SCHRÖDER, Das Symposion der Lokasenna, ANF 67, 1952 – M. M. H. BAX, Tineke Padmos: Two Types of Verbal Duelling in Old Icelandic: The Interactional Structure of the senna and the mannjafnađr in Hárbarđsljóđ, Scand. Stud. 55, 1983, 149–174 – DIES., Senna – mannjafjađr, Medieval Scandinavia. An Encyclopedia, 1993, 571–573.

Streitgespräch → Disputatio; →Religionsgespräche; →Streitgedicht

Streithammer, der →Streitaxt verwandte Waffe mit Hammerkopf anstelle der Axtklinge und meist einem Rückenstachel; seit der Steinzeit bekannt und seit der Bronzezeit in Metall ausgeführt. Im europ. MA spielte der S. keine große Rolle. Er wurde erst im SpätMA als Reiterwaffe mit langem, gebogenem Rückenstachel (Rabenschnabel) beliebter und diente als Kommandoabzeichen für Reiterführer.   O. Gamber

Lit.: H. SEITZ, Blankwaffen, 1965.

Streitkolben, im Alten Ägypten bes. beliebte Waffe mit Birnen- oder Tellerkopf aus Stein. Im Orient früh zur Kult- und Kommandowaffe aufgestiegen. Aus den Rillen metallener Kolbenköpfe entstanden Schlagblätter, die bereits bei den Skythen nachzuweisen sind. Die europ. frühma. S. sind stachelbesetzte Metallhülsen oder polyedrische Schlagköpfe. S. mit langen, geraden Schlagblättern erschienen im 13. Jh. Der S. der Spätgotik hatte Schlagblätter in Doppelkegelform. Der S. wurde auch im Abendland als Kommandowaffe verwendet, aus ihm ist der Marschallstab entstanden.   O. Gamber

Lit.: W. BOEHEIM, Hb. der Waffenkunde, 1890 – Y. YADIN, The Art of Warfare in Biblical Lands, 1963 – H. SEITZ, Blankwaffen, 1965 – E. V. CERNENKO, The Scythians, 1983.

Streitwagen, schon im 3. Jt. v. Chr. von den Sumerern als vierrädrige, von zwei Eseln gezogene Plattform für zwei mit Wurflanzen bewaffnete Krieger verwendet, ist im Orient und in Europa bis zur Zeitenwende als Kampfgefährt bzw. als Transportmittel schwer bewaffneter Krieger nachweisbar. Konkrete Hinweise auf das tatsächl. Aussehen der im MA verwendeten S. finden sich in den Zeugbüchern Ks. Maximilians I., in denen sehr ausführl. über Konstruktion und Verwendungszweck berichtet wird. Nach den sechs in diesen Zeugbüchern abgebildeten S. sind zwei Hauptgattungen zu unterscheiden: Bei der ersten Art handelt es sich um schwere, mit einer wimpel- und wappengeschmückten Plane dachförmig abgedeckte Leiterwagen oder um schwere Pferdewagen ohne Abdekkung, die ledigl. als Transportmittel für schwer gerüstete Fußknechte dienten. Der zweiten Art der maximilian. S. kam aber echte Kampfaufgaben zu. Die schweren Pferdewagen hatten meist eine dachförmige, mit Flaggen, Wimpeln und Wappen geschmückte Abdeckung, sie hatten aber zusätzl. seitlich nach oben klappbare, mit Schießlöchern versehene und mit Eisen beschlagene Panzerwände, und als Bewaffnung führten sie vier oder fünf drehbar gelagerte Kammerschlangen (→Tarrasbüchsen), von denen zwei oder drei nach den Seiten und je eine nach vorne und hinten zum Einsatz gebracht werden konnten.

E. Gabriel

Lit.: W. BOEHEIM, Die Zeugbücher des Ks.s Maximilian I., Jb. der Kunsthist. Slg. des Allerhöchsten Ks.hauses, T. 1, Bd. XIII, 1892.

Strengleikar, Slg. von ursprgl. 21 anorw. Übers.en von afrz. →Lais, die laut Prolog auf Geheiß des Kg.s →Hákon IV. Hákonarson vor der Mitte des 13. Jh. in Prosa übertragen wurden und somit zu seinem »Kulturprogramm« für Norwegen gehörten (→Riddarasaga). Die einzige erhaltene ma. Hs. (Uppsala, De la Gardie 4−7, um 1270 in Norwegen entstanden) enthält außer den S. u. a. auch noch anord. Übers.en des mlat. Dialogs →'Pamphilus de amore' (Pamphilus) und der Chanson de geste 'Elie de SteGille' (Elis saga). Der auf die Editionen des 19. Jh. zurückgehende Titel bedeutet etwa '[Lieder zu Melodien auf] Saiteninstrumenten', während der Prolog die Slg. einfach als 'Liederbuch' bezeichnet; allerdings wird der Begriff *strengleikr, strengleikslióð* oder *strengleikssaga* für einzelne Titel in der Hs. verwendet. Die Übers.en, von verschiedenen Übersetzern erstellt und von unterschiedl. Vorlagentreue, sind trotz vereinzelter Fehler sorgsam und von Stilwillen geprägt. Elf der übertragenen Lais (Guiamar, Eskia = Le Fresne, Equitan, Bisclaret, Laustik, Tveggia elskanda lióð = Desire, Chetovel, Milun, Geitarlauf, Janual, Jonet) stammen aus den 12 erhaltenen Lais der →Marie de France, sechs weitere entstammen dem ca. 50 Titel umfassenden Genre außer den Werken der Marie de France, vier gehen auf verlorene Vorlagen zurück (Gurun, Strandar strengleikr, Ricar hinn gamli, Tveggia elskanda strengleikr); bei der Auswahl ist eine deutl. Vorliebe für den anglonorm. Stoffkreis im weiteren Sinn festzustellen, obwohl nur zwei der Texte Stoffe der Artussage behandeln (Januals lióð = Lanval und Geitarlauf = Chèvrefeuil). Dieses Programm ist auch im Prolog angesprochen, wo die Originale bret. Dichtern zugesprochen werden. Die Hs. weist zwei Lücken auf (Großteil von Tidorel und Beginn von Chetovel; Großteil von Leikara lióð und Anfang von Janual), und die letzte Lage ist bis auf zwei ganze und zwei fragmentar. Blätter verloren, so daß der Text von zwei Prosaauflösungen verlorener lais unvollständig ist (Ricar hinn gamli, Tveggia elskanda strengleikr).   R. Simek

Lit.: R. MEISSNER, Die S., 1902 − H. G. LEACH, The Lais Bretons in Norway (Stud. in Language and Lit. in Hon. M. SCHLAUCH, 1966) − P. SKÁRUP, Les S. et les lais qu'ils traduisent (Les relation litt. francoscandinaves au MA, 1975) − R. COOK−M. TVEITANE, S. (Ed. und

Übers.), 1979 − M. E. KALINKE, Gvimars saga, Opuscula 6, 1979, 106−139 − DIES., Stalking the Elusive Translator: A Prototype of Guimars ljóð, Scandinavian Stud. 52, 1980, 142−162 − DIES., King Arthur North by North-West, 1981 − F. HØDNEBØ, Vokalharmonien i S. (Fschr. L. HOLM-OLSEN, 1984), 162−174 − C. J. CLOVER, Vǫlsunga saga and the Missing Lai of Marie de France (Sagnaskemmtun. Stud. H. PÁLSSON, ed. R. SIMEK u.a., 1986), 79−84 − F. HØDNEBØ, De la Gardie 4−7 Folio (Fschr. A. JAKOBSEN, 1987), 91−105 − Medieval Scandinavia. An Encyclopedia, 1993, 612f.

Stricker, der, mhd. Autor, tätig als Berufsdichter wohl ca. 1220−50, stammt wahrscheinl. aus Mitteldeutschland (Rheinfranken oder östl. Franken). Bestimmte Anspielungen (auf Lokalnamen, polit. Zustände) weisen darauf hin, daß er v. a. in Österreich lebte und dichtete. Der Name 'Strickaere' ist in einigen Dichtungen des S. und bei →Rudolf v. Ems belegt; seine Deutung (Berufsbezeichnung: Seiler; metaphor. Bezeichnung des Dichtens; Pseudonym; Eigenname) ist unklar.

Der S. ist einer der produktivsten und innovativsten Autoren des 13. Jh. Bemerkenswert ist insbes. die Breite seiner lit. Interessen; die »fortgesetzte Horizontstiftung und Horizontveränderung« überkommener lit. Gattungen (H. R. JAUSS), die modifiziert, umgebildet oder ganz neu geschaffen werden; aber auch die krit. Reflexion hist. Veränderungen und polit. Mißstände, die er an seinen sozialen und Glaubensüberzeugungen mißt. Das lit. Werk des S. umfaßt einen Karlsroman, einen Artusroman und einen Schwankroman (→Roman, II) sowie unterschiedl. Erzähltypen der Kleinepik. Gemeinsam ist diesen unterschiedl. lit. Gattungen und Schreibweisen, daß überkommene lit. Muster an den Aufgaben und z. T. ganz prakt. Problemen der Gegenwart gemessen und dementsprechend verändert werden.

Hauptquelle des »Karls«-Romans des S. (→Karl d. Gr., B. IV; →Roland, C. II) ist das »Rolandslied« des Pfaffen →Konrad, hinzukommen verschiedene Sagenelemente und andere Überlieferungen. Während jedoch im »Rolandslied« der Heroismus der Gotteskämpfer sowie die theol.-polit. Konfrontation von christl. Gottes- und heidn. Teufelsreich im Mittelpunkt stehen, hat der S. die Erzählung neu akzentuiert: aus der heroischen Erzählung von der 'militia Dei' der Paladine Ks. Karls wird bei ihm eine Lebensgesch. Karls (bes. Jugendereignisse: Bertasage, Verfolgung durch die Stiefbrüder, Karl und Galie), auch ist ein Ausblick auf seine Nachgeschichte hinzugefügt; der Gegensatz zw. Christen und Heiden wird gemildert, die Erzählweise dem höf.-ritterl. Roman angeglichen. Erst in dieser modernisierten Form hat das Rolandslied die weitere Karlsüberlieferung geprägt. Durchaus möglich ist, daß S.s Karl im Umfeld der stauf. Reichsideologie (Verstärkung der Karlsverehrung in →Aachen, 1215) entstanden ist.

Eine vergleichbare Variation und Modifikation lit. Erwartungen gilt auch für den »Daniel von dem blühenden Tal«, der ebenso wie der »Karls«-Roman der Frühphase von S.s lit. Schaffen zugerechnet wird. Der »Daniel«Roman folgt dem Erzählmuster und Motivensemble des arturischen Romans (→Artus, III), realisiert es aber auf neue und überraschende Weise. Während auf der einen Seite die Grundstruktur des Artusromans erhalten bleibt, werden auf der anderen Seite typ. Besonderheiten arturischen Erzählens in Frage gestellt. So wird z. B. im »Daniel« der 'Doppelweg' der Ereignisse zu einer einlinigen Kette der Abenteuer und Heldentaten. Die ritterl. Kampfeskraft des Helden wird hier ergänzt durch höchst rationale Fähigkeiten wie Klugheit und 'List', die es ihm erlauben, auch Zauber-und Wunderwesen einer bedrohl. Ge genwelt zu überwinden. Diese Welt und ihre Bewohner aber sind – ähnlich dem Bild der oriental. Fremde im Reiseroman des MA (→Alexander, B. VI) – bedrohlich und faszinierend zugleich (Schilderung des Kg.s Matûr und seiner Helfer einerseits als Herrscher über ein paradies. Reich ewiger Sinnenfreude, andererseits als erschreckende Repräsentanten wilder Zerstörungskraft). Dabei werden Motive der antiken →Mythologie mit dem Motivensemble der fremden Völker vom Rande der Welt verbunden (→Reise, II; →Fabelwesen, I). Die poet. und hist. Besonderheit des »Daniel«-Romans liegt in dieser Collage unterschiedl. Traditionen zum Zwecke der Neuformulierung des überkommenen arturischen Modells, das hier aber insbes. auf die Wunder der Fremde mit ihrer Ambivalenz von Faszination und Bedrohung akzentuiert ist, ohne daß ein aktueller gesellschaftl. Bezug erkennbar wäre.

Dieser ist dagegen im dritten vom S. favorisierten Romantyp, dem Schwankroman (→Schwank, I), unübersehbar. Im gleichfalls als Lebensgeschichte konzipierten »Pfaffen Amis« wird erzählt, wie ein aus England stammender Kleriker in verschiedenen Rollen und Verkleidungen auf Reisen geht, um seiner verarmten Pfarre neue Geldmittel zuzuführen. Ihm gelingt das, indem er sich die bislang unbefragten Überzeugungen und Selbstverständigungsformen der Kg.e und Hzg.e, der Bauern und Kaufleute, der Geistlichen und Ehefrauen zu eigen macht, gerade damit aber den Widerspruch zw. erklärter Absicht und realem Handeln aufdecken kann. Amis zerreißt die Einheit von Schein und Sein, von Ideal und Wirklichkeit und macht die Brüche der Ständegesellschaft (→Stand, →Ständelit.) sichtbar, die sich bislang in der Überzeugung eines gesicherten 'ordo' und einer geschlossenen sozialen Identität eingerichtet hatte. Diese Dissoziation von Anspruch und Realität und die Präsentation des 'mundus perversus' aber entspricht dem Zwecke satir. Schreibens, dem sich S. im »Pfaffen Amis« verpflichtet sieht (→Satire, IV); er entwirft eine Figur, die »Lug und Trug« in die Welt bringt, gerade damit aber die Miserabilität der Welt sichtbar macht.

Weniger pessimistisch verfährt der S. in den verschiedenen Formen seiner epischen Kleindichtung, die einen gewichtigen Teil seines lit. Œuvres und seiner literaturgeschichtl. Bedeutung ausmacht, wenn auch die Zuschreibung nicht in allen Fällen gesichert ist. Wurden die kleinen Formen exemplar. und schwankhaften Erzählens zunächst v. a. in der lat. Lit. gepflegt und tradiert, so hat sie der S. in die dt. Lit. eingeführt und ihre künstler. Form für die Folgezeit festgeschrieben. Poetik und Intention dieser →'Mären' sind bislang nicht eindeutig definiert. Kennzeichnend für die Märenkunst des S. aber ist ihr konkreter Bezug auf Probleme einer Alltagsethik, die in knapp pointierten Beispiel-Erzählungen vorgestellt und – in der Regel dialogisch – erörtert werden. Das betrifft die im Umfeld des IV. →Laterankonzils v. 1215 (Sakramentalisierung und Neudefinition der →Ehe) bes. aktuellen Fragen der wechselseitigen Achtung von Ehemann und Ehefrau (»Erzwungenes Gelübde«, »Begrabener Ehemann«, »Das heiße Eisen«, »Der Gevatterin Rat« u. a.); die Probleme um Dienst und Lohn, 'triuwe' und Übervorteilung im Handel (»Edelmann und Pferdehändler«); die Dialektik des Verlusts, der den Nutzen des Landes bringt (»Der junge Ratgeber«); die Willkür des Reichen; die fatalen Folgen der Trunkenheit u. a.

Weit weniger anschaulich verfährt der S. in seinen →Fabeln und →Bîspel-Erzählungen, in denen er allg. moral. Überzeugungen und Lehren anhand kurzer Parabeln illustriert. Dabei bleibt der Darstellungsmodus der Erzählung ausschließl. dem moraldidakt. Zweck des Bîspel unterworfen und darauf beschränkt, eindeutige Orientierungen zu bieten. Während die Mären des S. Fragen prakt. Alltagsethik kontrovers entwerfen und ihre dialog. Anlage erst im abschließenden Epimythion vereindeutigt wird, sind die Bîspel von Anfang an monologisch angelegt. Ihre konsequente Fortsetzung finden sie denn auch in den »Geistlichen Reden« des S., die Fragen des Glaubens und des Kults, der Sakramente und der theol. Überzeugungen, aber auch kanon. Streitfragen für ein Laienpublikum behandeln und ausschließl. lehrhaft vorgetragen werden.   W. Röcke

Ed.: Karl d. Gr. von dem S., ed. K. Bartsch, mit Nachw. von D. Kartschoke, 1965 – »Daniel von dem Blühenden Tal«, ed. G. Rosenhagen, 1894 [Nachdr. 1976] – »Pfaffe Amis«, ed. K. Kamihara, 1990²; H. Henne, 1991 – Kleindichtung: ed. W. W. Moelleken, 5 Bde, 1973–78 – Verserzählungen I und II, ed. H. Fischer, 1979⁴–1983⁴; Tierbispel, ed. U. Schwab, 1983³; Geistl. Bispelreden, ed. Dies., 1959 – Mhd. und nhd. Übers.: O. Ehrismann, 1992 – *Lit.:* Verf.-Lex.² IX, 417–449 [Lit.] – R. Brandt, »erniuwet«. Stud. zu Art, Grad und Aussagefolgen der Rolandsbearbeitungen in S.s »Karl«, 1981 – H. Ragotzky, Gattungserneuerung und Laienunterweisung in Texten des S.s, 1981 – H. Fischer, Stud. zur dt. Märendichtung, 1983 – H. J. Ziegeler, Erzählen im SpätMA, 1985 – G. Dicke–K. Grubmüller, Die Fabeln des MA und der frühen NZ, 1987 – W. Röcke, Die Freude am Bösen, 1987, 37–84.

Strig(e)l, Bernhard, * 1460 Memmingen, † ebd., dt. Altar-, Wand- und Bildnismaler aus der Künstlerfamilie S., der auch Hans d. Ä., Hans d. J. und Ivo angehörten. In ihrer Werkstatt dürfte S. seine erste Ausbildung erfahren haben, an ihren Arbeiten für Graubünden war er beteiligt (u. a. Altar in Disentis, 1489). Am 1494 vollendeten Blaubeurer Hochaltar B. →Zeitbloms arbeitete S. mit. Auf altertüml. Goldgrund legte er das Devotionsdiptychon des Hans Funk (vor 1500, München) und den sog. Mindelheimer Sippenaltar (um 1505, Nürnberg und Donzdorf) an. 1507 entstand im Auftrag Maximilians der Kreuzaltar für S. Paolo f. l. m. in Rom. Mehrere Porträts Maximilians werden S. zugeschrieben. 1515 und 1520 hielt S. sich auf dessen Geheiß in Wien auf, dabei malte er das Bildnis der Familie Ks. Maximilians, welches Joh. Cuspinian von S. zum Diptychon erweitern ließ (Wien und Privatbesitz). S. zählt zu den bedeutenden Meistern des Übergangs von der Spätgotik zur Renaissance.   D. Gerstl

Lit.: G. Otto, B. S., 1964 – E. Rettich, B. S., Herkunft und Entfaltung seines Stils [Diss. Freiburg 1965] – A. Stange, Krit. Verz. der dt. Tafelbilder vor Dürer, 2, 1970 – H. G. Thümmel, B. S. Diptychon für Cuspinian, JKS 76, 1980, 97–110 – M. Roth–H. Westhoff, Beobachtungen zu Malerei und Fassung des Blaubeurer Hochaltars (Flügelaltäre des späten MA, hg. H. Krohm), 1992, 167–188.

Strigol'niki, Anhänger einer Häresie, die unter der niederen Geistlichkeit von →Novgorod (spätes 14. Jh.) und →Pskov (1. Viertel 15. Jh.) verbreitet war. 1375 wurden Führer der S. hingerichtet. Die Bezeichnung der S. wird teils auf diejenige für exkommunizierte Geistliche (*rasstriga*) zurückgeführt (Keltujala, Rybakov), teils auf die Weihungszeremonie der S. (Scheren [*strižka*] der Schädelplatte; Kazakova) oder auch auf die der geschorenen Kleriker (Klibanov) bzw. der Tuchscherer (Choroškevič) als Anhänger der S. (Hösch). Möglicherweise wurden an niedere Geistliche bezeichnet, die sich priesterl. Rechte anmaßten. Die Lehre der S. ist durch die Widerlegungen des Bf.s →Stefan v. Perm' († 1396) und des Metropoliten Fotij (20er Jahre des 15. Jh.) bekannt. Sie traten gegen die Einsetzung Geistlicher für Geld auf, lehnten die kirchl. Hierarchie sowie das Abendmahl ab

und prangerten unsittl. Leben und Besitzgier der Geistlichkeit an. Sie vertraten das Recht eines jeden zu predigen
und sich ohne Vermittlung eines Geistlichen direkt an den
in der Natur allgegenwärtigen Gott zu wenden. Die Erkenntnis der göttl. Wahrheit war nach ihrer Lehre durch
die Vernunft möglich. Widersprüchl. ist die Beurteilung
der S., deren Lehre als heidn. Doppelglaube (RYBAKOV),
als »sehr orth. und konservativ« (SEDEL'NIKOV) bzw. re-
formator. (KLIBANOV) und durch die Armenier/→Pauli-
kianer beeinflußt (AJVAZJAN) bezeichnet wird und Über-
einstimmungen mit den →Katharern (HÖSCH) bzw. den
→Bogomilen (HÖSCH, KAZAKOVA) aufweise; denkbar ist
auch eine Beeinflussung durch den →Hesychasmus.

A. Choroškevič

Lit.: N. A. KAZAKOVA–JA. S. LUR'E, Antifeodal'nye eretičeskie dviženija na Rusi XIV – načala XVI veka, 1955 – A. I. KLIBANOV, Reforma-
cionnye dviženija v Rossii v XIV – pervoj polovine XVI vv., 1960 – E.
HÖSCH, Orthodoxie und Häresie im alten Rußland, 1975 – B. A.
RYBAKOV, S. Russkie gumanisty XIV stoletija, 1993.

Stromer (Stromeir), Nürnberger Fernhandelsfamilie.
Zugewandert aus dem Raum Schwabach, sind die S. zuerst 1254 urkundl. in →Nürnberg bezeugt und von Beginn
an in den Ratsgremien vertreten. Eine Reihe von Indizien
deutet auf ministerial. Herkunft. Früh wird eine Orientierung der S. auf das Eisenerzrevier in der Oberpfalz erkennbar. Schon vor 1336 und erneut 1359 waren sie dort im
Besitz von Eisenhämmern. Später waren Zweige der
Familie in Amberg, Sulzbach und Auerbach als Montan-
unternehmer ansässig. Angehörige der S.-Familie aus
Nürnberg sind ab der Mitte des 14. Jh. in Oberitalien, am
Oberrhein, in Flandern sowie im mittleren Donauraum
als Fernhändler nachweisbar, also etwa in dem Bereich,
aus dem auch *Ulman* →S. um 1390 Geschäftsusancen
verzeichnete. Einer der Haupthandelswege des mit verschiedenen Partnern operierenden Handelshauses verlief
vom Rhein durch das Engadin nach Oberitalien; zwei
Geschäftsbriefe von ca. 1384 dokumentieren Handel mit
Wolle, Barchent, Kupfer, Silber sowie spekulative Wech-
selgeschäfte. Als Politiker und Finanzier treten unter Karl
IV. zuerst *Ulrich d. J.* S., später v. a. sein Neffe Ulman S.
hervor. An wichtigen techn. Innovationen, die von den S.
eingeführt wurden, steht neben der Papiermühle Ulmans
das für die Rohstoffversorgung von Nürnberger Gewerbe
und Bevölkerung wichtige Verfahren der Nadelholzsaat,
das seit 1368 Ulmans Bruder *Peter* († 1388) entwickelte.
Der Pest von 1406/07 fielen zahlreiche Familienmitglieder
zum Opfer. Ulmans einziger überlebender Sohn *Georg* (†
1437) mußte Nürnberg 1433 verlassen, nachdem die Fir-
ma zahlungsunfähig geworden war. In der Folgezeit erreichten die S. nicht mehr ihre alte Position als Fernhändler.   J. Schneider

Q.: Archiv der Freiherren S. v. Reichenbach auf Burg Grünsberg, T. I:
Urkk. (Bayer. Archivinv.e Mittelfranken H. 8, 1972) – *Lit.:* W. v.
STROMER, Die Nürnberger Handelsges. Gruber–Podmer–S. im 15.
Jh., 1963 – DERS., Zur Herkunft der S. v. Auerbach, Altnürnberger
Landschaft Mitt. 13, 1964, 45–51 – DERS., Oberdt. Hochfinanz
1350–1450, 1970 – DERS., Peter Stromeir d. Ä. (Forstl. Biogr. vom 14.
Jh. bis zur Gegenwart, hg. K. MANTEL–J. PACHER, 1976), 3–10.

S., Ulman, Nürnberger Fernhandelskaufmann, Unternehmer und Politiker, * 6. Jan. 1329, † 3. April 1407.
Das erhaltene Autograph des »Püchel von meim geslecht
und von abentewr« wurde von S. um 1390 angelegt und
bis 1403 je nach Bedarf und Gelegenheit ergänzt. Ähnlich
den zeitgleich überlieferten Ricordanzen it. Kaufleute vereint das Memorialbuch familiäre sowie zeitgeschichtl. und
geschäftl. Aufzeichnungen. Die detaillierten Notizen zu
Vorfahren, Familienmitgliedern und den Bekannten des

Autors dienten der Positionssicherung von Autor und
Nachkommen in der städt. Ges. Am Städtekrieg v. 1388/
89 und den Vorgängen um die Absetzung Kg. Wenzels,
von denen S. u. a. berichtet, hatte er als führender Politiker
→Nürnbergs selbst unmittelbaren Anteil, wie sich aus
anderweitigen Zeugnissen ergibt. Bes. enge Beziehungen
bestanden, wie auch das »Püchel« hervorhebt, seit langem
zu Kg. Ruprecht, dem S. allein zw. 1401 und 1403 ca. 9000
fl. lieh. Als leitender Geschäftsmann der Stromer-Firma
ist S., Schwiegersohn eines führenden Oberpfälzer Mon-
tanunternehmers, seit 1360 insbes. im Eisengewerbe und
Metallhandel bezeugt. Auf die erhöhte Papiernachfrage
(→Papier) der Zeit reagierte er 1390 mit der Gründung der
ersten dt. Papiermühle bei Nürnberg, seit 1394 z. T. im
Verlagsbetrieb geführt.   J. Schneider

Q. und Lit.: Verf.-Lex.² IX, 457–460 – U. S.'s 'Püchel von meim
geslecht und von abentewr', hg. K. HEGEL (Chr. dt. Städte 1, 1862),
1–312 – W. E. VOCK, U. Stromeir (1329–1407) und sein Buch, Mitt. des
Ver. für Gesch. der Stadt Nürnberg 29, 1928, 85–168 – U. S., Püchel
von mein geslecht und von abentewr, Teilfaks. und Komm.bd. bearb.
L. KURRAS u. a., 1990 [Lit.] – U. M. ZAHND, Einige Bemerkungen zu
spätma. Familienbüchern aus Nürnberg und Bern (Nürnberg und
Bern, hg. R. ENDRES, 1990), 7–37 – J. SCHNEIDER, Typologie der
Nürnberger Stadtchronistik um 1500 (Städt. Geschichtsschreibung,
hg. P. JOHANEK, 1996).

Strongbow, eigtl. Richard de →Clare, engl. und angloir.
Hochadliger, * um 1130, † 30. April 1176; Sohn von
Gilbert S., erbte 1148 den Titel des Earl of →Pembroke
sowie die väterl. Besitzungen und wurde durch den Ver-
trag v. Westminster (7. Nov. 1153), der →Heinrich (II.)
Plantagenêt als Nachfolger →Stephans v. Blois anerkann-
te, in seinem Rechtsstatus bestätigt; S. stand als ehem.
Anhänger Stephans bei Heinrich II. aber in Ungnade und
scheint 1167–68 einen Großteil seiner Besitzungen verloren zu haben. Der vertriebene ir. Kg. →Dermot mac
Murrough gewann S. als Verbündeten bei der Rückeroberung des Kgr.es Leinster (→Laigin) und versprach ihm die
Hand seiner Tochter Aoife (Eva) nebst der Erbfolge in
Leinster. Nachdem bereits Männer aus dem südl. →Wales
erfolgreich in Irland für Dermots Ansprüche gekämpft
hatten, landete S. im Mai 1170 bei →Waterford und vermählte sich im Aug. desselben Jahres mit Aoife. 1170 und
1171 errang er große militär. Erfolge gegen die Feinde
seines Schwiegervaters, so daß Kg. Heinrich II., der die
Errichtung eines unabhängigen, mit dem südl. Wales
verbündeten anglonorm. Kgr.es in Irland befürchtete,
allen Zuzug für S. verbot und die Rückkehr der in Irland
kämpfenden engl. Verbände für Ostern 1171 befahl. S.
unterwarf sich hierauf Kg. Heinrich II. und stellte ihm
seine Eroberungen zur Verfügung; bei seinem Aufenthalt
in Irland (1171–72) begrenzte der Kg. den Herrschaftsbereich S.s auf Leinster (Gebiete südl. des Flusses Liffey) und
unterstellte die Handelshäfen seiner unmittelbaren Kg.s-
gewalt. In den letzten Lebensjahren beteiligte sich S. an der
anglonorm. Expansion; er hinterließ eine dreijährige
Tochter, Isabella.   G. MacNiocaill

Lit.: A New Hist. of Ireland, II, hg. A. COSGROVE, 1993.

Strophe → Versbau

Strozzi, florentin. Familie »popolaren« Ursprungs, die
seit dem 12. Jh. Mitglied der Arte del Cambio (d. h. der
Korporation der Geldwechsler) war und intensive Bank-
und Handelsgeschäfte zuerst in Mittelitalien, im 13./14.
Jh. auch in Frankreich und England, tätigte. Ihren größten
Aufstieg verdanken die S. ihren Geschäften an der päpstl.
Kurie in Avignon im 14. Jh. Nachdem sie die Krise der
50er Jahre des 14. Jh. auf glänzende Weise gemeistert
hatten, die andere große florentin. Bankiersfamilien wie

die →Bardi, die →Peruzzi, die →Acciaiuoli in Mitleidenschaft zog, gehörten die S. zu den Familien der florentin. Oligarchie, die seit den 80er Jahren des 14. Jh. das polit. Leben der Stadt beherrschten. Mit den →Albizzi verbündet und als Gegner der →Medici nahmen die S. bis 1434 am Stadtregiment teil, dem Jahr, in dem sich ihr Gegner Cosimo de' Medici, gen. »il Vecchio« durchsetzte. Der wichtigste Exponent der Familie in dieser Zeit war *Palla di Nofri*. Nach dem Sieg der Medici wurden die S. aus Florenz verbannt und gingen nach Padua und Ferrara, ein Zweig der Familie kehrte 1466, nach Aufhebung des Bannes, wieder nach Florenz zurück. Ein Zeichen für den neuerl. Aufstieg der S. ist der berühmte Stadtpalast, dessen Bau 1489 begonnen wurde. Die Beziehungen zu den Medici blieben allerdings weiterhin angespannt. Im 16. Jh. kämpften viele Mitglieder der Familie S. an der Seite der Franzosen gegen die mit dem Reich und Spanien verbündeten Großhzg.e v. Toskana. F. Cardini

Lit.: B. CASINI, I Libri d'Oro della nobiltà fiorentina e fiesolana, 1993, ad indicem.

S., Palla, Sohn des Onofri-Nofri, * ca. 1372 in Florenz, † 1462 in Padua, Staatsmann, Humanist und Mäzen. S. gesellte sich sehr bald dem Kreis um Coluccio →Salutati zu und wurde dank seines Reichtums und des Ansehens seiner Familie zu einem der aktivsten Kulturförderer: 1397 wirkte er bei der Einrichtung eines Griechischlehrstuhls in Florenz mit, auf den man den Byzantiner Manuel →Chrysoloras berief. S. wurde dessen Schüler und stattete die Professur mit Hss. aus, die er aus dem Osten kommen ließ (Ptolemaios, Plutarch, Platon, die 'Politik' des Aristoteles). Er hatte den Plan, eine öffentl. Bibliothek bei der Kirche der Vallombrosaner S. Trinita in Florenz zu begründen (Vespasiano da Bisticci, Vita 146–147), die auch seine eigene beachtl. Büchersammlung (vgl. das Inventar von 1431 [FANELLI, 290]) aufnehmen sollte. Infolge des Sieges der feindl. Medicifaktion aus Florenz vertrieben, wurde er jedoch 1434 nach Padua verbannt, wo er bis zu seinem Tode blieb. Sein Haus wurde Studienzentrum und gastl. Mittelpunkt für byz. Flüchtlinge, darunter Johannes →Argyropulos und Andronikos Kallistos. Der griech. und lat. Bestand seiner Bibliothek mehrte sich ständig. In seinem Testament von 1462 hinterließ er eine Gruppe von lat. und griech. Hss. der Bibliothek von →Santa Giustina in Padua (CANTONI, 183–186). M. Cortesi

Q. und Lit.: Vespasiano da Bisticci, Le vite, ed. A. GRECO, II, 1976, 139–165 – V. FANELLI, I libri di Messer P. di Nofri S. (1372–1462), Convivium I, 1949, 57–73 – A. DILLER, The Greek Cod. of P. S. and Guarino Veronese, JWarburg 24, 1961, 316–321 – G. FIOCCO, La casa di P. S., Atti dell'Accad. Naz. dei Lincei, Mem. s. VIII, 5, 1954, 361–382 – DERS., La biblioteca di P. S. (Fschr. T. DE MARINIS, II, 1964), 289–310 – C. BEC, Les marchands écrivains. Affaires et humanisme à Florence, 1375–1434, 1967, 362–434 – H. GREGORY, A Further Note on the Greek Mss. of P. S., JWarburg 44, 1981, 183–185 – G. CANTONI-ALZATI, La biblioteca di S. Giustina in Padova, 1982, 10–13, 183f. – M. L. SOSOWER, P. S.'s Greek mss., Studi it. di filologia class., s. III, 1986, 140–151 – S. GENTILE, Emanuele Crisolora e la »Geografia« di Tolomeo (Dotti biz. e libri greci nell'Italia del sec. XV, hg. M. CORTESI–E. V. MALTESE, 1992), 291–308, passim.

Strumica, Stadt und Burg am gleichnamigen Fluß (Republik Makedonien), einer Legende zufolge an der Stelle des antiken Tiberiopolis. Die spätestens im 9. Jh. entstandene, griech. und slav. besiedelte Stadt wurde 1019 Bf.ssitz unter der Jurisdiktion des Ebm.s →Ohrid und zugleich wichtiges Zentrum der byz. Provinzverwaltung. Oberhalb der Stadt lag eine starke Burg, nach zeitgenöss. Aussagen »höher als die Wolken«. Im 9. und 10. Jh. unter bulg. Herrschaft, im 11. und 12. Jh. unter byz., gehörte die Stadt in Zeiten der geschwächten Zentralgewalt unabhän-

gigen Magnaten (→Hrs Dobromir, Strez, später Hrelja). In der ersten Hälfte des 13. Jh. von Lateinern, Bulgaren und Byzantinern umkämpft, hielten letztere die Stadt bis 1334. Nach einer Periode serb. Herrscher und Gebietsherren gelangte S. 1395 unter osman. Herrschaft.
M. Blagojević

Lit.: K. JIREČEK, Das chr. Element in der topograph. Nomenclatur der Balkanländer, SAW Phil.-Hist. Cl. Bd. 136. 11, 1897, 1–98 – B. PANOV, Opštestveno-političkite priliki vo Strumičkata oblast od krajot na VI do poč. na X v., Glasnik INI II, 1961, 201–245 – R. RADIĆ, Oblasni gospodari u Vizantiji krajem XII i u prvim decenijama XIII veka, ZRVI 24/25, 1986, 151–289.

Strymon (*Στρυμῶν*, slav. Struma), Fluß und byz. →Thema bzw. Prov. in dessen Großraum. Der S. (Länge etwa 400 km) entspringt südl. von Sofia, durchfließt den strateg. wichtigen Rupelpaß (zw. Kleidion/Ključ und Balabista/Siderokastron) und mündet bei Amphipolis, dem späteren Chrysupolis, in die →Ägäis. Seinem Tal folgt eine wichtige N-S-Verkehrsverbindung (zw. dem Inneren der Balkanhalbinsel und der Nordägäis). Im 7. Jh. am S. Ansiedlung von Slaven. Der administrative Status von S. scheint unstabil: Aus Konstantinos Porphyrogennetos, De them. (10. Jh.), wo S. zugleich als Thema und als →Kleisura erscheint und erwähnt wird, Justinian II. habe Slaven (Skythai) in den Bergen und Pässen von S. angesiedelt, wird gefolgert, der Ks. habe um 688 die Kleisura S. eingerichtet. Im 8. und 9. Jh. bulg. Angriffe. Strategen des Themas S. sind ab der 1. Hälfte des 9. Jh. auf Siegeln, ab 899 in Listen belegt: Siegel eines Kleisurarchen v. S. (eher 10. Jh. als Ende 9. Jh.). 971–975 (Taktikon v. Escorial) ein Stratege v. S. oder Chrysaba und einer von Neos S. (am oberen Flußlauf?) genannt. Ab dem 11. Jh. ist S. oft mit den benachbarten Themen Thessalonike, Boleron und Serrai vereinigt. Wie weit flußaufwärts das Thema S. reichte, ist strittig, Kerngebiet war wohl der Unterlauf vom Rupelpaß bis zur Mündung. Ein rechter Nebenfluß des S. ist die Strumitza/→Strumica (Diminutiv von S.), die gleichnamige Stadt war Bm. und Zentrum eines kleinen Thema. P. Soustal

Lit.: Oxford Dict. of Byzantium, 1991, 1968 – Z. PLJAKOV, Palaeobulgarica 10/3, 1986, 73–85; 13/2, 1989, 100–115 – A. STAURIDU-ZAPHRAKA, Byz. Makedonia, 1995, 307–319.

Strzelno, Stadt in →Kujavien (Markt: Beginn des 13. Jh.; Stadtrecht vor 1356), gehörte dem von Wszebor (Piotr), →Palatin →Bolesławs IV., abstammenden Geschlecht. Wszebor stiftete wahrscheinl. eine Kirche (♂ hl. Kreuz und Maria; Weihe 1133), die einer ihm verbundenen Kanonikergruppe zugewiesen wurde. Sein Sohn Piotr (d. A.) Wszeborowic, 1196 Palatin und Kastellan v. →Kruschwitz, berief 1190 Prämonstratenserinnen nach S. und übergab ihnen die Ausstattung der alten Kanonikerkirche. Die damals begonnene neue Basilika wurde 1216 geweiht, wobei das Patrozinium des hl. Kreuzes durch das der Trinität ersetzt wurde. Das Kl., ein typ. Hochadelsstift, hatte bedeutende Besitzungen im Grenzgebiet zw. Großpolen und Kujavien. Zwei roman. Kirchen sind in S. erhalten: die ehem. Kl.kirche (dreischiffige Basilika) sowie neben ihr eine schlichte Rundkirche aus Stein mit Chor und Turm (mit Empore), die wahrscheinl. im 2. Viertel des 12. Jh. als Grabkirche der Stifter erbaut wurde (♂ Prokop). J. Strzelczyk

Lit.: SłowStarSłow V, 446–450 [Lit.] – S. romańskie, 1972 – B. KÜRBISÓWNA, Najstarsza tradycja klasztoru panien norbertanek w Strzelnie, Roczniki Historyczne 40, 1974, 19–50 [Neudr.: DIES., Na progach historii, 1994, 127–154] – DIES., Pogranicze Wielkopolski i Kujaw w X–XII wieku, Studia z dziejów ziemi mogileńskiej, 1978, 65–111 [Neudr.: ebd., 207–249].

Stuart → Stewart

Stuart, Berault, Seigneur d'Aubigny et Concressault
(Berry), * um 1452, † 1508, frz. Heerführer und Diplomat,
entstammte dem schott. Hause →'Albany', einem seit ca.
1420 vielfach in Frankreich ansässigen Zweig der Dynastie
→Stewart (→Schottland). Sohn von Jean S. und Béatrice
d'Apchier, seit 1469 in den schott. Ordonnanzkompa-
nien (→Leibwache) des Kg.s v. Frankreich bezeugt, befehligte S. die kgl. Schottengarde (1493) und fungierte als
→Bailli v. →Berry und →*Capitaine* v. →Vincennes,
kämpfte 1485 in der Schlacht v. →Bosworth an der Seite
→Heinrichs (VII.) Tudor, nahm 1492 an der kast. Conquista v. →Granada teil und zog unter Kg. →Karl VIII. 1494
nach →Neapel. 1500 übertrug ihm →Ludwig XII. eines
der beiden Gouverneursämter in →Mailand. S. kämpfte
mit wechselndem Erfolg gegen die Spanier in Neapel
(1501–03) und nahm 1507 am Feldzug nach →Genua teil.
Seine 1508 als 'Pilgerfahrt' durchgeführte Reise in seine
schott. Heimat, bei der er verstarb, diente vorrangig der
Wiederbelebung des traditionellen frz.-schott. Bündnisses (→'Auld Alliance'). S. diktierte auf dieser letzten Reise
seinem Kapellan Étienne le Jeune einen eng an den Traktat
des Robert de →Balsac angelehnte kleine Schrift über die
Kriegskunst, in welcher der erfahrene und angesehene
Kriegsmann aber auch eigenständige Gedanken entwik-
kelt.   Ph. Contamine

Ed. und Lit.: Traité sur l'art de la guerre de B. S., ed. E. DE COMMINGES,
1976.

Stube, heizbarer und rauchfreier Wohnraum mit dichten
Wänden und einer abgeschlossenen, festen und relativ
niedrigen Decke. Wichtigstes Kennzeichen der S. ist der
wärmespeichernde Ofen, der auch an kalten Tagen eine
Raumtemperatur von ca. 20°C gewährleistet (→Hei-
zung). Die Rauchlosigkeit der S. wird durch die bes. Lage
bzw. die Rauchführung des Ofens ermöglicht, der spätestens seit dem 13. Jh. von außerhalb der S. geheizt wurde
und den Rauch nach außerhalb (Küche, Flur, das ganze
übrige Haus) abgab (Hinterlader). Damit erst konnte
die S. sich zu einem bevorzugten Wohn- und Arbeits-
raum entwickeln. Im Unterschied dazu besitzen die sog.
Rauchs.n des ostalpinen Raumes sowie des ö. Mitteleuropa Vorderladeröfen mit offenem Rauchabzug in den
Raum. Im Zusammenhang mit der S. ist die Bads. zu
sehen, ein kleines einzeln stehendes (Block-)Häuschen mit
einem Steinofen fürs Schwitzbad, wie es v. a. in N- und O-
Europa bis heute benutzt wird, aber auch im oberdt. Raum
im MA zahlreich nachweisbar ist. Eine Entwicklung der
Wohns. aus der Bads. läßt sich jedoch nicht feststellen.
    Schriftl. Q. zu Wohns.n im MA sind in großer Zahl aus
nahezu allen Teilen Mitteleuropas bekannt. Der älteste
Beleg findet sich in der →Lex Alamannorum (7. Jh.), der
nächstälteste (765) ist aus Sagogn (Graubünden) überliefert, in beiden Fällen ist nicht ganz klar, ob es sich wirkl.
um S.n im späteren Sinn handelt. In den vor 1200 liegen-
den Erwähnungen der S. wird eine weite regionale Streu-
ung sichtbar, von Chur bis Merseburg, vom alem. bis in
den böhm. Raum (osteurop. Belege nicht berücksichtigt).
Der überwiegende Teil eindeutigerer Belege zur Wohns.
setzt erst nach 1200 ein und stammt v. a. aus den oberdt.
Städten, in denen die S. älter als die geschlossene archival.
Überlieferung, also älter als das 13. Jh. ist. Eine Diffusion
der S. von einem begrenzten Novationsgebiet her wird in
den Q. nicht eindeutig sichtbar; sie geben nur den Raum
an, in dem im MA S.n belegt sind, nicht jedoch regionale
Herkunft und Alter der S. Die nachgewiesenen Haus- und
Wohnformen sprechen jedoch dafür, im oberdt. Raum

und im 12. Jh. die Anfänge einer allg. Verbreitung der S. zu
suchen. Für N- und Mittel-Dtl. ist die Q.lage nicht so
günstig. Hier erscheint die S. v. a. unter der in Niedersachsen, Mecklenburg und Holstein bis heute üblichen Bezeichnung *Dörnse, Döns* u. ä., die mit der oberdt. nur noch
urkdl. bekannten Bezeichnung *Türnitz* (Wohnraum der
Burg) zusammen gesehen wird. N-Dtl. gilt als sekundäres
S.ngebiet, in dem in der Stadt im 15. Jh., auf dem Land
noch wesentl. später, allg. mit S.n zu rechnen sei, die hier
durch ihre Lage am hinteren Hausende des sog. Hallen-
hauses (→Bauernhaus, B) ihre untergeordnete Bedeutung
zeigt. Das späte Aufnehmen der S. ins Haus ist für einige
Gebiete, z. B. Westfalen, sicher, gilt aber z. B. nicht für
Schleswig-Holstein, wo vom erhaltenen Bestand her S.n
auf dem Land um 1500 weit verbreitet gewesen sein
müssen. Auch passen die schmalen dän. Häuser mit den
fest in den Grundriß integrierten S.n nicht so recht ins Bild
einer abnehmenden Bedeutung der S. vom Süden Mitteleuropas zum Norden hin.
    Die meisten spätma. S.n zeichnen sich durch ihre reine
Holzbauweise aus. Die ältesten nachweisbaren S.en des
13.–15. Jh. in ländl., meist aber städt. Wohnhäusern S-
Dtl.s (ältester Beleg: 1250 Regensburg, Keplerstraße 2)
und in Burgen und Bauernhäusern Tirols, haben sorgfältig gefügte Wände und Decken aus Holz, gleichgültig, ob
es sich um einen Holzbau handelt, oder ob die S. als
'Holzkasten' in einen →Fachwerkbau oder gemauerten
Bau eingefügt ist. Konstruktiv handelt es sich in den
frühen Beispielen meist um den Ständerbohlenbau (sog.
Bohlens.). Die Decke ist häufig nach einem ähnlichen
Prinzip aufgebaut, es wechseln breite Bohlen, die in genu-
tete Balken ('Riemen') fassen, einander ab (Bohlen-Bal-
ken-Decke, Riemchendecke). Charakterist. für viele der
ältesten S.n ist die mehr oder weniger ausgeprägte Wöl-
bung oder Brechung der Decke. Die Bohlen-Balken-
Decke bleibt bis in die NZ die in Stadt und Land Oberdtl.s
übliche S.ndecke; sie kann durch Abfasung und Profilie-
rung sowie Schnitzereien und Malereien zu hoher reprä-
sentativer Wirkung gelangen. Die S. ist der von der Lage
(in einem Hauseck, zur Straße), der Größe und Zahl der
→Fenster her am besten belichtete Raum im Haus. Bis
etwa 1350 waren noch sehr kleine, ins Holzwerk einge-
schnittene Fensterchen üblich. Danach häufen sich die
Belege mit relativ großer und dichter Befensterung, zusammengefaßt zu Fensterbändern (ab dem 15. Jh. als leicht
auskragende Fenstererker betont).
    Die S. war in Oberdtl. über alle sozialen Schichten
hinweg wichtigster Raum im privaten Wohnhaus, aber
auch bei öffentl. und repräsentativen Bauten (Ratss.,
Amtss., Zunfts., Trinks.) und im feudalen (Burgs.,
Schloß., Große S.) wie klösterl. Bereich (Winters., Win-
terrefektorium). Die vielfältigen, regional wie sozial unterschiedl. Funktionen der S. sind mit Wohnen nur unge-
nügend umschrieben. Die S. war Eß- und Kochraum, in
ihr wurde vielfach gearbeitet (v. a. Kleinhandwerker), sie
nahm gelegentl. auch Tiere mit auf, sie diente als Schlaf-
raum, wurde zum Fest- oder bei Besuch zum Prunkraum
und hatte auch kult. Aufgaben zu übernehmen. Die ältere
S. zeichnet sich durch ihre strenge und über große Gebiete
relativ gleiche Raumordnung aus. Die wichtigsten Aus-
stattungsstücke waren, etwa diagonal gegenüber dem
Ofen, der Tisch und die Bänke im Fenstereck, das zugleich
religiöse Bilder aufnahm (sog. 'Diagonalgliederung').
Der Innenraum blieb relativ frei, es sei denn, hier standen
Arbeitsgeräte.
    Die S. ist eine der bedeutsamsten und folgenreichsten
Entwicklungen des MA für die mitteleurop. Wohnkultur,

auf der auch die heutigen Wohnformen beruhen, und eine Erfindung, die Auswirkungen v.a. für die breite Masse der Bevölkerung besessen hat.   K. Bedal

Lit.: I. TALVE, Bastu och Turkus i Nordeuropa, 1960 – H. H. BIELE-FELDT, Nd. Döns, bair. Türnitz, 'heizbarer Raum', Zs. für dt. Wortforsch. 17, 1961, 136–148 – J. HÄHNEL, S. Wort- und sachgesch. Beitr. zur hist. Hausforsch., 1975 – H. HUNDSBICHLER, Der Beitrag deskriptiver Q.belege des 15. Jh. zur Kenntnis der spätgot. S. in Österreich (Europ. Sachkultur des MA, 1980), 29–54 – K. BEDAL, Wohnen im hölzemen Gehäus' (Haus[ge]schichten: Bauen und Wohnen im alten Hall und seiner Katharinenvorstadt, hg. A. BEDAL–I. FEHLE, 1994), 93–124.

Stüber (ndl. *Stuiver*, frz. *patard*), ursprgl. ndl., seit dem Anfang des 15. Jh. geprägte Silbermünze im Wert eines Doppelgroots (→Groot), so genannt nach den stiebenden Funken der Feuereisen an der Kette des Ordens vom →Goldenen Vlies auf S.n von Brabant. Der S. wurde zur Basis des ndl. Münzwesens seit dem SpätMA; alle Münzwerte wurden auf den S. bezogen. Er wurde zu 8 Duits = 16 →Pfennige gerechnet. Regional entwickelten sich von Brabant aus unterschiedl. S.-Werte (Lüttich, Gelderland, Overijssel, Groningen). Der S. wurde als Münztyp am Niederrhein (Gf.en v. Kleve), in Westfalen (Gf.en v. Limburg), Ostfriesland und Jever nachgeahmt.

P. Berghaus

Lit.: F. v. SCHROETTER, Wb. der Münzkunde, 1930, 608 – H. E. VAN GELDER, De nederlandse munten, 1965, 270 – A. KAPPELHOFF, Die Münzen Ostfrieslands, 1982, 74 – J. J. GROLLE, Numismat. Linguistiek, 1984, 31f. – P. SPUFFORD, Handbook of Medieval Exchange, 1986, 363.

Stuck, -plastik. S. besteht im MA aus Gipsmörtel mit Sand und kleinen Mengen Kalk, selten aus Kalk und Sand (St. Martin in Disentis/Graubünden). Der S. wird direkt auf die Mauer oder seltener auf eine angenagelte Strohlage aufgetragen, und zunächst mit Modellierhölzern und Messern, dann, nach dem Abbinden, mit spitzen Eisen, Raspeln und Feilen bearbeitet. Der ma. S. steht in der Tradition der röm. S.dekorationen, die technisch und stilist. in der frühchristl. und byz. Kunst weitergeführt wurden (Baptisterium der Orthodoxen in Ravenna um 450, San Vitale in Ravenna, Hagia Sophia in Istanbul) und bes. in islam. Bauten in Spanien reiche Anwendung fanden (Alhambra in Granada, Alcázar in Sevilla). In vorroman. Zeit war S. als Ornament oder figürl. Plastik recht verbreitet, ist aber nur noch wenig erhalten: in Italien S. Salvatore in Brescia, Sta. Maria in Valle, Cividale del Friuli, Sta. Prassede und S. Sebastiano al Palatino in Rom, S. Ambrogio in Mailand; in Graubünden St. Martin in Disentis, 8. Jh.; in Frankreich Germigny-des-Prés um 806 (heute Mus. des Beaux-Arts in Orléans), Saint-Rémy in Reims 10./11. Jh.; in Dtl. Westwerk von Corvey um 885; Stiftskirche Quedlinburg, Krypta 10./11. Jh. Bes. reiche S.plastik entwickelte sich in Sachsen im 12./13. Jh.: Äbtissinnen-Grabplatten in Quedlinburg um 1130, Hl. Grab in Gernrode, Apostelfiguren in Gandersheim um 1126, Altaraufsatz im Dom zu Erfurt, Chorschranken in St. Michael in Hildesheim, Liebfrauenkirche in Halberstadt, Hamersleben, jeweils Anfang 13. Jh., Engelsfiguren im Langhaus von St. Michael in Hildesheim und Kl.kirche Hecklingen. In der Gotik wurden auch Rundplastiken in S. hergestellt, zumeist in zwei Hälften ausgeformt und dann zusammengefügt.   G. Binding

Lit.: Lex. der Kunst, VII, 1994, 106–110 – G. VORBRODT, Die Plastik und Ornamentik am Hl. Grabe zu Gernrode [Diss. Jena 1953] – W. GRZIMEK, Dt. S.plastik 800–1300, 1975 – CH. SCHULZ-MONS, Die Chorschrankenreliefs der Michaeliskirche zu Hildesheim, 1979 – Denkmale in Sachsen-Anhalt, 1983 – G. BEARD, Stucco and decorative Blasterwork in Europe, 1983 – Der vergangene Engel. Die Chor-

schranken der Hildesheimer Michaeliskirche, hg. M. BRANDT, 1995 – H. CLAUSSEN, Karol. S.figuren im Corveyer Westwerk, Kunstchronik 48, 1995, 521–534.

Studenica, Kl. im Ibartal, Serbien, 1183 vom serb. Großžupan →Stefan Nemanja gegr., der sich hier 1196 zum Mönch Simeon weihen ließ. Er ließ u.a. die der Gottesmutter geweihte Hauptkirche errichten, eine einschiffige Kirche mit dreigegliedertem Altarraum, Narthex und zwölfseitiger Kuppel (→Raška, Schule v.). Nach der Überführung der Gebeine von Stefan (Simeon) Nemanja von →Hilandar nach S. durch seinen Sohn →Sava (1207) ereigneten sich am Grab Wunder; das Kl. nannte sich fortan »Laura des hl. Simeon«. Sava verfaßte das von einer Vita (*žitije*) Simeons Nemanja eingeleitete →Typikon von S. Simeons Söhne →Stefan (d. Erstgekrönte), Vukan und Sava veranlaßten 1208/09 die Freskenausmalung, →Stefan Radoslav fügte um 1230 einen großen Narthex mit zwei Seitenkapellen an. Die Fresken der südl., Simeon Nemanja geweihten Kapelle veranschaulichen die polit. Ideologie von serb. Staat und Kirche. Um 1240 wurde die einschiffige St. Nikolaus-Kirche erbaut, deren Fresken den Stil derer des Kl. →Morača aufnehmen. →Stefan Milutin stiftete 1314 die St. Joachim und Anna-Kirche. Aus dem 14. Jh. stammen die Kirche Johannes' d. T. und ein Rasthaus (Überreste erhalten). Von der alten Bibliothek und Schatzkammer des Kl. ist nur wenig erhalten.

V. Djurić

Lit.: G. BABIĆ, V. KORAĆ, S. ĆIRKOVIĆ, S., 1986 – M. KAŠANIN, M. ČANAK-MEDIĆ, J. MAKSIMOVIĆ u.a., Manastir S. [= Monastère de S.], 1986 – Osam vekova Studenice, Zbornik radova, 1986 – M. ŠAKOTA, S. Monastery, 1986 – G. BABIĆ, Kraljeva crkva u Studenici, 1987 – S. u crkvenom životu i istoriji srpskog naroda, 1987 – Blago manastira Studenice, ed. V. J. DJURIĆ, 1988 – M. ŠAKOTA, Studenička riznica, 1988 – S. et l'art byz. autour de l'année 1200, ed. V. KORAĆ, 1988.

Studia humanitatis. Mit s.h. bezeichnete →Cicero 63/62 v. Chr. in den Gerichtsreden Pro Murena 61ff. und Pro Archia Poeta 3–16 die philos. und rhetor. Bildung zum menschl. gesitteten, polit. verantwortl. Bürger durch das Studium menschl. Zeugnisse, wie sie v.a. in der griech. Lit. vorlagen. Damit unterschieden sich die s.h von den →Artes liberales, blieben jedoch ganz an die Person Ciceros gebunden (RÜEGG, 1985, 307ff.). 1369 nahm Coluccio →Salutati (Ep. I 106) den Begriff auf, um der von →Petrarca inaugurierten dialog. →Antikenrezeption im it. →Humanismus eine an das große Vorbild anknüpfende (Ep. III 330) programmat. Bezeichnung zu geben. Zugleich begründete er das humanist. Ideal eines durch den Umgang mit philos., rhetor., hist. und dichter. Werken des Altertums sittl. verfeinerten, polit. gebildeten Geistesadels: die von Petrarca (Ep. I 179) vorgelegte Verbindung der rationalen und emotionalen Kräfte (suavitas, dulcedo: Ep. I 229f.) der Rede und der s.h.; deren zivilisierende Wirkung (Ep. I 248f.) als eruditio moralis (Ep. III 517) zum eth. Handeln in Haus und Staat (Ep. III 586f.). Durch die in den s.h. erworbene sapientia und eloquentia unterscheide sich der Mensch vom Tier und zeichne sich unter den Menschen der wahre Adel aus (Ep. III 599). Der wichtigen Rolle der Lit. entsprach seine Gleichsetzung der s.h. mit den studia litterarum, die damit den artes liberales erst ihren eth.-polit. Bildungswert geben (Ep. I 256). Doch stand nicht – wie in der Scholastik – der logische Zusammenhang im Vordergrund, sondern der menschlich-gesellschaftl.-hist. Gehalt (Ep. II 389f.) sowie die grammatikal. (Ep. IV 215f.) und stilist. Gestalt, in der das Wort der Sache entspricht (Ep. II 77). Dabei galten die antiken Autoren nicht als absolute Autoritäten, sondern als hist. distanzierte Vorbilder des eigenen Verhaltens: Da (im

Unterschied zur Wissenschaft) die Rede nach Cicero (De orat. I 12) keine verborgene Kunst, sondern Gegenstand allgemeinen Gebrauchs sei und sich nach diesem zu richten habe, müßten sich die Zeitgenossen anders ausdrücken als die antiken Autoren, ja sie könnten, wie →Dante und Petrarca, ihnen überlegen sein (Ep. IV 142ff.).

Das hier angelegte, durch prakt. Maßnahmen, wie die Einführung des Griechischstudiums, die Förderung humanist. Lehrer, Übersetzer, Beamter unterstützte Bildungsprogramm der s. h. hatte im 15. Jh. eine in Theorie und Praxis tiefgreifende Reform des Bildungswesens zur Folge. →Vergerio, Verfasser des ersten humanist. Bildungstraktats »De ingenuis moribus et liberalibus studiis adolescentiae« (1402/03) führte den Humanismus in Ungarn ein. Für L. →Bruni verdienten die s. h. diesen Namen, »quod hominem perficiant et exornent« (Ep. VI, 6). Er zeigte dies in pädagog. und moralphilos. Abhandlungen, wandte die Ausrichtung der s. h. »ad vitam et mores« polit. in der Reform der florent. Milizarmee an, kulturpolit. in der Pflege des Toskanischen neben der lat. Gelehrtensprache, wissenschaftl. als erster moderner Historiker und Begründer der humanist. Übersetzungspraxis, die nach ciceron. Vorbild auf den Sinn des Originaltextes gerichtet war. G. →Barzizza, dann →Guarino und →Vittorino da Feltre verwirklichten das Programm der s.h. in Internaten, die Schüler aus ganz Europa begeisterten: »Tempus omne incredibili quadam voluptate in his [d. h. Guarinos] humanitatis studiis propemodum consumimus, nonnihil et laboribus corporis moderate impertientes« (SABBADINI, 156). Ein didakt. klar aufgebauter Lehrplan führte über die artes zur intensiven Beschäftigung mit den Klassikern der Poesie, Eloquenz, Geschichtsschreibung, Moralphilosophie, Mythologie, Satire. Großes Gewicht lag auf dem Verständnis der Q. in ihrer ortograph., lexikograph. und stilist. Individualität sowie ihrer hist. Situierung und dem Exzerpieren von loci communes, allgemein gültiger Stellen. Das Auswendiglernen bedeutender Zeugnisse, die wiederaufkommenden →declamationes, die Übungen in der gegenüber der →ars dictaminis stärker an Cicero und →Plinius d. J. orientierten Epistolographie sowie eigene Dichtungen dienten der Beherrschung der Sprache. Sie gipfelte im humanist. Titel des »orator et poeta« und in der →Dichterkrönung. Die Verbindung von ratio und oratio steigerte das vivere zum convivere, in dem höf.-adlige Umgangsformen in die urbanitas lit.-philos. und musischer Konvivien und →Akademien umgesetzt wurden. Dementsprechend spielten auch in den humanist. Internaten der Dialog in der geistigen und die Interaktion in der körperl. wie der sozialen Bildung eine wichtige Rolle. Neben Söhnen von Fürsten, Aristokraten, Magistraten und Gelehrten wurden begabte junge Leute aus einfachen Verhältnissen aufgenommen. Gemeinsam wurde nicht nur – wie in den Klosterschulen – gebetet und gelernt, sondern auch geturnt, geschwommen, gefochten, getanzt, gewandert, gejagt, und damit das Ideal eines Geistesadels angestrebt, in dem der Dialog mit den großen Denkern und Akteuren der Vergangenheit dem Dialog und der Interaktion zw. den Menschen der Gegenwart die bes. Form des heiteren und liebenswürdigen Verkehrs und Gesprächs verlieh, die Cicero mit humanitas ausdrückte. Aus den Schulen Guarinos und Vittorinos gingen bedeutende Staatsmänner und Gelehrte von England bis Ungarn hervor. Sie trugen ebenso zur Verbreitung der s.h. in ganz Europa bei, wie das Modell der humanist. Internatsschule, das in den engl. Colleges ihre getreueste und dauerhafteste Ausprägung fand, jedoch um die Wende zum 16. Jh. auch in ndl., frz.

und dt. Kollegien Entscheidendes zur humanist. Elitenbildung beitrug.

An den Universitäten wurden die s.h. zunächst von Grammatik- und v.a. Rhetorikprofessoren gelehrt, die den Grundfächern der artes Geschichte, Dichtung und Moralphilosophie hinzufügten. Dies entsprach der 1444 vom späteren Papst Nikolaus V. vorgenommenen Klassifikation: »de studiis autem humanitatis quantum ad grammaticam, rhetoricam, historiam et poeticam spectat ad moralem«. Ein dt. Schüler Guarinos, P. →Luder, kündigte 1456 an der Univ. Heidelberg öffentl. Vorlesungen über »s.h., id est poetarum, oratorum ac hystoriographorum libros« an, 1462 in Leipzig über »s.h., hystoriographos, oratores scilicet poetas« (KRISTELLER, 162). Basel richtete 1464 die erste besoldete Lektur »in arte humanitatis sive oratoria« ein. Die von den s.h. abgeleitete Berufsbezeichnung humanista findet sich erstmals 1490 an der Univ. Pisa. Vom 16. Jh. bestimmten die s.h. als *humanités, humanities, humanidades, umanità, Humanioren* (von studia humaniora) das höhere Bildungswesen Europas. Dabei stand – wie schon bei Cicero und Salutati – die Erziehung zum Staatsbürger im Vordergrund: »Alle müssen die s.h. studieren. Ohne sie ist man nicht würdig, Bürger einer freien Stadt genannt zu werden«, schrieb 1552 ein Schüler →Ficinos, Patrizi (GARIN, 43), und die erste engl. Erwähnung des Wortes »Humanist« um 1608 versteht darunter »him who affects knowledge of state affaire, Histories, etc.« (Oxf. Engl. Dict., s.v.).   W. Rüegg

Ed. und Lit.: Epistolario di Coluccio Salutati, hg. F. NOVATI, 4 Bde, 1891–1911 – R. SABBADINI, La scuola e gli studi di Guarino Guarini Veronese, 1896 – P. O. KRISTELLER, Renaissance Thought, The Classic, Scholastic, and Humanistic Strains, 1961² – E. GARIN, Gesch. und Dokumente der abendländ. Pädagogik, II: Humanismus, 1966 – E. KESSLER, Das Problem des frühen Humanismus, seine philos. Bedeutung bei Coluccio Salutati, 1968 – G. MÜLLER, Bildung und Erziehung im Humanismus der it. Renaissance, 1969 – A. BUCK, Die »s.« im it. Humanismus (Humanismus im Bildungswesen des 15. und 16. Jh., hg. W. REINHARD, Mitt. XII der DFG Komm. für Humanismusforsch., 1984), 11–24 – G. BÖHME, Bildungsgesch. des frühen Humanismus, 1984 – W. RÜEGG, Prolegomena zu einer Theorie der humanist. Bildung, Gymnasium 92, 1985, 306–328 – A. BUCK, Humanismus, seine europ. Entwicklung in Dokumenten und Darstellungen, 1987, 123–287 – W. RÜEGG, Das Aufkommen des Humanismus (Gesch. der Univ. in Europa, I, hg. W. RÜEGG, 1993), 387–408.

Studites, Theodoros → Theodoros Studites

Studiu-Kloster, vom Patrikios Studios vor seinem Konsulat 454 (Anthologia graeca I 4) in →Konstantinopel gegr. Kl. mit Kirche (ở Johannes d. Täufer). Die Gründung erfolgte nach im Mauerwerk gefundenen Ziegelstempeln im Jahre 450, das vom Chronisten Theophanes überlieferte Datum 463 bezieht sich wohl auf die Vollendung der Kirche. Die ersten Mönche stammten aus dem Kl. der →Akoimeten. Zur frühen Gesch. des S.s gibt es nur wenige Nachrichten; die Schließung in der Zeit des →Bilderstreits nach 765 ist legendär. Das Kl. war auf dem Konzil v. →Nikaia 787 durch Abt Sabas vertreten und gewann in der Folgezeit unter Abt →Theodoros Studites (798–826) große Bedeutung als Zentrum der Bilderverehrung. Zur Zeit der größten Blüte war das S. angebl. von 700 Mönchen bewohnt (unter Einrechnung der kleinasiat. Filialkl. [*metochia*]?). Die Schr. des Theodoros geben Einblick in das Leben des Kl., das dank Landbesitz, Mühlen, Werkstätten und eigenem Hafen mit Werft dem angestrebten Ziel der Autarkie sehr nahe kam. Das um 826 erstmals aufgezeichnete liturg. →Typikon des S. ist Ergebnis einer die Riten v. Konstantinopel und der Kl. Palästinas vereinenden Liturgiereform; zusammen mit der Kl.regel des Theodoros hatte es in mittelbyz. Zeit für die meisten

Kl. im Reichsgebiet Vorbildcharakter. Im späten 9. Jh. wurde das S. zu einem lit. Zentrum mit eigenem →Skriptorium.

In der Spätzeit des Bilderstreits und danach bemühte sich das S., einen eigenen Kurs zw. Ks. und Kirchenleitung zu steuern; im Streit mit Patriarch →Methodios I. (843–847) suchten die Mönche sogar die Unterstützung des Papstes in Rom. Erst nach dem sog. →Tetragamiestreit (Anfang 10. Jh.) kam es zur dauernden Einigung zw. dem S. und dem Patriarchen. Später gingen aus dem S. mehrere Patriarchen hervor und eine Reihe von Würdenträgern zog sich dorthin freiwillig oder unfreiwillig zurück, u. a. die Ks. Michael V. (1042), Isaak I. Komnenos (1059) und Michael VII. Dukas (1078). Seit dem 10. Jh. wurde im S. das Haupt Johannes d. Täufers verehrt. Nach einem Niedergang im 12. und 13. Jh. wurde das S. 1293 erneuert, führte in der byz. Spätzeit die Hierarchie der Kl. Konstantinopels an und bestand bis zur osman. Eroberung 1453.

Die Kl.kirche, eine dreischiffige Emporenbasilika, wurde um 800 mit Wandgemälden ausgestattet und im 11. Jh. restauriert; seit etwa 1481 Moschee, wurde sie später mehrfach durch Brand beschädigt, ist aber heute der einzige vorjustinian. Bau in Istanbul, von dem noch nennenswerte Teile aufrecht stehen.   A. Berger

Q.: MPG 99, 1813–1824 [Testament des Theodoros] – A. DMITRIEVSKIJ, Opisanie liturgičeskih rukopisej, 1895, 224–238 – Lit.: A. DOBROKLONSKIJ, Prep. Fedor, ispovednik i igumen studijskij, I, 1913, 396–590 – J. LEROY, La réforme stoudite, OrChrP 153, 1958, 181–214 – P. SPECK (Actes du XIIᵉ Congr. d'Études byz. III, 1964), 333–344 – N. E. ELEOPULOS, Ἡ βιβλιοθήκη καὶ τὸ βιβλιογραφικὸν ἐργαστήριον τῆς μονῆς τῶν Στουδίου, 1967 [vgl. aber BZ 60, 1967, 382] – R. JANIN, La Géographie ecclésiastique de l'empire byz., I/3, 1969, 430–440 – C. MANGO, Byz. and Modern Greek Stud. 4, 1978, 115–122 – U. PESCHLOW, JVB 32/4, 1984, 429–433 – Oxford Dict. of Byzantium, 1991, 1960

Studium. [1] *Allgemein. Die Anfänge:* Im klass. Lat. hat das Substantiv 's.' insbes. die allg. und abstrakte Bedeutung von 'Eifer', 'Hingabe', 'Interesse an einer Sache'; ebenso bezeichnet das Verb 'studere' im allg. 'sich bemühen', 'auf etwas hinarbeiten', 'sich für etwas interessieren'. Die eingeschränkteren, techn. Bedeutungen 'Studium, Ausbildung' und 'studieren, lernen' waren jedoch keineswegs völlig unbekannt.

Die erwähnte klass. Bedeutung blieb auch im MA in breitem Umfang erhalten. Das MA brachte dabei aber die techn., auf das →Schulwesen bzw. →Erziehungs- und Bildungswesen bezogenen Aspekte stärker zur Geltung.

Seit dem Ende des 12. Jh. nahm (zunächst in Italien) der Begriff 'S.' eine vorrangig schul. Bedeutung an: S. konnte einerseits in relativ abstrakter Weise den Unterricht bezeichnen, andererseits in konkreter und institutioneller Hinsicht die Schule (synonym zu 'schola' oder 'scholae'); tatsächl. konnte s. für eine Gruppe von Schulen stehen (1189 in →Bologna: 'studium huius civitatis', Chart. studii Bononiensis I, 1).

In seiner abstrakten Bedeutung steigerte sich der Begriff s. so sehr, daß er so umfassenden Schlüsselbegriffen wie (gelehrte, universitäre) 'Kultur' oder 'Wissen, Wissenschaft' fast gleichkam; die Wendung 'translatio studii' (→Translatio) verweist auf die seit dem 12. Jh. begegnende myth. Vorstellung von einer »Verpflanzung« des geistigkulturellen Mittelpunkts von →Athen nach →Rom, von Rom nach →Paris. In dieser Tradition steht →Alexander v. Roes, wenn er in »De translatione imperii« (um 1280) 'sacerdotium', 'regnum' und 'studium' als die drei Grundpfeiler ('virtutes') der christl. Gesellschaft definiert.

Andererseits gewann aber auch die konkrete Bedeutung

von s. seit dem 13. Jh. große Verbreitung. S. wurde gebraucht als allg. Begriff, der auf alle Typen von Schulen unterschiedl. Status' angewandt werden konnte, aber insbes. die Bildungseinrichtungen höheren Niveaus bezeichnete. Die Anwendung des Terminus blieb nicht auf die →Universitäten, die sich in dieser Periode entwickelten, beschränkt, wenn er auch oft zu ihrer Bezeichnung diente (erste Belege: Bologna 1216, Paris 1219).

[2] *Das Studium generale:* Nach den 1230er Jahren sah man sich veranlaßt (v. a. unter dem Einfluß der Juristen der röm. Kurie), die einfachen Studia ohne universitären Rang (sie wurden manchmal als 'studia particularia' bezeichnet), d. h. die bedeutenderen städt. Schulen, von den Universitäten im eigtl. Sinne zu unterscheiden; letztere wurden nun mit dem neugeprägten Namen 's. generale' (weit seltener 's. universale' oder 'commune') belegt; die ältesten Belege betreffen →Vercelli (1235–37), die 'Artistenuniversität' v. →Montpellier (1242), das 's. Romanae Curiae' (1245), nach 1250 wird die Verwendung des Begriffs allgemeingebräuchlich. Der Ursprung und exakte Inhalt des Begriffs (insbes. des Epithetons 'generale') wurde in der Forsch. stark diskutiert; nach DENIFLE, RASHDALL und COBBAN war ein 's. generale' (im Gegensatz zum 's. particulare') eine Bildungsstätte, an der auf (zumindest theoretisch) hohem Niveau und über die →Artes liberales hinausgehend eine oder mehrere höhere Diszplin(en) gelehrt wurde(n), und an der die Scholaren, die ohne Beschränkung »von überall her« kamen, studierten; demgegenüber betonen ERMINI und ARNALDI, daß der Begriff 'generale' (im Sinne von 'universale') die Gründung (bzw. Anerkennung) und Privilegierung durch eine universelle Gewalt (d. h. nur durch Papst oder Ks. bzw. – in bestimmtem Umfang – durch den Kg. v. Kastilien-León 'in regno suo') ausdrücke; von der universellen Autorität, der ein 's. generale' verstand, leitete sich auch die umfassende Geltung der seinen Mitgliedern verliehenen →Privilegien sowie der von ihm erteilten Lehrbefugnis (→Licentia) ab ('licentia ubique docendi', im Unterschied zu den nur eingeschränkt geltenden Qualifikationen der einem Diözesanbf. unterstehenden Schule). Nach 1250 war 's. generale' deutlich zum Synonym von Universität geworden, doch ist folgendes festzuhalten:

1. Mehrere (sogar führende) Universitäten waren lange nur de facto 'studia generalia' und ließen sich diesen Vorrang (verbunden mit der 'licentia ubique docendi') erst spät (Bologna 1291, Paris 1292) oder niemals (Oxford) bestätigen.

2. Im üblichen Sprachgebrauch wurde 's. generale' stets weniger häufig verwendet als 's.' (z. B. 'studium Parisiense') oder 'universitas' (sei es in der Form 'universitas magistrorum et scholarium [Parisiensium]', sei es in der Form 'universitas studii [Parisiensis]'); die 'universitas' war in der Tat die organisierte Korporation, welche die autonome Durchführung des s., d. h. Unterricht und Schulbetrieb, in den Händen hatte. Da im MA die Universitäten kaum eine materielle Infrastruktur besaßen, war es der Gesichtspunkt der menschl. Gemeinschaft, der 'universitas', der vom lat. (und volksprachl.) Wortgebrauch in den Mittelpunkt gestellt wurde.

[3] *Die Studia der Bettelorden:* Das Wort 'S.' wurde seit dem Beginn des 13. Jh. in breitem Umfang von den religiösen Orden, die konventseigene Schulen aufgebaut hatten, übernommen: zunächst von den →Dominikanern, dann von den →Franziskanern, schließlich von weiteren Bettelorden sowie einigen monast. Orden und Kongregationen der Regularkanoniker. Die Dominikaner etwa unterhielten in jeder Ordensprovinz eine gewisse An-

zahl von 'studia', die im Laufe der Jahre von Konvent zu Konvent verlegt werden konnten; es bestand eine Hierarchie der 'studia' entsprechend den Stufen des Cursus: 'studia grammatice', 'studia naturalium', 'studia theologie' (manchmal eingeteilt in 'studia Biblie' und 'studia sententiarum'); die bedeutendsten 'studia' der Theologie, die in den führenden Konventen der großen Ordensprovinzen etabliert waren, wurden oft als 'studia sollemnia' rühmend hervorgehoben, während auf dem Gipfel der Hierarchie einige 'studia generalia', die unmittelbar dem Ordenskapitel und dem Generalminister unterstellt waren, Studenten aus dem gesamten Orden offenstanden. Die Liste der 'studia generalia' variierte und ihre Anzahl wuchs zunehmend an, doch wurde stets das 's. generale' zu Paris als das bedeutendste erachtet, zumindest bis zum Großen →Abendländ. Schisma (1378); es war einer Schule der Pariser Theologenfakultät assoziiert, so daß seine Absolventen den universitären Magistergrad der Theologie erwerben konnten. Entsprechendes galt für →Oxford und →Cambridge sowie für die meisten anderen Universitäten, die im ausgehenden MA theol. Fakultäten begründeten. Die anderen Bettelorden sowie die →Zisterzienser bauten ein vergleichbares Netz von 'studia' auf.

[4] *Das Studium als Raum geistiger Arbeit:* Seit dem Ende des MA bezeichnete, infolge von Wandlungen der Sitten und Lebensformen, geprägt v. a. durch einen Übergang zu stärker individuellen Arbeits- und Lesegewohnheiten (→Lesen), das Wort 'S.' konkret einen Raum, der als Büro, Schreibstube, Lese- und Studienkabinett diente ('studio' und 'studiolo' im It., 'Studierzimmer', auch 'Museum, Kabinett' im Dt.), oft mit einer →Bibliothek und evtl. wiss. Sammlungen in Verbindung stand und häufig belegt ist für Professoren, Ärzte und Juristen sowie auch für Äbte, Prälaten und weltl. Fs.en (bes. im Italien der [Spät-]Renaissance auch reiche und repräsentative Ausgestaltung: Florenz, Urbino u. a.). Berühmte bildl. (idealtyp.) Darstellungen von Studierzimmern begegnen etwa im Rahmen des Bildtypus des 'hl. Hieronymus im Gehäuse' (Antonello da Messina, Dürer).   J. Verger

Lit.: RASHDALL, passim – H. DENIFLE, Die Entstehung der Univ.en des MA bis 1400, 1885, 1–29 – A. G. JONGKEES, Translatio studii: les avatars d'un thème médiéval, Miscellanea Mediaevalia in Memoriam J. Fr. NIERMEYER, 1967, 41–51 – A. B. COBBAN, The Medieval Universities, 1975, 21–36 – G. ERMINI, Il concetto di 's. generale' (DERS., Scritti di diritto comune, 1976), 213–237 – Le scuole degli ordini mendicanti (sec. XIII–XIV), 1978 – G. ARNALDI, Giuseppe Ermini e lo 's. generale'. Il Diritto comune e la tradizione giuridica europea, 1980, 25–33 – O. WEIJERS, Terminologie des universités au XIIIᵉ s., 1987, 34–51 – Gesch. der Univ. in Europa, I: MA, hg. W. RÜEGG, 1993, passim.

Stufenhalle → Hallenkirche

Stuhl → Möbel

Stühlingen, Stadt an der Wutach (Baden-Württ.). Die bei der Siedlung gelegene Burg wird erstmals 1093 indirekt faßbar und war später im Besitz der Herren v. Küssaberg und nach deren Aussterben seit 1251 als Konstanzer Lehen in der Hand der Herren v. Lupfen, nach denen die Burg heute noch Hohenlupfen heißt. Zw. der hoch über der Wutach aufragenden Burg und der Siedlung S. entstand ein Burgweiler, der seit 1261 als Stadt S. belegt ist und noch bis ins 18. Jh. als Residenz und herrschaftl. Mittelpunkt der Lgft. S. von Bedeutung blieb. Seit 1261 ist von der Gft. die Rede, während die Lgf.en und die Lgft. S. erst seit dem frühen bzw. dem späten 14. Jh. nachweisbar sind. Neuerdings ist wieder eine mindestens räuml. Kontinuität zw. den hochma. Comitaten und der spätma. Lgft.en im dt. SW gesehen und der Albgau als das ursprgl. Substrat der Lgft. S. angesprochen worden.   S. Lorenz

Lit.: H. MAURER, Das Land zw. Schwarzwald und Randen im frühen und hohen MA (Forsch.en zur oberrhein. Landesgesch. 16, 1965) – M. SCHAAB, Lgft. und Gft. im SW des dt. Sprachgebiets, ZGO 132, 1984, 31–55.

Stuhlweißenburg (Székesfehérvár, im MA: Fehérvár, Weißenburg, Alba Regia), Stadt 60 km sw. von Budapest, unweit des röm. Gorsium, an der Kreuzung wichtiger Landstraßen; Residenz, später →Grablege der Kg.e v. →Ungarn. Die durch Sümpfe und Wälder gut geschützten 'Inseln' waren seit dem 10. Jh. besiedelt; die St. Peterskirche wurde bereits von Gfs. →Géza gegr., die erste Burg von →Stephan I. errichtet, und nach der Eröffnung der Pilgerstraße nach Jerusalem, die durch S. führte (um 1018), wurde die Residenz von →Gran nach S. verlegt. Stephan I. ließ sich hier in der von ihm gegr. Hl. Jungfrau-Basilika (zerstört 1601) begraben (der seinem Grab zugeschriebene umgearbeitete röm. Sarkophag ist erhalten), und ihm folgten die meisten ung. Kg.e (mit ihren Familien) bis zum Ende des MA. Der Propstei v. S. waren bis ins späte 14. Jh. die Herrschaftszeichen anvertraut, der Krönungsmantel wurde aus einer der Basilika v. S. geschenkten Kasel hergestellt. Seit dem 12. Jh. war S. zur (alleinigen) Krönungsstadt geworden. Es blieb auch kult. Zentrum des Kgr.es, nachdem im 13. Jh. die kgl. Residenz nach →Buda (und →Visegrád) verlegt worden war. Die jährl. kgl. Gerichtstage (seit 1222 belegt) wurden in S. abgehalten. Bereits 1115 wurde im Südwesten ein der Hl. Jungfrau geweihter Johanniterkonvent mit der Siedlung Szentkirályfölde ('Land des Hl. Kg.s') gegr. Im Suburbium siedelten im 12. Jh. →hospites, wohl wallon. Herkunft (latini), die um 1160 ein Privileg erhielten. Obwohl S. dem Mongolensturm als eine der wenigen Burgen in Ungarn standhielt, ließ sie →Béla IV. 1249 abreißen und an ihrer Stelle Bürger ansiedeln sowie eine neue Burg errichten. Im 13. Jh. werden mindestens fünf Kirchen erwähnt; der Markt v. S. galt seit dem 12. Jh. als einer der wichtigsten im Lande; kgl. Salz- und Münzkammer sind aus dem 13. Jh. bekannt. Im 13.–14. Jh. entstanden die Erweiterungen im Norden, Westen und Süden der Stadt. Doch da die Bürger ihre Stellung – gegenüber dem Marienstift und dem Kg. – nach 1249 nicht verbessern konnten, blieb S. hinter anderen, jüngeren ung. Städten rechtl. wie wirtschaftl. zurück.   J. Bak

Lit.: E. FÜGEDI, Der Stadtplan v. S. und die Anfänge des Bürgertums in Ungarn, ActaHistHung 15, 1969, 103–134 [Neudr.: DERS., Kings, Bishops, Nobles and Burghers in Medieval Hungary, 1986, Tl. X.] – J. DEÉR, Aachen und die Herrschersitze der Arpaden, MIÖG 79, 1971, 1–56 – H. GÖCKENJAN, S. Eine ung. Kg.sresidenz vom 11.–13. Jh. (Beitr. zur Stadt- und Regionalgesch. Ost- und Nordosteuropas, hg. K. ZERNACK, 1971), 135–152.

Stuhlweißenburger Privileg. Zwar ist in fast allen frühen ung. Stadtprivilegien vor dem 15. Jh. ein Hinweis auf die »Freiheiten der Bürger (hospites) v. Stuhlweißenburg« enthalten, doch ist ein derartiges formales Privileg nicht überliefert. Eine späte (15. Jh.) Kopie der Bestätigung →Bélas IV. (1237) der →Stephan I. zugeschriebenen, aber wohl von →Stephan III. um 1165 bewilligten Freiheiten enthält nur die landesweite Zollfreiheit. Anzunehmen ist, daß den Bürgern darüber hinaus auch Richterwahl, städt. Gerichtsbarkeit, freies Zuzugsrecht und vielleicht auch Pfarrerwahl zugebilligt worden waren. Diese Rechte entsprachen andernorts den vollen Privilegien der →hospites. Im 13.–14. Jh. wurden vielen Städten des Landes (z. B. →Nitra [1248], →Raab [1271], →Ödenburg [1277]) »die S. (später auch S.-Ofener) Freiheiten« bestätigt, doch kam es nicht zu einer eigtl. Rechtsfiliation.   J. Bak

Lit.: E. FÜGEDI, Der Stadtplan v. Stuhlweißenburg und die Anfänge des Bürgertums in Ungarn, ActaHistHung 15, 1969, 103–134 [Neudr.: DERS., Kings, Bishops, Nobles and Burghers in Medieval Hungary, 1986, Tl. X] – A. KUBINYI, Zur Frage der dt. Siedlungen im mittleren Teil des Kgr.es Ungarn (VuF 18, 1974), 529–544.

Stundenbuch (Horarium, Livre d'Heures, Book of Hours), privates Andachtsbuch für den Gebrauch der Laien, nach dem Vorbild und in Analogie zum →Brevier, dem Gebetbuch des Klerus, ausgebildet. Der im Laufe des 13. Jh. entstandene Buchtyp verdrängt den →Psalter aus seiner beherrschenden Rolle als Gebetbuch jedes gläubigen Christen und wird seinerseits zum privaten Andachtsbuch par excellence, mit einer ab dem späten 14. Jh. sich entfaltenden Hochblüte, die in der Geschichte der ma. Buchproduktion kaum ihresgleichen hat, nicht nur unter dem quantitativen Gesichtspunkt, sondern auch in Anbetracht des hohen Anteils an Prachtexemplaren (paradigmat. dafür die S.er des Hzg.s v. Berry, allen voran seine »Très Riches Heures« [Chantilly, Mus. Condé, Ms. 65], die schon von den Zeitgenossen als ein non plus ultra bibliophiler Kostbarkeit gewertet wurden).

Der Terminus S. rührt daher, daß die darin enthaltenen Gebetstexte zu bestimmten Stunden rezitiert wurden, entsprechend der bei den Römern üblichen und im liturg. Chorgebet der Mönche und Kleriker tradierten Tageseinteilung zu je drei Stunden, beginnend mit Matutin (Mitternacht), Laudes (3 Uhr morgens), Prim (6 Uhr) und in weiterer Folge Terz, Sext, Non, Vesper und Komplet, womit sich der Kreis des Gebetszyklus wieder schloß. In der Praxis konnte dieser als Ideal postulierte Andachtsrhythmus nicht eingehalten werden, v. a. die nächtl. Gebetsstunden wurden zum ersten Morgengebet hin verlegt. Das Kernstück des S.s bilden Marienstunden und Totenoffiz, also jene von den Klerikern schon in karol. Zeit ihren kanon. Gebeten angefügten zusätzl. Andachten, welche von den Laien, die ihre Frömmigkeitspraktiken immer nach dem Vorbild des Klerus gestalteten, ihrerseits dem eigenen Andachtsbuch, dem Psalter, angefügt und kontinuierl. durch weitere Zusätze bereichert wurden: Bußpsalmen, Hl.noffizien, Evangelienabschnitte, Gebetsstunden zur Passion Christi, zum Hl. Geist, die Marienbete 'Obsecro te' und 'O intemerata', Gebete zur Dreifaltigkeit, zum Empfang der Kommunion etc. – wobei immer aus dem Gebeteschatz des Klerus geschöpft werden konnte. Den Zusätzen und Varianten waren keine Grenzen gesetzt. Nach einer Übergangsphase im 13. Jh. verschwindet die Mischform des »Psautier-Livre d'Heures«, und das ursprgl. Anhängsel verselbständigt sich zum S. Die meisten S.er enthalten liturg. Indizien, die auf den Ort ihrer Entstehung oder auf die Heimat der Auftraggeber weisen: im Kalender durch die Hervorhebung bestimmter Hl.r oder Feste, in den Marienstunden Antiphon und Capitulum von Prim und Non, oder im Totenoffiz die Responsorien der neun Lektionen der Matutin. S.er sind durchwegs mit Illustrationszyklen versehen; deren Umfang konnte, je nach den Wünschen und Mitteln des Auftraggebers, von einer bescheidenen Grundausstattung bis zur üppigsten Prunkentfaltung reichen. Die ikonograph. Programme sind, ganz wie die Texte, durch ein Ineinandergreifen von feststehendem Repertoire und breitester Variationsmöglichkeit gekennzeichnet.   D. Thoss

Lit.: F. MADAN, Hours of the Virgin Mary. Tests for Localization, Bodleian Quarterly Record 3, 1920–22, 40ff. – V. LEROQUAIS, Les livres d'heures mss. de la Bibl. nat., 3 Bde, 1927 – J. M. PLOTZEK, Andachtsbücher des MA aus Privatbesitz, 1987 – R. S. WIECK, Time Sanctified. The Book of Hours in Medieval Art and Life, 1988 – K. OTTOSEN, The Responsories and Versicles of the Latin Office of the Dead, 1993.

Stundengebet. [1] *Begriff:* S. steht hier für eine Ordnung öffentl., den Klerus, die Klerikerkapitel und die klösterl. Kommunitäten verpflichtenden regelmäßigen (tägl.) gemeinsamen Gebetes, für die im MA die Bezeichnung Officium (divinum), Horarium, Horae (diurnae), Historia, in theol. gehobener Sprache auch Opus Dei (»Gottesdienst«), im späteren MA nach dem schließlich zusammenfassenden Textbuch auch Breviarium (Brevier) genannt wurde. Als dt. Bezeichnung begegnet im 15. Jh. »Siebenzeit«.

[2] *Geschichte:* Am Ende des FrühMA war die strukturelle Entwicklung des S.es faktisch schon abgeschlossen. Die alte Kirche hatte, das Gebot zum unablässigen Beten (Lk 18, 1; 1 Thess 5, 17) befolgend und auch wohl in der Tradition des Judentums stehend, um häufig, zu jedem Anlaß, auch dem Wechsel der Tageszeiten, zu beten, eine lokal verschiedene, im ganzen in den wichtigsten Elementen aber weithin übereinstimmende Praxis entwickelt, die das MA nur noch wenig modifizierte. Die Karolingerzeit ordnete den lokal überkommenen Textbestand nach dem Brauch der röm. Kirche, reicherte den Bestand auch an (mit Traditionen der Kirchen Roms, Südgalliens und Spaniens), steuerte Neuschöpfungen bei (darunter auch Übertragungen aus dem Griech.), prägte den Gesang, erstellte einzelne bedeutende, bestimmte Teile und Elemente zusammenfassende Hss. (z. B. →Antiphonalien), hinterließ auch erklärende Schriften (z. B. →Amalar, →Walahfrid Strabo), setzte v. a. aber die künftig gültige Scheidung der beiden Formen des Offiziums durch, die der bfl. Ortskirchen (Weltgeistlichen) und weltl. Kollegiatsstifte, »römische Ordnung« genannt (hier: RO), und die der Kl. nach der Benediktregel (hier: BO), da im Zuge der monast. Reform des →Benedikt v. Aniane die textl. Traditionsvorgaben nach den recht detaillierten Vorschriften der gen. Klosterregel (Kap. 8–18) organisiert wurden, was dann freilich auch wieder auf die RO zurückwirkte. Das HochMA erlebte Reformen des S.es, also systematisch betriebene Rückführungen auf die (nicht immer klar erkannten) Ursprünge, etwa innerhalb der BO im Reformorden der →Zisterzienser und, im 15. Jh., in der →Bursfelder Union. In der RO setzte sich im 14. Jh. jene Gestalt durch, die sich an der röm. Kurie in Avignon entwickelt hatte, sich durch Klarheit und v. a. Kürze empfahl und im europaweit verbreiteten →Franziskanerorden einen unprogrammat., aber wirksamen Propagandisten fand.

Neben RO und BO wahren die großen Ortskirchen (Metropolien, Diözesen) auch nach den karol. Vereinheitlichungen ihre eigenen Traditionen (Mailand, Lyon, Braga, aber auch – weniger profiliert – die dt. Diözesen, diese allerdings, Mainz und Passau ausgenommen, noch wenig erforscht). Relativ eigenständige Ordensliturgien haben die →Kartäuser und →Dominikaner, in Teilen auch die →Prämonstratenser (die beiden letzteren im Gesamtrahmen der RO), während die Offiziumsordnung der Doppelklöster des →Birgittenordens innerhalb der RO die wohl typischste Eigenschöpfung des MA darstellt.

[3] *Hauptoffizium und Nebenoffizien:* Zu unterscheiden ist das kanon. Hauptoffizium von den Neben- oder Votivoffizien und von den Zusätzen; die Eindämmung der nach und nach überbordenden Zusätze und Nebenoffizien bleibt ein steter Programmpunkt der Reformen. Die beiden wichtigsten Nebenoffizien sind das Offizium zu Ehren Mariens (auch »Officium parvum« u. ä. genannt) und zu Ehren des hl. Kreuzes, beides ursprgl. an die entsprechenden Heiligtümer (Kapellen, Altäre) innerhalb der einen »Kirchenfamilie« gebundene liturg. Verehrungen.

Das Totenoffizium, eine Schöpfung der Karolingerzeit, ist ein Fürbittgebet: die Gemeinde übernimmt das Bittgebet um Rettung aus dem ewigen Tod, zu dem der Tote nicht mehr fähig ist, als ihr eigenes Wort und übt darin einen schuldigen Dienst der Glaubensgemeinschaft.

Eine »laus perennis«, ein buchstäblich ununterbrochenes Gebet im Wechsel verschiedener Gruppen im gleichen Heiligtum, ist, wo tatsächlich nachgewiesen (etwa Agaunum; im übrigen seltener als meist aus allg. Wendungen [Gotteslob »die noctuque« u.ä.] behauptet), stets zusätzl. zum kanon. Hauptoffizium. In diesem selbst ist zu unterscheiden das Officium de tempore (also Wochentage und Feste und Festzeiten des Jahres) und das Offizium der Hl.nfeste, also liturg. Ehrungen der Hl.n, ursprgl. wohl zusätzl. zum Tagesoffizium (»Officium duplex«), dann das Tagesoffizium verdrängend, im allg. kürzer als dieses und schon deshalb zunehmend geschätzt. Im hohen und späten MA überlagern dann die Offizien der stark gemehrten Hl.nfeste massiv das Normaloffizium (dagegen Protest etwa bei →Radulf v. Rivo); S. ist weithin nur noch Hl.nkult: einer der Gründe, daß die ma. Offiziumsordnung in den Kirchen der Reformation, die prinzipiell die Hl.nverehrung hinterfragte, faktisch unterging.

[4] *Die Horen:* Die Hauptgebetszeiten des Tages (Horen) liegen am Morgen (Matutin, später meist: Laudes) und am Abend (Vesper, in manchem Q. auch: Duodecima, Lucernarium): die beiden wichtigsten, auch meistausgestalteten Offizien. Den (Licht-)Tag über sind, in einer Doppelteilung des Tages und der Tageshälften, in einem Drei-Stunden-Rhythmus Gebetsgedenken angesetzt, zur 3., 6. und 9. Tagesstunde (Terz, Sext, Non). Dazu haben die Haupthoren am Morgen und Abend gleichsam Begleithoren erhalten: zur ersten Tagesstunde die »Prim« (ursprgl. eine alternative Morgenhore, aber im MA nicht mehr als solche bewußt), die zuerst in Kl., dann auch in RO um das »Kapitelsoffizium« (Officium capituli) angereichert wird: Verlesung des Martyrologiums, von normativen Texten (in BO der Benediktregel), Anrede des Obern, Arbeitsregelung, Totengedenken. Die Vesper wird fortgeführt in der Komplet, einer relativ knappen, auch mehr subjektiv gestimmten Gebetsordnung vor der Nachtruhe. – Nicht zuletzt sanktionierte die BO das fast völlige Verschwinden des Luzernariums, der schon in der alten Kirche bezeugten abendl. Lichtfeier (die nur noch die Osternachts- [im SpätMA: Karsamstags]feier eröffnet). – Älteste Traditionen wahrt der nächtl. Gottesdienst der Vigilien (später auch als »Matutin« benannt), den aber schon die Benediktregel zum frühen Morgen hin ansetzt. (Ma. Reformbewegungen gehen gern auf die Nachtmitte zurück.) Sie bleibt in allen Ordnungen die zeitlich ausgedehnteste Feier und wird in den Q. oft in (bis zu 3) »Nokturnen« unterteilt (jeweils Psalmengruppe und Lesungen mit Responsorien). – Damit ergibt sich der Zyklus der 7 Tageshoren (daher die spätma. dt. Bezeichnungen des S.es als »Siebenzeit« und der Nachthore, im MA mit einer schon altkirchl. Tradition als Erfüllung von Ps 118, 164 und Ps 70, 2 sanktioniert.

[5] *Elemente:* a) *Psalmen:* Das umfangreichste Element bilden die bibl. Psalmen, die im MA bereits je Wochentag und Hore so geordnet sind, daß im Officium de tempore jede Woche alle 150 Psalmen vorkommen. Die Ordnung ist (wichtigstes Unterscheidungsmerkmal) in RO und BO aber verschieden. Der Beginn des Zyklus mit Ps 1 liegt in RO in der Vigil (»Matutin«) des Sonntages, in BO in der Prim des Montags. Beide Ordnungen beginnen zwar die Vesper am Sonntag (nach altkirchl. Tradition) mit Ps 109, doch setzt RO für die Vesper 5 Psalmen an, BO nur deren

vier. (Tabellen der Psalmenaufteilung in den Handbüchern der Liturgiewiss., etwa TAFT, 136f.; auch R. E. REYNOLDS, 226ff.) An der unterschiedl. Aufteilung der Psalmen auf die Horen der Wochentage sind die beiden Ordnungen einfach zu erkennen. – In RO und BO ist gleich, daß die Psalmen in der numer. Abfolge angesetzt sind (»psalterium currens«), ebenso ist gleich, daß die Laudes, nach ältester Tradition, eigene Psalmen hat, die nach dem Verständnis der alten Kirche dem Gedenkmotiv der Hore (Rettung durch Gott, bes. Rettung Jesu Christi aus dem Tod in der Auferweckung) entgegenkommen. Ebenso hat die Komplet eigene Psalmen, die der Tagesstunde entsprechen (Ps 4, 90, 133, in RO zeitweise auch 30, 1–6). Diese Psalmen werden aber in der Psalmenabfolge der übrigen Horen nicht mehr wiederholt. Eine ältere Tradition (der Gemeindekirchen) kennt noch Ps 62 als den Morgenpsalm, Ps 103 und 140 als die Psalmen am Abend. – Offenbar im Kontext der Reform des Benedikt v. Aniane wird der Vulgata-Text (auch: Psalterium Romanum) des Psalteriums gegen den des Psalterium Galicanum ausgewechselt. Nur der (in BO, danach auch in RO) die Vigilien einleitende Ps 94 bleibt in der gewohnten Textfassung. Auch in dieser Weise des Psalmengebrauchs bringt diese Epoche eine tiefgreifende Änderung: an die Stelle des Psalmenvortrages durch einen einzelnen, unterbrochen durch die kurzen Rufe (»Antiphon«) der Gemeinde, tritt nun der nach festen Modellen geregelte Sprechgesang durch alle, wechselweise in zwei Chören, gleichsam im Dialog. Psycholog. begründete Erklärungen der Gegenwart möchten darin die germ. Gesellschaftsordnung und ihre Weltsicht wiederfinden, etwa eine Stilisierung des Zweikampfes zw. Gut und Böse: keine Frage, daß hier zuviel an moderner Erklärungslust, abseits der Quellenaussagen, an Menschen des MA ausprobiert wird.

Wie Psalmen werden auch Dichtungen anderer bibl. Bücher behandelt: in den Laudes folgt nach zwei (in BO: 3) Psalmen ein Canticum des AT, je Wochentag festgelegt (in BO dazu noch 3 in den Vigilien des Sonntags). Aus dem NT (genauer: aus Lk 1–2) haben das »Benedictus« (Lk 1, 68–79) im Schlußteil der Laudes, das »Magnificat« (Lk 1, 46–55) in dem der Vesper und (in RO) das »Nunc dimittis« (Lk 2, 29–32) in der Komplet ihren Platz.

b) *Lesungen:* Bes. in der Vigil wird die Abfolge der Psalmen durch Lesungen unterbrochen und abgeschlossen; in der vollen Form (Vigil am Sonntag mit 3 »Nokturnen«) an erster Stelle Lesungen aus dem AT, an zweiter Stelle Lesungen aus Kirchenvätern, an dritter Stelle solche aus den Apostelbriefen des NT, diese im hohen MA freilich schon weitestgehend ersetzt durch Erklärungen der Evangeliumsperikope der Messe (deren Initium die Lesung eröffnet) aus den Kirchenvätern (→»Homilie«, das zugehörige Buch: →»Homiliar«). Für diese Lesungen stellte etwa →Alanus v. Farfa (und Egino v. Verona) Auswahlvorlagen zusammen; normativ wurde das im Auftrag Karls d. Gr. gelieferte Homiliar des →Paulus Diaconus. Die Abfolge der bibl. Lesungen beginnt (mit dem Buch Genesis) am Sonntag Septuagesima.

c) *Responsorium:* Die Lesungen werden unterbrochen und abgeschlossen durch Responsorien (RO: 3, BO 4 je »Nokturn«), Gesänge mit reicher Melismatik, den Gradualgesängen der Messe ähnlich, deren Texte dem Buch der Bibel entnommen sind, das zur betreffenden Kirchenjahrszeit gelesen wird (dazu noch unten Abschn. 8).

d) *Kurzlesungen (»Kapitel«):* In den anderen Horen folgt den Psalmen eine »kurze Lesung« (Capitulum [weil ursprgl. auswendig vorgetragen]), fast immer den Apostelbriefen des NT entnommen, an Festtagen meist mit der Epistel der Messe identisch (Initium in Laudes, Terz und Vesper, in Sext und Non weitere Auswahlstücke aus der Epistel).

e) *Hymnen:* BO weist jeder Hore einen Hymnus zu, eine freie Dichtung, meist im Stil des rhythm. Vierzeilers nach Art der ambrosian. Dichtung. Seine Stellung ist nach Horen verschieden: in Laudes, Vesper und Komplet nach dem Responsorium der kurzen Lesung, sonst nach dem Eröffnungsvers vor den Psalmen. RO übernimmt die Hymnen von BO erst im Laufe des hohen MA (bis 13. Jh.). Immer neu gedichtete →Hymnen – die zu den bisherigen des »alten« und »neuen« →Hymnars hinzutreten – sind der große Beitrag des MA zum Ausbau des S.es, je neue Zeugnisse der gewandelten religiösen Erfahrung und einer reichen Kreativität. Eine Sonderstellung nehmen die Hymnen Te deum laudamus und Te decet laus ein (BO vor und nach der Evangeliumsperikope der Sonntagsvigilien; dann auch RO), die den frühen christl. Jahrhunderten entstammen. Das Gloria in excelsis, ursprgl. auch dem S. zugehörig (so noch bei →Caesarius v. Arles), ist schon zu Beginn des MA nur noch in der Liturgie der Messe nachweisbar.

f) *Rufe:* Aus alter Tradition stammt der die einzelne Hore eröffnende Ruf aus Ps 69, 2 (Vigil: Ps 50, 17), begleitet mit dem Segenszeichen der Selbstbekreuzigung. Psalmverse in Zuruf und Antwort (»Versus«, »Versiculum«) beschließen die Nokturnen der Vigilien und gehören zum Abschlußteil der übrigen Horen.

g) *Gebetselemente:* Im MA waren Fürbittlitaneien in Laudes und Vesper nur noch in Rudimenten erhalten. An Werktagen (meist der Bußzeiten) gab es in der Prim und Komplet »Preces« (als »capitella per psalmos«, Reihungen von Psalmenversen) nach Art der gall. Tradition. BO beschließt Laudes und Vesper mit dem lauten Vater-Unser-Vortrag durch den Abt oder seinen Vertreter; in den übrigen Horen gibt es nur das (wie üblich) stille Vater-Unser-Gebet. Den Abschluß bilden in allen Horen eine vom vorstehenden Priester (»Hebdomadar«) gesungene Oration, für die einzelnen Horen in den Sakramentaren aufgezeichnet, an den höheren (Fest-)Tagen mit der Oratio des Meßoffiziums identisch. Weitere Segensgebete (vor den Lesungen über den Leser, etc.) sind hier übergangen.

h) *Gesang:* Das phänotyp. wichtigste Element ist der Gesang: S. ist ursprgl. und auch später in der vollen Form immer gesungen, und zwar nach den einzelnen Elementen in jeweils unterschiedl. Gestalt (Antiphonen, verschiedene Weisen des Psalmenvortrages [antiphonaler Einzelvortrag, antiphonal-gegenchörig, responsorial], Hymnen, Lesungen, Rufe).

[6] *Struktur:* Die Horen weisen keine ident. Struktur auf, in welcher den einzelnen Elementen ihr fester Platz zugewiesen ist. Die gesch. Entwicklung ist zwar zu Beginn des MA schon abgeschlossen, erlaubt aber nicht in allen Fällen den Einblick in den Sinn der tradierten kleinteiligen Struktur (für die Vigilien s. Abschn. 4). Auf die Eröffnungsverse und -psalmen (in den Vigilien der BO Ps 3 und 94, in den Laudes Ps 66) folgt (z. T. nach dem Hymnus) die (antiphonale) Psalmodie, an die sich das Lesungselement, Responsorium, (in Laudes, Vesper und Komplet) das Canticum aus dem NT und die Gebetselemente anschließen (Tabelle der Struktur: TAFT, 134f., 138; A. ANGENENDT, Das FrühMA, 1990, 108f. [in BO]; REYNOLDS, 226ff.).

[7] *Bücher:* Sehr früh werden Niederschriften als Hilfsmittel des sicheren Vollzuges getätigt, zunächst für die Hand des leitenden Priesters und des Cantors. Die Kenntnis der Psalmen (»ex corde«, auswendig) wird vorausgesetzt; sie werden noch bis in späte MA nicht ausgeschrieben. (Die ma. Prachtpsalterien dienen der Repräsentation, nicht der Benutzung im tägl. Offizium.) Für die Lesungen aus Bibel und Kirchenvätern werden natürl. von Anfang an Bücher benutzt, deren Quantität und Qualität sich nach den Möglichkeiten der einzelnen Kirche richtete; das S. der kleinen Kirchen war im Regelfall entsprechend dürftig. Knappe Zusammenstellungen (»Breviere«) kommen seit dem 11. Jh. auf; es brauchten nur gewordene Libelli aneinandergefügt zu werden. Im SpätMA scheint es vielerorts Brauch gewesen zu sein, daß sich jeder selbst sein Chor-(hilfs-)buch zusammenstellte. Die verwirrende Vielfalt schließlich zusammenzuführen, war dann erst mit den gedruckten Brevieren möglich.

[8] *Offiziumsdichtung und Reimoffizium:* Vom 9. Jh. an kommt es zu einer eigtl. ma. Neuschöpfung im S.: Um bevorzugte Hl.e liturg. auszuzeichnen, werden aus ihrer Vita heraus das Textcorpus der Hymnen, Responsorien und Antiphonen sprachkünstler. zu einer Dichtung gestaltet, so daß diese eine »historia« des Hl.n, des mit dem Hl.n verbundenen Heilsgeschehens, darstellt.

(Daher wird auch »historia« zu einer Bezeichnung des S.es im ganzen.) Diese Innovation, offenbar entwickelt und zu einer ersten Blüte gebracht in den Kl. des Bodenseeraumes, setzt eine neue Sicht der Geschichte als eine potentielle Heilsgeschichte im Raum der Kirche voraus. (Ihre genaue Erforschung hat allerdings erst begonnen.) Das hohe und späte MA erweitert formalisierend das Programm und konzipiert in einigen neuen Offizien die freien Texte eines S.es in gebundener Sprache, das sog. →Reimoffizium. Das bekannteste Beispiel sind die Reimoffizien des →Julian v. Speyer auf Franziskus v. Assisi und Antonius (Mitte 12. Jh.).

[9] *Die Deutung des S.es und seiner Horen:* Schon vorma. Traditionen haben den einzelnen Horen bestimmte Motive des heilsgesch. Gedenkens zugewiesen. Die Vesper nimmt (vom Luzernar her) Motive der Schöpfungsanamnese auf (deshalb vielfach Ps 103 als der Vesperpsalm); da der Morgen schon bibl. als die Zeit der Rettung durch Gottes neues Handeln gilt, gibt die Laudes Raum der Anamnese der Rettung schlechthin, der Auferweckung Jesu, des bleibenden Paradigma von Rettung. Ebenfalls aus der Tradition der spätantiken Kirche stammt die doppelte Motivationsreihe der Tageshoren, entnommen der Geschichte der Apostel und der Lebens- (Leidens-)geschichte Jesu: die Widerfahrnisse zur 3., 6. und 9. Stunde im Leben der Apostel nach Pfingsten, entsprechend den Berichten der Apg (bevorzugt 2, bes. v. 15; 10, bes. v. 9; 3, bes. v. 1), v.a. aber die Stundenangaben im Bericht der Geschehnisse um Jesus am Karfreitag (Mk 15, 25. 33. 34; doch vgl. auch Joh 19, 14). Die Praxis mischt (in den Texten der Hymnen und Capitella) die beiden Reihen: zur Terz Anamnese der Geistsendung an Pfingsten, zur Sext und Non der Kreuzigung und des Sterbens Jesu. Darauf aufbauend, wird im SpätMA das Gefüge der Horen fast ausschließl. als ein den ganzen Tag umfassendes Passionsgedenken interpretiert, darin der zeitgenöss. Frömmigkeit kongruent. Wie in der Deutung der Messe, gibt auch hier die Interpretationsmethode der Allegorie die Möglichkeit einer zwar ganz textfernen, aber zugleich der frommen Mentalität der Zeit entsprechenden und spirituell eindrücklichen, zu dem für die Gotik überdies typ. Übergang von der Anamnese zur Mimesis passenden Deutung. Höhepunkt dieses mimet. Verständnisses ist das Nachspiel des Ganges der Frauen und Apostel zum

Grabe Jesu am Ende der Vigilien des Ostersonntags, Ursprung der im hohen MA so weit verbreiteten geistl. Spiele (→Drama, V; →Geistliches Spiel).

[10] *Zeitgenössische Sekundärliteratur:* Die schon gen. Schriften von →Amalar und →Walahfrid Strabo handeln über das S. im Kontext der Liturgie überhaupt. Auch die meisten nachfolgenden Traktate erörtern das S. im gleichen Zusammenhang, so →Rupert v. Deutz (»De officiis«) und auch noch das »Rationale divinorum officiorum« des →Durandus d. J. (darin Buch 5 über das S.), das auch die Aussagen der vorausgehenden Publikationen (etwa →Johannes Belet) zusammenfaßt, ebenso auch noch Gabriel →Biel, der seine einflußreiche Kanonerklärung mit einer knappen Einführung in das S. eröffnet. Eigene Schriften über das S. gibt es vom 13. Jh. an: →Edmund v. Abingdon, →Ludolf v. Sachsen, →Heinrich v. Bitterfeld, Stephan →Bode(c)ker, Johannes Möser († 1499). Nachdem der hohe Stand der Skriptorien und der Buchdruck jedem Geistlichen den Besitz eines Breviers ermöglichten, erörtern diese Schriften extensiv die kanonist. S.-Verpflichtung. (Auch für diesen Bereich fehlt noch eine eigene Geschichte der liturgieerklärenden Lit.) Eine eigene Literatursorte sind sog. Tagzeitengedichte, Verständnishilfen oder auch den Texten der Horen selbst parallel laufende Gebete oder Anmutungen (etwa schon →Gottschalk v. Orbais, »Horarium«). Diese werden auch gern in die Muttersprache übersetzt, wie dann überhaupt im 15. Jh. dt. (Teil- und Voll-)Übersetzungen des S.es nachweisbar werden.

[11] *Kulturelle Bedeutung:* Das S. war selbstverständlicher Teil des tägl. Gottesdienstes in allen Kollegiats-, Stifts- und Kl.kirchen, ebenso auch in allen bedeutenderen Pfarrkirchen. Deshalb brauchte das S. in vielen Q. gar nicht erst erwähnt zu werden. Obwohl aber das S. eine fast nur noch dem Klerus eigene Liturgieform darstellte (die Vesper an Sonn- und Festtagen ausgenommen), übernehmen auch Laien gern wenigstens Elemente des S.es oder Sonderoffizien in ihren frommen Brauch (Livres d'heures, →Stundenbuch), in Latein und auch in der Muttersprache. Auch die Umgangssprache bewahrt noch heute Elemente des kulturellen Einflusses des S.es, etwa in den Wortverbindungen mit »Vesper« für Handlungen am Nachmittag und Abend. Die lebendige Tradition bricht freilich in den meisten Gebieten mit der Reformation ab.   A. Häußling

Lit.: Dict. of the MA IV, 221–231 [R. F. REYNOLDS] – Liturg. Wordenboek 2, 1943–62 [R. DIJKER] – Nuovo diz. di liturgia, hg D. SARTORE–A. M. TRIACCA, 753–776 [V. RAFFA] – S. BÄUMER, Gesch. des Breviers, 1895 [zu benutzen frz. Bearb.: DERS.–R. BIRON, Hist. du bréviaire, 1–2, 1905 [Nachdr. 1967] – L. EISENHOFER, Hb. der kath. Liturgik, 1932 [Nachdr. 1942], 2, 481–560 – J. B. L. TOLHURST, Introduction to the Engl. Monastic Breviaries, 1942 [Nachdr. 1993] – H. REIFENBERG, S. und Breviere im Bm. Mainz seit der roman. Epoche, LWQF 40, 1964 – P. SALMON, L'office divin. Hist. de la formation du bréviaire de XI᷎ au XIV᷎ s., 1967 – P.-M. GY, L'office des Brigittines dans le contexte général de la liturgie médiévale (Nordisk Kollokvium for Latinsk liturgiforskning, Stockholm 1972), 13–24 – G.-M. KARNOWKA, Breviarium Passaviense, MthSt 44, 1983 – J. KNAPE, Zur Benennung der Offizien im MA, ALW 26, 1984, 305–320 – A. SCHMIDT, Zusätze als Problem des monast. S.s im MA, 1986 – R. TAFT, The Liturgy of the Hours in East and West, 1986 – Lebendiges S., hg. M. KLÖCKENER–H. RENNINGS, 1989 – A. HÄUSSLING, Liturgie der Tagzeiten (Gottesdienst der Kirche. Hb. der Liturgiewiss. 6, 2, 1997).

Stundenholz (gr. Σήμαντρον, σημαντήριον). Das S. gehört zu ungezählten Varianten von uralten, weltweit bekannten, primitiven Schlaginstrumenten. Es vertritt bei orth. Kirchen und Klöstern byz. Tradition Signalfunktionen der →Glocken.

Technische Beschaffenheit: Große, schwere Ausführungen aus Holz oder Eisen werden ortsfest aufgehängt. Am häufigsten sind an die 2 m lange, spannenbreit geschnittene und möglichst klangvolle Bretter, die in der schmaleren Mitte einhändig getragen werden; dekorative Löcher steigern die Klangqualität offenbar nicht. Der Spieler erzeugt, die Kirche unter kanon. Gebeten umschreibend, mit einem Schlägel an verschiedenen Stellen des Holzes (s)ein kurzes, fortwährend unverändert wiederholtes und zugleich beschleunigtes Motiv im Wechsel oft nur zweier, besser mehrerer unbestimmter Klanghöhen. Je nach Spieltalent erklingen simple oder originelle, sogar virtuos figurierte Ostinati. Kundige Ohren können Kl. an solchen charakterist. Klangbildern unterscheiden.   E. M. Zumbroich

Geschichte und liturg. Verwendung: Drei verschiedene Schlaginstrumente werden als Ruf zu dem Offizium in byz. Kl., entsprechend dessen Bedeutung, verwendet, ein kleines und ein großes Semantron (σημαντήριον) aus Holz, die durch das Kl., dessen Höfe und Gebäude getragen werden, sowie ein festes bronzenes (χαλκοῦν) Semantron bei der Kirche. In seiner Mystagogia erklärt Patriarch Germanos v. Konstantinopel (715–730): »Das Semanterion symbolisiert die Trompeten der Engel und erweckt die Kämpfer zur Schlacht gegen die unsichtbaren Feinde«. Älteste Nachrichten über die liturg. präzise Verwendung des Semantron in byz. Kl.leben gehen auf →Theodoros Studites am Ende des 8. Jh. zurück (Jamben, ed. P. SPECK). Dort wird es oft *Xylon* genannt. Bereits in der Historia lausiaca des Palladios (Anfang des 5. Jh.) wird von dem Schlag des Hämmerchens beim Wecken der Mönche gesprochen, desgleichen bei Kyrillos v. Skythopolis. Das hölzerne Schallbrett heißt auch Tálanton, auf russ. neben *klepalo* auch *bilo* (von *bit'* 'schlagen', neben *klepat'* 'klopfen').   Ch. Hannick/E. M. Zumbroich

Lit.: Art. Bilo, Pravoslavnaja bogoslovskaja ènciklopedija, ed. A. P. LOPUCHIN, ii, 1903, 598–599 [N. MARKOV] – R. STICHEL, Jüd. Tradition in christl. Liturgie: Zur Gesch. des Semantron, Cah. arch. 21, 1971, 213–228 – K. ONASCH, Kunst und Liturgie der Ostkirche in Stichworten, 1981, 333 – CH. HANNICK, Die Bedeutung der Glocken in byz. und slav. Kl. und Städten (Formen der Information, Kommunikation und Selbstdarstellung in den ma. Gemeinden Dtl.s und Italiens, hg. A. HAVERKAMP, 1996).

Stúñiga (Estúñiga, Aistuniga, Zúñiga), kast. Adelsgeschlecht, stammte aus navarres. →Caballero-Adel, siedelte 1276/77 im Rahmen von Adelsunruhen nach →Kastilien über und stieg dank Heiratsverbindung mit den →Mendoza am Hofe Kg. →Peters I. auf. Nach der Schlacht v. →Nájera (1367) schlossen sich die S. der Partei der →Trastámara an. Die zum Dienstadel zählende Familie hatte die Gft.en Monterey, Nieva, Miranda del Castañar, Ledesma und →Plasencia (später Hzm.) inne; Besitzschwerpunkte (Ländereien und große Schafherden; →Mesta) bestanden in der →Estremadura (→Béjar als Zentrum eines →Mayorazgos, 1396) sowie um →Salamanca, Cáceres und →Valladolid. Seit 1379 war das Amt des →Justicia Mayor in der Familie erblich. – Bedeutende Vertreter: *Diego López* de S., einer der Vertrauten →Heinrichs III., erhielt als Kämmerer →Karls III. v. Navarra (1387–1425) von diesem Estúñiga und Mendavia und vermählte seinen Sohn *Iñigo Ortiz* de S. mit der Infantin Johanna v. Navarra. *Alvaro* de S. († 1488) wurde von →Heinrich IV. nach mehrjährigen Konflikten (1464–67) zum Hzg. v. Arévalo erhoben und ergriff später sowohl für den Infanten Alfons als auch für →Johanna la Beltraneja Partei. Nach dem Sieg der →Kath. Kg.e mußte er Arévalo an die Krone zurückgeben, erhielt aber dafür den →Maestrazgo des →Alcántara-Ordens für seinen Sohn *Juan* (1480–94) und nannte sich jetzt Hzg. v. Plasencia. Wegen immenser Schulden mußte sein Enkel das Hzm. an die Krone verkaufen (1488), während die anderen Besitzungen an *Pedro* de S., der die Partei→Isabellas der Kath. gewählt hatte, übergingen.

U. Vones-Liebenstein

Lit.: A. BARRIOS GARCÍA–A. MARTÍN EXPOSITO, Documentación medieval de los Archivos Municipales de Béjar y Candelario, 1986 – E. MITRE FERNÁNDEZ, Evolución de la nobleza en Castilla bajo Enrique III (1396–1406), 1968, 158–162 – L. SUÁREZ FERNÁNDEZ, Nobleza y Monarquía, 1975² – M.-L. DE VILLALOBOS Y MARTÍNEZ-PONTRÉMULI, Los Estúñiga. La penetración en Castilla de un linaje de la nobleza nueva, Cuadernos de Hist. 6, 1975, 327–355 – M.-A. LADERO QUESADA, Rentas condales en Plasencia (1454–88) (Fschr. J. M. LACARRA, IV, 1977), 245ff. – J. MARTÍNEZ, La renta feudal en la Castilla del siglo XV: Los S., 1977 – M. C. GERBET, La noblesse dans le royaume de Castille, 1979 [Stammtaf.] – B. LEROY, Pouvoirs et Sociétés polit. en péninsule ibér., XIVᵉ–XVᵉ s., 1991, 193–210 – M. DIAGO HERNANDO, Linájes navarros… los Estuniga, Príncipe de Viana 53, 1992, 563–583.

Stúñiga, Lope de, span. Dichter, ca. 1415–65, Sohn des Marschalls Iñigo Ortiz, nahm 1434 am Turnierkampf ('Paso honroso') des Ritters Suero de Quiñones bei León teil, Gegner des Alvaro de →Luna. Seine Gedichte sind in mehreren Cancioneros überliefert, er hat jedoch nicht den →Cancionero de Stúñiga zusammengestellt und weilte wohl auch nicht selbst am Hof von Kg. Alfons I. in Neapel. D. Briesemeister

Ed.: Cancionero de S., ed. N. SALVADOR MIGUEL, 1987 – Poesie, ed. L. VOZZO MENDIA, 1989 – Cancionero del siglo XV, ed. B. DUTTON, 1991 – *Lit.:* E. BENITO RUANO, L. de S. Vida y canciones, RFE 51, 1968, 17–108 – H. FLASCHE, Gesch. der span. Lit., I, 1977, 287–306 – N. SALVADOR MIGUEL, La poesía cancioneril. El Cancionero de Estúñiga, 1977 – J. BATTESTI-PELEGRIN, L. de S., recherches sur la poésie espagnole au XVᵉ s., 1982 – V. BELTRÁN, La canción de amor en el otoño de la Edad Media, 1989 – M. ALVAR, E. ALVAR, A. BERNABÉ, Cancionero de Estúñiga, índices léxicos, Archivo de Filología Aragonesa 44/45, 1990, 161–176; 46/47, 1991, 269–319.

Sture, Name mehrerer nord. Adelsgeschlechter. Die Familie S. aus Västergötland (Wappen: drei Seerosenblätter) stellte bereits mit *Anund S.* (†1360/61) ein Mitglied des →Reichsrates. Bedeutendster Repräsentant des Geschlechts im späten 15. Jh. war *Sten S. d. Ä.* (†1503), der nach dem Tode seines Onkels, Kg. →Karls (III.) Knutsson (†1470), das Amt des →Reichsverwesers und damit die Führung der schwed. Unionsgegner übernahm und dank seines entscheidenden Sieges über Kg. →Christian I. v. →Dänemark (→Brunkeberg, 1471) die Macht in →Schweden bis 1497 ausüben konnte, dann aber von Kg. →Hans, dem Sohn Christians I., mit Hilfe der Opposition verdrängt wurde. Als Reichshausmeier beschränkt auf den Lehnsbesitz des Schlosses Nyköping (Södermanland) sowie →Finnland (seit längerem Stützpunkt seiner Politik gegenüber Moskau und Altlivland), das er 1499 gar gegen zerstreute Lehen in Gästrikland, Västergötland und Småland austauschen mußte, konnte S. infolge des erfolgreichen schwed. Aufstandes 1501 das Amt des Reichsverwesers zurückgewinnen. S. hatte keine legitimen Kinder, seine Schwester war jedoch Großmutter Kg. Gustavs I. →Vasa. Als Vertreter einer betont schwed. Reichspolitik (z.B. Gründung der Univ. →Uppsala, 1477) ist S. nicht zuletzt berühmt durch seine Stiftung des monumentalen Siegesdenkmals, der St.-Georgs-Gruppe von Bernt →Notke (1489, Stockholm, Nikolaikirche).

Der Ritter *Nils S.* (†frühestens 1393), aus Halland, führte eine Spitze im Wappen. Sein Sohn *Sven S.* (†1423/24) diente mit Truppen zunächst Kgn. →Margarete, trat aber auf →Gotland 1397 zu ihrem Gegner Erich, dem Sohn Kg. →Albrechts (3. A.), über. Nach der Besetzung Gotlands durch den →Dt. Orden (1398) nahm er von den Festungen entlang der norrländ. Küste Besitz und schloß einen Vergleich mit Kgn. Margarete. Seit 1406 Ritter, hatte er spätestens seit 1416 Schloß Sundholm (Småland) zu Lehen. Svens Tochter heiratete den Reichsrat Bo Stensson; ihr Sohn, der Reichsrat *Nils S.* (†1494), nahm ihren Namen an, führte aber das väterl. Wappen (geteilter Schild). Er war Anhänger des Kg.s Karl Knutsson, dessen Base er heiratete, und des Reichsverwesers Sten S. d. Ä. Diesem folgte Nils Sohn *Svante*→*Nilsson* (†1511/12) 1504 als Reichsverweser nach, dann 1512 dessen Sohn *Sten Svantesson* (†1520), der sich als Reichsverweser Sten S. (d. J.) nannte. Die männl. Linie dieses Geschlechts erlosch 1616. H. Gillingstam

Lit.: HEG III, 965–976 [A. v. BRANDT] – K.-G. LUNDHOLM, Sten S. den äldre och stormännen, 1956 – G. SETTERKRANS, Några medeltida adelsnamn, Anthroponymica Suecana 2, 1957 – G. T. WESTIN, Riksföreståndaren och makten, 1957 – L. O. LARSSON, Det medeltida Värend, 1964, 431–434 – Äldre svenska frälseslätker, 1/2, 1965 – H. GILLINGSTAM, Elgenstiernas »Ättartavlor« som källa vid studiet av äldre adligt namnskick, Studia Anthroponymica Scandinavica 8, 1990, 70.

Sturekrönikan (Sturechronik), anonyme schwed. →Reimchronik, die als Fortsetzung der Karlschronik die Ereignisse der Jahre 1452–96 in 4198 Versen darstellt. Das Werk, das nur in einer Abschrift (Cod. Holm. D 5, um 1500) erhalten ist, stammt von drei (KLEMMING) oder wahrscheinlicher von zwei Verf. (LÖNNROTH, HAGNELL) und berichtet in einer lebendigen, durch konkrete Details, Zuwendung des Autors an den Leser und leicht zu erschließende Allegorien anschaulichen Sprache von den Taten des schwed. Reichsverwesers Sten →Sture d. Ä. Auffallend ist der Kontrast zw. dem umfangreicheren, von huldigender Parteinahme geprägten 1. Teil (bis zum Jahr 1487) und dem Schlußteil, der wohl unter dem Einfluß von Ebf. →Jakob Ulfsson in annalist. Form u. a. an der ungeschickten Kriegführung Sten Stures gegen die Russen in Finnland harte Kritik übt und damit als Propaganda in den innenpolit. Streitigkeiten Schwedens am Ende des 15. Jh. zu deuten ist. R. Volz

Ed.: Svenska medeltidens rimkrönikor, III, ed. G. E. KLEMMING, 1867–68 (Samlingar, hg. Svenska fornskriftsällskapet XVII, 3) – *Lit.:* KL XVII, 353–355 – E. LÖNNROTH, S. 1452–87, Scandia 6, 1933, 173–192 – K. HAGNELL, S. 1452–96, 1941 – E. LÖNNROTH, Medeltidskrönikornas värld, 1941 – H. OLSSON, Till diskussionen om S.s indelning, 1941.

Sturla Þórðarson, isländ. Sagadichter und Skalde, * 29. Juli 1214, † 30. Juli 1284, Enkel des Begründers des Sturlungengeschlechts Sturla Þórðarson (Hvamm-Sturla) und Neffe des Geschichtsschreibers →Snorri Sturluson. Sein Lebenslauf, den die innenpolit. Auseinandersetzungen, der Niedergang des isländ. Freistaates (→Island) und die Zunahme der norw. Königsmacht (→Norwegen) bestimmten, ist in der von ihm selbst verfaßten »Íslendinga saga« und dem »Sturlu Þáttr« (für die Zeit nach 1263) beschrieben. S. wurde in Hvammr von seiner Großmutter erzogen, geriet trotz seiner Friedfertigkeit in die blutigen Sippenkämpfe der Sturlungenzeit und wurde 1263 nach Norwegen vertrieben. Obwohl er ein Gegner der norw. Königsmacht gewesen war, konnte er das Vertrauen des jungen Kg.s →Magnús Hákonarson 'Lagabœtir' gewinnen, kehrte 1271 mit einem neuen Gesetzbuch (→Island, III, 5) als erster Richter (*lǫgmaðr*) nach Island zurück und übte dieses Amt bis 1282 aus. Während des ersten Aufenthaltes in Norwegen hatte Kg. Magnús S. beauftragt, das Leben seines Vorgängers Hákon in der wohl 1264–65 verfaßten »Hákonar saga Hákonarson« zu beschreiben; eine fast völlig verlorene »Magnús saga lagabœttis«, die Informationen des Kg.s selbst zu einem Lebensbild des 'Gesetzesverbesserers' zusammenfaßt, ist während des zweiten Besuchs in Norwegen 1277–78 entstanden. Sein Hauptwerk, die »Íslendinga saga«, stellt ausführlich die polit. Gesch. Islands bis zum Untergang des Freistaates (1262) dar. Bemerkenswert ist daneben die Sturlubók, die älteste erhaltene Fassung der →»Landnámabók«, einiges spricht auch für die Bearbeitung der →»Kristni saga« und der →»Grettis saga« durch S., der außerdem einige →Lausavísur, mehrere nur fragmentar. erhaltene Preislieder auf norw. Kg.e und zwei Gedichte auf den schwed. Jarl →Birger in skald. Tradition (→Skalde) verfaßte. →Konunga sögur, →Saga.   R. Volz

Lit.: R. SIMEK–H. PÁLSSON, Lex. der an. Lit., 1987, 336–338 – W. P. KER, S. the Historian, 1906 – G. BENEDIKTSSON, Sagnameistarinn S., 1961 – M. MUNDT, S. und die Laxdœla saga, 1969 – R. J. GLENDINNING, Träume und Vorbedeutung in der Islendinga saga S., 1974.

Sturlunga saga (Gesch. der Sturlungen), anonymes isländ. Sammelwerk von etwa 1300, das mehrere früher selbständige »Gegenwartssagas« zu einer zusammenhängenden Darstellung der polit. Gesch. →Islands zw. 1117 und 1262, der nach der bedeutendsten Familie benannten »Sturlungenzeit«, vereinigt. Der Kompilator, wahrscheinlich der Rechtsgelehrte Þórðr Narfason v. Skarð (†1308), verwendet weitgehend die Íslendinga saga des →Sturla Þórðarson (1214–84), aber auch die Þorgils saga ok Hafliða (für die Jahre 1117–21), die Sturlu saga (für die Zeit 1148–83) sowie zahlreiche Auszüge aus anderen →Sagas. Das Werk, das in zwei Fassungen (AM 122 A, um 1350 und AM 122 B, gegen 1400) überliefert ist, stellt nicht nur ein einzigartiges Dokument isländ. Gesch. bis zum Ende des Freistaates dar, sondern auch eine wichtige Q. zu medizin- und literaturhist. Fragen (z. B. zum mündl. Vortrag von Vorzeitsagas i. J. 1119 bei einer Hochzeit auf dem Hof Reykjahólar).   R. Volz

Ed.: G. V. VIGFÚSSON, I–II, 1878 – K. KAALUND, I–II, 1906–11 – J. JÓHANNESSON–M. FINNBOGASON–K. ELDJÁRN, I–II, 1946 – G. JÓNSSON, I–III, 1953² – Ö. THORSSON, I–III, 1988 – *Übers. in Ausw.:* W. BAETKE, Gesch. vom Sturlungengeschlecht, 1930 (Thule 24) [Neudr. 1967] – J. H. McGREW–R. G. THOMAS, I–II, 1970–74 [engl.] – *Lit.:* KL XVII, 355–359 – R. SIMEK–H. PÁLSSON, Lex. der an. Lit., 1987, 339–341 – DE VRIES, An. Lit.gesch., II, 1967², 308–314 – B. M. ÓLSEN, Um Sturlungu, 1897 – P. SIGURDSSON, Um Íslendinga sögu Sturlu Þordarsonar, 1933 – P. G. FOOTE, S.s and its Background (Saga-Book 13), 1946, 207–237 – E. Ó. SVEINSSON, The Age of Sturlungs (Islandica 36), 1953 – S. N. TRANTER, S.s. The Rôle of the Creative Compiler, 1987.

Sturlungenzeit → Island, III [4]

Sturmflut → Transgression

Sturmgabel → Stangenwaffe

Sturmhaube, in Italien wohl als Nachahmung antiker Helme im 14. und 15. Jh. aufgekommener Helm aus Glocke mit Kamm, Sonnenschirm, Nackenschutz und Wangenklappen. Oft anstelle des →Elmetto und der Kesselhaube als leichtere Variante zum Plattenharnisch getragen.   O. Gamber

Lit.: W. BOEHEIM, Hb. der Waffenkunde, 1890.

Sturmi, 1. Abt v. →Fulda 744–779, * nach 700, † ca. 17. Dez. 779, aus oberbayer. Adel, Schüler des →Bonifatius. Die Chronologie bis zur Gründung v. Fulda (12. März 744) umstritten. Ausbildung in →Fritzlar, Priesterweihe, dreijähriges Wirken als Weltkleriker. Die Einsiedelei bei →Hersfeld verläßt S. der Vita zufolge »schon um nicht einmal ein Jahr« (wohl nicht »im neunten Jahr«) nach Ansiedlung und gründet das Kl. Fulda auf Schenkung des Hausmeiers. 747 Studium der »benedikt.« Consuetudines in Rom und Monte Cassino. 751 Zachariasprivileg, das Eingriffe kirchl. Amtsträger ohne Invitation untersagt. Die

Schenkungswelle infolge der gegen →Lul v. Mainz durchgesetzten Translation des Bonifatius nach Fulda. 762/763 Verleumdung S.s bei Hof und Verbannung nach Jumièges, 765 Wiedereinsetzung, Restitution des Zachariasprivilegs, Königsschutz; Bau- und Kunsttätigkeit. Im Auftrag →Karls d. Gr. um 769 Gesandtschaft zu →Tassilo III., seit 772 Sachsenmission; 774 Immunität und freie Abtswahl für Fulda. 779 Krankheit, Rückkehr von der →Eresburg, Tod; Beisetzung im Ostchor der Basilika. Kultbeginn spätestens 818/820 (Translation ins südl. Seitenschiff, liturg. Neugestaltung der Memoria, Vita von Abt →Eigil); 1139 Kanonisation. Dargestellt als Fuldaer Patron nach karol. Vorlage im Göttinger Sakramentar (Univ. Bibl., Cod. 231, s. X, fol. 1v), zusammen mit Bonifatius im Cod. Eberh. II (Marb., St. arch., Hs K 426, s. XII, fol. 6r).   G. Becht-Jördens

Q. und Lit.: →Fulda; →Eigil – J. SEMMLER, Stud. zum Supplex libellus und zur anian. Reform in Fulda, ZKG 69, 1958, 268–298 – L. v. PADBERG, Hl. und Familie [Diss. Münster 1981] – M. RATHSACK, Die Fuld. Fälschungen, 1989 [dazu: H. JAKOBS, BDLG 122, 1992, 31–84] – G. BECHT-JÖRDENS, Neue Hinweise zum Rechtsstatus des Kl. Fulda, HJL 41, 1991, 11–29 – DERS., Die Vita Aegil des Brun Candidus als Q. zu Fragen aus der Gesch. Fuldas im Zeitalter der anian. Reform, ebd. 42, 1992, 19–48 – Kl. Fulda in der Welt der Karolinger und Ottonen, hg. G. SCHRIMPF, 1996 [Lit.].

Sturmsense → Stangenwaffe

Sturmwand, Bezeichnung für riesige →Setzschilde.

Stuttgart, Stadt in Neckarnähe (Baden-Württ.); urkundl. zuerst 1229 erwähnt, aber bereits in einem Nekrologeintrag des frühen 12. Jh. faßbar. S., d. h. Gestütshof, liegt inmitten der klimabegünstigten S.er Bucht. Archäol. Funde lassen auf eine kontinuierl. Besiedlung seit der Merowingerzeit schließen. Nach dem →Cannstatter Blutgericht v. 746 haben die Karolinger im röm. Alenkastell unmittelbar beim Cannstatter Neckarübergang anscheinend eine Befestigung angelegt, die Altenburg, deren Martinskirche noch im frühen 14. Jh. matrix v. S. war. In der 1. Hälfte des 13. Jh. bereits Stadt der Mgf.en v. →Baden, gelangte S. um 1245 durch Heirat an Gf. →Ulrich I. v. Württemberg († 1265). Während der langen Regierungszeit seines Sohnes Eberhard I. (1279–1325), der um den Besitz der Stadt mit Rudolf v. Habsburg (1286, 1287) und Heinrich VII. (1312) kämpfen mußte, gewann die Stadt zunehmend die Qualitäten einer Residenz: Neben der Stadtburg, dem Alten Schloß, entstand die Stiftskirche zum Hl. Kreuz, die der Dynastie als Grablege diente. Auch wurde der Stiftskirche mit päpstl. Zustimmung die matrix Altenburg inkorporiert. Den Reichtum der Stadt, der bisher ledigl. mit dem Weinanbau erklärt werden kann, lassen der Konstanzer »Liber decimationis« v. 1275 und ein Urbar aus der Mitte des 14. Jh. erkennen. In S. wirkten seit der Mitte des 14. Jh. die gfl. Kanzlei und seit 1374 eine Münzprägestätte. Als zu Beginn des Jahres 1442 die Brüder →Ludwig I. und →Ulrich V. die Herrschaft Württemberg teilten, machte sich umgehend das Gewicht der gewachsenen Residenz S. bemerkbar. Während Ulrich V. von hier aus die Verwaltung seines Landesteils betrieb, schuf sich sein Bruder in →Urach eine Residenz. Nach der Wiedervereinigung Württembergs 1482 übersiedelte der Uracher Hof mitsamt Kanzlei nach S. Seither blieb S. eindeutiges Zentrum des Landes. Noch im 14. Jh. entstand s. der Stadt die sog. Leonhards- oder Esslinger-Vorstadt, und um die Mitte des 15. Jh. wurde mit der planmäßigen Anlage der n. Vorstadt begonnen, der sog. Neuen-, Reichen- oder Turnierackervorstadt (1473 Dominikanerkl.). Beide Vorstädte erhielten Befestigungswerke und später auch eine Ummauerung. Der Mauerring der Stadt selbst umschloß 11–12 ha, die Einwohnerzahl wird für 1545 mit ca. 4000 angesetzt.　　　S. Lorenz

Lit.: H. DECKER-HAUFF, Gesch. der Stadt S., 1966 – S. LORENZ, Die Residenz der Gf.en v. Württemberg, Die Alte Stadt 16, 1989, 302–314.

Stütze, stützendes Bauglied, je nach Ausformung →Säule oder →Pfeiler genannt.

Stützenwechsel, wiederkehrender Wechsel von Pfeilern und Säulen; die Folge von zwei Säulen zw. Pfeilern ist der sächs. S. (St. Michael in Hildesheim 1010–1022).

　　　　　　　　　　　　　　　　　　　　G. Binding

Styliten. Im Jahr 422 bestieg der Asket →Symeon d. Ä. (390–459) auf einem Berg bei dem nordsyr. Dorf Telanissos eine Säule (στῦλος), die er zeitlebens nicht mehr verließ, um der Störung seines Gebetslebens durch den wachsenden Besucherstrom Einhalt zu gebieten, ohne sich den Menschen als charismat. Prediger, Missionar und Ratgeber gänzl. zu entziehen. Er begründete damit ungewollt das S.tum als spezif. Form christl. Lebens und Wirkens und wurde zu seiner prägenden Urgestalt. Wiewohl das S.tum eine typ. syr. Erscheinung des 5.–11. Jh. blieb, gab es, vereinzelt noch bis ins 19. Jh., auch in Palästina, Ägypten, Mesopotamien, Kleinasien, auf dem Balkan, in der Rus' und im Kaukasus S. (Zusammenstellung von ca. 120 lit. bekannten S. bei PEÑA, 79–84). Dem einzigen Versuch in Westeuropa, als Stylit zu leben, den der Diakon Wulflaicus im 6. Jh. bei Carignan in den Ardennen unternahm, wurde durch den zuständigen Bf. ein rasches Ende gesetzt. Manche namhafte S. kamen aus dem Klerus, wie der Diakon Alypios (7. Jh.) und die Priester Lukas (879–979) und Lazaros († 1054). Andere wurden als S. zu Priestern geweiht wie Daniel (409–493) und Symeon vom Wunderbaren Berg (521–592) oder gar in höchste hierarch. Ämter bestellt wie die beiden jakobit. Patriarchen Johannes IV. (910–922) und Johannes VI. (954–957). Dies erklärt sich aus der engen Verbindung von persönl. strengster Askese und seelsorger. Anliegen, die vielen S. als Wesenszug eigen war und in der Gründung und Leitung von Kl. bei ihren Säulen ebenso zum Ausdruck kam wie im ständigen direkten Umgang mit Pilgern jeden Standes und im gelegentl. Briefwechsel mit hochgestellten Persönlichkeiten. Auch die Vermutung, daß das islam. Minarett, das sich ebenfalls von Syrien aus verbreitet hat, die S.-Säule zum Vorbild hat, gewinnt von daher an Wahrscheinlichkeit.　　　　　　　　　P. Plank

Lit.: DACL XV, 1697–1718 – DSAM XIV, 1267–1275 – RByzK II, 1071–1077 – H. DELEHAYE, Les saints stylites, 1923 (1962) – B. KÖTTING, Das Wirken der ersten S. in der Öffentlichkeit, ZMR 37, 1953, 187–197 – I. PEÑA u. a., Les stylites syriens, 1975 – H. G. BLERSCH, Die Säule im Weltgeviert, 1978 – J.-M. SANSTERRE, Les saints stylites du Vᵉ au XIᵉ s. (Sainteté et martyre dans les religions du Livre, 1989), 33–45.

Suardus, Paulus, aus Bergamo stammender Apotheker des 15. Jh., der sich vermutl. vor 1479 in Mailand niederließ. Dort erschien 1496 sein ῾Thesaurus aromatariorum', der bis zum Beginn des 17. Jh. noch mehrfach herausgegeben wurde. Dieses den Mailänder Ärzten gewidmete, inoffizielle Arzneibuch, das nahezu 480 Rezeptvorschriften in alphabet. Reihenfolge enthält, beruht (mit Ausnahme des letzten, die →Harnschau behandelnden Kapitels) zumeist in fast wörtl. Übereinstimmung auf →Quiricus de Augustis und kann daher als erweiterte Fassung von dessen ῾Lumen apothecariorum' bezeichnet werden. Zusammen mit →Manlius de Bosco gehört S. jedenfalls zu den ersten lit. tätigen Apothekern Italiens.　　P. Dilg

Lit.: V. BIANCHI–E. BRUNO, Le Farmacopee Lombarde, 1956, 49 – H. M. WOLF, Das Lumen apothecariorum von Quiricus de Augustis, übers. und krit. bearb. [Diss. München 1973], 86–92.

Ṣubašī (türk. < sü-baši, ῾Soldaten-Haupt'), osman. Amtsinhaber, der mit der Aufrechterhaltung von Ruhe und Ordnung befaßt war. Der Ṣ. war bereits bei den ma. türk. Stammesföderationen Zentralasiens ein hoher militär. Rang. Die Bedeutung für einen direkt dem Herrscher unterstehenden Kommandanten behielt die Bezeichnung unter den →Selǧuqen, doch verfügten diese über mehrere, jeweils für eine Prov. zuständige Ṣ. (auch *sarlaškar* oder *šihna* gen.). In osman. Zeit war das Amt des Ṣ. verhältnismäßig untergeordnet: Der Ṣ. war ein dem →qāḍī beigegebener Beamter mit Aufgaben bei der Durchführung von Untersuchungen, Exekutionen, Steuereintreibung und Marktaufsicht. Auf dem flachen Lande befehligte der Ṣ. →sipāhī-Truppen in Friedenszeiten, half bei Steuererhebung und *devširme* (→Knabenlese). Die Ṣ. waren meist mit einem größeren →tīmār oder *zeʿāmet* belehnt und erhielten Anteile an verschiedenen Steuerquellen (→Steuer, O). In späterer Zeit wurde die Bezeichnung Ṣ. für eine Reihe von Aufgabenträgern auch in Istanbul üblich

　　　　　　　　　　　　　　　Ch. K. Neumann

Lit.: M. İLGÜREL, Subaşılık müessesi, Journal of Turkish Stud. 7, 1983 [1984].

Subdiakon → Weihe, -grade

Subiaco, Kl. OSB und Kleinstadt in Latium (Mittelitalien). Der Name geht auf »Sublaqueum« oder auch »Villa Neroniana Sublaquensis« zurück, eine Residenz Ks. Neros an drei künstl. Seen im Anienetal. Nachdem der hl. →Benedikt v. Nursia Rom verlassen hatte, gelangte er über Affile nach S. und lebte Gregor d. Gr. (Dial. II. cap. 1) zufolge eine Zeitlang in einer Höhle (»Sacro Speco«), ging aber infolge des starken Zustroms, den ihm seine heiligmäßige Lebensführung eintrug, vom Eremiten- zum Cönobitentum über. Der früheste Sitz des Hl.n und seiner ersten Gefährten befand sich anscheinend auf dem rechten Anieneufer in einem Raum der Ks.villa, der dem hl. Clemens geweiht wurde. Benedikt gründete weitere 11 kleine Kl. im Anienetal – von denen nur das heutige Kl. S. Scolastica (S. Silvestro) überdauerte –, ging aber ca. 529 nach →Montecassino. Über die Folgezeit gibt es nur einen kontroversen Hinweis Gregors d. Gr. (Dial. II, Prol.) auf Honoratus »qui nunc adhuc cellae eius in qua prius conversatus fuerat praeest«. Erst aus dem 9. Jh. sind wieder hist. gesicherte Belege erhalten: Im Liber Pontificalis (II, ed. L. DUCHESNE, 117, 122) werden in bezug auf Papst →Leo IV. die Kl. S. Silvestro, S. Benedetto e S. Scolastica und die Kirche SS. Cosma e Damiani genannt. Unter Gregor IV. begann der Wiederaufbau der wahrscheinl. durch die Sarazenen verwüsteten Kl. S. Scolastica (S. Silvestro) und SS. Cosma e Damiani (S. Clemente), der unter Leo IV. beendet wurde, der dem Chronicon Sublacense zufolge 853 nach S. kam. Seit dieser Zeit läßt sich in den Q. eine Vorrangstellung des Kl. S. Scolastica über das alte Kl. S. Clemente erkennen. Eine Reihe von Schenkungen der Päpste im 10. Jh. (bes. auf Betreiben des princeps Romanorum →Alberich) oder von Gläubigen an das nun bedeutendste Kl. v. S., die heutige Abtei S. Scolastica, ließ das »feudum Sublacense« entstehen, das durch päpstl. Privilegien von Johannes X. (926) bis Gregor V. (997) bestätigt wurde. In der Nähe von S. hatte sich eine Siedlung entwickelt, die Leo VII. 937 dem Kl. übergab (»castellum in integro qui vocatur Sublaco«). Dies war der Beginn der Jurisdiktion des Kl. über die Stadt. 998 wurden während des Abbatiats Petrus' II. in S. die Cluniazens. Consuetudines eingeführt. Das 11. und 12. Jh. ist durch große Äbte gekennzeichnet. Ihre Reihe beginnt mit Humbertus »natione Francus« (seit 1051); bes. bedeutend war Johannes

(1068–1121), später Kardinal v. S. Maria in Domnica, ein Mönch aus →Farfa, Sohn des Gf.en Johannes v. Sabina, der das Patrimonium der Abtei wiederherstellte und vermehrte und bes. Sorge für die Liturgie und das Skriptorium des Kl. v. S. trug (Sacramentarium Sublacense, Rom, Bibl. Vallicelliana, cod. B 24). Der in seiner Amtszeit verfaßte Liber Vitae von S. bezeugt Gebetsverbrüderungen mit versch. Kl., darunter →Montecassino, S. Salvatore bei Rieti, S. Cecilia in Trastevere, Rom und S. Benedetto in Polirone. Die heutige Gestalt der Kl. S. Scolastica und Sacro Speco auf dem Mte Taleo geht größtenteils auf das 13. Jh. zurück und ist v.a. den Äbten Romanus (1193–1216), Lando (1217–43) und Henricus (1245–73) zu verdanken.

→Innozenz III. besuchte S. vom 6. Aug. bis zum 5. Sept. 1202, um die monast. Disziplin zu erneuern und erließ Privilegien für das Kl. (MPL 214, 1064–66). Das Privileg vom 24. Febr. 1203 wird in dem Fresko der Unterkirche von Sacro Speco des sog. Meisters der Bulle Innozenz' III. dargestellt. Nachfolgestreitigkeiten nach dem Tod des Abtes Henricus (19. Febr. 1273) veranlaßten Innozenz V. 1276 zur Einsetzung des Burgunders Wilhelm. Damit begann eine Periode von Äbten, die nicht direkt von der Mönchskommunität gewählt wurden, bis 1456 S. zur Kommende wurde. Während der Regierung des Kommendatarabtes Bartholomaeus II. (seit 1318) zog sich →Angelus Clarenus nach S. zurück und soll dort seine Hauptwerke verfaßt haben. Nach einer Krise des monast. Lebens in S. in der 1. Hälfte des 14. Jh. wurden die Kl. von S. unter Abt Bartholomaeus v. Siena (1362–69) zu einem wichtigen Zentrum der benediktin. Reform, wozu auch die Internationalisierung der Kommunität fördernd beitrug, die sich damit dem Einfluß des lokalen Adels entzog. V.a. im 14. Jh. ist eine starke Präsenz span. und transalpiner Mönche, v.a. aus Osteuropa, festzustellen; im 15. Jh. ist hingegen die Zahl der dt. Mönche hoch. Unter den Kommendataräbten sind Kard. Johannes de Torquemada (1455–67/68) sowie Papst Paul II. (1467/68–71) und Kard. Rodrigo Borgia (1471–92), der spätere Papst Alexander VI., hervorzuheben. 1514 wurde S. der Cassines. Kongregation (früher Kongregation v. →S. Giustina) inkorporiert.

Kulturgeschichtl. bedeutsam ist die Einrichtung der ersten Druckerei Italiens in S. durch die Deutschen Konrad Sweynheym und Arnold Pannartz (1464–68). Erstdrucke: Aelius Donatus, Ars minor; Cicero, De Oratore; der sog. Lactanz (De divinis institutionibus, De ira Dei, De Opificio hominis); Augustinus, De Civitate Dei.

M.-A. Dell'Omo

Lit.: P. EGIDI, G. GIOVANNONI, F. HERMANIN, I monasteri di S., I, 1904 – V. FEDERICI, I monasteri di S., II: La biblioteca e l'archivio, 1904 – R. MORGHEN, Le relazioni del monastero sublacense col papato, la feudalità e il comune nell'alto medio evo, ASRSP 51, 1928, 181–253 – C. LEONARDI, R. MORGHEN, J. STIENNON, L. GULLI, A. FRUGONI, Miscell. Sublacense, BISI 65, 1953, 65–119 – G. P. CAROSI, Il primo monastero benedettino, StAns 39, 1956 – B. CIGNITTI–L. CARONTI, L'Abbazia Nullius Sublacense, Le origini – La Commenda, 1956 – H. SCHWARZMAIER, Der Liber Vitae von S., QFIAB 48, 1968, 80–147 – B. FRANK, S., ein Reformkonvent des späten MA, QFIAB 52, 1972, 526–656 – I. LORI SANFILIPPO, I possessi romani di Farfa, Montecassino e S. – Sec. IX–XII, ASRSP 103, 1980, 26–38 – S. M. PAGANO, Un Ordo defunctorum del sec. X nel codice CLX di S. Scolastica a S., Benedictina XXVII, 1980, 125–159 – Lo statuto di S. del Card. Giovanni Torquemada (1456), hg. F. CARAFFA, 1981 – I monasteri benedettini di S., hg. C. GIUMELLI, 1982 – G. P. CAROSI, I monasteri di S. (notizie storiche), 1987 – G. GIAMMARIA, Le proprietà dei benedettini sublacensi in Campagna: Alatri, Anagni e Fiuggi, 1987 – P. SUPINO MARTINI, Roma e l'area grafica romanesca (sec. X–XIII), 1987 (bes. S. 168–184).

Subjekt. Das lat. Wort »subiectum« (gr. ὑποκείμενον) bedeutet 'Unterlage, Zugrundeliegendes' und wird im MA in 1. ontolog., 2. grammatikal. und log. und 3. wissenschaftstheoret. Sinne verwendet. – 1. Im ontolog. Sinne meint S. entweder den der Form zugrundeliegenden Stoff (materia) oder den schon aus Materie und Form zusammengesetzten, selbständigen Träger unselbständiger Eigenschaften (Akzidentien); hierfür werden auch die Ausdrücke »substantia, substratum, suppositum« verwendet. Insbes. ist auch die →Seele S. ihrer Akte, die auf Gegenstände (obiecta) gerichtet sind. Daraus leitet sich die nz. Unterscheidung zw. S. und Objekt ab, aber im Unterschied zum nz. Gebrauch bedeutet im MA »esse s.ivum« reales, »esse obiectivum« intentionales Sein (eines Gegenstandes in der Seele). – 2. Im log. Sinne meint S. das, von dem etwas ausgesagt wird, und Prädikat das, was ausgesagt wird (vgl. Aristoteles, Analyt. priora I, 1, 24 b 16–18, und z.B. Petrus Hispanus, Tractatus I, 7, hg. L. M. DE RIJK, 1972, 4); im Satz 'liegt' also das S. dem Prädikat 'zugrunde', so daß gelegentl. jenes mit der Materie und dieses mit der Form verglichen wird (z.B. Thomas v. Aquin, In Perierm. I, 8, Op. omn. Leon. I–1, 1989², 42). Da grammatikal. und log. S. nicht immer übereinstimmen, wird manchmal das s.um locutionis (S. des Satzes im grammatikal. Sinne) vom s.um propositionis (S. des Satzes im log. Sinne) unterschieden: Ersteres muß als 'Unterlage' (suppositum) des Verbs im Nominativ sein, letzteres kann als der 'distribuierte', d.h. quantifizierte, Term auch in einem obliquen Kasus sein (Walter Burley, De puritate artis logicae I, 1, 5, hg. P. BOEHNER, 1955, 41; vgl. DE RIJK, II–1, 468; II–2, 490). – 3. Im wissenschaftstheoret. Sinne meint S. den Gegenstand einer Wissenschaft (s.um scientiae). Nach Wilhelm v. Ockham (In Sent. I, prol., q. 9, Op. theol. I, 1967, 265ff.) ist das s.um scientiae das S. eines in dieser Wissenschaft bewiesenen Schlußsatzes, das obiectum scientiae der ganze Schlußsatz; die unmittelbaren Gegenstände der Wissenschaft sind also etwas Sprachliches. Im SpätMA ist dies eine der drei Hauptpositionen: Nach Walter Chatton ist nicht der Schlußsatz, sondern das von dessen S. bezeichnete Ding Gegenstand der Wissenschaft (In Sent., prol., q. 5, hg. J. C. WEY, 1989, 265ff.), nach Adam Wodeham (Lectura sec. I, d. 1, q. 1, hg. R. WOOD–G. GÁL, Bd. 1, 1990, 206ff.), Gregor v. Rimini (In Sent. I, prol., q. 1, hg. A. D. TRAPP–V. MARCOLINO, Bd. 1, 1981, 2ff.) u.a. ist der vom ganzen Beweis bzw. von dessen Schlußsatz bezeichnete 'Sachverhalt' (complexe significabile) das s.um scientiae.   H. Berger/W. Gombocz

Lit.: Albertus de Saxonia, Perutilis logica, I, 7, Venedig 1522 [Nachdr. 1974], 4rb–4va – L. M. DE RIJK, Logica modernorum, 1962/67.

Subsidien zahlten die ma. Päpste erstmals in größerem Umfang an Karl v. Anjou, um die Eroberungen des Kgr.es Sizilien zu fördern, später hauptsächl. zur Abwehr der →Türken. Päpstl. S. wurden oft geradezu von den Staaten gefordert und in Verhandlungen durchgesetzt; mißbräuchl. Verwendung war häufig. Die Mittel wurden durch →Zehnten in den betreffenden Gebieten, aber auch seitens der →Kurie durch Verpfändung von Einnahmen und sogar der Kirchenschätze aufgebracht. Für die Türkenabwehr wurde im 15. Jh. eine eigene Finanzverwaltung geschaffen (thesauraria sancte cruciate), der u.a. die Einnahmen aus dem päpstl. Alaunmonopol (→Alaun) vorbehalten waren.   Th. Frenz

Subsistenz → Substanz

Substanz–Akzidenz/Subsistenz (S.: οὐσία, später auch ὑπόστασις substantia; A.: συμβεβηκός, accidens). Die mit dem heute üblichen philosophiegesch. Begriffspaar S.–A.

gemeinte Unterscheidung hat ihren zentralen Ursprung bei Aristoteles. Schon Platon hatte, in Absetzung von Parmenides, den Seinsbegriff differenziert: wahrhaft und eigentlich seiend sind für ihn die Ideen, die konkreten sinnenfälligen Dinge sind, was sie sind, nur durch Teilhabe an den Ideen, nicht nichtseiend, wohl aber minderseiend. Unsere von der Sinneserfahrung ausgehende Erkenntnis vermag auf Grund einer aprior. Beziehung zu den Ideen (Wiedererinnerung) im Sinnfälligen das Abbild des ideenhaften Urbildes zu sehen.

Für Aristoteles war eine lediglich durch Teilhabe gegründete Realität zu seinsschwach; er suchte die Eigentlichkeit in unserer konkreten Welt und fand sie in den S.en.

Die S. (gr. οὐσία) ist für ihn das Sein im eigtl. und ursprgl. Sinne, das konkrete, individuelle, selbständige Reale, z.B. dieser Sokrates; er ist Träger bestimmter Eigenschaften, die ihm »zukommen – συμβεβηκότα – accidentia« und deshalb von ihm ausgesagt werden (κατηγορεῖται – vgl. etwa Anal. post. A 83 a 24ff.).

Gegenüber den unselbständigen Akzidentien 'subsistieren' die S.en in der Existenzform des Selbstandes (Met. Z 1029 a 27f.), 'per se' (nicht selbstbegründend 'a se', wie in der Neuzeit zum Pantheismus führend bei Spinoza). Auf der sprachl.-log. Ebene ist die S. das Aussagesubjekt, auf das die Akzidentien als Prädikate bezogen sind (Kat. 2 a 11ff.), z.B. dieser Sokrates ruht und lacht.

Als fortdenkender »Platoniker« erweist sich Aristoteles in der Anwendung des S.begriffs auch auf die Art (εἶδος, species, essentia). Dieses allgemeine Wesen ist »zweite Substanz – δευτέρα οὐσία« (Kat. 2 a 11ff.). Daß diese Substanz Sokrates Mensch ist, ist nicht eine akzidentelle Soseinsbestimmtheit, sondern wird von der zweiten S., der Species Mensch, her konstituiert. (Zur zweiten S. rechnet Aristoteles übrigens auch noch die Gattung – hier: Lebewesen.) Die Unterscheidung von erster und zweiter S. erklärt, warum οὐσία im Lat. sowohl mit »substantia« als auch mit »essentia« wiedergegeben wird.

Die aristotel. S.enlehre ist allgemeines philos.-theol. Bildungsgut im ganzen MA, weit über die direkte Aristoteles-Rezeption hinaus. Direkte Q. der Aristoteleskenntnis (→Aristoteles, IV) sind zunächst die log. Schriften »De interpretatione« und »Categoriae« in der Übers. und Kommentierung durch →Boethius, dazu dessen Übers. und Kommentierung der »Isagoge« des →Porphyrius, einer Einführung in die aristotel. Logik. Diese Q. entstammen der großen neuplaton. Tradition der Aristoteles-Kommentierung, Aristoteles und Platon werden sehr viel enger beieinander gesehen, als wir es heute gewohnt sind. Von der Mitte des 12. Jh. an wird dann der ganze Aristoteles dem lat. Westen zugänglich, v.a. auch seine Schriften zur Physik, Metaphysik und Ethik. Der S.gedanke erweist sich als das Zentrum einer die Welt positiv wertenden Gesamtphilosophie: Wie der freie Wille in der Ethik, die natürl. Vernunft in der Erkenntnislehre, so gibt es in der Welt überhaupt substantielles Sein, das trotz seiner Verwiesenheit auf den göttl. Ursprung seinen Eigenstand durchhält.

→Thomas v. Aquin setzte diese Weltsicht des 'heidn. Philosophen' gegen massive Widerstände (→Aristotelesverbote) durch, durchaus aus einem theol. Interesse: der herkömml. Platonismus – Augustinismus (zumal mit seinen nie restlos überwundenen gnostisch-manichäischen Einfärbungen) betonte zu sehr die Geringerwertigkeit der Welt, ihre Abhängigkeit, wenn nicht gar Widerständigkeit gegen Gott. (Jüd.-)christl. Schöpfungsglaube aber bedeutet grundsätzl. Weltbejahung. Daß Aristoteles qualifiziertes, eigenständiges Sein – eben die S.en – im Real-

Konkreten sieht, erweist ihn als geeignet, den Grundgedanken christl. Schöpfungsglaubens rationalem Denken zu vermitteln. Die S.metaphysik ist für Thomas eine Korrektur, zumindest ein Kontrapunkt gegen den Platonismus – Augustinismus.

Lat. Terminus für die Seinsweise der S. ist subsistere und subsistentia: »dicit determinatum modum existendi, prout scilicet aliquid est ens per se, non in alio, sicut accidens – es meint eine bestimmte Weise der Existenz, etwa die eines Seienden durch sich, nicht in einem anderen wie das Akzidens« (Thomas v. A., I Sent 23, 1, 1 c; vgl. S. th. I, 29, 2).

Neben der allgemeinen schöpfungsmetaphys. Bedeutung des S.begriffs erweist er sich als klärend und differenzierend in theol. Einzelfragen: Im Hinblick auf die Subsistenz (existere per se) kommt Gott der Begriff S. zu (Thomas v. Aquin, S. th. I, 29, 3 ad 4), nicht aber im Sinne einer Kategorie der S., der Akzidentien zukämen (S. th. I, 3, 5f.); Gott ist »supersubstantialis« (In div. nom. 1, 1). Der Mensch ist ein »substantielles Einssein von Seele und Leib, kein akzidentelles – unio ... substantialis, non accidentalis« (Qu. disp. de pot. 5, 10, c). Die menschl. Seele ist – anders als die der Tiere und Pflanzen – als substantia intellectualis unvergänglich (C. Gent. II, 55. 79), steht somit in ihrem Zustand zw. Tod und Auferstehung des Leibes, während ihrer akzidentellen Trennung vom Leib den substantiae separatae (materiefreie Geists.en, v.a. Engel) zwar nahe, bleibt als S. aber trotz ihrer Subsistenz unvollständig, da sie naturhaft auf den Leib hingeordnet ist; ihre Trennung vom Leib ist »praeter rationem suae naturae« (Thomas v. Aquin, S. th. I, 89, 1 c), entsprechend ist sie auch hinsichtl. ihrer Aktionen, sogar in der Gotteserkenntnis, behindert (S. th. I, qu. 89; Qu. disp. de anima 15ff.).

Seit dem 12. Jh. findet sich der Terminus Transsubstantatio für die eucharist. Umwandlung der S.en Brot und Wein in Leib und Blut Christi (4. Laterankonzil, DENZINGER–SCHÖNMETZER, 802), die Akzidentien von Brot und Wein bleiben dabei bestehen (vgl. Thomas v. A., S. th. III, 75, 5. III, 77.). – →Sein, Seinsstufen, Seiendes, →Wesen, →Person, →Kategorien, →Subjekt, →Idee, →genus, →Hypostase.   H. Meinhardt

Lit.: HWP IX, s.v. S. – F. BRENTANO, Von der mannigfachen Bedeutung des Seienden nach Aristoteles, 1862 – R. JOLIVET, La notion de substance, 1929 – C. ARPE, Substantia , Philologus XCIV, 1940, 65–78 – J. OWENS, The Doctrine of Being in the Aristotelian Metaphysics, 1951 – L. OEING-HANHOFF, Ens et unum convertuntur, 1953 – H. DÖRRIE, Ὑπόστασις. Wort und Bedeutungsgesch., NAG, Phil.-hist. Kl., 1955, 3 – E. TUGENDTHAT, Ti Kata Tinos, 1958 – J. PIEPER, Hinführung zu Thomas v. Aquin, 1963[2] – F. VAN STEENBERGHEN, Die Philosophie im 13. Jh., 1977 – E. STEIN, Endliches und ewiges Sein, 1986[3] – J. PIEPER, Thomas v. Aquin, 1990[4].

Suburbikarische Bistümer. Als s. B. werden sieben, im »Suburbium« von Rom gelegene B. bezeichnet, wobei allerdings dieser Begriff in der kanonist. Lit. sehr häufig, in Dokumenten des Apostol. Stuhles erst im 20. Jh. aufscheint: ursprgl. wurden jedenfalls ihre Bf.e episcopi hebdomadarii, episcopi Romani, episcopi Lateranenses, episcopi curiae, die »septem« oder (erstmals im 8. Jh. belegt, aber bis zur 2. Hälfte des 11. Jh. sehr selten) episcopi cardinales genannt.

Als s. B. galten Ostia, Albano, Porto, Palestrina, Silva Candida (auch Santa Rufina gen., bei längerer Vakanz im 11./12. Jh. zunächst anscheinend durch Segni bzw. Nepi ersetzt und schließlich von Calixtus II. mit Porto uniert), Gabii (an dessen Stelle später Labicum und dann Tusculum trat) und Velletri (von Eugen III. mit Ostia uniert);

neu traten Sabina und (für eine kurze Periode) Tivoli in den Kreis der s. B. ein. Sixtus V. (Religiosa v. 1587, §4) benannte als (bereits auf sechs reduzierte) s. B. Ostia-Velletri, Porto-Santa Rufina, Albano, Sabina, Tusculum (Frascati) und Palestrina.

Die Bf.e der s. B. bildeten (nachweisbar seit dem 8. Jh.) eine eigene Gruppe innerhalb der röm. Synoden, wodurch sie in bes. Weise an der Kirchenregierung beteiligt waren, und versahen den Hebdomadardienst an der Lateransbasilika.

Die Einbeziehung der Bf.e der s. B. in das Kardinalskollegium als ordo episcoporum beseitigte endgültig den bes. Vorrang dieser Bf.e, der sich noch in der sog. päpstl. Fassung des Papstwahldekrets v. 1059 deutl. gezeigt hatte, und führte ihn auf eine reine Präzedenz zurück.

Die Bf.e einiger s. B. hatten bes. Funktionen: so wird z. B. bereits im 4. Jh. der Bf. v. Ostia als Konsekrator des Papstes genannt; später ist das Recht des Bf.s v. Albano und des Bf.s v. Porto auf die zweite bzw. dritte Oration bei der Konsekration belegt. Die drei genannten Bf.e hatten auch bes. Funktionen bei der Ks.krönung. Benedikt VIII. (JL 4024) verlieh dem Bf. v. Porto die Jurisdiktion in Trastevere. Benedikt IX. (JL 4110) bestellte den jeweiligen Bf. v. Silva Candida zum Bibliothekar der Kirche (ein Privileg, das sich allerdings nicht sehr lange hielt) und verlieh ihm Rechte in der Petersbasilika.   C. G. Fürst

Q. und Lit.: A. H. ANDREUCCI, De episcopis cardinalibus suburbicariis quaestiones selectae, Rom 1752 – DDC IV, 1267–1271 – LThK² IX, 1140 – RGG VI, 458 – →Kardinal.

Suburbium. Das lat. 's.' bezeichnete in röm. Zeit die →Vorstadt oder die Vororte einer →Stadt wie it. *suburbio.* Im Frz. ist nur das Adjektiv *suburbain* (= vorstädt.) übernommen worden, während anstelle des Substantivs das seit dem 12. Jh. belegte *faubourg* trat (foris burgum), das jedoch schon in den Glossen als *furiburgi, forburge* zu s. gestellt wird. Um 1000 wird *uoreburgi* als »intra exteriorem murum qui ad augendum civitatem factus est« erläutert. Der inhaltl. gleichbedeutende →*burgus* wird im 8. Jh. in Italien als →*borgo* von der ummauerten civitas unterschieden und gilt im 10. Jh. in Spanien als burgo für nichtagrar. Siedlungen außerhalb einer Stadt. Nach F. BEYERLE ist für die meist aus S.en hervorgegangenen Marktsiedlungen im roman., aber germ. beeinflußten S und W die Bezeichnung »burgum« typisch geworden. Beim ehem. Römerlager Argentoratum lag an der Straße vor dem Kastell mit dem Bf.ssitz eine germ. Siedlung, die 722 durch ein »s. civitatis novum« vergrößert war und den Namen →Straßburg erhielt. In →Utrecht ist 1165 die Rede von »in suburbio Traiectensi in loco qui dicitur Oldwyck«. Die 925 von den Normannen eingeäscherte »suburbana« von →Nijmegen wird als frühe Händlersiedlung gedeutet. Nach H. LUDAT bezeichnet das aus dem Dt. übernommene slav. Lehnwort →*wik* die S.en bei slav. →Burgen (vgl. sorb. *wiki* = Markt); zu ihnen sind auch die →Kietze zu rechnen. In Hamburg ist der vicus ident. mit dem S. In Frankreich war S. als Entsprechung von Wik üblich geworden, im westfrk. Bereich trat es gleichbedeutend mit →portus auf.

Bei dieser quellenmäßig belegten Vielfalt der Bedeutungen läßt sich nur schwer eine eindeutige Definition für den Begriff S. geben. Sein Inhalt ging stellenweise über die geschlossene Siedlung hinaus und meinte in →Augsburg das ganze Lechfeld, während in →Mainz die 15 km entfernte villa →Ingelheim im S. lag. Gegenüber dieser nur selten auftretenden geogr. weiten Wortbedeutung muß im Regelfall unter S. eine Siedlung im unmittelbaren Umfeld von urbs/civitas/burgus/Burg/Stadt verstanden

werden. In karol. Q. läßt sich eine Bedeutungsgleichheit von S., villa und locus feststellen, was zur klaren Definition nicht beiträgt. In →Regensburg gilt das S. als die Vorstadt des 6.–8. Jh., während später von der Angliederung der »suburbia« und 1367 rückblickend vom »officium in suburbio civitatis« die Rede ist.

In Frankreich tritt für die gesamte Siedlung außerhalb der Mauern, auch anstelle von S., der Begriff »burgum« auf für alles, was nicht »civitas« ist, doch wird →Le Puy am Oberlauf der Loire als civitas, urbs oder oppidum, seit 993 auch als S. genannt. Vor den Toren des burgum →Vendôme nordöstl. v. Tours lag 1040/46 das S. St-Martin mit einer Mühle, im nahegelegenen →Châteaudun gehörte zum burgum St-Martin ein S. mit Färbern und Farbpfannen. Gegenüber diesen gewerbl. bestimmten S.en war in →Metz das »s. sancti Stephani« um 900 das Quartier der Kanoniker, es war durch eine Mauer geschützt, die ältesten Kirchen lagen hier wie auch im benachbarten →Toul im S. Auch das S. in →Vienne/Rhône war 979/980 ummauert.

Zw. Rhein und Seine traten neben die in vorma. Zeit zurückreichenden altstädt. Kernsiedlungen seit der späten Merowingerzeit als spezif. Träger des Handels die im S. entstehenden Handelsniederlassungen, so daß im S. der Abtei St-Vaast in →Arras im 11. Jh. zwei gewerbl. Niederlassungen »vetus« und »novus burgus« hießen. In →Magdeburg lag die um 1012 erbaute »ecclesia parochialis sancti Ambrosii« einer Nachricht von 1360 zufolge »in suburbio civitatis«, hier wurde der ganze Bereich zw. dem Dom und Kl. Berge bis ins 13. Jh. als S. bezeichnet, das als südl. Vorstadt den Namen Sudenburg erhielt. Das hiesige »s. extra urbem« befand sich in unmittelbarer Nachbarschaft der schützenden Burg.

In SW-Dtl. traten neben den Burgmannen bei der Burg auch Handwerk und Handel im S. auf, die sich als einer der Ansatzpunkte städt. Entwicklung erwies. Aus Vorhöfen, Vorstätten und →Vorwerken konnten sich bei einer Burg stadtähnl. Gebilde, Zwerg- oder Minderstädte (→Minderformen, städt.), bilden. Das »s. montis S. Mariae« lag im 12. Jh. als schmale Ufersiedlung, durch den Main deutl. von der Stadt →Würzburg am rechten Ufer getrennt, im wahrsten Sinne »unter der Burg«, d.h. unter dem »castrum« auf dem Marienberg.

Eine klare Begriffsbestimmung ist infolge der Vielgestaltigkeit und Unsicherheit des überlieferten Wortgebrauchs im Wortfeld von urbs, civitas, oppidum, burgus, villa, locus, vicus, s., portus, Wik, Burg und Stadt nicht möglich. In jedem Fall muß aufgrund des verfassungstopograph. Befunds geklärt werden, was unter einem S. zu verstehen ist. Während die Bedeutung »flächenhafter Herrschaftsbereich im Umfeld einer Burg« nur vereinzelt zutreffen dürfte, handelt es sich in der Regel um eine geschlossene Siedlung, die unmittelbar an eine Burg oder Stadt angrenzt, von dieser topograph. und verfassungsmäßig deutl. unterschieden ist und auch ummauert sein kann. Ein frühes S. kann zum Ansatzpunkt einer Entwicklung zur Rechtsstadt geworden sein, an die sich wiederum ein S. angliedern kann. Die Vieldeutigkeit des Begriffs erklärt sich aus der anfängl. sachl. und terminolog. Einheit von Burg und Stadt, die sich dann in zwei grundverschiedene Siedlungstypen auflöste.

Eindeutig ist dagegen der im slav. Bereich, abseits röm. Tradition, geprägte Begriff **podgord* (altsorb. *podgrod*; altruss. *podgorod'e*, parallel *posad* u.a., →Gorod). In der durch die dt. →Ostsiedlung sprachl. umgestalteten Germania Slavica ist er in Ortsnamen mehrfach überliefert (Pauritz, Baderitz u.ä.). Die hier wesentl. einfacheren

Verhältnisse der Stadtentstehung eignen sich für eine eindeutige Typenbildung, da sie das S. in seiner jüngsten Gestalt und Funktion im Auge haben. Demnach ist ein S. eine nichtagrar. Siedlung von mäßigem Umfang im unmittelbaren topograph. Anschluß an eine Burg, die aus planmäßig geordneten kleinen Grundstücken besteht und von sozial niedrigstehenden, rechtl. von der Burg abhängigen, zu Diensten und Abgaben für die Burg verpflichteten Einwohnern bewohnt wird. Ein S. unterscheidet sich nach topograph. Erscheinung und sozialer Struktur von einer Burgmannensiedlung (→Burglehen) und bildet keine eigene Kirchengemeinde, kann aber innerhalb einer Stadt einen Sonderrechtsbereich mit eigener Gemeindeorganisation darstellen. In dieser Bedeutung wird das Wort in der heutigen Stadtgeschichtsforsch. gebraucht. →Topographie.   K. Blaschke

Lit.: Studien zu den Anfängen des europ. Städtewesens (VuF 4, 1958), 105–150 [H. AMMANN]; 151–190 [H. BÜTTNER]; 227–296 [F. PETRI]; 297–362 [W. SCHLESINGER]; 527–553 [H. LUDAT] – E. EICHLER, Ergebnisse der Namengeographie in altsorb. Sprachgebiet (Materialien zum Sorb. Onomast. Atlas, 1964), 25 – Vor- und Frühformen der europ. Stadt im MA, hg. H. JANKUHN u. a., 1973 – M. SCHAAB, Geogr. und topograph. Elemente der ma. Burgenverfassung nach oberrhein. Beispielen (Die Burgen im dt. Sprachraum [VuF 19, 1976]), 37 – K. S. BADER, Burghofstatt und herrschaftseigene ländl. Nutzungsformen im herrschaftl. Bereich (ebd.), 259 – →Stadt, →portus, →Wik.

Successio Apostolica, Amtsnachfolge der Bf. e in einer auf die →Apostel zurückgeführten Reihenfolge, soll die Rechtmäßigkeit der Amtsträger sowie die Apostolizität und den Wahrheitsanspruch der Kirche sichern. Wesentl. für die S. A. wurde die →Weihe mit →Handauflegung und Herabrufung des Hl. Geistes durch einen Bf., der selber unbestritten in der S. A. steht. Dies ist Glaubenstradition und unabdingbarer Rechtsbrauch der kath. Kirche und aller orth. Kirchen. Das Weihesakrament ist gegliedert in die drei wesentl. Stufen des →Diakons, →Priesters und →Bischofs. In der geschichtl. Entwicklung ist die S. A. von Anfängen im NT (bes. Apg, Pastoralbriefe) und in frühkirchl. Schrr. mit Entfaltung und Darstellung des Bf. samtes und mit Kampf gegen Häretiker eng verbunden (Ignatius v. Antiocheia [† nach 110], Hegesippus [2. Hälfte des 2. Jh.], →Irenäus v. Lyon [† nach 200], →Tertullian [† nach 220], →Hippolytus v. Rom [† 235], →Cyprianus v. Karthago [† 258], →Apostol. Kirchenordnung, →Apostol. Konstitutionen). Mit den Namenslisten, wie sie Hegesippus schon um 160 für Jerusalem, Korinth und Rom aufstellte, verbanden sich bald Amtsjahre nach dem »beamtenrechtl.« Vorbild im weltl. Bereich. Diese Form wurde bes. für das Abendland kennzeichnend und hier fortschreitend mit dem →Primat des →Papstes in Verbindung gebracht. Auch nach Trennung der östl. und westl. Christenheit blieb die S. A. grundsätzl. wechselseitig anerkannt. Die S. A. blieb durch das ganze MA, eingebunden in die hierarch. Kirchenverfassung, selbstverständl. Übung, bestritten nur von einigen, in der östl. und westl. Kirche als Häretiker verurteilten Gruppen (z. B. →Bogomilen im Balkanbereich, Gruppen der →Katharer und →Waldenser, manche Anhänger von →Wyclif und →Hus).   G. Schwaiger

Lit.: LThK² IX, 1140–1144; I³, 881f. – TRE III, 430–483 – H. v. CAMPENHAUSEN, Kirchl. Amt und geistl. Vollmacht in den ersten drei Jhh., 1963², 163–194 – J. RATZINGER, Primat, Episkopat und s. a. (K. RAHNER–DERS., Episkopat und Primat, 1961), 37–59 – G. G. BLUM, Tradition und Sukzession, 1963 – H. SCHÜTTE, Amt. Ordination und Sukzession, 1974 – A. M. JAVIERRE ORTAS, Successione apostolica e successione primaziale (Il primato del vescovo di Roma nel primo millennio, ed. M. MACCARRONE, Pontificio comitato di scienze stori-

che. Atti e documenti 4, 1991), 53–138 – G. L. MÜLLER, Kath. Dogmatik, 1995, 617–626, 741–756.

Succubus → Incubus

Suceava (altslav. Sucavska, lat. Soczavia, dt. Suczawa), Stadt im nö. Rumänien (altes Fsm. →Moldau, sö. →Bukovina). Die Anfänge der Siedlung sind unklar, belegt ist eine slav.-rumän. Siedlung im frühen 14. Jh. und nachfolgend eine Gründung von →hospites, die nach den Einfällen der →Mongolen vornehmlich aus →Siebenbürgen und →Schlesien gekommen waren (aber auch armen., russ. und ung. Bewohner). Die urbanen Strukturen weisen ostwie mitteleurop. Mischformen auf. Die an →Magdeburger Recht wie süddt. Recht orientierte städt. Verfassung kennt den șoltuz (Schultheiß) bzw. voit (Vogt) sowie einen Rat aus 12 pârgari (Bürgern), aber auch 'Älteste' (1449). – S. erlebte seinen Aufstieg als Residenz des Fsm.s Moldau seit dem späten 14. Jh., als →Peter I. nach Beseitigung des örtl. Vojvoden die Stadt zum Zentrum von Herrschaft, kirchl. Leben und Handel ausbaute. Der rasche wirtschaftl. Aufstieg (Kaufleute und Händler seit dem frühen 14. Jh. belegt) vollzog sich im 15. Jh. (Transithandel zw. dem Bereich der →Hanse und dem oriental. Raum) und wird durch Handelsverträge mit →Lemberg, Bistritz und →Kronstadt, Tuchstapel, Münzstätte sowie zentrale Zollstelle des Landes dokumentiert. Osman. und poln. Belagerungen (1476, 1485, 1497) markieren die Minderung der Hauptstadtfunktion, die nach Mitte des 16. Jh. an →Jassy überging. Die Metropolitankirche war seit dem frühen 15. Jh. dem hl. Georg (er erscheint auch im Stadtsiegel) und dem ersten Bf. der Moldau, Iosif, geweiht; sie birgt auch die Gebeine des neuen Landespatrons, Johannes des Neuen, transferiert aus Cetatea Albă (Weißenburg).   K. Zach

Lit.: H. WECZERKA, Das ma. und frühneuzeitl. Deutschtum im Fsm. Moldau, 1960 – V. NEAMȚU, Das Werden der Hauptstadt im Fsm. Moldau (Hauptstädte in SO-Europa, hg. H. HEPPNER, 1994) [Lit.].

Suchenwirt, Peter, * um 1325, † vor 1407, wichtigster Vertreter dt. spätma. Wappen- und →Heroldsdichtung. Sein Name (»Such den Gönner!«) sowie lit. Selbstzeugnisse weisen ihn in der ersten Schaffensperiode (zw. ca. 1350 und 1377) als fahrenden Spruchdichter und →Herold im Dienst v. a. österr. Adliger aus. Seit 1377 und bis 1395 ist er in Wien als Hausbesitzer bezeugt; das Bürgerrecht und engere Bindung an den Wiener Hof (1377 begleitet er Hzg. →Albrecht III. auf dessen →Preußenreise, die er rühmend schildert) scheinen ihn aus der Abhängigkeit von fremden Gönnern befreit zu haben: statt panegyr. Reden verfaßt er nun v. a. polit.-zeitkrit. und moral.-allegor. →Spruchdichtung.

Sein Werk umfaßt 52 Reimreden verschiedenen Umfangs (zw. 57 und 572 V.): geistl. und allegor. Gedichte (darunter einen Marienpreis in 1540 Versen, als dessen Vorbild er →Konrads v. Würzburg »Goldene Schmiede« nennt), Zeitklagen und polit.-didakt. Reden (z. B. über den Städtekrieg in Dtl. 1387 und die Einführung der Weinsteuer 1359) sowie sieben →Minnereden. Bedeutendster Teil seines Werks sind die 22 panegyr. Reden (mit Ausnahme einer Totenklage auf →Heinrich den Teichner ausschließl. auf Adlige), die die tradierte Form der ma. Panegyrik durch eine umfangreiche Wappenblasonierung erweitern.   N. H. Ott

Ed.: P. S. s Werke aus dem 14. Jh., hg. A. PRIMISSER, 1827 [Neudr. 1961] – Lit.: Verf.-Lex.² IX, 481–488 [C. BRINKER-VON DER HEYDE] – S. C. VAN D'ELDEN, P. S. and Heraldic Poetry, 1976 – C. BRINKER, »Von manigen helden gute tat«. Gesch. als Exempel bei P. S., 1987 – s. a. Lit. zu →Preußenreise [W. PARAVICINI].

Suda, umfangreichstes byz. →Lexikon (über 31 000 Lemmata), entstanden gegen Ende des 10. Jh. Der Titel bedeutet etwa 'Schanzwerk', 'Befestigungsanlage' (der lange Zeit angenommene Autorname Suidas geht vermutl. auf eine Konjektur des →Eustathios v. Thessalonike zurück). Außer Erklärungen seltener Wörter und Formen enthält die S., im Gegensatz zu den meisten anderen byz. Lexika, zahlreiche Sachartikel zu Themen aus Philos., Naturwiss., Geographie, Gesch. und Literaturgesch. Entsprechend den herangezogenen Quellen (ältere Lexika, insbes. die Συναγωγή λέξεων χρησίμων, sowie die Werke der antiken und frühbyz. Grammatiker und Historiker, letztere in der Form der Exzerpte Ks. →Konstantins VII.) ist der antike und bibl. Bereich deutl. stärker vertreten als der byz. Die literarhist. Artikel stammen großteils aus einer im 9. Jh. entstandenen Epitome des Ὀνοματολόγος des →Hesychios v. Milet (6. Jh.); sie stellen für viele Autoren die einzigen erhaltenen Nachrichten über deren Leben und Wirken dar. Die Anordnung ist alphabet., jedoch unter Berücksichtigung der Antistoichie, d.h. gleich ausgesprochene Vokale (wie αι und ε oder ο und ω) folgen unmittelbar aufeinander. Wie aus der Zahl der Hss., aber auch aus Zitaten bei späteren Autoren zu erkennen ist, wurde die S. in den späteren byz. Jahrhunderten und auch in der Renaissance viel benutzt.   W. Hörandner

Ed. und Lit.: Suidae Lex., ed. A. ADLER, I–V, 1928–38 – RE IVA 1, 675–717 [A. ADLER] – Oxford Dict. of Byzantium, 1991, 1930f. – Tusculum-Lex.³, 1982, 750f. – HUNGER, Profane Lit., II, 40–42 – A. STEINER, Byzantinisches im Wortschatz der S. (Stud. zur byz. Lexikographie, hg. E. TRAPP u.a., 1988), 149–181 – H. HUNGER, Was nicht in der S. steht (Lexicographica Byzantina, hg. W. HÖRANDNER–E. TRAPP, 1991), 137–153.

Sudbury, Simon, Bf. v. →London seit 22. Okt. 1361, Ebf. v. →Canterbury seit 4. Mai 1375; * wahrscheinl. Sudbury (Suffolk), † 14. Juni 1381, ⬚ Canterbury, Chor der Kathedrale; Sohn von Nigel Thebaud und Sarah; Doktor des Kan. Rechts in Oxford (?) und Auditor von Prozessen an der päpstl. Kurie, er sicherte sich verschiedene Pfründen und Kanonikate in Lincoln, Hereford und Salisbury durch päpstl. Provision. Zw. 1364 und 1373 war S. mit Gesandtschaften nach Flandern betraut, wo er 1373 Friedensverhandlungen mit Frankreich führte. Er begründete im ersten Parlament Richards II. (1377) die Einberufung und wurde 1379 in den Ausschuß der Magnaten berufen, um den »Status des Kg.s« zu untersuchen; seit Jan. 1380 Kanzler. Aus finanziellen Gründen mußte er eine 3. →Poll Tax erheben. Die Commons beschuldigten ihn wegen seiner Stellung als kgl. Ratgeber. Während der →Peasants' Revolt wurde er von einer Menschenmenge aus dem Tower geschleift und geköpft. – Als Kirchenmann verfolgte S. nur schwach die →Lollarden. Großzügig förderte er den Wiederaufbau der Stadtmauer von Canterbury und das Kirchenschiff der Kathedrale.   R. M. Haines

Q. und Lit.: BRUO III, 2218 – T. F. TOUT, Chapters in Mediaeval Administrative Hist., 6 Bde, 1920–33 – W. L. WARREN, Reappraisal of S. S., JEcH 10, 1959, 139–152.

Sudebnik → Recht, B. I

Südfrüchte, -handel. [1] *Anbau und Verwertung:* Der Anbau von S.n, unter denen in erster Linie Zitrusfrüchte, →Feigen, →Mandeln, →Datteln und Rosinen (Weinbeeren) verstanden werden, setzte in Europa überwiegend in der Antike ein. Die Dattelpalme war in Südwestasien und, als einzig hier angebaute Art, in den Mittelmeerländern weit verbreitet. Ähnliches gilt für den Feigen- und den Mandelbaum, der aber zudem seit dem frühen MA n. der Alpen, später als *figboum, vigboum, feigenbaum* etc. bzw.

mandelboum u. a. bezeichnet, kultiviert wurde. Bei Mandeln unterschied man zw. süßen und bitteren Früchten, zoll- und transporttechn. zw. geschälten und ungeschälten als beschlagenem Gut. In der Regel gelangten Feigen und Datteln nur getrocknet über die Alpen. Der Weinstock wurde n. der Alpen seit der Römerzeit angepflanzt, ab dem HochMA auch in klimat. ungünstigeren Regionen (→Wein). Die Früchte wurden z.T. getrocknet und als Rosinen bzw. Weinbeeren gehandelt. Datteln, Feigen und Mandeln nutzte man in größerem Umfang für med. Zwecke. Rosinen, Mandeln und Feigen bildeten häufig, gemeinsam mit dem ebenfalls aus Südeuropa importierten →Reis, die sog. »Fastenspeise« oder das »Fastengemüse«, ein Hinweis auf einen vorzugsweisen Verzehr dieser Lebensmittel zusätzl. zum Fischkonsum.

[2] *Handel:* Nach der Überlieferungsdichte innerhalb der Zolltarife waren Mandeln, Feigen und Rosinen/Weinbeeren die wichtigsten gehandelten S., sie waren wohl auch für die Mittelschichten erschwinglich. Daneben transportierten die Kaufleute überwiegend in Südeuropa wachsende eßbare Kastanien, →Granatäpfel, Pomeranzen, Zitronen/Limonen und Dörr- sowie teure Damaszenerpflaumen nach NW-Europa, wobei die Eintragungen in den tradierten Zollregistern auf ein eher geringes Handelsvolumen hindeuten. Bei Zitrusfrüchten fehlen eigene Tarifierungen bis zum Beginn des 16. Jh. vollständig, was gleichfalls auf nur geringe Handelsmengen verweist. In den Abrechnungen der Großen →Ravensburger Handelsgesellschaft sind sie nur selten erwähnt, sollen aber häufiger transportiert worden sein. Der Nürnberger Patrizier Anton →Tucher erwarb Limonen ausschließl. zum Verschenken, Matthäus →Runtinger nutzte Pomeranzen als Arznei. Nach den Tucher'schen Aufzeichnungen bezahlte man Pomeranzen und Zitronen/Limonen stückweise, die restl. S. nach Gewicht, wobei die in Europa deutl. später bekannten süßen Pomeranzen wesentl. teurer als die üblichen waren. Auch in pfälz. Burghaushalten bereicherten sie den Speiseplan. Der mediterrane Handel mit Zitrusfrüchten war natürl. wesentl. intensiver. Beim archäolog. Nachweis von →Pfirsichen ist von einem Anbau der von den Römern eingeführten Pflanzen im Umland auszugehen, wie beispielsweise für Haithabu oder Braunschweig belegt. Die archäolog. Funddichte ist für Feigen, Rosinen und Mandeln insgesamt hoch, die beiden erstgenannten dienten zudem als Süßungsmittel. Granatapfelkerne konnten für das späte 13. Jh. in Konstanz belegt werden, die wenig haltbaren Kerne dieser Frucht machen aber eine hohe Schwundquote wahrscheinlich. Granatäpfel mußten beim Transport gegen Druck geschützt sein, so daß sie ein Luxusgut blieben.

Wichtige Umschlagplätze für S. waren bes. Venedig, Lyon und Barcelona. Transportiert wurden die Waren auf den üblichen Transitwegen von den it. Handelsplätzen über die Alpen und aus Südfrankreich über die Rhôneroute (Lyon) nach Oberdtl. Die span. und ptg. Früchte gelangten überwiegend per Schiff nach Flandern, von wo aus der ndt. und südwestdt. Raum mitversorgt wurde. Aber auch der Weg über Italien wurde im Anschluß an den mittelmeer. Binnenhandel gewählt. Für Köln konnte IRSIGLER einen deutl. realen Preisrückgang auf Silberbasis für Mandeln und Datteln im 15. Jh. nachweisen, die dort gemeinsam mit →Gewürzen u.a. als Drugwaren gehandelt wurden.   U. Dirlmeier/B. Fuhrmann

Lit.: V. HEHN, Kulturpflanzen und Haustiere in ihrem Übergang aus Asien nach Griechenland und Italien sowie in das übrige Europa, 1911, 1963⁹ – F. IRSIGLER, Die wirtschaftl. Stellung der Stadt Köln im 14. und 15. Jh., 1979 – U. WILLERDING, Ur- und Frühgesch. des Gartenbaues

(Gesch. des dt. Gartenbaues, hg. G. FRANZ [= Dt. Agrargesch., Bd. 6], 1984), 39–68 – K.-E. BEHRE, Die Ernährung im MA (Mensch und Umwelt im MA, hg. B. HERRMANN, 1986), 74–87 – H. KÜSTER, Granatäpfel (Punica granatum L.) im ma. Konstanz, Archäolog. Korrbl. 18, 1988, 103–107 – H. J. GREGOR, Ma. Pflanzenreste in Bad Windsheim (Der Windsheimer Spitalfund aus der Zeit um 1500, hg. W. JANSSEN, 1995), 123–134.

Südslaven

I. Einwanderung – II. Gliederung – III. Integrationsprozesse.

I. EINWANDERUNG: Die Individualität des Zweiges der S. (→Slaven) wie auch der einzelnen Völker und Stämme beruht auf ihrer Sonderentwicklung in den von der Urheimat entfernten Gebieten. Vorbedingung dafür waren primär die Migrationen in Richtung auf →Pannonien, die Alpengebiete und die Balkanhalbinsel, in zweitem Zuge die Abgrenzung gegenüber den →West- und →Ostslaven durch die später entstandenen sprachl. und kulturell andersartigen Staatsbildungen der Magyaren (→Ungarn) und östl. Romanen (→Valachei, →Moldau). Der Ausgangspunkt der S. lag in einer der schon früher differenzierten Gruppen der West- oder Ostslaven.

Von den byz. Autoren wurde, sobald die S. in ihren Gesichtskreis getreten waren, zw. *Anten* und *Sklavenen* unterschieden, den beiden Gruppen jedoch gleiche Sprache, Religion und Lebensweise zugeschrieben. Während der Landnahme und später wird nur der Name der Slaven (Sclavi, Sclavenoi, Sthlauenoi u. ä.) bezeugt. Die Bezeichnung *Winden* (Winedi, Winades; s. a. →Wenden, Winden) wird für die Alpenslaven bei ihren germ. Nachbarn gebraucht. Fast im gesamten Raum der S. wurde der allg. Name der Slaven durch jüngere Ethnika verdrängt. Erhalten blieb er nur in den Namen →Slavonien und Slovenien/ →Slovenen (hier verbreitet erst in der NZ).

Die Besiedlung des südslav. Bereichs (vom ersten datierten Einfall in die byz. Provinzen 527 bis zur Niederlassung der geschlossenen Gruppen der →Kroaten und Serben um 630) nahm etwa ein Jahrhundert in Anspruch. Nach Plünderungszügen, oft unter Führung von Turkstämmen, folgte nach 550/551 die Besiedlung einiger Gebiete (um 580 slavisierte Bezirke in →Makedonien und →Epirus), nach 602 dann massive Einwanderungsbewegung. Bis zur avar.-slav. (→Avaren) Belagerung von Konstantinopel (626) drangen südslav. Bevölkerungsgruppen in die meisten Küstenregionen der Balkanhalbinsel vor (mit Ausnahme bestimmter Inseln und Städte), konnten aber das Landesinnere nicht völlig besiedeln (umfangreiche Reste romanisierter balkan. Bevölkerung, die in späteren Q. als →Vlachen, →Albaner, Romanen auftreten).

II. GLIEDERUNG: Aufgrund der in Q. erwähnten und in den geogr. Namen erhaltenen Stammesbezeichnungen läßt sich schließen, daß in der Besiedlung des balkan. Raumes Angehörige mehrerer früher gebildeter slav. Stämme beteiligt waren, solche, die auch unter den West- und Ostslaven bekannt sind, wie Kroaten, Serben, →Duleben, Severen, Abodriten, Druguviten (→Drugovići), Smolanen. Einige verfügten über kompakte, sich stark ausdehnende Siedlungsräume (Kroaten, Serben), andere lebten zerstreut wie die Druguviten (Thrakien, Makedonien). Die meisten bekannten Stammesgebilde entstanden erst in den neubesiedelten Landschaften und erhielten dort ihre Namen: Karantani (Carentani), Guduscani, →Narentaner, →Zachlumier, Travunier (→Terbunien), Canalite (Konavljani), Diokleier (→Zeta), Moravi, Timociani, Velegeziti, Verziti, Sagudati, Rinhini, Strymones, Vajuniti. Auf der Peloponnes lebten →Ezeriten und →Melingen, zw. Donau und Hämus als Nachbarn der Severi die 'Sie-

ben Stämme', deren Namen nicht belegt sind. Einige entstanden als Teilstämme der älteren Verbände, so waren sich Narentani, Zachlumier, Travunier noch im 10. Jh. ihrer serb. Abstammung bewußt.

Die Byzantiner bezeichneten die zahlreichen kleineren slav. besiedelten Gebiete als →Sklavinien und suchten sie in bestimmte Abhängigkeitsverhältnisse (Einsetzung von →Archonten) einzubinden. Die meisten dieser Sklavinien gingen verhältnismäßig rasch in größeren Staatsgebilden auf (so gliederte Kroatien im 11. Jh. das Fsm. der Narentani, Serbien im 12. Jh. die Gebiete der Zachlumier, Travunier und Diokleier ein). Die Küstenzonen des Ägäischen und Ion. Meeres wurden dagegen von städt. Leben zurückerobert und in byz. Verwaltungseinheiten (→Themata, Archontien, Chartularate) transformiert. Im Landesinneren wurden die Sklavinien von den Protobulgaren erobert und in den entstehenden bulg. Staatsverband (→Bulgarien) eingegliedert.

III. INTEGRATIONSPROZESSE: Die vielfältige Stammesgliederung beruhte auf verhältnismäßig einheitl. sprachlich-kulturellen Verhältnissen. In den ältesten Schichten der südslav. Dialekte wurde eine sehr alte Scheidungslinie zw. westsüdslav. und ostsüdslav. Mundarten erkannt, die von der Mündung des Flusses Timok entlang von Ossogov und Šar-Gebirge verlief. Die frühe materielle Kultur ist archäolog. nur unvollständig erfaßt; die im gesamten slav. Bereich bekannten Typen der →Keramik und der Wohnstätten kommen auch hier vor, es fehlt aber fast völlig die Brandbestattung. Kein →Burgwall wurde freigelegt; die Rolle der →Burgen in der Frühzeit ist vorwiegend aus schriftl. und toponomast. Q. abzulesen. Gleiches gilt von den Relikten des slav. Paganismus (→Polytheist. Religionen, III). Die südslav. Funde zeichnen sich meist aus durch Importe (bei den Kroaten bes. Waffen aus dem frk. Bereich) sowie Nachahmungen von Schmuck und handwerkl. Produkten (auch dem byz. Bereich). Die Kultur von Bjelobrdo (Kroatien) weist auf Verbindungen mit den Slaven im Karpatenbecken und Resten provinzialröm. Bevölkerung hin.

Die Bekehrung zum Christentum (bei den Alpenslaven im 8. Jh., bei den Kroaten Anfang des 9. Jh., bei den übrigen Völkern bis 870; →Mission, B. II) führte zur Verdrängung der im Paganismus verwurzelten Unterschiede zw. Stämmen und Gruppen und ebnete den Weg für Rezeption der antiken Kultur. Bes. wichtig war die Schaffung der beiden slav. →Alphabete (s. a. →Konstantin und Method) und die Übersetzung der erforderl. bibl. und liturg. Texte. Die Stellung gegenüber der slav. Schrift und Sprache im Gottesdienst war grundlegend für die Kulturorientierung der S. und für die Integrationsprozesse im balkan. Raum. Die Territorien unter den Ebm.ern →Salzburg, →Aquileia und →Split blieben im Rahmen der lat. Sprache im Gottesdienst (mit der kleinen, aber wichtigen Ausnahme der glagoljaši im kroat. Küstenlande), wohingegen das erste Bulg. Reich (→Bulgarien) die Entfaltung der slav. christl. Kultur ermöglichte. Nach dem Fall des Bulg. Reiches 1018 setzte das autokephale Ebm. →Ohrid die Traditionen des bulg. Patriarchats fort. Die Grenze zw. den Ebm.ern Ohrid und Split war westl. von der Linie Sirmium–Ras–Prizren war schon vor 1054 die Trennungslinie zw. der röm und byz. Kirche und spielte später eine wichtige Rolle bei der gegenseitigen Abgrenzung der Kroaten und Serben.

Die Bedeutung der staatl. und kirchl. Grenzen wird bes. klar im Falle →Bosniens. Im Rahmen der Staatsbildung Bosniens und seiner heterodoxen Sprengel (ecclesia Bosinensis) bildete sich im SpätMA noch ein südslav. Element, das in seiner Entwicklung durch die osman. Eroberung (→Osmanen) unterbrochen wurde. Auch sonst waren die Integrationsprozesse nicht im MA beendet. Wichtige Wandlungen wurden durch die zahlreichen und massiven Migrationen, durch Kolonisation und Islamisierung verursacht. Erst in der Neuzeit endete der sehr früh begonnene Prozeß der Verengung des ursprgl. sehr geräumigen, aber dünn besiedelten südslav. Raumes.   S. Ćirković

Lit.: NIEDERLE, Manuel – A. M. SELIŠČEV, Slavjanskoe naselenie v Albanii, 1931 [Nachdr. 1981] – VASMER, Slaven in Griechenl. – P. LEMERLE, Invasions et migrations dans les Balkans depuis la fin de l'époque romaine jusqu'au VIIIe s., RH 211, 1954, 265–308 – I. DUJČEV, Il problema delle lingue nazionali nel medio evo e gli Slavi, Ricerche Slavistiche 7, 1960, 39–60 – G. OSTROGORSKY, Byzantium and the South Slave, The Slavonic and East European Review 42, 1963, 1–14 – B. GRAFENAUER, Die ethn. Gliederung und gesch. Rolle der westl. S. im MA, 1966 – D. OBOLENSKY, The Byz. Commonwealth, Eastern Europe 500–1453, 1971 – V. POPOVIĆ, Les témoins arch. des invasions avaroslaves dans l'Illyricum byz., MEFR 87, 1975, 445–504 – H. DITTEN, Zur Bedeutung der Einwanderung der Slawen (Byzanz im 7. Jh., 1978) – J. KODER, Zur Frage der slav. Siedlungsgebiete im ma. Griechenland, BZ 71, 1978, 315–331 – M. W. WEITMANN, Die slav. Bevölkerung auf der griech. Halbinsel. Ein Beitr. zur hist. Ethnographie SO-Europas, 1978 [dazu: J. KODER, BZ 74, 1981, 88–90] – V. TAPKOVA-ZAIMOVA, Byzance et les Balkans à partir du VIes., 1979 – V. POPOVIĆ, Aux origines de la slavisation du Balkans: la constitution des premières Sklavinies macédoniennes vers la fin du VIe s. (Comptes rendus de l'Academie des Inscriptions et Belles Lettres, 1980), 230–257 – J. BELOŠEVIĆ, Materijalna kultura Hrvata od 7–9. stoljeća, 1980 – J. FERLUGA, Gli Slavi del sud ed altri gruppi etnici di fronte a Bisanzio (Sett. cent. it., 1983), 303–343 – P. SOUSTAL–J. KODER, Nikopolis und Kephallenia, TIB 3, 1981 – S. ĆIRKOVIĆ, Tragovi slovenskog stanovništva na tlu Albanije u srednjem veku, Stanovništvo slovenskog porijekla u Albaniji, 1991, 43–56.

Südslavische Sprachen, aufgrund geograph. Gegebenheiten geprägte moderne Bezeichnung für die im Balkanraum gesprochene Gruppe slav. Sprachen, die sich nach linguist. Kriterien, vornehmlich Isoglossen, in einen ostsüdslav. Zweig (mazedonisch-bulgarisch) und einen westsüdslav. Zweig (slovenisch, serbo-kroatisch) differenzieren läßt. Vgl. →Bulgarische Sprache; →Kroatische Sprache und Literatur; →Serbische Sprache und Literatur; →Slovenische Sprache und Literatur; s.a. →Kirchenslavisch.

Sueben, westgerm. Volk (→Germanen)
I. Archäologie – II. Geschichte.
I. ARCHÄOLOGIE: Dem aus den Schriftq. wenigstens in groben Umrissen erkennbaren ethn. Komplex S. entspricht als archäolog. Phänomen der elbgerm. Formenkreis, ohne daß völlige Kongruenz vorausgesetzt werden kann. Die archäolog. Zeugnisse dieser Fundgruppe finden sich von der holstein. und mecklenburg. Ostseeküste bis zur mittleren Donau im Bereich der March, v.a. also im gesamten Flußgebiet der Elbe. Der elbgerm. Formenkreis der röm. Ks.zeit ist aus der Jastorf-Kultur der vorröm. Eisenzeit hervorgegangen. Kennzeichnend sind spezif. Ausprägungen der Keramik, z.B. eine schwarzpolierte rädchenverzierte Feinware, und von Trachtenbestandteilen, aber auch eigentüml. Bestattungssitten (Urnenfriedhöfe). Nicht zuletzt im Licht ihrer archäolog. Hinterlassenschaft stellen sich die Elbgermanen als ein ungemein dynam. Element der germ. Welt dar. Beachtl. ist der Expansionsdrang, den sie v.a. in der Frühphase entfalten. Von einem mutmaßl. Kern an unterer und mittlerer Elbe und im Havel-Spree-Gebiet dehnen sie sich über Thüringen aus und dringen einerseits nach Böhmen, andererseits ins obere Maingebiet vor. Es folgt ein Aufblühen der elbgerm. Fundprov. im s. Mähren und in der Slowakei, im Vorfeld der röm. Reichsgrenze an der Donau. In analoger

Weise besiedeln zahlenmäßig schwächere elbgerm. Gruppen das Oberrheintal angesichts der röm. Rheingrenze. Anhand unterschiedl. Sachgüter kann der elbgerm. Formenkreis in verschiedene Regionalgruppen unterteilt werden. Aufschlüsse hinsichtl. der Sozialstruktur der Bevölkerung vermitteln reich ausgestattete und in ihrer Beisetzungsform (Körperbestattung) vom Üblichen abweichende Gräber sowie der regional verbreitete Brauch getrennter Männer- und Frauenfriedhöfe. Bemerkenswert ist die Rezeption röm. Bauformen im Vorfeld der Donaugrenze. Abwanderungsbewegungen des 3.–5. Jh. führen zur Auflösung des elbgerm. Formenkreises: →Alamannen und →Semnonen/Juthungen ziehen nach SW, die →Langobarden zunächst nach Pannonien, aus →Markomannen und →Quaden hervorgegangene S. nach W, ebenso an der Bildung der Bajuwaren beteiligte böhm. Gruppen. Elbgerm. Traditionen führen im frühen MA v.a. Alamannen und Langobarden außerhalb, nur →Thüringer noch in einem Teil des alten Siedlungsgebietes fort.   H. Ament

Lit.: HOOPS² VII, 107–113 [Lit. bis 1979] – H. STEUER, Frühgesch. Sozialstrukturen in Mitteleuropa, 1982, 209–229 – U. BREITSPRECHER, Zum Problem der geschlechtsspezif. Bestattungen in der Röm. Ks.zeit, 1987 – L. F. PITTS, Roman Style Buildings in Barbaricum (Moravia, Slovakia), Oxford Journal Archaeology 6, 1987, 219–236 – G. LENZ-BERNHARD–H. BERNHARD, Das Oberrheingebiet zw. Caesars Gall. Krieg und der flav. Okkupation, Mitt. Hist. Verein Pfalz 89, 1991, 275–340.

II. GESCHICHTE: Die (z.T. durch Spekulationen verunklarte) Frage der Ursprünge der durch ihre archaische Haartracht ('S.knoten') bekannten S. und ihre ältere Gesch., die in Hinblick auf Siedlungsräume (elbgerm. Bereich: Ostseeraum, frühe Migrationen), soziale und religiöse Verhältnisse durch archäolog. Belege (Abschn. I) wie durch hist. und namenskundl. Zeugnisse (vgl. neben HOOPS² VII, 107–115, auch die ausführl. Hinweise zu Belegen antiker Autoren in RE IV A, 564–579) beleuchtet wird, müssen hier außer Betracht bleiben.

Ende 405 überschritten die S. (gemeinsam mit →Vandalen und →Alanen) den vereisten Rhein und fielen nach →Gallien ein (ihre Invasion wird durch Brandschichten und eilig vergrabene Horte sowie einen Brief des hl. →Hieronymus belegt). Nach vierjährigen Plünderungszügen durch die Gebiete der →Hispania (Sklavenraub), die, verbunden mit Epidemien und Hungersnöten, zum dramat. Verfall der einst blühenden städt. und ländl. Zivilisation beitrugen (vgl. →Hydatius), vollzog sich seit 409 ein Prozeß der festen Ansiedlung im sw. Bereich der Iber. Halbinsel, bes. in den Landschaften →Lusitania (später Gft./Kgr. →Portugal) und Gallaecia (→Galicien). 411 übernahmen die S. den Verwaltungssprengel ('conventus') v. →Braga durch Loswurf.

Das 'Barbarenreich' der S. wurde von Zeitgenossen (Hydatius), aber auch von Historikern (L. MUSSET) lange negativ beurteilt, bedarf aber als gewisser Stabilisierungsfaktor einer differenzierteren Beurteilung. Die Errichtung der sueb. Herrschaft im N mit →Astorga und →Lugo, →Mérida (439), im S mit →Sevilla (441) wurde begünstigt durch den Abzug der hasding. Vandalen nach Südspanien ('Andalusien') und schließlich Nordafrika sowie durch die Zerschlagung der Reiche der Silingen und Alanen durch die aus →Aquitanien vorrückenden →Westgoten. Die Schwäche der letzten röm. Garnisonen erleichterte dem sueb. Kgtm. den Aufbau einer relativ gefestigten Position: Der Begründer des Reiches, Hermericus, trat 438 wegen Krankheit ab; sein Sohn Rechila 'der Eroberer' (438–448) dehnte den Machtbereich aus; Rechiarius (448–456) stieß bis in bask. Gebiete vor und bedrohte →Zaragoza. Die S. reorganisierten in gewissem Umfang das städt. Leben (Braga, Portucale), unterbrachen den Aufbau der religiösen Institutionen zumindest nicht, stellten wirtschaftl. Leben im Rahmen der alten ksl. ʼfisci' (→Fiscus) wieder her, unterhielten Gesandtschaftsbeziehungen zu den Westgoten in Aquitanien, den Vandalen in Nordafrika und selbst zum byz. Hof. Das Kgtm. verfügte über einen Palast (Hof, mit großen Amtsträgern), einen Schatz (dessen sich 568 die Westgoten bemächtigten) und Münzstätten, in denen →Tremisses und →Siliquae geprägt wurden.

Die sueb. Herrschaft wies trotz alledem fragile Züge auf. Wegen der geringen Zahl von Germanen (höchstens 30000) war das Herrschaftsgebiet nur mühsam zu kontrollieren; (in die Defensive gedrängte) sueb. Gruppen verübten an der zahlenmäßig überlegenen Vorbevölkerung schwere Übergriffe. In Glaubensfragen zögerlich, gingen die S. vom Arianismus (→Arius) zu einem mit paganen Elementen vermischten kath. Christentum über, das →Martin v. Braga (um 515–580) in »De correctione rusticorum« bekämpfen sollte.

Mit Vehemenz versuchten sich die S. der Übermacht der Westgoten zu erwehren. Ab 455 eroberten diese unter →Theoderich II. (453–466) und →Eurich (466–484) große Teile der Hispania; die S. unterlagen auf dem Campus Paramus bei Astorga (455), ihre Hauptstadt Braga fiel, Kg. Rechiarius wurde ermordet (456), das Kgr. geplündert und mit westgot. Garnisonen überzogen. Doch konnten die Invasoren keine dauerhafte Oberhoheit errichten; die S. gewannen unter Ausnutzung einer Schwächung der westgot. Herrschaft (durch Teilungen) große Teile ihres Machtbereichs zurück und errichteten (im Zuge eines Konkurrenzkampfes verschiedener führender Geschlechter) eine zweite sueb. Königsherrschaft, die auf einen hist. schwer faßbaren Malchras (456–460) zurückgeht. Wegen Abbruch der Chronik des Hydatius (Tod des Autors, 470) und angesichts des summar. Charakters anderer Quellen (→Isidor v. Sevilla) sind wir über die Gesch. des zweiten sueb. Kgr.es v. Braga schlecht unterrichtet; es führte trotz bedeutender Herrscherpersönlichkeiten wie Chararich (550–559) und Miro (572–582) ein prekäres, in die Defensive gedrängtes Dasein und erlag dem Angriff des Westgotenkg.s →Leovigild, der für kurze Zeit den Arianismus wiedereinführte.

Die verheerenden Kriege zw. S. und Westgoten, die zu tiefer Anarchie führten (die zeitgenöss. Q. sprechen von »lacrimabile tempus« und »indisciplinata perturbatio«, E. A. Thompson: »dark age«), haben doch nicht die Grundlegung einer Kirchenorganisation gehindert (Gründung des Klosterbistums →San Martín de Dumio/Dume durch Martin v. Braga; Entstehung ländl. Pfarreien, belegt durch ein exzeptionelles Dokument, das »Parochiale« von 572); auch wurden wirtschaftl. und intellektuelle Beziehungen zu Nordafrika, Palästina/Syrien und Byzanz aufrechterhalten, und es haben einige Spuren frühchristl. Architektur im städt. (Egitania, Kathedrale) und domanialen (Torre de Palma, Kirche) Bereich überdauert, in geringem Umfang auch Objekte der materiellen Kultur sowie germ. Toponyme. J.-P. Leguay

Lit.: E. A. Thompson, The End of Roman Spain, 1976 (3 Teile) – A. Tranoy, La Galice romaine, 1981 – A. H. de Oliveira Marquès, Hist. de Portugal, I: Das Origines Ao Renascimento, 1982⁹ – J.-P. Leguay, O »Portugal« Germânico (Nova Hist. de Portugal, hg. J. Serrão– A. H. de Oliveira Marquès, II, 1993).

Suero Bermúdez, Gf. in →Asturien, † 12. Aug. 1138, ☐ Kl. Cornellana, Sohn des Vermudo Ovéquiz (aus einer Ehe mit Jimena Froílaz, einer Nachfahrin des leones.

Kg.shauses, oder aber aus einer Ehe mit Jimena Sánchez, einer Tochter des Gf.en Sancho Ordóñez?). S., der vermählt war mit Gfn. Enderquina Alfonsi, einer Enkelin der Kgn. Christina und Urenkelin Kg. Vermudos II. v. León, trat spätestens zw. 1114 und 1116 auch als Gf. in →León (ʼcomes legionensium') hervor, war einflußreicher Magnat unter Kg. →Alfons VI. (als →Alférez gehörte er zum engsten Kreis um Gf. →Raimund v. Galicien), dann unter Kgn. →Urraca und ihrem Sohn →Alfons VII. Seine Besitzschwerpunkte lagen in Asturien (Salas de Nonaya und Tineo [seit 1120]), ferner in León (Gebiete nördl. des Duero, zumindest 1117 und 1125 Burg Luna) und →Galicien (ztw. Gebiet v. Monterroso). 1122 übertrug er gemeinsam mit seiner Gemahlin ihr einstiges Dotum, das Kl. →Cornellana, an →Cluny und stattete das Kl. S. Juan de Corias aus. Bis 1138 ist S. als ʼcomes', ʼconsul' (seit 1116) und Statthalter in Luna, Gordón, Babia, Laviana, →Astorga und Teilen des Bierzo belegt. Über seine Gattin und ihre Beziehungen zu →Burgos erlangte er zusätzl. Einfluß im Adel →Kastiliens und hatte durch seine Brüder eine starke Stellung im leones. Adel inne (seine Schwester Urraca ∞ Gonzalo Ansúrez). Als einer der herausragenden Vertreter der Adelsgesellschaft seiner Zeit an fast allen wichtigen polit. Entscheidungen beteiligt, mußte er seine Position in Asturien mit dem Gf.en →Gonzalo Peláez teilen. Als S. kinderlos starb, trat sein Bruder Gonzalo in seine Besitzungen und Funktionen ein.   L. Vones

Lit.: El Libro Registro de Corias, I–II, hg. A. C. Floriano Cumbreño, 1950 – Ders., Estudios de Hist. de Asturias, 1962 – P. Segl, Kgtm. und Kl.reform in Spanien, 1974, 125f., 159ff. – B. F. Reilly, The Kingdom of León-Castilla under Queen Urraca 1109–26, 1982 – P. Martínez Sopena, La tierra de Campos Occidental, 1985, bes. 336f. – J. García Pelegrín, Stud. zum Hochadel der Kgr.e Leon und Kastilien im HochMA, 1991, 60f. – s.a. Lit. zu →Cornellana (A. C. Floriano Cumbreño, 1949; F. J. Fernández Conde, 1972); →León (C. Estepa Díez, 1977).

Sueton im Mittelalter. Das schriftstellerische Werk des Gaius Suetonius Tranquillus († um 150 n. Chr.) ist für die Entwicklung der ma. Lit. auf bestimmten Gebieten, vorzugsweise mittelbar, sehr wichtig gewesen. Die übliche Vorstellung allerdings, S. habe zu den beliebten und vielgelesenen Autoren gehört, trifft nicht zu. – Die Mehrzahl der kleineren Abhandlungen, in denen sich S. als Polyhistor erwiesen hat, ist bereits in der Spätantike untergegangen. Die von Grammatikern und Kommentatoren zitierten Stellen und Titel sind in der Regel das einzige, was wir von diesen Schriften wissen, die das Zeitalter der Papyrusrolle nicht überdauert haben. Was man danach noch antrifft, sind Zitate aus zweiter Hand. So ist beispielsweise die Schrift ʼde natura animantium' dem Ambrosius v. Mailand noch bekannt gewesen und von ihm zitiert worden (Exameron I, 4, 24); aber der ebenso kenntnisreiche wie eitle →Giraldus Cambrensis im 12. Jh. zitiert (Itinerarium Cambriae I 7) nur eben diese Stelle. Manche der kleinen Schriften wie z.B. der ʼliber de notis' müssen bereits in der Spätantike in Exzerptensammlungen oder kleine handbuchartige Zusammenstellungen eingegangen sind und sind auf jeweils anderen Wegen und durch zumeist nicht mehr erkennbare Vermittlung zu →Isidor v. Sevilla gelangt und haben mit dessen Etymologien die weiteste Verbreitung erlangt. – Von dem Werk ʼde viris illustribus' hatte der größere Teil als selbständiges Werk kein anderes Schicksal. Allein die Kapitel ʼde grammaticis et rhetoribus' gelangten in einem einzigen Exemplar ins MA und wurden durch eine vermutl. in karol. Zeit hergestellte Abschrift erhalten, die sich im späten MA in →Hersfeld befand. Nach Herstellung einer humanist. Kopie im

15. Jh. ging jener alte Textzeuge verloren; die erhaltenen Hss. sind durchweg Abkömmlinge der erwähnten humanist. Kopie und mit der entsprechenden Unsicherheit des Textes behaftet. Von dem Buch 'de poetis' wurden Teile dadurch weitergegeben, daß man im späten Altertum den Hss. bestimmter Dichter, die mit Scholien versehen waren, die Vita des Autors nach S. beifügte; so geschah es mit Terenz, Horaz, Vergil, Lucan.

Zu der Zeit, da das Werk 'de viris illustribus' wenigstens noch größtenteils erhalten war, nahm es der Kirchenvater →Hieronymus aus Muster seines Kataloges christl. Schriftsteller, der im 5. Jh. von →Gennadius v. Marseille fortgesetzt wurde. Nicht mehr aus S., sondern aus Hieronymus-Gennadius de viris illustribus hat sich die lange Reihe ma. Schriftstellerkataloge (eigtl. Lit.geschichten in nuce) entwickelt.

Annähernd vollständig erhalten ist von S. allein die 'vita Caesarum', die Lebensbeschreibungen der Herrscher von Caesar bis Domitian. Bezügl. ihrer Überlieferung und ihres Nachwirkens besteht größerer Unsicherheit, als gewöhnl. angenommen wird. Da sämtliche auf uns gekommene Hss. der vita Caesarum am Anfang verstümmelt sind, gilt die Überlieferung als einheitlich, d. h. es wird aus der Lücke zu Beginn geschlossen, daß das Werk letztl. nur durch ein einziges (spätantikes?) Exemplar erhalten geblieben ist, das am Anfang Blätter oder eine Lage eingebüßt hatte. Für die erhaltenen Textzeugen trifft dies zweifellos zu. Es ist jedoch zu bedenken, daß schon beim ersten Auftauchen der vita Caesarum in karol. Zeit zwei Überlieferungszweige erkennbar werden, die möglicherweise nicht auf dasselbe Archetypon zurückgehen. Die älteste erhaltene Hs., Paris BN lat. 6115 (Memmianus), ist in Tours, wahrscheinl. schon um 820 geschrieben; über die Vorlage wissen wir nichts. Sie hat offenbar nichts zu tun mit einem auf zwei Codices verteilten (und darum spätantiken?) Exemplar, von dessen Vorhandensein in Fulda wir durch einen Brief des →Lupus v. Ferrières (epist. 91 D.) von 844 erfahren und von dem Lupus eine Kopie erhalten zu haben scheint. In die Überlegungen bezügl. der Herkunft des Fuldensis ist Italien miteinzubeziehen (vgl. →Historia Augusta); es wäre nicht der einzige Fall einer Parallelität der Überlieferung im ostfrk. und im westfrk. Raum. Gewöhnl. wird angenommen, daß es das Fuldaer Exemplar war, woraus →Einhard S. kennenlernte und nach dessen 'vita Augusti' er seine 'vita Karoli Magni' schuf; gesichert ist die Imitation, aber nicht das Exemplar und der Ort, wo sie angeregt wurde. Auf der Imitation des S. aber beruht es, daß durch Einhard die Herrscherbiographie mit bestimmten Zügen (Beschreibung des Äußeren, der Lebensgewohnheiten und dgl.) in die ma. Biographie eingeführt wurde.

Auf die Kopie des Lupus gehen die Exzerpte des →Heiric v. Auxerre zurück, die später gelegentl. hs. wieder auftauchen, aber auch bei manchen ma. Autoren eine Rolle spielen. Die noch im 11. Jh. ziemlich dünne und hauptsächl. auf Frankreich beschränkte Überlieferung wird im 12. Jh. dichter. Seit dieser Zeit werden die einzelnen Ks.biographien, gelegentl. durch die Caesares des Ausonius eingeleitet. Die wenigen Hss. in Dtl. scheinen auf westl. Vorlagen zu deuten. Die Benutzung ma. Autoren geht selten über die Vita Caesaris und die Vita Augusti hinaus und dürfte nur bei wenigen unmittelbar vorliegen. Es ist bezeichnend, daß ein belesener Schriftsteller vom Range des →Johannes v. Salisbury von S. nur die Exzerpte des Heiric kannte. Seit →Petrarca erst scheint die unmittelbare Kenntnis S.s häufiger geworden zu sein und dann auch die Verbreitung stark zugenommen zu haben.   F. Brunhölzl

Lit.: Praefationes der krit. Ausg. – R. SABBADINI, Le scoperte dei codici latini e greci ne' secoli XIV e XV, I/II, 1905/14 – L. TRAUBE, Vorlesungen und Abhandlungen, III, 1920, 54ff. – P. LEHMANN, Erforsch. des MA, I, III–V [Register] – MANITIUS, I–III [Register] – R. W. HUNT (R. R. BOLGAR, Classical Influences on European Culture. A. D. 500–1500, 1971) – S. J. TIBBETTS-M. WINTERBOTTOM (L. D. REYNOLDS, Texts and Transmission, 1983), 399ff. – M. v. ALBRECHT, Gesch. der röm. Lit., II, 1992, 1116f. – M. VENIER, Giovanni Battista Eganzio editore, I, Il »De vita Caesarum« di Suetonio, Res publica litterarum 16, 1993, 175–183 – s.a. →Beroaldo, →Sabellius.

Suffolk, Earldom of, 1337 für Robert de Ufford (1298–1369) geschaffen, der einer der führenden Mitglieder des Hofhalts Eduards III. war. Er nahm 1330 an Eduards Vorgehen gegen Roger →Mortimer teil und diente in der Folgezeit dem Kg. und dem Schwarzen Prinzen in Frankreich. Robert war an den Schlachten von →Crécy (1346) und →Poitiers (1356) beteiligt. Sein Sohn William (ca. 1340–82), der ebenfalls in Frankreich diente, starb plötzl. am 15. Febr. 1382, ohne einen männl. Erben zu hinterlassen, und das Earldom fiel an die Krone zurück. Am 6. Aug. 1385 erneuerte Richard II. jedoch das Earldom für seinen Kanzler und engen polit. Berater Michael de la →Pole, und ein großer Teil des Ufford-Erbes ging an Pole über. Im Okt. 1386 wurde Pole aus dem Kanzleramt entlassen und angeklagt, im Dez. 1387 floh er ins Exil, und das »Merciless Parliament« v. 1388 (→England, D. III. 2) beschuldigte ihn des Verrats; das Earldom fiel an die Krone zurück. Als man 1397/98 die Urteile des »Merciless Parliament« annullierte, wurde Poles Sohn Michael (* ca. 1367) erneut in das Earldom eingesetzt, der ebenso wie sein Sohn Michael (* 1394/95) 1415 an dem Feldzug Heinrichs V. nach Frankreich teilnahm, wo der Vater im Sept. in →Harfleur an der Ruhr starb und sein Sohn am 25. Okt. in →Agincourt fiel. Michaels III. Bruder William (* 1396) stieg in der Gunst Heinrichs VI. auf und erhielt die Beförderung in den Rang eines Marquess of S. (1444) und eines Duke of S. (1448). Jedoch wurde er 1450 angeklagt, verbannt und schließlich am 2. Mai 1450 ermordet, als er sich nach Frankreich einschiffen wollte. Williams Sohn John (1442–92) heiratete eine Tochter →Richards, Duke of York, und die Familie schloß sich den Yorkists an. Johns Sohn Edmund (1472–1513) rebellierte gegen Heinrich VII., verließ England und verlor 1504 seine Ländereien und seine Titel; er wurde 1506 an England ausgeliefert und auf Befehl Heinrichs VIII. 1513 hingerichtet. – Die meisten Besitzungen des Earldom lagen in East Anglia, aber sie wurden durch kgl. Patronage vergrößert, bes. während der Regierungen Richards II. und Heinrichs VI.

A. Tuck

Lit.: R. A. GRIFFITHS, The Reign of King Henry VI, 1981 – J. S. ROSKELL, The Impeachment of Michael de la Pole in 1386, 1984.

Suffraganbistum, -bischof. Suffraganeus (zunächst als Substantiv) ist die für das Jahr 779 (Kapitular v. Heristal, c. 1) erstmals belegte amtl. Bezeichnung für einen →Bischof, der innerhalb einer Kirchenprovinz einem →Metropoliten unterstellt ist. Etymolog. läßt sich der Terminus von »suffragium« herleiten, was Aufschluß gibt über die ursprgl. Bedeutung der Suffragan- oder Provinzialbf.e (»episcopi [com]provinciales« ist der rechtssprachl. ältere, noch im MA weitgehend durch »episcopi suffraganei« oder »suffraganei« ersetzte Begriff; in der Ostkirche seit dem Konzil v. →Konstantinopel 869/870 als Gehilfen des Metropoliten mit Stimmrecht auf dem Provinzialkonzil und (bis zum 13. Jh.) bei der Wahl des Metropoliten (Du CANGE VI, 649).

Die Entstehung von S.ern ist zu betrachten im Rahmen der allg. kirchl. Verfassungsentwicklung, näherhin im

Zusammenhang mit der Errichtung und Organisation der Bm.er (→Bistum, →Diözese) sowie der Ausbildung des Metropolitanverbandes (Provinzialverfassung), wobei es in den ersten Jahrhunderten des FrühMA zu einer Trennung der Entwicklungslinien zw. westl. und östl. Kirchenverfassung kam (Zuordnung des Bm.s und seines Bf.s zu einem Metropolitanverband [Konzil v. →Nikaia 325, c. 4–6], Zusammenfassung der Bm.er im 4./5. Jh. zu Kirchenprovinzen, in der Ostkirche zu Eparchien, die von einem Patriarchen [→Patriarchat] bzw. →Exarchen geleitet wurden). Seit dem abendländ. Hoch- und SpätMA wird suffraganeus auch für Hilfs- oder Weihbf.e der Diözesanbf.e gebraucht.   M. Heim

Q. und Lit.: DDC IV, 1257–1267; VI, 1234–1248 – HRG I, 439–449 – TRE VI, 697–702; XIX, 110–140, 155–162 [Lit.] – E. LESNE, La hiérarchie épiscopale. Provinces, métropolitains, primats en Gaule et Germanie 742–882, 1905 – A. H. THOMPSON, Diocesan Organization in the MA, PBA 29, 1943, 153–194 – H. G. J. BECK, The Selection of Bishops Suffragan to Hincmar of Reims 845–882, CathHR 45, 1959, 273–308 – PLÖCHL I, 330–338; III, 239 – FEINE, 118–120, 230–232, 364–366 – F. KEMPF, Primatiale und episkopal-synodale Struktur der Kirche vor der gregorian. Reform, AHP 16, 1978, 27–66 – H. PAARHAMMER, Kirchenprovinz – Metropolit – Provinzialkonzil (Fschr. K. BERG, 1989), 469–496.

aṣ-Ṣūfī, Abū l-Ḥusain ʿAbdarraḥmān ibn ʿUmar, Astronom, 903–986, tätig in Iran unter den Būyidenherrschern. Bes. einflußreich war sein »Buch der 48 Sternbilder« (964; beschreibt, gestützt auf die arab. Übers. des →Almagest, den gesamten Sternhimmel). Zu jedem der 48 ptolemäischen →Sternbilder gibt er eine krit. Analyse des Sternbestandes, die Identifizierung der entsprechenden altarab. Gestirnfiguren, eine Tabelle der zugehörigen Sterne sowie zwei Abb.en (nach dem Anblick am Himmel bzw. auf dem Globus). Seine Darstellung wurde zum Modell für die bildl. Wiedergabe der Sternbilder in Büchern und auf Globen in der arab.-islam. →Astronomie im 13. Jh. wurde in Sizilien der ptolemäische Sternkatalog (im Wortlaut der lat. Übers. aus dem Arab. von →Gerhard v. Cremona) auf Ṣ.s Längenwerte umgerechnet und jedem Sternbild eine Abb. aus Ṣ.s Buch beigegeben; durch dieses »Ṣ. Latinus corpus« verbreiteten sich seine Darstellungen der Sternbilder auch in Europa. In Spanien wurde unter Kg. →Alfons X. d. Weisen eine span. Bearb. des »Fixsternbuches« in dessen astronom. Lehrwerk →»Libros del saber de astronomía« aufgenommen (it. Übers. 1341). Peter Apian (1495–1552) griff erneut auf das Buch von Ṣ. (»Azophi«) zurück und zeichnete – als Unikum – einige altarab. Gestirnfiguren daraus bildl. in eine Sternkarte ein (1533).   P. Kunitzsch

Lit.: DSB XIII, 149f. – EI² I, 86f. – SEZGIN V, 309f.; VI, 212–215; VII, 168f. – Libros del saber, ed. M. RICO y SINOBAS, I, 1863 – H. C. F. C. SCHJELLERUP, Description des étoiles fixes, 1874 [Nachdr. 1986] – P. KNECHT, I libri astronomici di Alfonso X in una versione fiorentina, 1965 – G. STROHMAIER, Die Sterne des Abd ar-Rahman as-S., 1984 – P. KUNITZSCH, Peter Apian und Azophi, 1986 – DERS., The Arabs and the Stars, 1989, T. XI.

Ṣūfismus → Mystik, C

Sugdaia (Soldaïa, Sugdea, heute Sudak). [1] *Stadt:* S., am →Schwarzen Meer, an der Südküste der →Krim, gegr. 212; der Ortsname, von iran. Herkunft, geht auf die im Raum der Krim angesiedelten →Alanen zurück. S. stand bis zur Mitte des 11. Jh. unter Herrschaft des →Byz. Reiches (→Chersonesos) und wurde, unter Erhaltung einer starken griech. Bevölkerung, im 11.–13. Jh. von →Kumanen, dann (seit 1249) von →Tataren beherrscht. Die Venezianer (→Venedig) errichteten hier ein Kontor, das von den Brüdern →Polo 1260 besucht wurde und seit 1287 Sitz eines ven. Konsulats war. Unter dem Chanat der

→Goldenen Horde stieg S. zu einem Ausgangspunkt der großen Handelsstraßen in die Rus' und nach Mittelasien auf, geriet aber infolge des Konflikts zw. dem Emir der Goldenen Horde, →Nogaj (gest. 1299), und den Chanen v. Qypčaq, aber auch durch die scharfe Konkurrenz zw. Venedig und →Genua bald in Verfall. Seit 1365 bei Genua, unterstand S. einem Konsul, der sich auf eine kleine Söldnergarnison stützte. Seit 1371 entstand eine mächtige Wehranlage (mit Zitadelle S. Croce). Nach dem Statut v. Caffa (1449) stand S. an der Spitze der genues. 'casali' (Kolonialstädte) der 'Gothia' (Krim), aber unter Oberhoheit des Konsuls v. →Caffa. Die Rolle als Handelsstadt war ausgespielt; S. lebte überwiegend von Weinbau und Handwerk. Seit 1453 gehörte die Stadt der →Casa di S. Giorgio. Nach dem Fall v. Caffa (31. Mai 1475) wurde auch S. von den →Osmanen eingenommen.   M. Balard

[2] *Kirchliche Bedeutung:* Kirchl. war S. ein erstmals im 8. Jh. erwähnter Bf.ssitz, der um 1280 zur Metropolie erhoben wurde und bis 1485 fortbestand; wichtige Angaben zur kirchl., aber auch zur polit. Gesch. S.s enthalten 204 gr., eine Art Kleinchronik bildende Randnotizen (darunter 155 Memorialeinträge) zu dem jetzt im Ökumen. Patriarchat (Istanbul) aufbewahrten Cod. Chalcensis 75 (ein Synaxar des 11. Jh.), die aus dem Zeitraum 1186–1418 stammen.   G. Prinzing

Q. und Lit.: M. N. NYSTAZOPULU, Ἡ ἐν τῇ Ταυρικῇ χερσονήσῳ πόλις Σουγδαία, 1965 [Lit.] – M. BALARD, La Romanie génoise, 2 Bde, 1978 – GRUMEL–LAURENT(–DARROUZÈS), Fasz. II/III–VII, 1971–91 [s. Reg.] – P. M. STRÄSSLE, Der internat. Schwarzmeerhandel und Konstantinopel 1261–1484 im Spiegel der neuer. Forsch., 1990 – Oxford Dict. of Byzantium, 1991, 1932 [Lit.] – G. V. BAIER (= H. V. BEYER), Mitropolii Chersona, Sugdei, Gotii i Zichii po dannym prosopografičeskogo leksikona vremeni Paleologov (Antičnaja drevnost' i srednie veka vyp. 27, 1995), 65–76 – V. S. ŠANDROVSKAJA, Tamožennaja službav Sugdee VII–X vv. (ebd.), 119–123.

Suger, Abt v. →St-Denis, * 1081, † 13. Jan. 1151, entstammte einer dem Kleinadel nahestehenden wohlhabenden Bauernfamilie aus der großen Ebene im NW von Paris und wurde mit zehn Jahren als →Oblate der Abtei St-Denis übergeben. Er erhielt in der nahegelegenen Klosterschule v. L'Estrée seine Formung, wobei er nicht nur mit der Hl. Schrift, sondern auch mit klass. Schulautoren (Horaz, Lukan), v.a. aber mit den Gedanken des Ps.-Dionysius (→Dionysius, hl.) enge Vertrautheit gewann. Mit zwanzig Jahren zur →Profeß zugelassen, wurde er zur Vervollkommnung seiner Bildung in ein anderes Kl. entsandt, wahrscheinlich in die blühende Abtei →Fleury-St-Benoît; nach seiner Rückkehr erhielt er die Aufgabe einer Neuordnung des Archivs v. St-Denis, wodurch er noch tiefer in die dionysian. Ideenwelt eindrang, zugleich aber auch einen nachhaltigen Einblick in den beklagenswerten Zustand seiner Abtei erhielt. 1107 errang S. seinen ersten Erfolg als Redner: Er verteidigte vor Papst →Paschalis in La →Charité-sur-Loire das Exemtionsprivileg, das St-Denis von der Jurisdiktion des Bf.s v. →Paris befreite. Zum →Propst für Berneval-en-Caux (Normandie), dann (1109) für Toury (Beauce) ernannt, erwarb er sich solide Verwaltungskenntnisse, zu denen infolge der Mitwirkung am Kriege Kg. →Ludwigs VI. gegen den unbotmäßigen Herrn v. Le→Puiset (1111–12) einige militär. Erfahrung hinzutrat. Bei der Rückkehr von einer Romreise, die er in Geschäften seines Abtes Adam durchgeführt hatte, erfuhr er von seiner Abtwahl als Nachfolger des inzwischen verstorbenen Abtes (März 1122). Kg. Ludwig VI. erkannte die Entscheidung des Konvents an, obwohl dieser ohne seine Zustimmung zusammengetreten war.

Von nun an wuchs Abt S. mehr und mehr in den Kreis

der großen kgl. Familiaren (→Familia) hinein, wobei er als Ratgeber insbes. auf kirchl. Fragen und die Beziehungen des kapet. Kgtm.s zum Hl. Stuhl spezialisiert war. Ludwig VI. akzeptierte es, in bezug auf die Gft. →Vexin als Vasall des hl. Dionysius zu fungieren, auch wenn für ihn aufgrund seiner kgl. Stellung die Leistung eines Lehnseides nicht in Frage kam. In seiner Eigenschaft als Gf. v. Vexin war Kg. Ludwig →Vogt der Abtei: Er hob das Banner des hl. Dionysius (die spätere →Oriflamme) vom Altar auf, wenn er den Oberbefehl über das örtl. Aufgebot übernahm: Dies geschah erstmals 1124 anläßl. des frz. Verteidigungsfeldzuges gegen die Invasion Ks. →Heinrichs V. Abt S. nahm an diesem Zug teil, der zu →Reims alle großen Lehnsträger des Kg.s v. Frankreich mobilisierte und schließlich in einem »unblutigen Sieg« endete, hatte Heinrich V. doch bereits den Rückzug angetreten. Im folgenden Jahr, 1125, begab sich S. anläßl. der Wahl →Lothars III. nach Mainz, wo er die Gelegenheit nutzte, sich die Rechte von St-Denis an Besitzungen in Lothringen bestätigen zu lassen.

Mit Energie widmete sich S. den Angelegenheiten seiner Abtei, deren Reform er 1127, zur großen Genugtuung →Bernhards v. Clairvaux, durchsetzte. Er bemühte sich nachdrücklich um wirksamere Verwaltung und Mehrung des Besitzes, so durch Rückzahlung von Schulden, Einlösung von Pfandschaften, Anlage neuer Weingärten, Wiederherstellung der direkten Bewirtschaftung, Vervielfachung der Zahl der Pflüge, Revision der Pachtzinse, Ansetzung von Hörigen zu →Champart, Gründung zweier neuer Dörfer (Carrières und Vaucresson), Parzellierungsmaßnahmen in St-Denis und La Courneuve, Erwerb der gesamten Jurisdiktion über die im Juni abgehaltene große →Messe ('Lendit') u. a. Ziel dieser weitgespannten Tätigkeit war die Erwirtschaftung eines hohen Überschusses, der vorrangig der Verwirklichung des kühnen Bauprogramms S.s, der Neuerrichtung der Abteikirche im Stil der 'moderni', der jungen →Gotik, dienen sollte.

Nachdem S. den Erbprinzen →Ludwig (VII.) nach Bordeaux zur Hochzeit mit →Eleonore geleitet hatte (1137), wurde er wegen des Todes von Ludwig VI. erstmals mit der Ausübung von Regierungsaufgaben des Kgr.es betraut (1137–40), doch war seine Tätigkeit wenig erfolgreich, trotz der friedenstiftenden Einschaltung in den Kommunalaufstand v. →Poitiers. S. zog sich wieder in seine Abtei zurück, in deren Stille er die »Gesta Ludovici regis« schrieb, die Arbeiten an der Abteikirche vorantrieb (Weihe des Narthex 1140, des Chores 1144), hierüber den baugeschichtlich höchst bedeutsamen »Libellus de consecratione ecclesiae sancti Dionysii« abfaßte, sich ab Winter 1144–45 dann dem Bericht über sein Wirken, »De rebus in administratione sua gestis«, zuwandte und eine (Fragment gebliebene) »Vita Ludovici junioris« begann.

Er wurde anläßlich der Kreuznahme des Kg.s (1147) zum Regenten designiert, nahm dieses Amt aber erst auf ausdrückl. Weisung Papst →Eugens III. an, verbunden mit der Würde des Apostol. →Vikars. Durch diese Doppelung sollte nicht zuletzt die Gelasian. →Zweigewaltenlehre in polit. Praxis umgesetzt werden. Andererseits führte die Regentschaft die polit. Denken S.s zum Konzept einer stärkeren Differenzierung zw. Krone (→Corona, III) und Person des Kg.s: die Krone behielt auch bei Abwesenheit oder Tod des Kg.s ihre ungeschmälerte Geltung.

Nach der Rückkehr Ludwigs VII. (1149) spielte S. weiterhin eine dominierende Rolle in den kirchl. Angelegenheiten, bes. bei der Auswahl der Bf.e und der Reform der Abteien (St-Corneille de →Compiègne). S., dessen

kirchenpolit. Denken an begriffl. Schärfe zunahm, war bestrebt, die Rolle des »dreifach seligen« Dionysius gebührend zu betonen; da dieser vom Papst zur Bekehrung der gesamten Gallia entsandt worden sei, müsse seine Abtei auch als Sitz und Stätte des Nachfolgers Petri im Kgr. Frankreich unbestrittenen Vorrang genießen. Ebenso unternahm er große Anstrengungen zur Durchsetzung des Grundsatzes, daß alle Kg.e ihre Kronen dem Schatz v. St-Denis vererben sollten; zur Hervorhebung der Würde von St-Denis als kgl. →Grablege umgab S. die großen Anniversarien der Frankenherrscher →Dagobert, →Karl d. Kahlen und Ludwig VI. mit einzigartiger Prachtentfaltung, vereinte so in einer liturg. Feier die drei großen Wohltäter der Abtei, die zugleich die Repräsentanten der drei Dynastien ('races') auf dem frz. Thron waren. S. forderte, daß die Kg.e, auf dem (in der Abtei aufbewahrten) Thron Dagoberts sitzend, die Treueide der großen Lehnsträger der Krone entgegennehmen sollten; dies leitete über zum großen Ziel des Abtes, St-Denis zum symbol. Mittelpunkt des Kgr.es zu machen, zur Stätte, an der (nach einem von Ps.-Dionysius entlehnten Schema) weltl. und geistl. Hierarchien ineinanderfließen sollten (→Sakralität).

Der Abt, der den (nach dem schweren Fehlschlag des 2. →Kreuzzugs gefaßten) Plan einer eigenen Kreuzfahrt wegen seiner Krankheit nicht mehr auszuführen vermochte, starb am 13. Jan. 1151 siebzigjährig in seiner Abtei.

S. war nicht nur ein um das regelgemäße monast. Leben besorgter Abt, sondern auch ein hochverdienter Verwaltungsmann. Sein Güterverzeichnis, durch dessen Führung er sich einen langfristigen Überblick über die Entwicklung der Ertragslage verschaffte, ist ein bemerkenswertes Zeugnis des dynam. Unternehmungsgeistes in monast. Kreisen des 12. Jh. Als wagemutiger →Mäzen der frühen Gotik wurde S. unter dem Einfluß des dionysian. Ideengutes zum Philosophen, der Kunst und Ästhetik (das →Schöne) als Mittel der Erhebung der Seele von der materiellen zur spirituellen Wirklichkeit begreift, wobei er die Spiritualisierung der Materie durch das →Licht, das die Dinge durchdringt und transfiguriert, hervorhebt. Auf diese Ideenwelt gründet sich die sinnl. Faszination, die durchscheinende →Edelsteine und leuchtende Kirchenfenster (→Glasmalerei) auf S.s Vorstellungskraft ausüben. Durch seine »Gesta Ludovici regis«, in denen S. das Gedächtnis des Kapetingers, der seine krieger. Tapferkeit nachdrücklich in den Dienst der Rechts- und Friedenswahrung gestellt hatte, feiert (nicht ohne den großen Gegenspieler, Kg. →Heinrich I. v. England, zu würdigen), erwies sich S. als Begründer der machtvollen historiograph. Tradition von St-Denis (→Chronik, E). Seine Aktivität als Schriftsteller, Bauherr und Regent, die wesentlich in sein 57. bis 70. Lebensjahr fällt, ist ein eindrucksvolles Beispiel für Kreativität im reifen Alter. Bald nach S.s Tod schrieb sein Sekretär Wilhelm die Vita des großen Abtes. In der berühmten Grabinschrift preist →Simon Aurea Capra die exemplar. Energie, mit der Abt S. bestrebt war, seine geringe Herkunft und seinen minderen Wuchs vergessen zu machen: »Klein von Gestalt und von Familie, von doppelter Kleinheit getrieben, verschmähte er es, in seiner Kleinheit ein kleines Leben zu führen«.

M. Bur

Ed. und Lit.: Œuvres complètes, ed. A. LECOY DE LA MARCHE, 1867 [Neudr. 1979] – O. CARTELLIERI, Abt S. v. St-Denis, 1898 – E. PANOFSKY, Abbot S. on the Abbey Church of St-Denis and its Art Treasures, 1979² – Abbot S. and St-Denis. A Symposium, hg. P. L. GERSON, 1986 – M. BUR, S., abbé de St-Denis, régent de France, 1991 [Lit.] – R. GROSSE, St-D. und das Papsttum z. Z. des Abtes S. (L'Église de France et la papauté, hg. Ders., 1993), 219–238 – M. Bur, S., la Geste de Louis VI et autres œuvres, übers., eingel. und komm. M. Bur, 1994 – S., De consecratione. Komm. Studienausg., ed. G. Binding–A. Speer, 1995.

Sühne

I. Theologie – II. Rechtsgeschichte.

I. Theologie: S. (mhd. *suon[e]* 'Genugtuung, Wiedergutmachung'; lat. 'propitiatio', 'expiatio') steht in der bibl. und patrist. Sprachwelt im Kontext von »Erlösung durch das Blut« (Eph 1, 7; Kol 1, 14; 1 Petr 1,18–19 – vgl. ThW NT IV, 354–59), »Genugtuung«, »Opfer« (Hebr 2, 14. 17) und »Stellvertretung« (vgl. »pro-vobis-Formel« der Kreuzes- und Abendmahlsbotschaft). Die bibl. S.vorstellung wurzelt (ebenso wie die außerbibl.) in der menschl. Überzeugung: Es gibt keine S. für Schuld und Sünde außer durch Blut (Hebr 9, 15–22, Relectur von Lev 16). Diese Überzeugung geht von der Annahme aus, das Blut sei der Sitz des Lebens. Das Unterscheidende der ntl. S.botschaft ist: 1. Gott selbst schafft S. im Erweis seiner Gerechtigkeit und Barmherzigkeit (Röm 3, 24–25): »…Erlösung in Christus Jesus, den Gott hingestellt hat, um S. zu schaffen im Glauben durch sein Blut…«. 2. Der S.tod des Messias ist ein genuin ntl. Gedanke, der zwar der Überlieferung vom atl. Gottesknecht (Jes 53, 1–5) aufgenommen hat, diese aber zugleich aufhob: Gott hat seinen Sohn hingegeben (Röm 8, 32; Joh 3, 16). 3. Der sachl. Blut- und S.-Gedanke der bibl. Kreuzesbotschaft ist eindeutig auf das personale Verständnis des Todesgehorsams und der leidenden Liebe Jesu bezogen. Vgl. die Lamm-Gottes Botschaft des NT (1 Kor 5, 7; Joh 1, 19. 36; 1 Petr 1, 19; Offb 5, 6 u. ö.). – Weniger in Theorien als vielmehr in der gläubigen Acht und Betrachtung des erlösenden Leidens sprachen die Väter vom Kreuzestod Christi: Meliton v. Sardes († vor 190) erblickte in Christus das geschlachtete Paschalamm, durch dessen Geist und Blut Leib und Seele im Glauben der Taufe versiegelt werden (Paschahomilie, n. 66, ed. Sourc. chrét. 123, 95). Der Sohn Gottes ist für Origenes, Homil. in Num, XXIV, 1, ed. MPG 12, 755–59, das Lamm, das alle Schuld sühnt und alle Opfer aufhebt. Im Komm. zu Röm 3, 25 (ed. Font. christ. 2 [1992], 111–131) bezeichnet er Christus als »S., Hohenpriester und Opfergabe« und erklärt die Erlösung aus dem »Schatz des Gesetzes und der Propheten«. Für Eusebius v. Cäsarea († 339), Demonstratio christ. I c. 10 (ed. MPG 22, 86) ist das Opferlamm Jesus Christus der S.preis ('pretium', 'piaculum') für die ganze Welt. Unvergleichl. ist der Lösepreis der Sünde mit der Schuld der Menschen (Cyrill v. Jerusalem, Cateches., XIIII, 3, ed. MPG 33, 74). Der Sündelose nahm am Kreuz die Strafe der Sünde auf sich und schenkt die Forderung und Erfüllung von Gesetz und Gerechtigkeit (Augustinus, Wolfenbüttl. Sermo 3). Im Kontext der Loskauftheorie (→Soteriologie) sprach Augustin, De Trinit. XIII, 14, ed. CCL 50 A, vom »ius aequissimum«, mit dem der Teufel durch das Blut Christi besiegt wurde. In der lat. Theologie (des Ambrosius, Augustinus, Gregors d. Gr.) wurde der Gedanke der wägenden, abgewogenen Gerechtigkeit Gottes im Kreuzesgeschehen virulent.

Die scholast. Theol. mußte die vielfältigen Bilder und Aspekte der patrist. Soteriologie auf den Begriff bringen. →Anselm v. Canterbury († 1109) griff in seinem Dialog »Cur Deus homo« über die Heilsnotwendigkeit des Lebens und Leidens Christi den auch im klass. Recht bezeugten Grundsatz auf: »aut satisfactio aut poena« (vgl. Lit. G. Plasger, 107–126), Genugtuung des Gott-Menschen Jesus Christus oder (Todes-)Strafe des Menschen. Ausgehend vom paulin. Gedanken der Gottes-Gerechtigkeit im

Glauben an die Erlösung im Blute Christi (Röm 3, 24f.), verstand er Wirkung und Weise des erlösenden Leidens Christi als S., in der Gottes Gerechtigkeit und Barmherzigkeit zur Einheit kommen. Im Kreuzestode haftet der Erlöser für die Schuld der Menschen in überschießender S. Anselms Begriff der S. konnte sich in der frühscholast. Soteriologie nur mühsam behaupten. →Richard v. St. Victor († 1173) nahm in seiner Schrift über Jes 21. 11 »Ad me clamat ex Seyr« (ed. J. Ribaillier, Phil text. MA XV, 1967, 215–280) den Begriff in der Soteriologie auf und ergänzte ihn durch den religiösen Begriff der S. ('expiatio'), um die volle Bedeutung von Genugtuung Gottes deutl. zu machen. Während →Petrus Lombardus in der Sakramentenlehre (Sent. IV d. 16) ausführl. von der Genugtuung spricht, verwendet er den Begriff in der Erlösungslehre (Sent. III d. 18–20) nicht. →Alexander v. Hales († 1245) kam darum in seiner Sentenzenglosse nicht darauf zu sprechen. In seinen vor 1236 disputierten Quästionen gab er dem Satisfaktionsbegriff zentrale soteriolog. Bedeutung. 3 Elemente gehören zum Begriff: die äußere Strafe, die spürbare Bestrafung und der Wille zum Leiden (Quaest. disp. 'antequam…' q. 16 d. 22, m. 37, ed. BiblFrSchol 19, 1960, 240). Willige Kreuzaufnahme und Blutvergießen Christi wurden bestimmende Motive der franziskan. Kreuzespredigt und -mystik (vgl. Jacopone da Todi, Laude, ed. F. Ageno, 1952). Im Sentenzenkomm. (III d. 19 und 20) erklärte →Thomas v. Aquin OP die Kreuzesgenugtuung in ihrer poenalen und heilpädagog. (medizinalen) Bedeutung. Das Todesleiden des Erlösers ist in negativer Hinsicht Strafe, in positiver Rücksicht aber Heilsmaßnahme. »…si punitur et nullam habet ordinationem ad delinquentem iniustitia est«, schrieb Alexander v. Hales (Quaest. disp. 'antequam…', ed. 238). Mehr als die Schuld des Menschen die Schöpfung »deformiert«, hat die Passion Christi als »Tat der Tapferkeit und Liebe« sie »dekoriert«, meint →Richard Fishacre OP in seiner uned. Sentenzenglosse (III d. 2, Cod. lat. 57, Oxford Ball. coll, f. 161 vb). In der Summa theologiae kontextuierte Thomas den Begriff 'satisfactio' durch den Begriff 'sacrificium' (Opfer und S.). Der Doppelbegriff besagt: 1. Sünde und Strafe müssen krit. differenziert werden: die sündige Tat korrumpiert den Täter in seinem moral. Sein und macht ihn (in ewigkeitl. und zeitl. Strafe) haftbar. Im Todesgehorsam hebt der leidende Gottesknecht Sünde und Strafe auf. Die lebzeitl. Sündenstrafe (Behinderung, Belastung, Mühsal) verbleibt als heilspädagog. Strafe. 2. Die S. von Sünde und Strafe im vergossenen Blute Christi ist unvergleichlich. Die Frage nach der Verhältnismäßigkeit von S. und Sünde verbietet sich. Als Offenbarung der Liebe Gottes hat die S. des leidenden Gottessohnes unendl. Kraft (S.th. III q. 48 a. 3). 3. Im Ordo Trinitatis der versöhnenden Liebe des Vaters, des S.leidens des Sohnes und der Gnadenkraft des Geistes hat (der dreieine) Gott die Unheilsgesch. des Menschen erneuert (S.th. III q. 49). Entsprechend den Vorgaben des theol. Lehrbuchs (der Sentenzen des Lombarden) kam zunächst in den Schulen der S.- und Opfercharakter der Kreuzesgenugtuung nicht zum tragenden Verständnis. In der Kreuzespredigt und Passionsmystik konzentrierte sich aber die »memoria passionis« auf die sühnende Kraft des am Kreuze vergossenen Blutes Christi. Vgl. Heinrich →Seuses Horologium Sapientiae (hg. P. Künzle, Spicilegium Frib. 23, 1977, 498, 12–14): der kleinste Tropfen des kostbarsten Blutes ist genug zur Erlösung der ganzen Welt! Vgl. dazu auch die 6. Strophe des →»Adoro te devote«, des Hymnus, der oft Thomas v. Aquin zuerkannt wurde, wohl aber im Umfeld der Dominikanermystik des 14. Jh. entstanden ist: »cuius una stilla…«. In der Herz-Jesu-Andacht des ausgehenden MA, wie sie auch im Predigtwerk des Johannes →Herolt OP († 1468) bezeugt wird, ist oft von der S.kraft des Blutes Christi die Rede.   L. Hödl

Lit.: →Soteriologie – DSAM XIV, 319–333 – K. RICHSTÄTTER, Die Herz-Jesu-Verehrung des dt. MA, 1924², 175 – D. E. DE CLERCK, RThAM 13, 1946, 150–184 – A. HOFFMANN, Des Menschensohnes Leiden und Erhöhung. Dt. Thom.-Ausg. 28, 1957 – P. EDER, S. Eine theol. Unters., 1962 – J. P. BURNS, Theol. Stud. 36, 1975, 285–304 – N. HOFFMANN, S. Zur Theol. der Stellvertretung, 1981 – G. PLASGER, Die Not-Wendigkeit der Gerechtigkeit, BGPhMA 38, 1983 – G. LOHAUS, Die Geheimnisse des Lebens Jesu, Freib. Theol. St. 131, 1985.

II. RECHTSGESCHICHTE: S. (ahd. *sona, suona,* mhd. *suone, süene,* Verben: ahd. *sonan, suonan,* mhd. *suonen, süenen*) ist ein Wort der Rechtssprache, das zunächst Vertrag, Ausgleich, Vergleich oder Beilegung von Streitigkeiten bedeutet, sodann die Leistung des Täters an das Opfer oder dessen Angehörigen, die Wiedergutmachung, umfaßt und endlich den Folgezustand, die Versöhnung und den Frieden, bezeichnet. Im Ahd. steht S. auch für die richterl. Entscheidung. Die entsprechenden Wörter im Lat. sind compositio, concordia, amicitia, pax, nur in früher Zeit iudicium, für die Leistung des Täters emenda oder melioratio. In der Q. begegnen auch die Ausdrücke Richtung oder →Taiding, oft Zwillingsformeln wie S. und →Friede, S. und →Buße. Das Wort »S.gericht« ist dagegen erst im 19. Jh. entstanden. – S. begegnet während des ganzen MA in den Q. War die ursprgl. Antwort auf eine Gewalttat die →Fehde als →Rache des Verletzten oder seiner →Sippe, so ist dennoch schon seit germ. Zeit die Möglichkeit gegeben, die Fehde durch einen Vergleich zu vermeiden. Auf friedl. Konfliktlösung dringt die herrschaftl. Gewalt seit der Karolingerzeit. Wegbereitend wirkt die Kirchenbuße. In den →Landfrieden wird die Rechtmäßigkeit der Fehde teilweise von einem gerichtl. S.versuch abhängig gemacht. Ein vorläufig gebotener Frieden für die Zeit nach der Tat ermöglicht ebenso wie das Asyl in Kirchen S.verhandlungen. Ein S.zwang findet sich häufig in den Stadtrechten. Nach dem Bruch der auf einer Eidesleistung beruhenden städt. Friedensgemeinschaft werden die Beteiligten gezwungen, einen Schiedsspruch des Gerichtes anzunehmen oder von sich aus eine Einigung herbeizuführen.

So ist die S. neben der peinl. Strafe und der kirchl. Buße eine mögliche Sanktion, mit der die soziale Gemeinschaft auf eine Gewalttat reagiert. Es handelt sich um eine Form der Konfliktlösung und der Förderung sozialer Integration durch Konsens der Beteiligten, indem individuelle Wiedergutmachung und Vergebung den Friedensschluß zw. dem Täter und dem Verletzten oder den Angehörigen des Getöteten (Totschlags.) ermöglichen und die →Blutrache verhindern. Die S.leistung ist »der Preis des erschlagenen Mannes, durch dessen Entrichtung der Täter sich von der Verwandtenrache loskauft« (FRAUENSTÄDT, 139). Die Mitwirkung des Gerichtes ist nicht zwingend, in Dtl. ist der Einfluß der Gerichte auf die S. sogar eher gering einzuschätzen. Häufig vermitteln Schiedsleute (arbitri) die S., in den Städten auch der Rat.

An feste Formen ist die S. nicht gebunden. Der Vorgang besteht aus mehreren Akten, die regional verschieden sein können. Bestandteile der S. sind 1. die Errichtung eines S.vertrages, 2. die Abbitte und Versöhnung sowie 3. die Friedensbefestigung durch den Schwur der →Urfehde (S.- oder Friedenseid). Der Inhalt der S. ist in erster Linie eine Vermögensleistung an das Opfer oder die Hinterbliebenen, ein Bruchteil fällt an den Gerichtsherrn, den Richter oder die Gemeinde (die Brüche). Die Höhe bemißt sich

noch im →Sachsenspiegel (III 45 § 1) nach festen Wergeldtaxen, später wird die Buße frei ausgehandelt oder wird, falls eine Einigung ausbleibt, nach Würdigkeit und Geburt des Mannes, nach der Schwere der Tat und dem angerichteten Schaden durch Schiedsspruch bestimmt (→Schwabenspiegel, Kap. 111). Schadensersatzcharakter erhält die S., wenn die Geldleistung der Versorgung der Ehefrau oder unmündiger Kinder zu dienen bestimmt ist. Darüber hinaus sind fromme Werke (→Seelgeräte) für das Seelenheil des Erschlagenen vorzunehmen (Messen, Gebete, Wallfahrten). Im städt. Bereich ist die Stadtverweisung häufig anzutreffen. S.steine oder S.kreuze kennzeichnen den Ort, an dem die Tat geschah.

Das Konkurrenzverhältnis zu der sich herausbildenden öffentl. Strafgerichtsbarkeit entscheidet sich im MA zugunsten der S., die die →Strafe ausschließt. Die Gründe dafür liegen im dunklen. Täterpersönlichkeit, Stand und Leistungsfähigkeit mögen ausschlaggebend gewesen sein. Gestraft wurde wohl auch, wenn sich die Gewalttat gegen ein Rechtsgut richtete, an dessen Integrität die Herrschaftsgewalt Interesse hatte, oder wenn sie die Allgemeinheit betraf. Erst spät fanden sich für schwere Delikte (→Totschlag, →Diebstahl) S.verbote in einzelnen Stadtrechten.   S. Schlinker

Lit.: H. CONRAD, Dt. Rechtsgesch., I, 437 – J. W. PLANCK, Das dt. Gerichtsverfahren im MA, I, 1879 – P. FRAUENSTÄDT, Blutrache und Todtschlags. im dt. MA, 1881 – R. HIS, Gelobter und gebotener Friede im dt. MA, ZRGGermAbt 33, 1912, 139–223 – DERS., Das Strafrecht des dt. MA, I, 1920 – K. KROESCHELL, Dt. Rechtsgesch., I, 1992¹⁰, 43–53.

Suidas → Suda

Suidbert

Suidbert (Suidbercht, Swidbert), hl., † März 713 (Fest: 1. März), ags. Missionar (→Angelsächsische Mission), reiste im Gefolge →Willibrords 690 in das südl. →Friesland. 692/693 wählten seine Gefährten S. zum Bf.; S. kehrte daraufhin nach Britannien zurück und wurde von →Wilfrid v. York geweiht. Nach erneutem Aufenthalt in Friesland wandte S. sich der Mission der Brukterer an Lippe und Ruhr zu, die allerdings wohl aufgrund des fehlenden frk. Schutzes mißlang. Er kehrte ins frk. Reich zurück und erhielt auf Fürsprache →Plektruds von →Pippin II. eine Rheininsel »in litore« (→Kaiserswerth) geschenkt, wo er um 695 ein Kl. errichten ließ und 713 verstarb. Nach seinem Tod bildeten sich um den bald als Hl.n verehrten S. zahlreiche Legenden.   St. Schipperges

Q.: Beda, Hist. eccl. V, 11 – The Calendar of St. Willibrord, ed. H. A. WILSON, 1918 – *Lit.:* ADB XXXVII, 143f. – LCI VIII, 413f. – F. FLASKAMP, Suidbercht, Apostel der Brukterer, 1930 – C. WAMPACH, St. Willibrord, 1953, 223–226 – J. GERCHOW, Die Gedenküberlieferung der Angelsachsen, 1988, 199–206 – A. G. WEILER, Willibrords missie, 1989, bes. 100–102.

Suidger v. Bamberg → Clemens II.

Šükrullāh b. Šihāb ed-Dīn

Šükrullāh b. Šihāb ed-Dīn, osman. Gelehrter, Autor hist. und theol. Werke, geb. ca. 1388, gest. 1459/60, Gesandter →Murāds II., verhandelte in Konya mit Ibrāhīm Beg v. →Karaman über den Frieden v. 1437 und 1448 in Täbris mit dem Herrscher der →Qara-qoyunlu Ǧahānšāh über ein Bündnis gegen die →Aq-Qoyunlu. Š. bekam ein →Oġuz-nāme in uigur. Schrift gezeigt, das Ǧahānšāhs Herkunftsbewußtsein von den →Oġuz ausweis, von denen sich auch die →Osmanen und Aq-Qoyunlu herleiteten. Die Pilgerfahrt nach Mekka benutzte Š., um sich in Ägypten mit gelehrten Kollegen zu treffen. 1455 zog ihn →Meḥmed II. als Koranlehrer bei der Beschneidungsfeier der Prinzen →Bāyezīd (II.) und Muṣṭafā zu. 1456/57 verfaßte er in Bursa auf persisch eine Weltgeschichte.

                                                  B. Flemming

Ed.: Th. Seif, Der Abschnitt über die Osmanen in S.s pers. Universalgesch., MOG 2, 1923–26, 63–128 [türk. Übers. N. Atsız, 1939 [1947]) – *Lit.:* Hammer, GOR X, 177f. – J. E. Woods, The Aqquyunlu, 1976 – C. Imber, The Ottoman Empire, 1990 – C. Kafadar, Between Two Worlds, 1995.

Süleymān. 1. S. Čelebi, Emir (1377 [?]–17. Febr. 1411), ältester Sohn des osman. Sultans →Bāyezīd I. Als junger Prinz sammelte S. Erfahrung in der Verwaltung anatol. Prov.en und in erfolgreichen Feldzügen gegen Bulgaren und Qāḍī Burhān ed-Dīn. Nach der osman. Niederlage gegen →Timur 1402 floh S. mit dem Großwesir →ʿAlī Paša und etablierte sich im europ. Teil des Reiches. 1403 stabilisierte er die osman. Position durch den Frieden v. Gallipoli mit Byzanz, Genua, Venedig und den Johannitern, in dem S. auf Territorium und Tribute verzichtete und sich protokollar. dem byz. Ks. nachordnete. In den folgenden Jahren setzte S. seinen Anspruch als osman. Herrscher auf dem nordwestl.-anatol. Territorium der Osmanen durch; seinem Bruder →Meḥmed (I.) blieb der Bereich östl. Ankara. Erst mit der Ankunft →Mūsā Čelebis, eines weiteren Bruders und zunächst Verbündeten Meḥmeds, in Rumelien (→Rūmeli) wurde S.s Situation schwierig. Nach einer Niederlage bei seiner Hauptstadt Edirne (→Adrianopel) wurde er 1411 auf der Flucht erdrosselt und in Bursa neben seinem Vater bestattet.

Die Persönlichkeit S.s wird in den meist seinen Gegnern nahestehenden Q. vorwiegend negativ (Neigung zu Trunksucht und Völlerei, Verweichlichung) gezeichnet.
                                                        Ch. K. Neumann

Lit.: IA XI, 179–182 – E. Zachariadou, S. Ç. in Rumili and the Ottoman Chronicles, Islam 60, 1983, 268–296 – C. Imber, The Ottoman Empire, 1990, 54–69.

2. S. Čelebi, osman.-türk. Dichter, geb. 1351(?) in Bursa, gest. 1422(?). Der Sohn eines Aḥmed Paša gehörte zu einer prominenten Familie des jungen Osman. Reiches. Als *imām* der Großen Moschee in Bursa verfaßte er sein bekanntestes Werk, ʾVesīlet ün-Necātʾ, eine in epischer Volkssprache gehaltene Schilderung des Lebens →Mohammeds, die v.a. zu dessen Geburtstag gelesen und vorgetragen wird. Dieses als *Mevlid* ungemein populäre und in zahlreichen Varianten überlieferte Werk gehört zu einem im islam. Bereich weitverbreiteten Genre (allein 63 türkischsprachige Dichtungen sind bekannt). S.s Werk hat in seiner volkstüml. Fassung zur Islamisierung (und Sunnisierung) Anatoliens beigetragen.   Ch. K. Neumann

Ed.: A. Ateş, 1954 – N. Pekolcay, 1980 – S. W. Hage, 1984 [mit Übers.] – *Lit.:* H. M. al-Miṣrī, al-Mawlid aš-Šarīf, 1981.

Sulfur → Schwefel

Sully, frz. Adelsfamilie, Herren (*Seigneurs*) v. S.-sur-Loire (an der →Loire oberhalb von →Orléans, dép. Loiret), das als ʾvicus Soliacusʾ bereits auf merow. Münzen erscheint und ein wichtiger Brückenort (Brücke verschwunden im 14. Jh.; Kreuzung von Straßen aus →Berry, Orléanais und →Gâtinais) war. Die »Miracula sancti Benedicti« des →Aimoin v. Fleury (um 1005) nennen den ersten bekannten Herrn des ʾcastrumʾ, *Harcenaud* (10. Jh.), sowie seinen Sohn *Herbert,* Vasall des Bf.s v. Orléans. Die Domänen der Herren v. S. erstreckten sich bis ins Berry: *Gilon* (um 1050) besaß die (nach ihm benannten) Besitzungen ʾLa Chapelleʾ und ʾAix dʾAngillonʾ, die von den Herren v. →Sancerre zu Lehen gingen. Nach 1092 nannte sich Guillaume, Sohn des Gf.en v. →Champagne (→Blois), nach den Lehen seiner Gemahlin *Agnès de S.* und erhöhte den sozialen Rang des Geschlechts, das nachfolgend in Heiratsverbindungen mit den Häusern →Courtenay (*Archambaud III.,* † 1234; *Henri II.,* † 1268) und

→Bourbon (*Henri II.,* † 1248; *Jean II.,* † 1347) eintrat. Die jüngeren Söhne bekleideten hohe geistl. Würden: *Raoul* († 1176) war 12. Abt v. →Cluny; mehrere S. saßen auf dem Stuhl der Ebf.e v. →Bourges: *Henri* († 1199, Kard.), *Simon* († 1233, Kard.), *Jean* († 1273), *Guy* († 1280); *Eudes* († 1208) war Bf. v. →Paris (→Sully, Odo v.). Seit dem 13. Jh. faßte der ältere Familienzweig Fuß im Bourbonnais (Seigneurien Orval und Montrond) und übte Hofämter aus (*Henri III.,* † 1334, war →Bouteiller de France); die jüngeren Zweige verankerten sich im Haut-Berry (Beaujeu, Sancergues, Châteauneuf-sur-Cher) und Bas-Berry (Vouillon, Bussière dʾAillac).

Die zahlreichen Lehen der älteren Linie wurden geteilt unter die Nachkommen aus den beiden Heiraten der *Marie de S.,* die in 1. Ehe mit Guy VI. de →La Trémoille († 1398) vermählt war (Sully), in 2. Ehe mit dem Connétable Charles dʾ→Albret, ✗ 1415 bei Azincourt (La Chapelle, Orval, Montrond). Das erhaltene Schloß, das am Platz des älteren ʾcastrumʾ in hochwassersicherer Insellage entstand und einen hohen Saalbau mit vier flankierenden Ecktürmen umfaßt, geht wohl zurück auf Guy VI. und seinen Sohn Georges de La Trémoille. Die Reste des Donjons (ʾgrosse tourʾ), den Kg. Philipp II. Augustus 1217 im unteren Burghof errichten ließ, wurden kürzlich freigelegt.   F. Michaud-Fréjaville

Lit.: P. Verlet, Hist. de lʾancienne maison de S. [Thèse Éc. des Chartes, Position des thèses, 1932, 145–152] – B. Barbiche u. a., Hist. de S.-sur-Loire, 1986 – J. Mesqui, S.-sur-Loire, Rev. arch. du Loiret, 1986, 67–83.

1. S., Maurice de (Mauritius), Bf. v. →Paris 1160–97, * um 1120 in Sully-sur-Loire, † 1196 in St-Victor de Paris, ⌑ ebd. Er entstammte einer bescheidenen Familie (nicht verwandt mit den Herren v. S.), studierte und lehrte an der Kathedralschule v. Notre-Dame de Paris. Kanoniker und Diakon, wurde er um 1159 zum Archidiakon (wohl v. →Hurepoix) ernannt, 1160 (wohl v. →Hurepoix) ernannt, 1160 zum Bf. gewählt (Nachfolger von →Petrus Lombardus). Er hatte konfliktreiche Beziehungen zu den exemten Abteien St-Germain des Prés, Ste-Geneviève und St-Denis, stand dagegen St-Victor nahe. S. wurde hochgeschätzt von den Kg.en v. Frankreich, dem Episkopat seiner Zeit und den Päpsten, die ihn mit wichtigen Missionen betrauten.

Nachruhm erwarb sich der große Bf. durch den got. Neubau von Notre-Dame (Grundsteinlegung 1163: Beginn der Arbeiten am Chor; Weihe des Hochaltars: 19. März 1182, päpstl. Legat Heinrich v. Marcy). Das gewaltige Bauvorhaben stand im Kontext einer Reorganisation der Pariser Diözesanverwaltung: S. gliederte die Île de la Cité in zwölf Pfarreien (bis ins 18. Jh. gültige Einteilung). Im Bereich außerhalb der Cité beantwortete er die starke städt. Entwicklung (1190 Errichtung einer neuen Mauer durch Kg. Philipp II. Augustus) mit der Einrichtung des neuen Archipresbyterates St-Séverin am linken Seineufer.

Nach dem Chronisten Robert v. Auxerre († 1212) war S.s glänzende Beredsamkeit einer der Gründe für seine Bf.swahl. Zwei Gruppen von →Predigten können ihm zugewiesen werden: die erste umfaßt 20 Sermones, die einen gelehrten, an den Klerus adressierten Predigttyp verkörpern; die zweite Gruppe besteht aus Homelien für die Sonntage und großen Kirchenfeste. Letztere Predigten waren in lat. Sprache durch etwa 40 Hss. verbreitet, fanden daneben als Übersetzungen raschen Eingang in die frz. Sprache sowie weitere roman. Idiome. Inspiriert von →Gregor d. Gr. und →Richard v. St-Victor, legt S. in seinen Predigten die Bibel v. a. nach dem moral. Schriftsinn aus und leitet aus ihr prakt. Handlungsanweisungen ab.   J. Longère

Ed. und Lit.: V. Mortet, M. de S., év. de Paris, Mém. Soc. de Paris et de l'Île de France 16, 1889, 105–318 – J. Longère, Œuvres oratoires de maîtres parisiens au XIIᵉ s., 1975, Bd. 1, 14–18, 88–91, 296–300; Bd. 2, 14–17, 79–82, 228–231 und passim – M. Zink, La prédication en langue romane avant 1300, 1976, 32–34, 144–146, 173–180, 221–226 – J. Longère, Les sermons lat. de M. de S., év. de Paris, 1988.

2. S., Odo v. (Eudes de), Bf. v. →Paris 1197–1208, † 1208; Nachfolger von 1, durfte sich als Abkömmling des Hauses →Sully 'Vetter' der Gf.en v. Champagne, der Kg.e v. Frankreich und England nennen; sein älterer Bruder Henri de S. war Zisterzienser und Ebf. v. Bourges (1183–99). S. leitete vorbildl. seine Diöz., konnte aber während seiner kurzen Amtszeit bei Kg. Philipp II. Augustus und dem Episkopat nicht die hohe Autorität seines großen Vorgängers erreichen. Unter S. predigte Fulco v. Neuilly, Schüler v. →Petrus Cantor, für eine Hebung der Moral und den 4. →Kreuzzug. 1198 und 1199 bemühte sich S. gemeinsam mit dem päpstl. Legaten Petrus v. Capua um Abschaffung des großen Narrenfestes (→Narr, V) v. Notre-Dame, das wegen seiner Tumulte und unsittl. Ausschweifungen Anstoß erregte. Der Bf. gab dagegen dem Fest der Beschneidung Christi (1. Jan.) eine würdige Gestalt. 1207 führte er im Bm. Paris das Fest des von Papst Alexander III. am 18. Jan. 1174 kanonisierten hl. →Bernhard v. Clairvaux ein.

Um 1208 promulgierte S. die berühmten →Synodalstatuten, die das IV. →Laterankonzil (1215) und die Diözesangesetzgebung im westl. Europa nachhaltig beeinflussen sollten. Sie enthalten insbes. Vorschriften über die Abhaltung der Synoden, die Verwaltung der Sakramente, das Leben der Geistlichen und die administrative und seelsorgl. Tätigkeit in den Pfarreien.　　　　J. Longère

Ed. und Lit.: DHGE XV, 1330f. – Les statuts de Paris et le synodal de l'Ouest, 1971 (Les statuts synodaux français du XIIIᵉ s., 1) – J. Longère, Le MA (Le dioc. de Paris, T. 1, hg. B. Plongeron, 1987), 102–104 – P. Johanek, Die Pariser Statuten des O. v. S. und die Anfänge der Statutengesetzgebung in Dtl. (Proceedings of the Seventh Internat. Congress of Medieval Canon Law, Cambridge 1984 [1988]) (MIC C 8), 327–347.

Sulpicius. 1. S. Severus, † nach 406, altkirchl. Schriftsteller, Biograph des hl. →Martin v. Tours; stammte aus Aquitanien (wie sein Freund →Paulinus v. Nola), war »adlig durch Geburt und Bildung« (Gennadius, De uiris ill., 19) und erhielt wahrscheinlich in Bordeaux seine rhetor. Ausbildung. Er war Anwalt und heiratete eine Frau aus »guter, konsular. Familie« (→Senatorenadel). Wohl verwitwet, wurde er von seiner Schwiegermutter Bassula für Martins asket. Vorstellungen gewonnen, veräußerte seine Güter oder übertrug sie der Kirche und zog sich auf sein Landgut 'Primuliacum' (möglicherweise bei Elusio/Alzonne, dép. Aude) zurück, um hier maßvolle →Askese zu pflegen; er ließ zwei Basiliken und ein Baptisterium errichten (Paulin. Nol., ep. 22) und reiste mehrmals nach Tours zu Martin und seinen Gefährten. Vielleicht beschloß S. seine Tage als Presbyter und Sympathisant des →Pelagianismus.

Seine Werke, die zunehmend polem. Charakter tragen, propagieren mit Entschiedenheit das asket. Ideal Martins v. Tours. Die kurze »Vita sancti Martini« (396–397) wurde aufgrund ihrer hohen lit. Qualität zu einem Archetyp der abendländ. →Hagiographie. Dank seiner Erzählkunst, seines stilist. Talents und seiner dreifachen Bildung (antik, bibl. und chr.) gelingt es S., die von Martin selbst stilisierten Fakten und die Angaben der mündl. Überlieferung in einer lit. Form zu verschmelzen. Eine antike Konzeption ist erkennbar: Martins Leben vor dem Episkopat (res), die Evangelisation als Kampf gegen Satan

(uirtutes), die Lebensweise des Hl.n (mores). – Drei Briefe vervollständigen das Anliegen der Vita: Verteidigung der thaumaturg. Gaben Martins, Trauerrede auf den Hl.n, Schilderung seines glorreichen Begräbnisses. – Die »Chronica« (2 B., vollendet nach 402) bringt eine kurze Darstellung der 'Hist. sancta' (B. 1), dann ein Gemälde der 'tempora christiana', speziell der Streitigkeiten um Arianismus (→Arius) und →Priscillianismus aus aquitan. Sicht. In pessimist. Ton, der sich eng an →Sallust anlehnt, verteidigt S. den hl. Martin gegen die verweltlichten Bf.e. – Die »Dialogi« (um 406, 2 oder 3 B.) tragen nach Titel, Genus und Stil stärker ciceron. Charakter. Sie sind ein Dossier der Martinsverehrung, das die Vita ergänzt; der Pilgerbericht des aus Ägypten zurückgekehrten Postumianus in B. 1 bietet ein Zeugnis frühesten Mönchtums. Das Plädoyer »pro Martino« nimmt nun stärker kämpfer. Charakter an, das panegyr. Finale feiert Martin als den hl. →Antonius des Okzidents. Die drei martinian. Werke des S. bilden den Kern des ma. Martins-Corpus ('Martinellus'). Als einer der glänzendsten Prosaschriftsteller des Theodosian. Zeitalters hat S. in starkem Maße zum Siegeszug der Martinsverehrung beigetragen.　　　J. Fontaine

Ed.: C. Halm (CSEL 1, 1866) – Vita: J. Fontaine (SC 133–135, 1967–69) – A. A. R. Bastiaensen–J. W. Smit, 1975 – Chron.: G. de Senneville (SC, im Dr.) – Dial.: J. Fontaine (SC, im Dr.) – *Lit.:* DSAM XIV, 1301–1306 [J. Fontaine] – Hdb. der lat. Lit. der Antike, hg. R. Herzog–P.L. Schmidt, VI, §672 [J. Fontaine; im Dr.] – F. Prinz, Frühes Mönchtum im Frankenreich, 1965 – F. Ghizzoni, Sulpicio Severo, 1983 – C. Stancliffe, St. Martin and his Hagiographer. Hist. and Miracle in S. S., 1983 – L. Pietri, La ville de Tours du IVᵉ au VIᵉ s., 1983.

2. S. (S. Pius), hl., Ebf. v. →Bourges 624–646/647, † 17. Jan. 646/647, □ Basilika 'La Nef' im W der Stadt Bourges (späteres Kl. St-Sulpice). S. gehörte vielleicht derselben Adelsfamilie an wie sein gleichnamiger Vorgänger († 591) und stammte (nach einer spätma. Überlieferung) aus Vatan (dép. Indre). Bereits Mitglied des Kathedralklerus, wurde er von Kg. →Chlothar II. um 620 zum Elemosinar der Pfalz ernannt. 624 erhielt er als Nachfolger von Austregisel (gegen einen »simonist.« Konkurrenten) das Amt des Ebf.s (als solcher Mitunterzeichner der Konzilsakten v. →Clichy, 626/627). S. bemühte sich um die Konversion von Häretikern (Bonosianern?) und Juden. Wie schon Austregisel erwirkte er beim Kg. einen Verzicht auf zusätzl. Steuerbelastung seiner Bf.sstadt sowie (gegen Ende seines Lebens) die Bestellung des Vulfoleudus als Helfer. Am Hof gehörte S. seit jungen Jahren einem einflußreichen Kreis adliger Kleriker und (künftiger) Bf.e an (Kontakte u. a. mit: →Audoenus v. Rouen; Paulus v. Verdun; →Desiderius v. Cahors, von S. 630 auf kgl. Weisung zum Bf. geweiht, reger Briefwechsel: MGH Epp. I, 200, 203, 205, 208; →Eligius v. Noyon, der später das Grab des hl. S. besuchen sollte).

Die Vita ist in zwei Rezensionen des 7. Jh. erhalten: einer kurzen (zwei Fassungen: BHL 7927–7928) und einer langen (BHL 7930). Die rasche Kultverbreitung machte seit dem 7. Jh. mehrere Vergrößerungen des Sanktuariums notwendig. Die bes. in Nordfrankreich starke Verehrung konzentrierte sich v. a. auf Paris (seit dem 9. Jh.) sowie St-Sulpice-de-Favières, dép. Essonne (mindestens seit 12. Jh.: Glasfenster, 13. Jh.). Reliquien während der Frz. Revolution vernichtet. Hauptfeste: 17. Jan. (depositio), 27. Aug. (translatio).　　　　J.-C. Poulin

Lit.: Bibl. SS XII, 62–64 – Y. Stöberg, St-Sulpice-de-Favières, Congrès archéol. de France 103, 1944, 247–264 – M. de Laugardière, Église de Bourges avant Charlemagne, 1951, 148–168, 225–231 – F. Gatouillat, St-Sulpice de Favières…, Dossiers de l'archéologie 26, 1978, 50–62 [zu den S.-Fenstern] – A. de Vogüé, Echos de Philon dans la Vie de s. S., AnalBoll 103, 1985, 359–365 – P. RICHÉ, Hist. des saints et de la sainteté chrétienne, 1986, 4, 233–236.

Sultan (arab. *sulṭān*, von aramäisch *šulṭānā* ʿMacht, Herrschaft'), neben →Kalif der bedeutendste islam. Herrschertitel. Wurde der Begriff im →Koran zunächst im ethisch-religiösen Sinn verwendet, so erfuhr er in der Zeit der →Abbasiden einen Bedeutungswandel und bezeichnete von nun an die Regierungsgewalt bzw. deren Inhaber. Seit dem Niedergang des abbasid. Kalifats ließen sich die tatsächl. Machthaber in Bagdad zur Legitimierung ihrer usurpierten Gewalt vom Kalifen den Beinamen bzw. Titel S. in zusammengesetzter Form, z. B. *sulṭān ad-daula* (ʿInhaber der Staatsgewalt'), verleihen. Auch die heterodoxen →Fāṭimiden gebrauchten den Titel des S.s in der Verbindung ʿS. des Islam'. Zum eigtl. Herrschertitel wurde die Bezeichnung S. unter den türk. →Selǧuqen, die ihn alsbald ohne einschränkenden Zusatz benutzten und ihn auf ihren Münzen führten (zuerst Tuġrul Beg, gest. 1063). Im Unterschied zu den höherstehenden Selǧuqen gebrauchten die →Ayyūbiden den S.-Titel nur in zusammengesetzter Form, z. B. →Saladin als *sulṭān al-ǧuyūš* (ʿOberbefehlshaber der Armee') und verwendeten ihn nicht auf Münzen. Seit den →Mamlūken (1250–1517) wurde S. endgültig und offiziell zum Titel (den sie sich von den in Kairo residierenden »Schattenkalifen« verleihen ließen) des höchsten Repräsentanten der irdischen Macht. Im Gegensatz zu den schiit. Ṣafawiden in Persien, die sich *Šāh* nannten, führten die sunnit. →Osmanen, wahrscheinlich seit →Bāyezīd I. (1389–1403), bis ins 20. Jh. den S.-Titel.

Seit Mitte des 11. Jh. bemühten sich die islam. Juristen und Theologen, dem Sultanat (im Verhältnis zum Kalifat) eine rechtl. Begründung zu geben. Nach →al-Mawardī (gest. 1058) leitet sich die Macht des S.s von der des Kalifen ab, der als Teil der göttl. Ordnung und ihr Bewahrer betrachtet wird. Dementsprechend ist für →al-Ġazzālī (gest. 1111) der S. auch nur Inhaber der irdischen Gewalt. Badr ad-Dīn b. Ǧamāʿa (gest. 1333) leitet den S.-Titel dagegen aus dem Koran ab und deutet ihn als herrscherl. Machtfülle: nicht mehr der Kalif, sondern Gott selbst verleiht dem Mamlūken-S. die Macht, der damit auch nur noch Gott verantwortlich ist. Diese Entwicklung fand ihren Abschluß unter den Osmanen, die seit der Eroberung des Mamlūkenreiches (1517) überhaupt keinen Kalifen mehr benötigten, sondern diesen Titel mitübernahmen. In seiner Doppelfunktion von Kalif und S. war der osman. S. als bedeutendster Herrscher der islam. Welt das Oberhaupt der sunnit. Muslime.   P. Thorau

Lit.: EI¹ IV, 587–590 – LexArab, 971f. – T. NAGEL, Staat und Glaubensgemeinschaft im Islam, 1, 1981, 345ff., 436ff. – H. MÖHRING, Saladin und der Dritte Kreuzzug, 1980, 107ff. – P. THORAU, S. Baibars I. v. Ägypten, 1987, 135ff.

Sulṭān Veled (ʿder Herr Sohn'), geb. 1226, gest. 1312, türk. Mystiker, Sohn des Ǧalāladdīn →Rūmī Mevlānā (gest. 1273), eigtl. Gründer des →Mevleviye-Ordens. S. lebte, abgesehen von einem kürzeren Studienaufenthalt in Aleppo und Damaskus, stets in Konya an der Seite seines hochverehrten Vaters (beide wurden wegen ihrer engen Verbundenheit und Ähnlichkeit manchmal nicht so sehr als Vater und Sohn, sondern als ʿzwei Brüder' gesehen). Nach dessen Tod war es S., der die auf den Vater bezogene Gemeinschaft (ohne zunächst ihre Leitung innezuhaben) dank seines organisator. und polit. Geschicks zu einem straff gelenkten Orden formte. Durch die Vollendung eines imposanten Kuppelbaus über dem Grabmal des Vaters und die Umwandlung der nahegelegenen theol. Hochschule in ein Kultgebäude der Mevlevīs gab er dem Orden einen zentralen Sitz, auch ernannte er Vertreter in

allen anatol. Städten, in denen Freunde Mevlānās lebten. Die oft geäußerte Ansicht, daß auf S. auch die herkömml. Rituale der Mevlevīs zurückgehen, ist dagegen fraglich. S. trat auch als Dichter (in enger inhaltl. und stilist. Anlehnung an die Werke des Vaters) hervor. Bildet das persisch verfaßte »Ibtidā-Nāme« eine wichtige Q. zur Frühgesch. des Mevleviye-Ordens, so sind v. a. seine türkischsprachigen Gedichte, die als die ältesten erhaltenen Werke der westtürk. Dichtkunst überhaupt gelten, von bes. Wert. Nach dem Tode von S., der neben seinem Vater beigesetzt wurde, trat S.s Sohn Ulu Ârif Çelebi an die Spitze des Ordens.   H. Algar

Ed. und Lit.: F. SIPAHSALAN, Risala, Kanpur, 1314/1896, 76–78 – S. V., Divan-ı Türkī, ed. K. MUALLIM RIFAT, 1341/1923 – Ders., Valad-Namā, ed. J. HUMÂ'ī, 1315 Ṣ./1936 – A. AFLAKI, Managib al-'Arifin, hg. T. YAZICI, 1959, II, 784–824 – A. GÖLPIRARLI, Mevlānā'dan Sonra Mevievilik [Neued. 1983], 29–64.

Sultanieh (Soldania), 1318 von Papst →Johannes XXII. in S. (Kangurla, nw. Iran), der neuen Hauptstadt der mongol.-pers. →Īlchāne, errichtetes Ebm. (mit sechs Suffraganen), das die →Mission des avignones. Papsttums im zentralen und südl. Asien (bis nach →Indien) unter dominikan. Leitung koordinieren sollte und bis ins 15. Jh. belegt ist.

Lit.: →Dominikaner, IX.

Sulung → Hufe

Sulz. [1] *Stadt* (Krs. Rottweil): Erstmals erwähnt als Gerichtsstätte 790, wird der auf Salzgewinnung zurückgehende Name durch die 1571 auf dem Marktplatz anstelle des Rathauses vorhandenen 14 Siedehallen bestätigt. Durch Erbschaft fiel S. von der gleichnamigen Gf.enfamilie 1251 an die Herren v. Geroldseck. Auf deren Bitten verlieh Kg. Rudolf S. 1284 das Freiburger Stadtrecht. →Württemberg erwarb 1423 das Öffnungsrecht über die Stadt, die über ihr gelegene Burg Albeck und ein Viertel Eigentum an beiden sowie das Vorkaufsrecht über die anderen drei Viertel. 1473 kam S. ganz an Württemberg, wurde 1483 Sitz des Obervogts am →Schwarzwald.

[2] *Grafen:* Die Familie wurde 1095 erstmals auf der gleichnamigen Burg über der Siedlung S. erwähnt. Die 1688 zerstörte Burg erscheint seit 1240 als Burg Albeck. Mit dem Tode Gf. Bertholds 1251 ging der Familie der Kern ihrer Gft. (S., Schenkenzell, Loßburg) verloren. Die Nachkommen des 1267 erwähnten Gf.en Hermann behielten nur Randbesitz. Seit 1360 waren sie Erbhofrichter in Rottweil und erwarben 1408 durch Heirat den →Klettgau sowie 1482 Schloß und Stadt Tiengen (Hochrhein) als Pfand des Bf.s v. →Konstanz. Versuche, die Herrschaft S. im 15. und 17. Jh. zurückzugewinnen, scheiterten; die Familie erlosch 1687.   I. Eberl

Lit.: V. SCHÄFER, Die Gf.en v. S. [Diss. Tübingen 1969] – S. Alte Stadt am jungen Neckar [Fschr. zur 700-Jahrfeier der Stadtrechtsverleihung, 1984].

Sulzbach. [1] *Grafen:* Die S.er stiegen während des 11. Jh. im Rahmen der Neuordnung der Herrschaftsverhältnisse auf dem bayer. →Nordgau zu einem der mächtigsten Geschlechter auf (Höhepunkt im 12. Jh.). Neben beträchtl. Eigenbesitz waren ausgedehnte Lehen der Kirche v. →Bamberg v. a. im westl. Nordgau, aber auch im Österreichischen, sowie die Bamberger Domvogtei die bestimmenden Machtgrundlagen, die durch beträchtl. Besitzanteile aus dem Erbe der 1057 ausgestorbenen Gf.en v. →Schweinfurt deutlich erweitert wurden. Der Gf.entitel ist erstmals für 1071 belegt. Die mächtigsten Mitglieder des Geschlechtes waren Gf. Gebhard II., während des →Investiturstreites wichtiger Parteigänger Kg. Heinrichs

IV., und Gf. Berengar II., der sich dann aber der Opposition des nordgauischen Adels gegen diesen anschloß; als Mitglied des Reformadels hat er um 1102 das Dynastenkl. →Kastl mitbegründet; seine Töchter waren mit Kg. Konrad III. und Ks. Manuel v. Byzanz verheiratet. Berengars II. Sohn, Gf. Gebhard III., erlangte 1148 zudem die Domvogtei des Bm.s →Regensburg. Dadurch wurde das Geschlecht zum großen Konkurrenten der →Diepoldinger auf dem Nordgau. Mit Gebhard erlosch es 1188. Die Besitzungen kamen im wesentl. an die →Staufer und an die Gf.en v. Hirschberg, aus deren Erbe sie schließlich an die →Wittelsbacher fielen, die sie zur Grundlage des Landgerichtes S. machten.

[2] *Stadt:* Ausgangspunkt und Zentrum war die von Gebhard II. angelegte Stammburg S., in deren Umgebung sich der Markt S. bildete, der noch von den Hirschbergern das Stadtrecht erhielt. Der Ort stieg wegen seiner günstigen Verkehrslage und ergiebiger Bodenschätze zu einem wirtschaftl. Zentrum auf.　　　　A. Schmid
Lit.: M. PIENDL, Hzm. S. (HAB Altbayern 10, 1957) – H. STURM, Das wittelsb. Hzm. S., 1980 – Stadtgesch. S.-Rosenberg [im Dr.].

Sulzburg, ehem. Frauenkl., Stadt im Markgräflerland (Baden-Württ.); eine Siedlung »Sulzibergeheim« erstmals erwähnt ca. 847, im S.er Tal röm. Besiedlung. Otto III. dotierte 993 die St.-Cyriak-Kirche in der »villa Sulziberg«, wo der Breisgau-Gf. Birchtilo ein Kl. zu gründen im Begriffe war, der vor 1004 seines Amtes entsagte, in den geistl. Stand trat und sein v. Heinrich II. mit Markt, Zoll und Kg.sbann begünstigtes Kl. 1010 mit Zustimmung seines Bruders Gebhard dem Bf. v. Basel auftrug. Die erhaltene Cyriakkirche Birchtilos zählt zu den ältesten Baudenkmälern der Region. In der Zeit der Reform kam S. unter den Einfluß St. Blasiens (Visitationsrecht bis 1157) und nahm später den Ordo v. Berau an. Die Vogtei lag bei den Üsenbergern, die das Basler Schenkenamt innehatten. Aus der Siedlung der Kl.leute entwickelte sich unter üsenberg. Ägide die Stadt (1283 Siegel der Bürger, 1294 Rat und Schultheiß). 1366 an die Staufener verpfändet, gingen Stadtherrlichkeit und Vogtei 1371 auf Gf. Egino v. Freiburg, 1388 auf Mgf. Hesso v. Hachberg und schließlich mit der Mgft. Hachberg an die Mgf.en v. →Baden über. Diese hoben das Kl. im Zuge der Reformation 1556 auf. – Das ma. S. war eine klösterl. »Ackerbürgerstadt«, geprägt durch den Bergbau auf Blei und Silber im S.er Tal. 1028 erlangte der Basler Bf. die Bergherrlichkeit, aber bereits die antike Besiedlung des Tals und der Name S.s dürften vor montanem Hintergrund zu sehen sein. Archäolog. Ausgrabungen brachten neulich eine ma. Bergleutesiedlung ans Licht.　　　　A. Zettler
Lit.: E. MARTINI, S., 1880 – K. LIST, St. Cyriak in S., 1964 – Gesch. der Stadt S., I, 1993.

Sumela (Σουμελᾶ), Kl. der Gottesmutter im Pontos, ca. 35 km südl. von →Trapezunt; angebl. 386 von den Athener Mönchen Barnabas und Sophronios gegr., denen die Gottesmutter befohlen haben soll, ihre vom Evangelisten Lukas gemalte Ikone dorthin zu bringen. Wahrscheinl. erfolgte die Gründung des Kl. im 10. Jh. Dank der Ikone (Panagia Atheniotissa) und einer Heilquelle entwickelte sich das in einer Höhle des Berges Mela gelegene Kl. nach 1204 zu einem wichtigen Wallfahrtsort. Seit dem Ende des 13. Jh. erfreute sich S. der Protektion der Ks. v. Trapezunt. Alexios III. (1349–90) ließ es 1360–65 ausbauen und befreite es mit Chrysobull vom Dez. 1346 von allen Abgaben und Steuern. Die Urk. zählt auch alle Besitzungen und Zinsbauern von S. auf. Zusammen mit seinen Söhnen Andronikos und Manuel wurde Alexios III. um 1380 auf der Südwand der Kl.kirche abgebildet. Manuel III. (1390–1417) schenkte dem Kl. eine Reliquie vom Kreuz Christi. Seine bes. Gunst wandte Sultan →Selim I. (1512–20) dem Kl. zu, da seine Mutter Maria (türk. Gül Bahar) aus Dubera stammte, das zum Besitz des Kl. gehörte.　　　　K.-P. Todt
Lit.: E. TH. KYRIAKIDES, Ἱστορία τῆς παρὰ τὴν Τραπεζοῦντα μονῆς τῆς Σουμελᾶ, 1898 [Neudr. 1985] – R. JANIN, Les églises et les monastères des grands centres byz., 1975, 274–276 – A. BRYER–D. WINFIELD, The Byz. Monuments and Topography of the Pontos, 1985, 254f., 284f. – Oxford Dict. of Byzantium, 1991, 1932 [Lit.].

»Sumer is icumen in« → Cuckoo Song

Summa (Summula)
A. Scholastische Literatur- und Wissenschaftsgeschichte – B. Zivilrecht – C. Kanonisches Recht.

A. Scholastische Literatur- und Wissenschaftsgeschichte
Aufgabe der S. ist es, die Ganzheit des vielfältigen Wissensstoffes zu sammeln und zu ordnen, ohne sich ins Einzelne zu verlieren oder in der Zusammenfassung zu verkürzen. »S. est singulorum compendiosa collectio«, Robert v. Melun, Sententiae (ed. R. M. MARTIN, 3). Form und Gestalt der S. werden von der →Logik bestimmt (Boethius, In Top. Ciceron., I. MPL 64, 1045B). Die Scholastik ist Textwissen, das zur Sprachwiss. voranschreitet. Die Auslegung der Textbücher der Artes (Philosophie) und Theologie geschah in den Schulen in der Form der »lectio« und »disputatio«. Grammatik und Sprachlogik waren darum Basiswissenschaft. Des →Petrus Helie »S. super Priscianum« erklärte die Sprachlehre des röm. Grammatikers und schuf so die Grundlage der spekulativen Grammatik, wie sie im 13. Jh. von den Pariser →Modisten (z. B. →Martinus und →Johannes de Dacia [S. grammatica] vertreten wurde). Die S.en der Logik und Dialektik lehrten die Anstrengung des Begriffes, den Zwang der Argumentation und die Konsequenz der Darlegung. Bereits vor den »Tractatus«, den sog. »Summulae logicales« des →Petrus Hispanus, schrieb um 1060 →Lambert v. Auxerre OP seine Summulae. In dieser Tradition entstanden im 14. Jh. die »Summulae logicae« des →Wilhelm v. Ockham und die »Summulae« des →Johannes Buridanus.

Der äußeren didakt. Gestalt der S. entsprach die innere Form der Systemidee. Diese demonstrierte Petrus →Abaelard in seiner »Logica« und brachte sie ebenso in den vielfachen Redaktionen seiner (zw. 1118–40 erschienenen) »theologia« zur Geltung: »Die Hauptsache (Thema) unserer ganzen Disputation und die kurze Zusammenfassung des Glaubens (S. fidei)« ist der Trinitätssatz über Gottes Wesenseinheit in der Dreiheit der Personen (Theol. christiana III, n. 59, ed. E. M. BUYTAERT, 1969, 219). »Das Ganze unseres Heiles« (»S. nostrae salutis«) sind: fides, caritas, sacramentum (Theol. scholarium I, c. 11, ebd., 404). Theologie und Ethik systematisierte Abaelard getrennt. →Honorius Augustodunensis, →Anselm v. Laon und →Hugo v. S. Victor konzipierten den anderen Systemgedanken: das Ganze der Heilsgeschichte in seinem inneren Zusammenhang. Hugo v. St-Victor, De sacramentis, Prol. (MPL 176, 183): »…summam omnium in unam seriem compegi«; ebenso Honorius, Elucidarium (MPL 172, 189A). Beide Systemgedanken wirkten in der scholast. Theologie fort und bestimmten auch die Gliederung der Sentenzenbücher des →Petrus Lombardus, von denen der Prolog der Ps.-Poitiersglosse (ed. O. LOTTIN, RThAM 7, 1935, 70) feststellt: »S. divinae paginae in credendis consistit et agendis, id est in fidei assertione et morum confirmatione«.

Die in den Disputationen anfallenden Quästionen wurden in den Schulen als S. en der Magister gesammelt und überliefert, z. B. des Stephen →Langton und des →Präpositinus: »S. magistri Stephani Cantuariensis archiepiscopi« (Cod. lat. Paris. 14556, uned.), »S. magistri Praepositini« (Cod. lat. Vat. 1174, uned.). Die Sentenzensumme des →Wilhelm v. Auxerre wurde in der Schule als »S. Aurea« (ed. J. RIBAILLIER) und die Quästionen →Philipps d. Kanzlers wurden als »S. de bono« (ed. N. WICKI) überliefert. Johannes v. Treviso OP exzerpierte aus der »S. Aurea« des Wilhelm v. Auxerre seine »S. in theologia« (Cod. lat. Vat. 1187, uned.) »für den, der die Summe der nützlichen und notwendigen Wahrheit theol. Fragen auf der Tafel des Herzens zusammenfassen möchte«, um Irrtum zu vermeiden und sich auch nicht in endlose Querelen verstricken zu lassen (Prol.). Die S. wurde neben dem offiziellen Lehrbuch zum Schulbuch. In dieser didakt. Absicht schrieben →Alexander v. Hales die (nachmals so benannte) »S. fr. Alexandri« (»S. Halesiana«) und →Thomas v. Aquin die »S. fr. Thomae« (gen. »S. in theologia«, »S. theologiae«). Beide S. en blieben unvollendet und wurden in der Schule ergänzt. Für die in den Ordensstudien Lehrenden verfaßte →Albertus Magnus die (unvollendete) »S. theologiae sive de mirabili scientia Dei«, und Thomas schrieb als Missionstheologie die »S. contra gentiles«. Diese bekannten großen S. en sind gewiß nicht das alles überragende lit. Zeugnis der scholast. Theologie, sicher aber das »klass. Paradigma« der scholast. Methode begriffl., argumentativen und systemat. Denkens und Lehrens. Die »Quaestiones ordinariae« des →Heinrich v. Gent »über Gott und die Geschöpfe« wurden als dessen »S. theologiae« überliefert, die auch der Dominikanerhistoriker →Heinrich v. Herford als subtiles und profundes Werk feiert. Die akadem. und die lit. Gesch. der S. en müssen sorgsam unterschieden werden. Ein bes. lit. Genus bilden die moraltheol.-prakt. S. en: »S. de sacramentis et animae consiliis« des →Petrus Cantor (ed. J.-A. DUGAUQUIER), die S. en »De vitiis« (z. B. des Guillelmus Peraldus OP) »... et virtutibus« des →Alanus ab Insulis (vgl. S. WENZEL) und die viel benutzten Buß-S. en: »S. Bartholomaea« des →Bartholomaeus de S. Concordio OP (16. B.), »S. Johannina« des →Johannes v. Freiburg OP (auch ins Mhd. übers.), »S. Monaldina« des Monaldus v. Capodistria OMin, die »S. de casibus« des →Raimund v. Peñafort OP u. a. Als Handbücher und Nachschlagewerke hatten die S. en ebenso Bedeutung für den kirchl. Dienst in der Liturgie – »S. de ecclesiasticis officiis« des →Johannes Beleth und des Präpositinus – und in der Predigt – »S. de arte praedicatoria« des Alanus ab Insulis und des Thomas Ghobham (Thomas v. Salisbury?), »S. Praedicantium« des →Johannes v. Bromyard OP – wie auch für den Dienst der Notare und Kanzleischreiber – vgl. die S. en der →»Ars dictaminis« (z. B. des →Bernhard v. Meung). In diesen Bereichen haben die S. en der →Rhetorik Schule gemacht. Schließlich wurde das gesamte Wissen des Trivium (Grammatik, Rhetorik, Dialektik; →Artes liberales) im »Catholicon sive S. prosodiae« von →Johannes Balbus verarbeitet. →Lexikon.

L. Hödl

Lit.: GRABMANN, Scholast. Methode, II, 1911 – G. PARÉ, A. BRUNET, P. TREMBLAY, La Renaissance du XIIe s.: Les Écoles et l'Enseignement, 1933 – TH. M. CHARLAND, Artes praedicandi, 1936 – P. LEHMANN, Ma. Büchertitel, SBAW.PPh 48, 4, 1949 – P. MICHAUD-QUANTIN, Sommes de casuistique et manuels de confession au m. a. XIIe–XVIe s., 1962 – F. VAN STEENBERGHEN, La Philosophie au XIIIe s., 1966 [dt. Übers. 1977] – J. J. MURPHY, Rhetoric in the MA, 1974 – A. M. LANDGRAF, Introduction à l'hist. de la litt. théol. de la scolast. – naissance, 1973 – S. WENZEL, S. virtutum de remediis animae, 1984 – B. C. BAZÁN, J. WIPPEL, G. FRANSEN, Les questions disputées et les questions quodlibétiques dans les facultés de Théologie, de Droit et de Médicine, 1985.

B. Zivilrecht

'S.' nannten die →Glossatoren des Zivilrechts die Zusammenfassungen des *Inhalts* eines Titels der Rechtsq., die sie in den Vorlesungen dem vorzulesenden und zu erklärenden Text als Einleitung vorausschickten (→Rechtsunterricht; →Bologna, B. IV) und die man auch als Glossen in ihren Komm. en (→ Apparatus glossarum) findet. Als selbständige Schr. waren S. e zusammenfassende Darstellungen des *Gegenstandes* eines Titels oder aller Titel eines Teils des →Corpus iuris civilis. Daß man die summierenden Einl. en der Vorlesungen gesammelt und mehr oder weniger unbearbeitet als »Summensammlungen« herausgegeben hätte, ist nicht anzunehmen. Danach kann man monograph. Summen (»summulae«), z. B. de pactis, de dolo malo, de actionibus (eine Liste in COING, Hdb. I, 193–198), und Gesamtsummen (v. a. Codex- und Institutionensummen) unterscheiden. Codexsummen waren umfassende Handbücher des Zivilrechts, Institutionensummen einfache(re) Lehrbücher. Fast alle Institutionen- und Codexsummen wurden fern von Bologna geschrieben, so die folgenden Institutionensummen: 'Iustiniani est in hoc opere' (um 1130), die fälschl. dem →Irnerius zugeschriebene sog. S. Vindobonensis (nach der Wiener Hs. 2176; um 1150), der →»Brachylogus iuris civilis« (um 1160) und das noch spätere eigenartige »Florentiner Rechtsbuch« – die ersten beiden prov., die letzten beiden nordfrz. Ursprungs –, und Codexsummen: die →S. Trecensis (1135–50), der in prov. Sprache verfaßte →Codi (vor 1162), die unvollendete Summe von →Rogerius (um 1160) sowie die Codex- und Institutionensummen von →Placentinus (um 1165). Nur →Azos in 2. Fassung zum »Standardhandbuch« gewordene Codex-, Institutionen- und Digestensummen (letztere mit Zusätzen von →Hugolinus [1]: »Summa extraordinaria«) sind in Bologna entstanden, vor 1210. Bei Placentinus und Azo sind die Institutionensummen, bei Azo auch die Digestensumme keine selbständigen Lehrbücher, sondern Ergänzungen der Codexsummen. Die Fragment gebliebene S. Trium librorum von →Pilius und →Placentinus (bis C. 11, 39; um 1190 bzw. um 1195) und diejenige von Rolandus de Luca (vor 1200, ungedr.) behandeln im Anschluß an die letzten drei Bücher des Codex das Fiskalrecht. Die meistens dem →Johannes Bassianus zugeschriebene, in Wahrheit aber von →Accursius verfaßte S. Autentici ist eine Zusammenfassung des *Inhalts* der Novellen Justinians (→Corpus iuris civilis, I. 4) und auf diese Weise eine Darstellung des nach der 2. Ausg. des Codex Iustinianus (534) gesetzten »ius novum«. S. e feudorum sind systemat. Darstellungen des Lehnrechts; sie folgen dem Aufbau ihrer Q., des →Liber feudorum, weniger streng als andere Gesamtsummen und nähern sich dadurch dem Typus der monograph. Summe. Gedruckt sind: die S. e feudorum von →Accursius (vom Herausgeber dem →Hugolinus [1], von anderen dem →Jacobus Columbi zugeschrieben; vor 1240), von →Jacobus de Ardizone (1227–40), von →Johannes Blancus sowie ein neapolitan. Werk, das unter dem Namen des Jacques de →Révigny herausgegeben worden ist (beide um 1250). Nichts anderes als die Einleitungsglosse des Lehnrechtskomm. von Pilius war dessen vermeintl. S. feudorum. Als S. e →Lombardae kann man die in drei Fassungen überlieferten »Lombarda-Commentare des Ariprand und Albertus« (Mantua, nach 1150) und die »S. Legis Longobardorum« (Pavia, 1160/80) auffassen.

P. Weimar

Ed. (s. a. unter den Verf.): La S. Institutionum 'Iustiniani est in hoc opere', ed. P. LEGENDRE (Ius Commune-Sonderhefte 2, 1973) – Wernerii S. Institutionum cum glossis, ed. G. B. PALMIERI (BIMAE I, Additiones, 1914), 1–207 – Das Florentiner Rechtsbuch, ein System röm. Privatrechts aus der Glossatorenzeit, ed. M. CONRAT (COHN), 1882 – [Ps.-]Jacobus de Ravanis, S. feudorum, ed. C. PECORELLA (Univ. Parma, Pubbl. Fac. Giurisprudenza 11, 1959) – Die Lombarda-Commentare des Ariprand und Albertus, ed. A. ANSCHÜTZ, 1855 [Neudr. 1968] – Summa Legis Longobardorum, ed. DERS., 1870 – *Lit.:* P. WEIMAR, Die legist. Lit. der Glossatorenzeit (COING, Hdb. I), 188–213 [Lit.] – A. GOURON, La science juridique française aux XIᵉ et XIIᵉ s. (IRMAE I 4 d-e, 1978), 32–42 – DERS., Lo Codi, Source de la Somme au Code de Rogerius (Satura R. FEENSTRA, 1985), 301–316 [beide jetzt in A. GOURON, Études sur la diffusion des doctrines juridiques médiévales, 1987, nos. II und XI] – P. WEIMAR, Zur Entstehung der Azoschen Digestensumme (Satura R. FEENSTRA, 1985), 371–392.

C. Kanonisches Recht

S. als kanonist. Begriff kann zunächst in Anlehnung an die eng verwandte gleichnamige Lit. gattung der →Legisten als systemat.-zusammenfassende Darstellung einer Rechtsslg. bzw. eines Rechtsbuchs oder auch von Teilen daraus bezeichnet werden. Doch ist die S. der →Dekretisten in der Regel durch stärkere Berücksichtigung der interpretierend-kommentierenden Bearbeitungsweise gekennzeichnet, die Charakteristika sowohl der S. als auch des Komm.s trägt ('Summen im Mischstil'); dies wird bereits deutl. in der S. des →Paucapalea (um 1150), der ersten Dekretsumme. Gleichwohl gibt es auch Summen zum →Decretum Gratiani als systemat.-didakt. Zusammenfassungen streng summierender Art (z. B. die anonymen unvollständigen Summen »Quoniam status ecclesiarum« und »Cum in tres partes« [um 1160–70], S. des →Sicard v. Cremona, 1179/81). Die Abgrenzung von Summen gegenüber Glossenapparaten (→Apparatus glossarum) ist nicht immer einfach. Weder kann ein Prolog als zuverlässiges Kriterium für eine Summenzuordnung dienen, noch spricht eine vom Dekret losgelöste Überlieferung unbedingt dafür, da auch Glossenapparate ohne Dekrettext bekannt sind (z. B. »Ecce vicit leo«, 1202/10; um Zwischenstufen anzuzeigen, wird mitunter von 'Apparatsumme' gesprochen, z. B. bei der mit diesem Werk verwandten S. Bambergensis »Animal est substantia«, 1206/10). In der Regel gilt als dekretist. S. »jeder vom Dekrettext losgelöste, selbständig veröffentlichte Komm.« (KUTTNER). Ein deutl. Hinweis auf die enge Verwandtschaft dürfte in der 'Standard'-Glossenapparat zum Dekret Gratians (→Glossa ordinaria des →Johannes Teutonicus) zu sehen sein, der als Hauptq. die S. des →Huguccio (1188/90) und der Glossenapparat des →Laurentius Hispanus (1210/14) zugrunde liegen.

Wesentl. für beide Lit. gattungen ist das Glossieren. Neben den Werken namentl. bekannter →Glossatoren gibt es anonyme Glossenzusammenstellungen schon von den ersten Bologneser Dekretisten. Wenn auch Summen bzw. Glossenapparate in weitem Sinn als Zusammenfassungen von →Glossen bezeichnet werden können, bedeutet dies nicht, daß stets (frühere) Glossen zu (späteren) Apparaten oder Summen zusammenwuchsen. Das genauere Verhältnis der Summen und Glossen einzelner Dekretisten bzgl. ihrer Priorität ist weithin ungeklärt; zweifelsohne sind intensive »Wechselwirkungen von Summen und Glossen« (WEIGAND) anzunehmen, wie z. B. ein Vergleich der Glossenkomposition des →Rufinus mit seiner S. (um 1164) zeigt.

V. a. an den Summen werden Charakteristika der verschiedenen dekretist. Schulen festgemacht. Führend war die Schule v. →Bologna, Entstehungsort des Dekrets, zu

der naturgemäß die Werke der ersten Dekretisten zählen (neben den Summen von Paucapalea und Rufinus z. B. die des →Rolandus [nach 1150]). Davon abhängige bzw. diese und andere Summen z. T. kompilierende Werke, etwa die häufig überlieferte S. des →Johannes Faventinus (um 1171), trugen zur Verbreitung deren Lehren bei. Die Reihe der anonymen Summen aus dieser Schule ist ebenfalls beachtl., angefangen von der Paucapaleas Schule zugeschriebenen S. »Sicut vetus testamentum« bis zu der interessanten, unvollständig überlieferten S. Reginensis (wohl kaum von →Petrus Collivaccinus), etwa zeitgleich (1191) und verwandt mit der S. des Huguccio. Schon früh entwickelten Dekretisten ihr →kanon. Recht weiter, indem sie das 'ius novum' der →Dekretalen in ihre Dekretbearbeitungen mit einbezogen; die wohl erste S. dieser Art ist die des →Simon v. Bisignano (1177/79). Bes. erwähnenswert dürfte weiter die S. des →Stephanus Tornacensis (1166/69) sein, der als Begründer der frz. Dekretistenschule (v. a. Paris) gilt. Deren Summen – das rein systemat. Element findet etwas häufiger Berücksichtigung – sind zumeist anonym überliefert (z. B. »Magister Gratianus in hoc opere« [S. Parisiensis, kurz vor 1170], »Tractaturus Magister Gratianus« [um 1182], »Et est sciendum« [1181/85], »Permissio quaedam« [1185/86]). Aus der frz. Dekretistik entwickelte sich für kurze Zeit – oft aufgrund gemeinsamer Schulenabstammung miteinander verwandt – eine rhein. Schule (Köln, Mainz), der als bekannteste Werke die method. eigenwillige S. systemat.-didakt. Typs »Elegantius in iure divino« (S. Coloniensis, um 1169), mitunter →Gottfried v. Köln oder →Bertram v. Metz zugeschrieben, und die S. »Inperatorie maiestatis« (S. Monacensis, 1175/78, vermutl. in Kärnten verfaßt) angehören; weiter werden ihr z. B. zugerechnet die S. »Quoniam omissis centum distinctionibus« (um 1167) und die S. »Antiquitate et tempore« (nach 1170).

Die frz. Schule, insbes. wieder die S. des Stephan v. Tournai, ist auch für den Beginn der anglo-norm. oder engl. Dekretistenschule von großer Bedeutung – manche Werke der ihr zugehörenden Dekretisten sind in Bologna oder Paris verfaßt –, wie die wohl ersten Summen dieser Provenienz, die S. »De multiplici iuris divisione« (um 1170) und das etwa zeitgleiche summierende Werk des →Odo v. Dover, zeigen. Als bekanntestes Werk der anglo-norm. Schule gilt die um 1185–88 entstandene S. quaestionum decretalium des Honorius, der in diesem Lit. typ – nach der Summ[ul]a quaestionum decretalium des Evrardus Yprensis (nach 1181) auch der frz. Schule nicht unbekannt – die Kennzeichen der systemat. S. mit der dialekt., an Rechtsfällen orientierten Methode der Quaestionen vereint. Die seiner Quaestionensumme nahestehende S. quaestionum decretalium »Circa ius naturale« (nach 1186) des →Ricardus Anglicus und ein zweites Werk des Honorius, die kurz nach 1188 verfaßte Dekretsumme »De iure canonico tractaturus«, stehen in enger Nachbarschaft zur bedeutenden S. »Omnis qui iuste iudicat« (S. Lipsiensis, um 1186). Eine interessante Textgesch. bietet die stark von Huguccio – in der Nachbarschaft der S. »Quamvis leges seculares« (um 1193) wohl über ein Summarium seines Werks mit oft abweichenden Auffassungen – und der S. »Navem induent sancti« (S. Duacensis, um 1200) beeinflußte S. »Prima primi uxor Ade« (um 1204).

Die Einteilung der →Dekretalenslg.en nach Titeln legte den Rückgriff auf die Titelsumme des legist. Typs nahe; diese 'S. titulorum' kann als lehrbuchhafte systemat. Zusammenfassung einer Rechtsslg. bezeichnet werden, an deren (Buch- und) Titelfolge sie sich eng anlehnt. Schon →Bernhard v. Pavia hatte zu seinem noch für die Systematik der Dekretalenslg.en des →Corpus iuris canonici entscheidend gebliebenen »Breviarium extravagantium«, der Compilatio (antiqua) prima (1191/92), eine S. titulorum (vor 1198) verfaßt, die neben früheren Titelsummen (z. B. S. »Utilitati sociorum meorum« [1210/15], S. des Ambrosius [1210/15], S. des →Damasus [Ungarus, nach 1215]) noch Summen zum Liber Extra beeinflußte (z. B. S. des →Bernardus de Botone [nach 1241]). Sehr bekannt ist – nach der S. des →Johannes Hispanus de Petesella (1235/36), der ersten zu den →Decretales Gregorii IX. – die verbreitete S. des →Goffredus de Trano (1241/43), doch gilt als Höhepunkt dieser Lit. gattung die »Summa aurea« des →Henricus de Segusio (um 1253); der wohl wichtigste dt. Beitrag zu den Titelsummen stammt von →Heinrich v. Merseburg (vor 1245).

Eine Zwischenstufe stellt die unvollständig überlieferte S. iuris canonici des →Raimund v. Peñafort (1218/21) dar, die sich an der Systematik des Dekrets wie der von Dekretalenslg.en orientiert, und von der große Teile wörtl. in seiner überaus einflußreichen »S. de poenitentia« (1. Red. zw. 1222–27, 2. nach 1234) übernommen sind. Damit ist eine weitere kanonist. Summengattung angesprochen, die der →Bußsummen, die Rechtsgrundlagen für die Beichtpraxis boten und ein unentbehrl. Instrumentarium für die Beichtväter wurden. Ihre inhaltl. Bandbreite reicht von stark rechtl. Prägung (etwa bei Raimund) bis zur überwiegend (moral-)theol. Betrachtungsweise (z. B. S. confessorum des Thomas v. Chobham [um 1216], die weithin nach Art der →Bußbücher angibt, welche Bußen für welche Sünden aufzuerlegen sind). Zählte das forum internum zum eigtl. Gebiet der Moraltheologie, so handelte es sich dabei auch um ein →forum, um einen rechtl. Bereich, wie andererseits die Lehre, auch Verstöße gegen das Recht seien 'ratione peccati' zu beurteilen, zum nahezu unbeschränkten theol. Kompetenzanspruch kirchl. Autorität und damit auch des kanon. Rechts führte. Unter den sehr zahlreichen Bußsummen betont rechtl. Ausrichtung gehören zu den bekanntesten frühen Werken die des →Robert v. Flamborough, der im »Liber poenitentialis« (1208/13) noch an dem System der aufzuerlegenden Bußleistungen festhielt, aber wohl als erster das neue kanon. Recht einarbeitete, dann – wohl von ihm abhängig – die des →Johannes v. Kent aus der anglo-norm. Schule (1212/20) und die des →Petrus Pictaviensis (kurz nach 1215), ferner die verbreitete S. des →Paulus Ungarus (1220/21). Von entscheidendem Einfluß wurde die Poenitentialsumme Raimunds v. Peñafort. Neben dem Werk etwa des →Johannes de Deo (1245/47) und der sehr verbreiteten, selbst wieder bearbeiteten »Summ(ul)a metrice conscripta ex S. Raimundi« des Adam Teutonicus (wohl Adam v. Aldersbach, um 1250) ist auf die späteren großen Summen in Raimundscher Abhängigkeit hinzuweisen. Dazu zählt v. a. die stark der Intention und Tradition Raimunds – Vermittlung kanonist. Kenntnisse an die Beichtväter – verpflichtete S. confessorum (1280/98) des →Johannes v. Freiburg, bes. einflußreich durch die verbreitete dt. alphabet. Fassung (um 1314) von →Berthold v. Freiburg; die lexikonartige S. des →Bartholomaeus v. Pisa (de San Concordio), die »S. Pisana« (1338), ist ebenfalls von Johannes abhängig. Eine stark kanonist. geprägte, originelle S. confessorum (1300/02) franziskan. Provenienz, die den Rechtsstoff des →Liber Sextus einbezieht und die häufig benutzte »S. Astesana« (des Astesanus de Asti, um 1317) beeinflußt, hat →Johannes v. Erfurt zum Autor.

Schließlich ist auch in der kanonist. Lit. der Summenbegriff in der weiten Bedeutung einer monograph. Darstellung gebräuchl. Solche Zusammenfassungen zu einem Sachgebiet, etwa zum Eherecht (S. de matrimonio, de sponsalibus), sind schon aus der ersten Dekretistengeneration bekannt; dazu dürfte auch der eherechtl. Teil (C. 27–36) der S. des Rolandus zählen. Aus anderen Zusammenstellungen (z. B. S. cancellariae, S. curialis, S. notariae [→Ars notariae], S. de electione, de excommunicatione, de ordine iudiciario [→ordo iudiciarius] usw.) wird ebenfalls deutl., daß 'Summe' oft mit 'Traktat', 'Kommentar' u. ä. austauschbar ist, wie generell ma. Werke weniger mit festen Titeln nach Art moderner Veröffentlichungen tradiert wurden.   H. Zapp

Ed.: T. P. McLaughlin, The S. Parisiensis on the Decr. Gratiani, 1962 – G. Fransen–St. Kuttner, S. 'Elegantius in iure diuino' seu Coloniensis, MIC A 1. 1–4, 1969–90 – *Lit.:* DDC VII, 1072–1074 [R. Naz]– Schulte, I–II, passim – Coing, Hdb. I, 188ff. [P. Weimar]; 365ff. [K. Nörr] – Kuttner, 123–207, 386–396, passim – E. M. Meijers, Sommes, lectures et commentaires (Atti congr. int. dir. rom., I, 1934), 431–490 – St. Kuttner, Les débuts de l'école can. française, SDHI 4, 1938, 193–204 – Ders.–E. Rathbone, Anglo-Norman Canonists of the 12ᵗʰ c., Traditio 7, 1949/51, 279–358 [mit Retractationes [23–38]: St. Kuttner, Gratian and the Schools of Law, Variorum Repr. CS 185, 1983 (auch mit Beitr. zur Bologneser und frz. Schule)] – A. M. Stickler, Vergessene Bologneser Dekretisten, Salesianum 14, 1952, 476–503 [= Decretisti bolognesi dimenticati, SG 3, 1955, 375–410] – B. Tierney, Two Anglo-Norman S.e, Traditio 15, 1959, 483–491 – K. W. Nörr, Die S. »De iure naturali« und »De multiplici iuris diuisione«, ZRGKanAbt 48, 1962, 138–163 – Hist. du droit et des Institutions de l'Église en Occident, VII, 1965, bes. 270ff. [Ch. Lefebvre] – W. Stelzer, Die »S. Monacensis«, MIÖG 88, 1980, 94–112 – A. Gouron, Une école ou des écoles?, MIC C 7, 1985, 223–240 – V. Piergiovanni, Il primo sec. della scuola can. di Bologna, ebd., 241–256 – W. Kozur-Dumke, Die Quaestionens. des Honorius (D. 2) [Diss. Würzburg 1987] – B. Grimm, Die Ehelehre des Mag. Honorius, SG 24, 1989 [Lit.] – P. Erdö, Introductio in hist. scientiae can., 1990, bes. 49ff. [Lit.] – St. Kuttner, Did Rolandus of B. write a 'Stroma ex Decretorum corpore carptum'?, BMCL 20, 1990, 69f. – R. Weigand, Frühe Kanonisten und ihre Karriere in der Kirche, ZRGKanAbt 76, 1990, 135–155 [Lit.] – Ders., Die Glossen zum Dekret Gratians, SG 25–26, 1991–92 – C. Van de Wiel, Hist. of Canon Law, 1991, 116ff. – E. J. H. Schrage, Utrumque Ius. Eine Einf., 1992, 95ff. – J. Gaudemet, Les sources du droit can. VIIIᶜ–XXᶜ s., 1993, 102ff. [Lit.] – R. Weigand, Die ersten Jahrzehnte der Schule v. Bologna, MIC C 10, 1995 [im Dr.] – *Bußsummen:* P. Michaud-Quantin, Sommes de casuistique et manuels de confession au MA XIIᶜ–XVIᶜ s., 1962 – Thomae de Chobham S. Confessorum, ed. F. Broomfield, 1968 – R. Weigand, Zur Lehre von der Dispensmöglichkeit des Gelübdes in den Poenitentialsummen, AKKR 147, 1978, 2–34 – M. W. Bloomfield, Incipits of Lat. Works on the Virtues and Vices, 1979 – Die »Rechtssumme« Bruder Bertholds. Eine dt. abecedar. Bearb. der S. Confessorum des Johannes v. Freiburg: Unters. I, hg. M. Hamm–H. Ulmschneider, 1980; H. Weck, Die hs. Überlieferung, 1982; Synopt. Ed. der Fassungen B, A und C, hg. G. Steer–W. Klimanek u. a., 1987ff. – Trois sommes de pénitence de la première moitié du XIIIᶜ s., ed. J. P. Renard, 1989 – W. Trusen, Zur Bedeutung des geistl. Forum internum und externum für die spätma. Gesellschaft, ZRGKanAbt 76, 1990, 254–285 – s. a. Lit. zu den gen. Stichwörtern.

Summa Alexandri → Alexander v. Hales

Summa Perusina, nach der einzigen Hs. in Perugia (Mus. dell'Opera del Duomo, 19) benannte Schrift (keine Codexsumme; →Summa), die aus einer Reihe laienhafter Zusammenfassungen von Konstitutionen des Codex Iustinianus (Fragment, bis C. 8, 53, 8) besteht. Sie ist spätestens Anfang des 10. Jh. in Italien entstanden, vielleicht im 9. Jh. in Rom, und wurde 1010/21 in drei röm. →Placita benutzt. Viele Mißverständnisse bezeugen den Tiefstand der Rechtskultur in vorbolognes. Zeit.   P. Weimar

Ed.: G. E. Heimbach, Anecdota, 1838–43, II, 1ff. – Adnotationes codicum domini Justiniani (S. P.), ed. F. Patetta, BIDR 12, 1900 – *Lit.:* M. Conrat (Cohn), Gesch. der Q. und Lit. des röm. Rechts im früheren MA, 1891, 55ff., 182–187 – E. Besta, Il contenuto giuridico della S. P. (Atti Accad. Palermo, 1908) – E. Genzmer, Die iustinian.

Kodifikation und die Glossatoren (Atti del Congresso internaz. di diritto rom. [Bologna e Roma 1933], Bologna, I, 1934), 345–430 [358f.] – F. Calasso, Medio evo del diritto, 1954, 287ff.

Summa theologiae (frühmhd.). Die in der Vorauer Hs. 276, 97ra–98va, sowie in zwei nur wenige Verse umfassenden Fragmenten anonym überlieferte Dichtung des beginnenden 12. Jh. (wohl nach 1108) in 324 Kurzversen (Waag) bzw. in 'binnengereimten Langzeilen' (Maurer), die handschriftlich durch 32 Initialen gegliedert sind, beruht auf einer md. (rheinfrk.) oder einer alem. Vorlage. Der erste Hauptteil benennt nach einleitender Charakterisierung des dreieinigen, allmächtigen Schöpfergottes Stationen des Heilsgeschehens: Schöpfung der Engel, Engelsturz, Erschaffung des Menschen als Abbild Gottes und des Kosmos, Sündenfall und Verlust der Gnade, die Erlösung durch den Sühnetod Christi am Kreuz, das inhaltl. durch allegor.-typolog. Deutung in den Mittelpunkt rückt und die Dichtung formal als Zentralkomposition erweist. Der zweite Teil thematisiert Christi Grabesruhe und Auferstehung, die Auferstehung des Menschen und die Letzten Dinge, stellt aber – stärker moralisierend – die auf das ewige Leben hinführenden Pflichten des Menschen heraus, der in der Taufe Gottes Ebenbild wird. Ein Hymnus auf den Erlöser beschließt das Werk, das in seiner themat. Geschlossenheit aus seiner »Nähe zur liturg. Osterfeier« (Freytag) erklärt werden kann. – Eine einheitl. Q. ist nicht anzunehmen (punktuelle Rezeption des »Elucidarium« des →Honorius Augustodunensis jedoch wahrscheinlich), vielmehr beruht die Darstellung auf dem in Bibel, Exegese, Predigt und Liturgie entwickelten, z. T. äußerst verdichtet formulierten lat.-theol. Wissen der Zeit. Die Dichtung ist entgegen dem modernen Titel (Scherer) keine gelehrte scholast. Summe, sondern eher paränet. Lehrdichtung als Hymnus. Als Adressat ist an ein vielleicht adliges, sicher theol. vorgebildetes Laienpublikum zu denken. In der Form sowie einzelnen Motiven bestehen Verwandtschaften zu anderen Zeugnissen der geistl. Dichtung des 11. und 12. Jh. (→Deutsche Literatur, III), bes. zum 50 Jahre älteren →Ezzolied. R. Suntrup

Ed.: E. Henschel–U. Pretzel, 1963, 28–49 – F. Maurer, I, 1964, 309–316 – A. Waag–W. Schröder, I, 1972, 27–42 – *Lit.:* F. G. Gentry, Bibliogr. zur frühmhd. geistl. Dichtung, 1992, 196–200 [Bibliogr. bis 1986/88] – Verf.-Lex.² IX, 2, 506–510 [H. Freytag] – H. Freytag, Komm. zur frühmhd. 'S. T.', 1970 – H. Rupp, Dt. religiöse Dichtung des 11. und 12. Jh.', 1971², 84–133.

Summa Trecensis, die älteste, nach der Hs. in Troyes (Bibl. municipale, 1317) benannte Codexsumme (→Summa, B). Sie wurde als Werk des →Irnerius ediert; seither war ihre Entstehung heftig umstritten. Nach den Forschungen A. Gourons ist anzunehmen, daß die S. T. von einem Schüler des Irnerius namens Géraud (Geraudus) geschrieben wurde, der zw. 1132 und 1180 als »grammaticus« und »magister« u. a. in St-Gilles, Arles, Narbonne und Montpellier auftrat und der vermutl. in Arles als Rechtslehrer wirkte und die S. T. schrieb. Man kann vier Fassungen unterscheiden, die zw. 1135 und 1150 entstanden sind. Die verlorene 1. Fassung (»Paratitla titulorum«), in der nur der Einfluß des Irnerius nachweisbar ist, diente dem Verf. des →Codi als Q. Mit der 2. Fassung setzte Géraud die Summe über C. 7, 30 hinaus bis C. 9, 7 fort und benutzte auch Schr. von →Martinus Gosia und →Bulgarus; er schrieb sie auf Bitten seines Schülers Henricus, Ebf. v. Aix i. J. 1180. Die 3. und 4. Fassung brachten weitere Ergänzungen, vielleicht bzw. wahrscheinl. von anderer Hand. Die S. T. wurde viel benutzt und erst durch die Summen des →Placentinus allmähl. verdrängt. Zuvor, nach dem Tod des →Rogerius, hatte jemand dessen un-

vollständige Summa Codicis ab C. 4, 59 mit der S. T. vervollständigt. Dieses Werk, von dem vier Hss. erhalten sind, wird nach der Tübinger Hs. (Universitätsbibl., Mc. 14) als »Summa Tubingensis« bezeichnet. P. Weimar

Ed.: Summa Codicis des Irnerius, ed. H. Fitting, 1894 [Neudr. 1971; 4. Fassung, bis C. 9, 7] – Rogerii Summa Codicis, ed. G. B. Palmieri (BIMAE I, 1888, 1913²), 47–223 [Summa Tubingensis] – *Lit.:* Coing, Hb. I, 198f. [Lit.] – A. Gouron, L'auteur et la patrie de la S. T., Ius commune 12, 1984, 1–38 – Ders., L'élaboration de la »S. T. « (Sodalitas. Scritti A. Guarino, 1985), 2681–3696 – Ders., Dilectus Henricus, archevêque d'Aix et juriste, PH 34, 1984, 97–101 [alle jetzt in: A. Gouron, Études sur la diffusion des doctrines juridiques médiévales, 1987, nos. III–V].

Summae authenticorum feudorum → Summa, B

Summae titulorum → Summa, C

Summarium Heinrici, umfassendes lat. Schulbuch, bietet einen Überblick über das Sachwissen des ausgehenden FrühMA. In seiner Urfassung besteht es aus zehn sachl. geordneten Büchern und einem alphabet. geordneten Anhang (Buch 11). Sein Verf. ist unbekannt, entstanden ist es vielleicht in der Nähe von Worms (Lorsch?) oder Würzburg. Auf Grund der in ihm verwerteten Entwicklungen könnte es vor 1032 geschaffen worden sein, doch wird auch eine Entstehung erst im 12. Jh. (um 1150) vertreten, zumal die Überlieferung der bisher bekannten 44 Hss. nicht vor dieses Jh. zurückreicht. Die zehn Bücher des S. H. betreffen die Grammatik, verschiedene Grundsätze (dogmata), alles Lebende, Fühlende und Erkennende, Pflanzen, Erde, Gesteine und Metalle, Gebäude, Stände, Bekleidung, sowie Kriege und andere menschl. Einrichtungen (z. B. 10, 11: De legibus; 10, 14: De poenis). Hauptquelle des Wissens sind die Etymologien →Isidors v. Sevilla. Daneben fußt es nachweisl. auch auf Priscian, Beda und Cassiodor. Für die Germanistik ist bes. bedeutsam, daß das Werk in seinen meisten Teilen mit etwa 4200 ahd. (altostfrk.?) Glossen versehen wurde. In einer zweiten Fassung sind das Werk von einem Redaktor wenig später in sechs Bücher eingeteilt worden. G. Köbler

Ed. und Lit.: Steinmeyer–Sievers III, 58ff. – S. H., I: Textkrit. Ausg. der ersten Fassung Buch I–X, hg. R. Hildebrand, 1974; II: Textkrit. Ausg. der zweiten Fassung Buch I–VI sowie des Buch XI in Kurz- und Langfassung, 1982 – Verf.-Lex.² IX, 510–519 – H. Tiefenbach, Der Name der Wormser im S. H., BN NF 10, 1975, 241 – N. Wagner, Zur Datierung des S. H., ZDA 104, 1975, 118 – W. Wegstein, Stud. zum S. H., 1985 – S. Stricker, Editionsprobleme des S. H. (Probleme der Ed. ahd. Texte, hg. R. Bergmann, 1993), 38 – B. Meineke, Liber Glossarum und S. H., 1994.

Summator (Summista), seit 1479 nachweisbarer Beamter, der auf den per cameram expedierten Papsturkk. (→Kanzlei, B) das Summarium einträgt, also eine knappe Inhaltsangabe der Urk. als Entscheidungsgrundlage für den Papst, und die taxa quinta (→Taxen) einzieht; zuvor war dies Aufgabe der →Sekretäre. Th. Frenz

Lit.: Th. Frenz, Die Kanzlei der Päpste der Hochrenaissance 1471–1527, 1986, 135–137, 214 – Ders., Papsturkk. des MA und der NZ, 1986, 72 § 134.

Summum bonum → Gut, höchstes

Sund (Öresund, dän. Øresund), Meerenge im sw. Skandinavien, zw. →Schonen und Seeland, östlichste Verbindung zw. →Ostsee und Kattegat. Von W (aus der →Nordsee) kommende Schiffe, die nach der Umschiffung von Skagen nach O zur Küste von Halland fuhren, konnten in Küstennähe bis zum Eingang des S.s weitersegeln und so die Untiefen des Kattegats vermeiden. Die internat. Schiffahrt bevorzugte daher die Passage durch den S. gegenüber dem Weg durch den Gr. oder Kl. Belt, was (zusammen mit den →Schon. Messen) stark zur wirtschaftl. Belebung der S.region, v.a. der Städte →Helsingør, →Kopenhagen und →Malmö, beitrug.

Der *Sundzoll*, der bis zu seiner Aufhebung 1857 einen Grundpfeiler der Finanzen des Kgr.es →Dänemark bildete, wurde, nach Verlegung von Helsingør in die Nähe der kgl. Burg Krogen durch →Erich v. Pommern (1426), seit 1429 in Helsingør erhoben; 1517–23 war Kopenhagen Zollstelle. Bis zur Reform v. 1548 bestand der Zoll v. a. aus einer Abgabe von jedem Schiff, zu der in den 1470er Jahren ein Wertzoll auf bestimmte Waren (Wein, Salz, Kupfer) hinzutrat. Die frühen *Sundzollregister* im Kopenhagener Reichsarchiv bis 1548 (erhalten für die Jahre 1497, 1503, 1528, 1536–48) verzeichnen Namen und Heimatorte der Schiffsleute sowie die entrichteten Beträge.   T. Riis

Q.: Tabeller over Skibsfart og Varetransport gennem Øresund 1497–1660, hg. N. ELLINGER BANG, I–II A–B, 1906–33 – *Lit.*: KL XXI, 5–8 – R. HÄPKE, Die S.frage und der holl.-lüb. Konflikt, Zs. des Vereins für Lübeck. Gesch. ... 14, 1912 – K. HØRBY, Øresundstolden og den skånske skibstold (Middelalderstudier. Tilegnede A. E. CHRISTENSEN, 1966), 245–272 – DOLLINGER, Hanse², s.v. Sund – M. VENGE, Fra åretold til toldetat (= Dansk Toldhist., I, 1987), 83–138 – T. RIIS, Should Auld Acquaintance Be Forgot ..., I, 1988, 39–53 – DERS., Hvorfor blev København Danmarks hovedstad? (Fschr. E. L. PETERSEN, 1994), 73–80.

Sünde, »Sündenfall«

I. Scholastik – II. Wandel der Auffassung von Sünde und Erbsünde im Frühhumanismus – III. Ikonographie – IV. Judentum.

I. SCHOLASTIK: Die Frühscholastik behandelte das Thema S. auf patrist. Grundlage (Augustinus; Gregor d. Gr.) im Zusammenhang mit der →Erbsünde und dem Sündenfall. Hierbei setzt →Anselm v. Canterbury († 1109) heilsgesch. beim (immer als S. per excellentiam) angesehenen Engelfall an, um daran mit den Mitteln der Sprachlogik und der Dialektik die S. philos. als Privation, theol. als Abfall von der ursprgl. rectitudo, von der iustitia des Willens und von dem verpflichtenden Streben nach Seligkeit (De casu diaboli, cc. 9–11 u.ö., ed. SCHMITT, I) zu erklären. Als bestimmendes Motiv des Falls sieht er die Hybris eines Sich-Erhebens über den Willen Gottes an. So wird auch das Verhältnis der S. zu Gott reflektiert, was danach ein ständiges Thema blieb, zusammen mit den verschieden beantworteten Fragen nach dem Motiv, der Art und Schwere der aktuellen S. wie der Möglichkeit ihres Wiederauflebens.

Die bei Anselm vorherrschende (augustin.) Orientierung an der objektiven göttl. Ordnung erfährt bei Petrus →Abaelard († 1142) eine merkl. Wendung zum Individuellen und Subjektiven (in Entsprechung zu seiner Skepsis gegenüber dem Universalen), wenn er in seiner Ethik (»Scito te ipsum«) unter einseitiger Auswertung des Grundsatzes von der Nichtsubstantialität der S. die äußere Handlung zurücktreten läßt und Gut und Böse v. a. in die Intention und in die Gesinnung verlegt. Daraus ergibt sich auch eine neuartige Wertung des Gewissens, insofern die S. auch als Entgegensetzung zum eigenen sittl. Bewußtsein verstanden wird (MPL 178, 653). Jedoch wird die Existenz objektiver Normen damit nicht geleugnet.

Obgleich Abaelards Gedanken in der Scholastik weiterwirkten, erfuhren sie, wie überhaupt die scholast. Dialektik, auch Ablehnung, bes. durch →Bernhard v. Clairvaux († 1153). Er ordnet die Aussagen über die S. in die Geschichte des Heils wie der Seele ein und verbindet sie unter Absehen von rationaler Analyse mit einer theol. Anthropologie trinitar. Charakters. So arbeitet er u.a. die verschiedenen heilsgesch. Status der Willensfreiheit heraus (De gratia et libero arbitrio von 1127), welche Lehre danach die »Summa Sententiarum«, die »Sententiae di-

vinitatis«, →Petrus Lombardus († 1160) und sogar der »Porretaner« →Radulfus Ardens († um 1200) übernahmen. In seiner »trinitar. Anthropologie« gilt der Mensch als »trinitas creata« (vermöge der Dreiheit von ratio, memoria und voluntas). Im Gottbezug stehend, versagt er sich mit Eigenwillen dem Dienst Christi und wird so zu einer in sich verkrümmten Existenz (Serm. super Cant. Cantic. 24, 6–7: ed. Cisterc. I, 158): Unter dem Druck von »Einflüsterung, Wohlgefallen und Zustimmung« wandelt sich der S.r in eine entgegengesetzte Trinität (Serm. de div. 45, 1–6: ed. Cisterc. VI–1, 256), die in Schwachheit und Blindheit besteht, aus welcher er nur durch die Gnade zur Rechtheit und zur Vollendung geführt werden kann.

Die rational-dialekt. Behandlung der S. wird hier durch eine theol. Psychologie ersetzt, wogegen →Hugo v. St-Victor († 1141) um eine Verbindung von scholast. und monast.-myst. Denkweise bemüht ist. Der Ursprung der S., die vom Teufel aus der Engelwelt übertragen wurde, liegt für Hugo, der hierin Anselm folgt, im Fehlen des »secundum mensuram moveri« des freien Willens (De sacr. Christianae fidei, I, p. 5, c. 26: MPL 176, 257). Als Triebfedern wirkten Stolz, Habsucht und Gaumenlust (MPL 176, 293). In der Schrift »De amore sponsi ad sponsam« trifft er aufgrund der den drei göttl. Personen appropriierten Eigenschaften von Macht, Weisheit und Liebe einige Unterscheidungen und bestimmt die S. gegen den Vater als eine solche der Gebrechlichkeit, die S. gegen den Sohn als aus der Unwissenheit stammend, die gegen den Heiligen Geist als eine der Böswilligkeit. Letztere S., deren Charakter und Schwere in der Frühscholastik kontrovers diskutiert wird, erfährt bei Hugo eine milde Beurteilung, wenn er für sie nur keine Entschuldigung gelten und sie (bei geleisteter Buße) mit der vollen Genugtuung bestraft werden läßt (MPL 176, 989). In der vielerörterten Problematik um den im S.r nach dem Akt der S. verbleibenden »Rest« oder dem Reat, die aufgrund der herrschenden Zweiteilung von peccatum actuale und originale schwer lösbar erschien, schließt Hugo seine Erklärung an die Folgen der Erbsünde an und nennt als die verbleibenden zwei vitia die Blendung des Geistes und die ungeordnete Begierde, die v.a. das Leibliche betrifft (De sacr. christ. fidei I p.7 c.31: MPL 176, 301). In der für ihn charakterist. Lehre von den »drei Augen« hält er dafür, daß durch die S. das Auge der Contemplatio verlorengehe, welches Gott und das göttl. Wahrheiten erfasse, wobei allein das Auge des Fleisches ungetrübt bleibe (ebd., 329).

Eine Bestandsaufnahme der Hauptthemen der frühscholast. Hamartiologie bietet →Petrus Lombardus († 1160) in seinen »Sentenzen«, wo er nach Erörterung von Ursünde und Erbsünde (Sent. II d. 29–33) der aktuellen S. eine eigene Behandlung widmet, welche die beiden augustin. Definitionen zugrundelegt (»dictum vel factum vel concupitum quod fit contra legem Dei« und »voluntas retinendi vel consequendi quod iustitia vetat«: Sent. II d. 35 c. 1: ed. Grottaferrata I, 529). Bes. Aufmerksamkeit widmet er der verschieden beurteilten Frage nach der Abhängigkeit der S. von Gott, in der er (entgegen der Lehre der Porretaner) der Auffassung zuneigt, daß die S. als schlechter Akt in keiner Weise auf Gott zurückzuführen sei, auch nicht, insoweit sie ein Etwas ist (Sent. II d. 37). Von Augustinus ist die Unterscheidung in peccatum mortale und veniale übernommen (d. 35 c. 1: ed. Grottaferrata, I, 529), von Hieronymus die Differenzierung in Gedanken-, Wort- und Tats.n (d. 52, c. 4: ed. Grottaferrata I, 569). In der Frage nach dem im Menschen verbleibenden Rest der aktuellen S. weist er auf den Makel hin, der in der

Seele aufgrund der Entfremdung von Gott oder der Gottunähnlichkeit herrscht (Sent. IV d. 18 c. 8: ebda., II, 364), so dem Begriff des peccatum habituale nahekommend, den später →Richard Fishacre († 1248) erstmals gebraucht. In der ebenfalls strittigen, aus der Erbsündenlehre fälschl. abgeleiteten Problematik nach der Möglichkeit der Vererbung der aktuellen S.n der Väter auf die Kinder erweitert er die Argumentation Hugos v. St. Victor von der Alleinvererbbarkeit der Erbsünde, die mit einer Nachahmungshypothese verbunden wird (Sent. II d. 33 c. 5).

Die in der Frühscholastik zu beobachtende Entwicklung ging so von einer rational-dialekt. Fassung der S. zu einer mehr theol.-psycholog. Deutung. Unter beiden Aspekten erschienen bestimmte Probleme nicht lösbar, so das der Verhältnisbestimmung der S. zu Gott wie das der Beziehung von läßlichen zu schweren S.n. Vielfach wurde gemäß einem augustin. Axiom die Meinung von dem Entstehen der Todsünde durch Vervielfachung der läßlichen S.n vertreten (Gratian; Hervaeus v. Bourg-Dieu). In der zweiten Hälfte des 12. Jh. verfaßte →Petrus Cantor († 1197) eine mehr praktisch ausgerichtete »Summa de sacramentis et animae consiliis« (ed. J. A. DUGAUQUIER), in der er die Fragen nach der Abhängigkeit des Aktes der S. von Gott im Sinne der Porretaner löst und nur die »malitia actionis« (als Entzug des gebührenden Zieles) dem Menschen zuspricht.

Die Hochscholastik erbringt nicht nur eine Erweiterung der Themen unter Aufnahme auch der moral. Aspekte (wie der Lehre von den circumstantiae der sittl. Handlung), sondern leistet auch eine strengere Systematisierung des Stoffes und seine metaphys. Durchdringung. Hierin ging die »Summa aurea« des →Wilhelm v. Auxerre († 1231/37) voran, der als erster die Frage nach der Freiheit von der mit dem freien Willen trennte (R. M. MARTINEAU, Le plan de la »Summa aurea«, 83). Die »Summa Halensis« des →Alexander v. Hales († 1245) verbindet mit dem Ausgang vom »summum bonum« einen gewissen heilsgesch. Zug, entwickelt im zweiten Teil des zweiten Buches eine ausführl. S.n- und Lasterlehre, in der dem malum als esse naturae, nicht aber als esse moris Sein zuerkannt wird (ed. Quaracchi III n. 1, 3). Als Ursache für das schuldhafte Übel der S. gilt ihm allein der freie Wille des Menschen, der aufgrund der sich aus der Schöpfung ex nihilo ergebenden vertibilitas von der unvergängl. Güte Gottes zu einem vergängl. Gut abfallen kann (ed. Quaracchi III n. 8, 2). In Entsprechung zur Ursünde versteht Alexander die Folgen der S. als Entblößung von der Gnade, als Verwundung der Natur und als Verlust der habitudines naturales. Die realist. Erfassung des Bösen steht aber im Kontext des Heilsdramas, in welchem Gott durch die Menschwerdung das Böse zum Guten wendet, so daß der Grundsatz gilt: »Bonum ex malo elicitur« (III n. 144, 162).

Als Schüler Alexanders versucht →Bonaventura († 1274) in seinem bedeutenden Sentenzenkommentar die Freiheitslehre seines Vorgängers eingehender zu begründen, indem er dem Willen die höchste Herrschaft zuspricht (II Sent. d. 25 p. 1a un. q. 3), was danach von →Petrus Johannis Olivi († 1296) weitergeführt wird. Insofern das freigewollte Tun der Liebe auf Gott ausgerichtet wird, ist es würdig und verdienstlich, insofern es von dieser Richtung abweicht, geschieht eine Tat- oder Unterlassungssünde. So stellt Bonaventura die sittl. bzw. die unsittl. Handlung in ein direktes Verhältnis zu Gott, dabei auch die in der Franziskanerschule entwickelte Lehre von der Synteresis und der conscientia aufnehmend, welche Momente sich in der prakt. Vernunft zusammenschließen.

Dagegen bemißt →Thomas v. Aquin († 1274), der die S.nthematik der Scholastik zur überzeugendsten philos.-theol. Synthese führt (im Sentenzenkommentar, in »De malo« und in der »Summa theologiae«), das Gute und Böse nach der Besonderheit seines Wesens und seiner Beziehung zum Sein und zu seiner Vollendung. Demgemäß ist das Übel die privatio boni debiti (S. th. I. q. 48 a. 5 ad 1). Aber in der positiven Setzung gegen die höhere Ordnung findet sich bei einem Vernunftwesen eine »specialis ratio«, die als Beleidigung Gottes aufzufassen, als malum culpae und als S. zu bestimmen ist (S. th. I. q. 48 a. 5). Diese im augustin. Sinne gefaßte aversio a deo ist verbunden mit der conversio ad creaturas (S. th. III q. 86 a. 4), die zum contemptus Dei führen kann (In IV Sent. d. 9 q. 1 a. 3 resp. 3). Diese Bestimmung kommt freilich nur der Todsünde zu, während die läßliche S. nur in analogem Sinne als peccatum zu verstehen ist (S. th. I. II. q. 88 a. 1), weshalb auch durch bloße quantitative Häufung von läßlichen S.n keine Todsünde entstehen kann (In Sent. II d. 24 q. 3 a. 6). Unter dieser Voraussetzung erfährt auch das Problem der Verursachung der S. eine Lösung. Insofern die S. in der Verletzung der auf Gott ausgerichteten Ordnung besteht, kann sie nicht von Gott verursacht sein (S. th. I. II. q. 79 a. 1), obwohl Gott das an der Handlung Wirkliche verursacht (ebda., a. 2). Die eigtl. Ursache liegt im Verstand und freien Willen des Geschöpfes, während als mittelbare Ursachen die Einbildung und der appetitus sensitivus anzusehen sind (S. th. I. II. q. 75 a. 2). Das entscheidende Motiv der Ursünde ist darin gelegen, daß der Mensch die ihm zustehende Vollendung auf sich selbst gestellt erreichen wollte (S. th. II. II. q. 163 a. 3), also aus Hochmut sündigte. Es handelte sich um eine einzelne, aber vielseitige S., die Differenzierung der S. erfolgt nach den Objekten und den nächsten Zielen (S. th. I. II. q. 72 a. 1). Deutlich wird der nach der S. verbleibende Zustand als macula peccati bezeichnet. Eine wichtige Bedeutung zur Erklärung der Sittlichkeit des Tuns empfängt auch das Gewissen, dem freilich das göttl. Gesetz vorgegeben bleibt (In Sent. II d. 39 q. 3 a. 3). Es verpflichtet auch als irrendes Gewissen, ohne daß dadurch die objektiv schlechte Handlung gut würde (Ver 17, 4).

Eine veränderte Betrachtungsweise zeigt sich bei →Joh. Duns Scotus († 1308) nicht nur darin, daß er im Paradies eine nur läßliche S. für möglich hält (Lect. II. d. 21–22 q. 1: ed. Vatic. XIX, 202f.), während sie nach Thomas eine Todsünde und secundum quid unendlich ist, sondern auch in der Hervorhebung des Primates des Willens (Ord. I d. 1 p. 2 q. 2 n. 91) wie der Willensfreiheit, die bei ihm nicht nur Wahl-, sondern auch Aktfreiheit ist. Neu ist auch die allg. Hinwendung zum Individuellen und Konkreten. Daraus resultiert die Auffassung, daß die S., die durch den Widerstreit des Begehrens zur festgesetzten Ordnung entsteht, also im defektiblen Willen gründet, obgleich dieser das Böse nicht per se intendiert (Lect. II 34–37 q. 4: ed. Vatic. XIX, 350f.), die Natur des Menschen nicht angegriffen hat. Auf diese Weise wird die Verquickung der S. mit der Natur und dem Leiblichen gelöst und das Wesen der S. in die gestörte Beziehung zu Gott verlegt. Der Unterschied zw. schwerer und läßlicher S. liegt darin, daß die erstere einem Gebot widerspricht, die letztere nur einem consilium. Die Schwere der S. beurteilt Scotus, der auch das Indifferente anerkennt, nach ihrer Art wie nach den Umständen und dem Gewissensurteil.

Der in der Hochscholastik auf aristotel. Grundlage ausgearbeitete S.nbegriff wird in der myst. Theologie Meister →Eckharts († 1327) neuplaton. interpretiert und in den dt. Werken spirituell mit der Tröstung des S.rs

verbunden (DW 5, Das Buch der göttl. Tröstung 2, 22).
Die krit. Ansätze der skotist. Philos. weiter ausführend,
ändert sich bei Wilhelm v. Ockham († 1349) aufgrund des
Voluntarismus das Verhältnis der S. zu Gott: Gott könne
gemäß seiner potentia absoluta Schuld und Strafe nachlas-
sen, ohne dem Menschen die Gnade zu erteilen (In Sent. IV
q. 3–5: Op. omn. III, 4–7). Das Wesen der Sittlichkeit wird
in Gottes positivem Willen gegründet, so daß Gut und Böse
vom Gebot bzw. Verbot Gottes bestimmt sind.

Mit →Wilhem v. Ockham und dem →Nominalismus
wurden die augustin. thomas. Grundlagen der S.nlehre
aufgegeben, danach zwar von der Augustinerschule in
etwa wieder aufgenommen und von →Joh. Capreolus (†
1444) kräftig verteidigt, während Gabriel →Biel († 1495)
wiederum die ockhamist. Richtung aufnahm.

L. Scheffczyk

Lit.: DThC XII, 140–275 [TH. DEMAN] – HWPh V, 673–682 [K.
RIESENHUBER] – H. DOMS, Die Gnadenlehre des seligen Albertus
Magnus, 1929 – R. M. MARTINEAU, Le plan de la »Summa aurea« de
Guillaume d'Auxerre, Études et Rech. Collège dominicaine d'Ottawa
II, Cahier 1, 1937, 79–114 – H. KÖSTER, Die Heilslehre des Hugo v. St.
Viktor [Diss. Münster 1940] – R. HOFFMANN, Die Gewissenslehre des
Walter v. Brügge O.F.M. und die Entwicklung der Gewissenslehre in
der Hochscholastik, 1941 – O. LOTTIN, Psychologie et Morale au XIIe
et XIIIe s., I–IV, 1942–60 – LANDGRAF, Dogmengeschichte – R. BLOM-
ME, La doctrine du péché dans les écoles théol. de la première moitié du
XIIe s. [Univ. Cath. Lovan., Diss. Sér. III, 6, 1958] – M. HUFTIER, Le
péché dans la théol. augustinienne et thomiste, 1958 – W. KLUXEN,
Philos. Ethik bei Thomas v. Aquin, 1980².

II. WANDEL DER AUFFASSUNG VON SÜNDE UND ERBSÜNDE
IM FRÜHHUMANISMUS: Das Bild vom Menschen ist im MA
maßgebl. von der Exegese des S.nfalls und dem Dogma
der →Erbsünde bestimmt. Der paradies., »engelhafte«
Körper des Menschen, der in »heiliger Schamlosigkeit«
lebte, wird zum kranken und mit Mängeln behafteten
Körper. Durch das Dogma der Erbsünde wird die Indivi-
dualschuld zur vererbten Kollektivschuld. Schwerwie-
gendste Folge des S.nfalls ist die »concupiscentia carnis«.
Das sexuelle Verlangen wird nach dem »peccatum originale« zur S., der nackte Körper zu ihrem Austragungsort
und die »nuditas« des Körpers zum Grund von Scham und
Schuld. – Mit Beginn des →Humanismus vollzieht sich
allmähl. eine Veränderung des Menschenbildes: Die Humanisten interpretieren den S.nfall anders als die Exegeten
des MA. Statt des zweiten Schöpfungsberichts (Gen 1,
18–23) wird nun der erste (Gen 1, 27) zur Deutung des
Menschen herangezogen. Der Imago-Dei-Topos wird
zentral für jeden folgenden Diskurs über den Menschen.
Innerhalb dieser Neuinterpretation wird der S.nfall zu
einem »schweren Fehler«, den der Mensch eingesehen hat
und an dessen Folgen er aufgrund des göttl. Fluchs ewig zu
tragen hat. Aber dieser »lapsus« hat letztl. nicht das essen-
tielle Wesen des Menschen verändern können. Der
Mensch ist »Deus in terris« (M. Ficino, Theol. Plat. II).
Aufgrund seiner Gottesebenbildlichkeit ist der Mensch
mit einer unendl. großen und unermüdl. Könnens- und
Schöpfungskraft ausgestattet. Er wird zum »homo-
Deus« (L. Valla, De vero falsoque bono). Innerhalb dieser
Auffassung wird auch die menschl. Schaffenskraft wird die
Arbeit neu gedeutet. Im MA göttl. Fluch, wird sie bei den
Humanisten zu der Chance, sich Gott wieder zu nähern.
Die Genesis rabba bezeichnet Adam als »Vater aller
menschlichen Künste und Erfindungen«, dessen Geist
und Hände Gott ihm nach dem S.nfall als Ur-Kunst und
Ur-Werkzeug für die Entfaltung von Arbeitstechniken
und Kunstfertigkeiten gelassen habe, um den Fluch zu
erleichtern (vgl. G. Hoen, Sermonum opus…, Sermo 75,
B; Heinrich v. Langenstein, Trac. de contractibus, fol. A

16). Der S.nfall wird, so B. Morandi in »De felicitate
humana«, zur »felix culpa«, ohne die Wiss. und Kunst
nicht möglich wären. Der Mensch wird in den Augen der
Humanisten zum »Kulturheros«, zum »Prometheus«,
zum »zweiten Gott« (G. Boccaccio, Gen. deo. gent.) oder
»sterblichen, seligen Gott« (L. B. Alberti, Della famiglia),
der als »homo faber« (»faber mundi«) die Natur an Schöpfungskraft sogar noch überbietet, sie vollendet und beherrscht (vgl. G. Manetti, De dignitate et excellentia hominis). »Endlich mögen die Menschen aufhören, an ihrer
Göttlichkeit zu zweifeln!« (M. Ficino, De rel. christiana,
in: Opera omnia, I, Basileae 1561, 23). Der Mensch »id est
divinum animal« (G. Guarini Veronese, Oratio quam
recitavit in principio studii Ferrariae coram marchione
Leonello…) lebt nicht um der anderen Lebewesen willen,
sondern ist ein »dei animal«. Es ist göttl. Bestimmung, so
P. Pomponazzi (De immortalitate animae, c. IX), F. Filel-
fo (Comm. Florentinae de Exilio, lib. III, De Pauperitate)
oder auch F. Pico della Mirandola (Oratio), daß der
Mensch »mortalis et immortalis« ist. Für die Humanisten
und die Denker der it. Renaissance (z. B. Manetti; P. della
Mirandola; Brandolini, Dialogus de humanae vitae condi-
tione…; Valla, Repastinatio; B. de' Sacchi, De vero et falso
bono) liegen in der Gottesebenbildlichkeit und in der
Schöpferkraft, d.h. in Verstandesleistungen und Taten,
die Würde und die Freiheit des Menschen begründet. Für
A. da Barga (Libellus de dignitate…) und für Manetti ist
die Deifikation dem Menschen wesentl. auch aufgrund
seiner Seele und für Ficino, Guarino Veronese, Facio auch
aufgrund seiner Sprach- und Schreibfähigkeit gegeben.
Aber immer wieder müsse der Mensch um »divinum
auxilium« (F. Petrarca, Epistolae familiares, IX, 16, 2)
bitten, da er wegen der Ursünde doch stets wieder zum
Bösen neigen werde. Die Deifikation, die im Grunde
immer auch auf der »humanitas« Gottes beruht und nicht
ohne Gegenleistung gegeben ist, wird so zur tägl. Aufgabe
des Menschen. Grundsätzl. läßt sich jedoch ein allg. Men-
talitätswandel im Humanismus ausmachen, in dem die
Grundlagen für das für die Renaissance typ. Menschenbild
des »uomo universale« gelegt werden. Die Entdeckung
der Würde des Menschen veränderte letztl. auch die Auffassung vom menschl. Körper und von der Sexualität. Bei
Manetti wird »nuditas« zum Ausdruck menschl. Exzel-
lenz, selbst Exkremente haben wichtige Funktionen. Der
Körper wird zur vollkommenen Komposition, so »daß
Götter in der Gestalt von Menschen gemalt und gemeißelt
werden müßten« (Manetti, Über die Würde, 3, 18). Ge-
schlechtslust und Sexualität sind nicht mehr per se mit S.
und Schande behaftet, sondern werden zu einem selbstverständl. Teil der menschl. Natur (Brandolini, Manetti,
Morandi). Ansätze zu einer liberalen Sexualethik entstehen. Die Ehe wird zur »cellula mater« des Staates (Bruni),
als vollkommene Gemeinschaft von Mann und Frau zur
Förderin von Kultur durch die »studia humanitatis« (Ficino, Matrimonii laus). Ausgehend von einer veränderten
Interpretation des S.nfalls gelangt der Humanismus zu
einem positiven Menschenbild, das in der berühmten,
zwar nie gehaltenen »Oratio de dignitate hominis« des
Pico della Mirandola einen seiner schönsten Ausdrücke
findet: »Ein großes Wunder, o Asklepius, ist der Mensch.«

B. Hentschel

Lit.: G. MÜLLER, Bildung und Erziehung im Humanismus der it.
Renaissance. Grundlagen – Motive – Q., 1969 – C. TRINKAUS, In Our
Images and Likeness. Humanity and Divinity in Italian Humanist
Thought, 2 Bde, 1970.

III. IKONOGRAPHIE: Entsprechend seiner grundlegenden
Bedeutung für die Theologie der Erlösung erscheint der

S.nfall schon früh in der chr. Kunst und blieb auch im MA die wichtigste Szene der Zyklen von →Adam und Eva. Schon in den frühesten Darstellungen des 3./4. Jh. stehen die jugendlichen, nackten Adam und Eva meist wie im MA symmetr. zu Seiten des Paradiesesbaumes (an diesem oft die Schlange mit dem Apfel). Der S.nfall ist stets bereits erfolgt, denn die Verhüllung der Scham mit Blättern weist auf die Folgen der Sünde hin, ebenso auf Sarkophagen des 4. Jh. die Beigabe von Ährenbündel und Lamm. Diese Hinweise auf Adams Feldarbeit und Evas Wollespinnen werden bisweilen auch von Christus in eigener Szene übergeben (im MA sind Ackerbau, Spinnen und Kinderaufzucht real dargestellt). Die Vertreibung aus dem Paradies erfolgt anfangs nicht, wie meist im MA, durch einen Engel, sondern durch Christus (Lotsarkophag in S. Sebastiano) oder Gottvater (Katakombe Via Latina), so daß für Rom im 4. Jh. neben dem Vorbild für die Cotton-Genesis (5. Jh., →Bibelillustration; →Genesis-Illustration) weitere Hss. mit Adam-Eva-Zyklen anzunehmen sind (KOROL 1979). Die Cotton-Genesis (aus den Mosaiken in S. Marco, Venedig, erschlossen), karol. Hss. (Grandval-Bibel, London) und die byz. Oktateuche (→Oktateuch-Illustration) bringen vor dem eigtl. S.nfall die Ermahnung der Stammeltern und die Versuchung Evas durch die Schlange. In zahlreichen ma. Zyklen spricht Eva mit der Schlange, während sie Adam den Apfel reicht. In der Regel wurde nicht zw. der Schlange des S.nfalls und Satan unterschieden; doch ist im frühesten dt. Zyklus auf den Bronzetüren →Bernwards in Hildesheim die Schlange neben Eva, Satan als →Drache hinter Adam dargestellt. Entsprechend schiebt beim anschließenden Verhör Adam die Schuld durch Handgebärde auf Eva, diese auf den Drachen unter ihr. Seit dem 12. Jh. erscheint die Schlange des S.nfalls häufig mit Frauenkopf oder -oberkörper, im SpätMA auch bekrönt (Ähnlichkeit fördert die Zustimmung: Petrus Comestor nach Beda [Hist. Schol., Gen. 21 (MPL 198, 1072)]). In ma. typolog. Bildern ist der S.nfall Typos der Versuchung Christi (z. B. Bible moralisée, Biblia Pauperum; literar. schon seit Ambrosius belegt: Expos. in Lucam 4, 28–34). Häufiger ist jedoch die antithet. →Typologie des Gegensatzes von Schuld und Erlösung: Christus als Büste oder am Kreuz im Baum neben Eva oder dem S.nfall; Verkündigung an Maria neben Versuchung Evas; Ecclesia mit Kreuz neben S.nfall (De laudibus S. crucis, München Clm 14159); S.nfall und Kreuzabnahme Jesu (Klosterneuburger 'Altar'; weitere Bildnachweise und Lit. zu Details, z. B. der Schlange auf dem Kamel beim S.nfall der Oktateuche: SCHADE, v. ERFFA). S. a. →Schlange (als Symbol der Erbsünde).

J. Engemann

Lit.: LCI I, 41–70 [H. SCHADE] – RByzK I, 40–54 – RDK I, 126–167 – S. ESCHE, Adam und Eva, 1957 – E. GULDAN, Eva und Maria, 1966 – K. WEITZMANN–H. L. KESSLER, The Cotton Genesis, 1986 – D. KOROL, JbAC 22, 1979, 175–190 – DERS., Die frühchr. Wandmalereien aus den Grabbauten in Cimitile/Nola, 1987 – H. M. v. ERFFA, Ikonologie der Genesis, 1, 1989, 162–248 – U. KOENEN, Das 'Konstantinskreuz' im Lateran und die Rezeption frühchr. Genesiszyklen im 12. und 13. Jh., 1995.

IV. JUDENTUM: S. ('Aberah), seit talmud. Zeit (→Talmud) ein »Übertreten« des in Ge-und Verboten in der →Tora gefaßten Willen Gottes, bei Vorsatz schwerer als bei Versäumnis/Unterlassung (b Jom 86a), wird im Judentum unterschieden als Verfehlung gegenüber Gott und gegenüber dem Mitmenschen. Diese erfordert Wiedergutmachung und Aussöhnung mit dem Gekränkten vor der Bitte um Verzeihung Gottes (v.a. zu Jahresbeginn während der zehn Bußtage, wohingegen der Versöh-nungstag [→Yom Kippur] nur den S.n gegen Gott, gegen den Menschen jedoch erst nach einer Aussöhnung Vergebung bringt [mJom 8, 9]). Neben der individuellen hat S. als Verfehlung gegen den in der Tora als Welt- und Lebensordnung geoffenbarten Gotteswillen eine gesellschaftl., kosm. und heilsgesch. Dimension, da sie den kollektiven Erwählungsauftrag Israels verletzt und den Lauf der Welt(Heils-)geschichte beeinträchtigt. Somit wird u. a. das Exilsdasein (Galut) seit Zerstörung des 2. Tempels (70 n. Chr.) als katastrophale Strafe für S. angesehen – »Wegen unserer S.n sind wir im Exil und aus unserem Land verbannt« (Machzor) –, die in der →Kabbala theurg. bildenvarmt und kosm. Dimensionen erhält. Mord, Götzendienst, Ehebruch und Inzest gelten als die schwersten S.n, die zu verhindern das Leben einzusetzen ist (bSan 74a). Einem Götzendiener gleicht jedoch, wer das Hl. Land verläßt, um anderswo zu wohnen (Sifra, Be-Har 6), und einer Bluttat gleichzusetzen ist die öffentl. Beschämung seines Nächsten (BM 58b). Verursacht wird die S. durch die Befolgung des (geschaffenen) bösen Triebs (Jetzär ha-ra'), den der Mensch in eigener Verantwortung dem (geschaffenen) guten Trieb (Jetzär ha-ṭob) vorzieht. Tora-(studium) und Befolgung der Ge- und Verbote sind das beste, gleichzeitig geschaffene (Gegen-)Mittel zur Überwindung des bösen Triebs und zur Verhütung der S. (bSot 21a; bKid 30b). Abkehr von S. und »Umkehr« (Teshubah) zu Gott haben ebenso wie das »Verdienst der Väter« nicht nur eine individuelle, sondern wie »S.« und »S. der Väter« eine kosm. Dimension. Denn ohne Umkehr/Buße hat die Welt keinen Bestand (bPes 54a), eine talmud. Auffassung, der in fast allen ethischen und religionsphilos. Schriften des MA eigene Abschnitte gewidmet sind. →Maimonides bündelt die rabbinisch-talmud. Auffassungen über S. und Buße in seinem Codex, der Mishneh Torah (Sef. ham-Madda', Hil. Tesh, 1–2.), und betont in gleicher Weise das Ablassen von und Bekenntnis der S. sowie eine Wiedergutmachung als Voraussetzung der Vergebung. Dem wird im aschkenas. →Hasidismus (z. B. →Eleasar v. Worms) die Kasteiung hinzugefügt, die jedoch nur selten zu Auswüchsen geführt hat. Grundsätzlich gilt die traditionsgebundene Auffassung des Prager Rabbiners Ezechiel ben Judah Landau (1713–93), daß »Kasteiung (→Fasten)« vielleicht hilfreich, jedoch sekundär ist, da Bußfertigkeit im Aufgeben der S., im Bekennen mit einem reumütigen und aufrichtigen Herzen besteht (Responsa, Orach Chajjim, Nr 35). Abgesehen von der Orthodoxie entspricht den unterschiedl. Entwicklungen der modernen Judentums eine große Spannweite von Ansichten über S., die bis zum rein ethischen Begriff im Reformjudentum reicht.

R. Schmitz

Lit.: The Code of Maimonides, 1949ff. – E. E. URBACH, The Sages, Their Concepts and Beliefs, 1994³ – L. JACOBS, A Jewish Theology, 1973.

Sündenklage. Als S.n bezeichnet man eine kleine Gruppe frühmhd. Texte in überwiegend gebundener Form, in denen ein schuldbeladenes Ich seine →Sünden bekennt und diese zugleich reuevoll beklagt. Das Zentrum der Gruppe bilden zwei nach Umfang und Qualität herausragende Werke, an denen sich die Definition des Typus 'S.' orientiert: Die »Millstätter S.« (864 fragmentar. Vv., um 1130, MAURER II, 57–101) und die »Vorauer S.« (858 Vv., um 1150/60, MAURER III, 95–123). Beide weisen eine Dreiteilung auf: 1. Anrufung Gottes (in der Vorauer S. nach wenigen Versen sich auf Maria konzentrierend), 2. das eigtl. Sündenbekenntnis (beichtspiegelartig alle nur denkbaren Vergehen aufreihend), 3. die Bitte um Vergebung unter Berufung auf frühere Gnadenerweise Gottes.

Wie schon diese Gliederung erkennen läßt, verdanken die S.n ihre Anregung den volkssprachigen 'Beichten' (→Beichtformeln). Von diesen unterscheiden sie sich jedoch durch das Hinzutreten des Anrufungsteils, durch das bei den 'Beichten' nur selten erkennbare Bemühen um Literarisierung und durch ihren persönl.-emotionalen Ton.

Neben den erwähnten Texten sind zwei weitere S.n erhalten: die in des Armen Hartmann »Rede vom heiligen Glauben« inserierte S. (Vv. 1752–2368, MAURER II, 601–611; 1140/60) und der »Rheinauer Paulus« (Fragm., 125 Vv., MAURER II, 47–56; älteste erhaltene S., Anfang 12. Jh.; in den Schlußteil der Millstätter S. übernommen). Weitere Texte können aufgrund ihres fragmentar. Erhaltungszustands nur mit Vorbehalten den S.n zugeordnet werden: die »Cantilena de conversione Sancti Pauli« (MAURER I, 261–268, die »Klagenfurter Gebete« (MAURER II, 323–327; die »Rheinauer Gebete« (WILHELM, 64–69).

Als literar. Typus belegen die S.n eindrucksvoll eine auch anderweitig in der frühmhd. Lit. zu beobachtende Erscheinung: die gegenüber der ahd. Periode gewachsenen ästhet. Ansprüche und religiösen Bedürfnisse der Rezipienten.

Neben und vor den dt. S.n entstehen, ihnen der Intention nach verwandt, als künstler. Leistungen aber weit überlegen, im lat. Bereich die Planctus poenitentiae (→Planctus). Sie finden sich seit dem 9. Jh. in den lyr. Œuvres zahlreicher mlat. Autoren; vgl. bes. →Gottschalks »O deus miseri…« (MGH PP III, 729–731) oder des →Petrus Damiani »Rhythmus poenitentis monachi« (MPL 145, 971f.). – Zu engl. und roman. Texten, die sich den dt. S.n in etwa vergleichen ließen, aber keine entsprechende Gruppenbildung erfahren haben, →Beichtformeln.   G. Vollmann-Profe

Bibliogr.: F. G. GENTRY, Bibliogr. zur frühmhd. geistl. Dichtung, 1992 – *Ed.:* F. WILHELM, Denkmäler dt. Prosa des 11. und 12. Jh. [Nachdr. 1960] – F. MAURER, Die religiösen Dichtungen des 11. und 12. Jh., 3 Bde, 1964–70 [Lit.] – *Lit.:* MERKER-STAMMLER[2] IV, 296–298 – Verf.-Lex.[2] I, 450–454, 1172f.; III, 189–199; IV, 1169f.; VI, 538–541; VII, 501–504; VIII, 22f., 24–28.

Sunder, Friedrich, * 1245, † 1328, Kaplan im Dominikanerinnenkl. →Engeltal, verfaßte eine myst. mhd. Autobiographie in Form eines Gnadenlebens. Sie enthält neben Manifestationen seiner Marienfrömmigkeit Unionserlebnisse mit Jesus, Zeichen seiner Auserwählung, himml. Ehrungen, Süßigkeitsempfindungen u. ä., die S. (atypisch für die ma. Erlebnismystik) nicht unmittelbar als Visionen schaut, sondern in Form von Auditionen über seine Träume erfährt. Sie werden dann allerdings allegor. gedeutet. Wie seine Pastoral dürfte auch dieses Werk anregend für Christine →Ebner und Adelheid →Langmann gewesen sein, deren Offenbarungen manche Analogien zeigen (z. B. Thema der »Gnadenfrucht«)   P. Dinzelbacher

Ed. und Lit.: S. RINGLER, Viten- und Offenbarungslit. in Frauenkl. des MA, 1980 – P. DINZELBACHER, ZDA 111/Anzeiger 93, 1982, 63–71.

Sundgau. Das →Elsaß löste sich Mitte des 7. Jh. unter eigenen Hzg.en aus dem Hause der →Etichonen vom alam. Hzm. Es zerfiel nach dem Aussterben der Etichonen in zwei Gft.en, den Nordgau und den S. (seit dem 8. Jh. durch den n. von Colmar und St. Pilt verlaufenden Landgraben getrennt), und die Gf.engeschlechter wurden die vorherrschenden Gewalten im Elsaß. Dies waren im S. die Eberharde. Nachdem die Besitzungen Gf. →Guntrams 952 auf dem Hoftag Ottos I. in Augsburg eingezogen worden waren, erhielt 962 der burg. Hzg. Rudolf den Großteil des Gutes Guntrams. Die Führung im S. übernahmen die 970 erstmals erwähnten Gf.en v. Mömpelgard (→Montbéliard). Durch Teilung um 1100 und inneren Zwist wurde die Gf.enfamilie geschwächt, der ö. Zweig nannte sich bald nach seiner Burg Pfirt; seine Gft. →Pfirt setzte sich aus dem mömpelgard. Land im S des Elsaß und dem Egisheimer Erbe (→Dagsburg) zusammen. Neben ihm besaßen die →Habsburger schon zu Beginn des 11. Jh. einen ausgedehnten Besitz im oberen Elsaß (Habsburger Urbar). Mit dem Erwerb der Lgft. im Elsaß (1135) und der Gft. Pfirt (1324) wurde Habsburg zur bestimmenden Gewalt im S. Aus der Lichtenberger Fehde (1261/62) und den Auseinandersetzungen mit dem Bf. v. Basel (1268–73) gingen die Habsburger gestärkt hervor. Im Verlauf der nächsten Zeit konnten sie weitere Herrschaftsteile im S. erwerben, bis auf die Gft. Horburg-Reichenweier, die durch Kauf 1324 an die Gft. →Württemberg überging, und die Stadt →Mühlhausen. Über das straßburg. Rufach und die Abtei →Murbach erlangten sie später die wichtigen Vogteirechte. Kg. Rudolf faßte die habsbg. Gebietsteile im Elsaß zusammen und schuf ein einheitl. verwaltetes Territorium im Oberelsaß, das mehr als die Hälfte des Territorialbesitzes im ganzen Elsaß umfaßte. 'S.' wurde schnell die Bezeichnung für die elsäss. Lande des Hauses Habsburg. Der S. wurde seit 1250 von Ensisheim aus verwaltet. Im Vertrag v. →St-Omer (1469) verpfändete Ehzg. Siegmund v. Tirol u. a. den S., der in dieser Zeit von dem Landvogt Peter v. →Hagenbach verwaltet wurde, an Burgund. 1474 wurde die Pfandschaft mit Hilfe der →Niederen Vereinigung und eines Darlehens der Reichsstädte wieder an Österreich zurückgelöst. Damit war ein weiteres Vordringen Burgunds an den Oberrhein gebannt. Der Verkauf der gesamten vorderösterr. Lande, u. a. des S.es, durch den kinderlosen Hzg. Siegmund 1487 an den Hzg. v. Bayern scheiterte an dem Widerstand der Landstände und des Gesamthauses, Ks. Friedrichs und Kg. Maximilians I. Durch die Heirat Maximilians I. mit →Maria v. Burgund wurde der S. bedeutend als Brücke zw. Österreich und Burgund und dann bei dem ernsthaften Versuch Maximilians, ein einheitl. Schwaben in habsbg. Hand zu schaffen.   P.-J. Schuler

Lit.: →Elsaß – TH. MAYER, Hist.-polit. Kräfte im Oberrheingebiet im MA, ZGO NF 52, 1952, 1–24 – C. M. MÜLLER, Ma. Städte im Elsaß und im S., Alem. Jb., 1958 – P. STINTZI, Die habsbg. Güter im Elsaß (F. METZ, Vorderösterreich, II, 1959), 475–535 – W. BAUM, Die Habsburger in den Vorlanden 1386–1486, 1993.

Suñer, Gf. v. →Barcelona, →Gerona und Ausona 911–947, † 15. Okt. 95, ⊡ La Grasse, Sohn Gf. →Wifreds 'el Pelós', heiratete Richilde und übernahm 911 von seinem Bruder →Wifred II. Borell das Gf.enamt v. Barcelona; von seinen drei Söhnen folgten ihm →Borell II. und Miro I. in der Gft. Barcelona nach, wohingegen Ermengol v. Ausona auf einem Feldzug gegen →Sunifred II. v. →Cerdaña (943) fiel. Nach dem Tod seines 2. Bruders Miro II. v. Cerdaña-→Besalú (927) machte er dessen Gattin Ava erfolglos die Vormundschaft über die minderjährigen Kinder streitig. 934 gab er ein Drittel der Münze v. Gerona an die dortige Hochkirche. Auf wiederholten Kriegszügen gegen die Mauren (912, 914, 936/937) konnte er →Tortosa zu Tributzahlungen zwingen, deren zehnten Teil er 944 zur Errichtung eines Claustrums der Kirche v. Barcelona schenkte. Er gründete zusammen mit seiner Gattin das Kl. Sant Pere de les Puelles in Barcelona, schenkte Besitzungen an Abt →Caesarius v. →Montserrat zur Gründung von Santa Cecilia und zog sich schließlich 947 in das Kl. La Grasse zurück, wo er auch starb.

U. Vones-Liebenstein

Lit.: Diccionari d'Hist. de Catalunya, 1992, 1028f. [J. M. SALRACH] – Gran Enc. Cat. XIV, 1980, 74f. [DERS.] – R. D'ABADAL I DE VINYALS, Dels Visigots als Catalans, I, 1969, 338–346 – O. ENGELS, Schutzgedanke und Landesherrschaft im östl. Pyrenäenraum, 1970 – A. BENET I CLARA, El procès d'independència de Catalunya, 1988 – M. AURELL, Les noces du Comte. Mariage et pouvoir en Catalogne (785–1213), 1995.

Sunifred. 1. S. I., * um 800, † 848, Gf. v. →Cerdaña-→Urgel um 834–848, Gf. v. →Barcelona 844–848, Gf. v. →Narbonne, →Carcassonne, →Maguelone, →Béziers und →Nimes 844–848, Sohn Gf. Bellos v. Carcassonne, ⚭ Ermessenda (um 840, † 885/888), von der er fünf Söhne hatte: →Wifred 'el Pelós', Gf. v. Barcelona (878–897); Miro 'el Vell', Gf. v. Cerdaña, Conflent und Roussillon (870–896); Radulf, Gf. v. Besalú (878–920); Riculf und Sunifred. S. löste 834 im Auftrag →Ludwigs d. Fr. Galindo als Gf. v. Cerdaña-Urgel ab. 841/842 gelang es ihm, einen Feldzug der Mauren gegen Narbonne zu vereiteln. So setzte ihn →Karl d. K. nach dem Sturz des Gf.en →Bernhard v. Septimanien 844 in dessen Gft.en ein. Nur vier Jahre später sollte er im Kampf gegen Bernhards aufständ. Sohn Wilhelm fallen.　　　　U. Vones-Liebenstein

Lit.: Gran Enc. Cat. XIV, 1980, 71 [J. M. SALRACH] – R. D'ABADAL I DE VINYALS, La institucio comtal carolingia en la Pré-Catalunyà del segle IX, Anuario de Estudios Medievales 1, 1964, 29–75 – J. M. SALRACH, El procès de formació nacional de Catalunya (s. VIII–IX), Bd. II, 1978, 5–32 – R. D'ABADAL I DE VINYALS, Els primers comtes catalans, 1980³, 13–25 – M. AURELL, Les noces du Comte. Mariage et pouvoir en Catalogne (785–1213), 1995.

2. S. II., Gf. v. →Besalú 957–965, Gf. v. →Cerdaña, →Conflent, Bergueda 941–965, * um 915, † 965/968, ⌑ St-Michel de →Cuxa, Sohn Gf. Miros v. Cerdaña-Besalú und der Ava, die nach dem Tod ihres Gatten (927) während der Minderjährigkeit ihrer Söhne S., Wifred, →Oliba Cabreta und →Miro die Regentschaft führte (bis 938). Zu krieger. Verwicklungen mit dem Gf.enhaus v. →Barcelona kam es um den Besitz der Abtei →Sant Joan de les Abadesses. Nach der Ermordung seines Bruders Wifred II. fiel S. 957 mit einem Heer in die Gft. Besalú ein, ließ die Besitzungen der Aufständischen konfiszieren und übernahm dort die Herrschaft. Er förderte sein Hauskl. Cuxa durch zahlreiche Schenkungen, gründete Sant Pere de →Camprodon und erwirkte in Rom Privilegien für →Ripoll und La Grasse. Nach seinem kinderlosen Tod fielen die Gft.en an seine Brüder Oliba Cabreta und Miro.

　　　　　　　　　　　　　　　　　U. Vones-Liebenstein

Lit.: Diccionari d'Hist. de Catalunya, 1992, 1028 [M. COSTA I PARETAS] – Gran Enc. Cat. XIV, 1980, 70f. [J. M. SALRACH] – R. D'ABADAL I DE VINYALS, Com neix i com creix…, Analecta Montserratensia 8, 1954–55, 125–337.

Sunna, Sunniten → Islam, II

Sunniva, hl. (Fest: 8. Juli), soll eine ir. Kg.stochter gewesen sein, die vor einem heidn. Bewerber floh und zusammen mit Gefährten auf die norw. Insel →Selja strandete, dort den Hungertod erlitt, und deren Leichnam 996 unversehrt aufgefunden worden sein soll. Nachrichten über diesen frühesten Hl.nkult in Norwegen betreffen zunächst ausschließl. S.s Gefährten (→Adam v. Bremen, Scholion 145), während S. erst im 12. Jh., vielleicht unter dem Einfluß der Legende der hl. Äbt. Modwenna oder der hl. →Ursula, zur zentralen Gestalt der Hl.n v. Selja wurde. Nach der Translation ihrer Reliquien in den neuen Dom v. →Bergen (7. Sept. 1170) verbreitete sich die Verehrung S.s in Norwegen und den Nachbarländern.　　T. Nyberg

Q.: Acta sanctorum in Selio, hg. G. STORM, Mon. hist. Norvegiæ, 1880, 145–152, 283–289 – *Lit.:* Y. NIELSEN, De gamle Helligdomme paa Selja (Fschr. J. E. SARS, 1905), 164–181 – A. O. JOHNSEN, Når slo S.-kulten igjennom? Bjørgvin bispestol, Frå Selja til Bjørgvin, 1968,

40–68 – T. LUNDÉN, Bilder av de norska helgonen, Fornvännen 70, 1975, 178–183 – O. M. SELBERG, S. – namnet og helgenen, Årbok for Nordfjord 21, 1987, 84–100.

Süntel, Schlacht am (782). Die von →Karl d. Gr. auf dem Hoftag v. →Lippspringe geregelte herrschaftl. Erfassung →Sachsens führte im Sommer 782 zu einem erneuten Sachsenaufstand unter →Widukind. Ein zum Slavenkampf gesandtes frk. Heer unter den Legaten Adalgis, Geilo und Worad rückte von O, ein Aufgebot unter Gf. Dietrich von W gegen die Sachsen vor, die sich n. des Höhenzuges S. zum Kampf stellten: Ablauf (→Reichsannalen: frk. Sieg; Annales qui dicuntur Einhardi: Niederlage des Heeres der Legaten wegen Uneinigkeit und Nachlässigkeit der militär. Führer) und Ort (eher bei der Porta Westfalica als n. Hameln) sind wegen abweichender Quellenberichte nicht exakt zu klären. Die Folgen lassen die bisher schwersten Kämpfe der Sachsenkriege freilich als vollständigen sächs. Sieg bei schweren frk. Verlusten (zwei der drei Legaten, vier Gf.en, 20 nobiles und Gefolge) erscheinen, was dann die grausame Vergeltung Kg. Karls in →Verden nach sich zog.　　　B. Schneidmüller

Q.: Annales regni Francorum, ed. F. KURZE, MGH SRG (in us. schol.) 6, 1895, 58–63 – *Lit.:* S. ABEL–B. v. SIMSON, JDG K. d. Gr., I, 1888², 428–432 – M. LINTZEL, Ausgew. Schrr. I, 1961, 144–146, 155–157 – Die Eingliederung der Sachsen in das Frankenreich, hg. W. LAMMERS, 1970.

Super cathedram, Bulle Papst →Bonifatius' VIII. (18. Febr. 1300). Im Konflikt zw. Weltklerus und Bettelorden (→Franziskaner, →Dominikaner) regelte sie in klarer Rechtsabgrenzung die Frage der Privilegien der Mendikanten. So sollten diese in ihren eigenen Kirchen und Niederlassungen sowie auf öffentl. Plätzen ungehindert predigen dürfen, in Pfarrkirchen jedoch nur mit Erlaubnis des Pfarrers. Die Beichtvollmacht mußte vom zuständigen Bf. eingeholt werden. Die mit der Bulle verfügten, später auch auf die →Augustiner-Eremiten ausgedehnten Einschränkungen ihrer bisherigen Privilegien stießen bei den Mendikanten auf Ablehnung. Zwar konnte unter dem nachfolgenden Papst →Benedikt XI. aus dem Dominikanerorden die Aufhebung der Bulle erwirkt werden, doch setzte sie →Clemens V. wieder in Kraft.　　M. Heim

Q. und Lit.: Corpus iuris canonici, ed. Æ. FRIEDBERG, II, 1881 [1959], 1162–1164, 1273 – HKG III/2, 355, 683 – LThK³ II, 580 – SEPPELT IV, 49f. – PLÖCHL II, 286 – T. M. IZBICKI, The Problem of Canonical Portion in the Later MA: The Application of 'S. c.' (Proceedings of the 7th Internat. Congr. of Medieval Canon Law, 1988), 459–473.

Superior, Vorgesetzter von religiosen Gemeinschaften, der befugt ist, untergebene Ordensmitglieder zu leiten und zu beaufsichtigen. Die Verbandsbildung ehemals unabhängiger Kl. auf Grundlage der →Regula s. Benedicti ließ übergeordnete Führungsebenen entstehen: Der →Abt einer Gründungsabtei, von der eine monast. →Reform ausgegangen war, erhielt eine Vorrangstellung. Die zentralist. Verfassung der →Zisterzienser ist hierarch. gestuft: Als höchste Instanz wählen die Generalkapitel, zu denen alle Prov. vorsteher beigezogen werden, für eine gewisse Amtsdauer ein Oberhaupt. Diese Generale unterstehen direkt dem Papst und genießen die gleichen Privilegien wie Bf.e; die Ordensangelegenheiten beim Hl. Stuhl nehmen →Kard.protektoren wahr. Die Konstitutionen der →Dominikaner hatten repräsentative Organe geschaffen: Provinziale – in der Regel auf drei Jahre ernannt – haben Versammlungen zusammenzurufen, vorzustehen und Kapitelbeschlüsse dem Oberen zur Bestätigung vorzulegen. S.es maiores (u. a. General, Provinzial, Vikar von Kongregationen, Definitor für Distrikte, Kustos in Bezirken) führen persönl. oder durch Stellvertreter die →Visitation durch; S.es minores (Abt, Dekan, Propst, Prior,

Subprior, Guardian o. ä.) besitzen die unmittelbare Leitungsgewalt über die lokalen Häuser, unter Mitwirkung des Prokurators auch hinsichtl. der Vermögensverwaltung. In weibl. Verbänden wurde Oberin später zum Titel für eine antistita; diese Vorsteherin blieb jedoch der Oberaufsicht des örtl. Ordinarius unterstellt.　　　　A. Rüther

Lit.: DDC VII, 1114–DSAM VI, 644–699–ECatt XI, 1573f. –LThK² IX, 1190 – NCE XIII, 811f.

Supernova gehört wie Nova und →Kometen im MA zu den einzigen unvorhersehbaren kosm. Erscheinungen. Die S. wird von der Nova erst in der NZ aufgrund physikal. Merkmale unterschieden. Der Begriff Nova geht auf Plinius d. Ä., nat. hist. II, XXIV. 95, zurück; seine Erwähnung Hipparchs ist wesentl. wegen des Fehlens der Nova im →Almagest. Die Echtheit einer ma. S.-Beobachtung ist gesichert, wenn an der Himmelsposition heute ein Überrest festgestellt werden kann, was jedoch erhebl. von der Lage bezügl. der Milchstraße abhängt (gesichert für 1006 und 1054, fraglich 1181, abzulehnen 1069). Die S. von 1006 (südl. des Skorpions) wird in vielen chines. und arab. Q. sowie in den Aufzeichnungen der Kl. Benevent, Lobbes, Mousson und St. Gallen (»in intimis finibus austri«) erwähnt, die S. von 1054 (im Stier) dagegen von acht chines. und einer arab. Q.　　　　K. Locher

Lit.: N. A. PORTER, The Nova of A. D. 1006 in European and Arab Records, JHA 5, 1974, 99–104 – D. H. CLARK–F. R. STEPHENSON, The Historical S.ae, 1977 – K. BRECHER, E. LIEBER, A. E. LIEBER, A Near-Eastern Sighting of the S. Explosion of 1054, Nature 273, 1978, 728–730 – U. DALL'OLMO, Lat. Terminology Relating to Aurorae, Comets, Meteors and Novas, JHA 11, 1980, 10–27 – L. PEARCE WILLIAMS, The S. of 1054: A Medieval Mystery (The Analytic Spirit, ed. H. WOOLF. Essays in the Hist. of Science in Hon. H. GUERLAC, 1981), 329–349.

Superpelliceum → Kleidung, II

Supersaxo, Adelsgeschlecht des →Wallis, bekannteste unter mehreren Familien, die sich nach dem im Oberwallis häufigen Toponym S. ('Auf der Flue') nannten. Die S. sind seit dem 14. Jh. im Weiler Z'Brigg ('apud Brügk, super saxo', 1549) in der heut. Gemeinde Ernen belegt. *Walter* S. († 1482), Sohn von *Nikolaus* und seiner Gemahlin Anthonia, ist seit 1436 als Kapellan in →Sitten (Sion) bezeugt, 1442 Pfarrer in Ernen, 1443 Kanoniker in Sitten, seit 1457 Bf. Zur Wiederherstellung des alten bfl. Herrschaftsbereiches ('patrimonium S. Theoduli') knüpfte er im Rahmen der Burgunderkriege ein Netz von Allianzen und konnte, mit Hilfe →Berns und der →Eidgenossen, die Macht →Savoyens bis Massongex (bei St-Maurice) zurückdrängen. Sein natürl. Sohn *Jörg* (Georg) (* um 1450, † März 1529 in Vevey), ein geschickter, humanistisch gebildeter Diplomat, zugleich aber auch kraftvoller »Volkstribun« und Condottiere, war seit 1494 Sekretär unter Bf. Jost v. Silenen, trug zu dessen Ausschaltung bei, betrieb die Wahl eines Übergangsprälaten, Nikolaus Schiner (1496–99), um endlich die Bf.swahl des von ihm geförderten Matthäus →Schiner (1499) zu begünstigen. Im Hinblick auf die Italienkriege unterstützte S. zunächst die kaisertreue Politik des Bf.s, wandte sich aber, wohl um persönl. Vorteile willen, dem Kg. v. →Frankreich zu und wurde als Führer der frankreichfreundl. Partei zum erbitterten Gegner Schiners, den er nach wechselvollen polit., jurist. und militär. Auseinandersetzungen 1516 aus dem Lande drängte. Doch wurde auch S. kurz vor seinem Tode exiliert.　　　　F.-O. Dubuis/A. Lugon

Lit.: H.-A. v. ROTEN, Zur Gesch. der Familie S., Vallesia 29, 1974, 1–29–F.-O. DUBUIS–A. LUGON, Essai de topographie sédunoise, ebd. 41, 1986, 309–348 – s.a. Lit. zu →Schiner [A. BÜCHI, 1923–37].

Supplik → Originalsupplik

Supplikenregister → Papstregister

Süpplingenburg, Burg und Stift nw. Helmstedt (Niedersachsen). Als Zubenennung für →Lothar III. zu 1106 von den Hildesheimer Annalen (→Hildesheim) und vom Annalista Saxo (→Arnold, Abt v. Berge) erstmals erwähnt (»de Supelingeburg/comes de Suplingeburch«), war die Niederungsburg S. davor wohl Besitz von Lothars väterl. Vorfahren oder der Gf.en v. →Haldensleben, von denen Lothars Mutter Hedwig v. →Formbach abstammte. Wahrscheinl. der Ks. stiftete in S. ein 1150 bezeugtes Kollegiatstift, das 1245 als Templerkomturei erscheint; seit 1357 Johanniterkommende.　　　　W. Petke

Q. und Lit.: RI IV, 1, 1, neubearb. W. PETKE, 1994, Nr. 1, 6 – K. HECHT, Ein Beitr. zur Baugesch. der Stiftskirche in S., Niedersächs. Denkmalpflege 9, 1978, 21–66 – G. STREICH, Burg und Kirche während des dt. MA, II (VuF Sonderbd. 29/II, 1984), 545f. – W. PETKE, Kanzlei, Kapelle und kgl. Kurie unter Lothar III., 1985, 85f. – G. STREICH, Kl., Stifte und Kommenden in Niedersachsen vor der Reformation, 1986, 122f.

Supponiden, nach salfrk. Recht lebendes Adelsgeschlecht, dessen Angehörige im 9. und in der 1. Hälfte des 10. Jh. zeitw. die Gft.en →Brescia, →Parma, →Piacenza, →Modena, →Bergamo und das Hzm. →Spoleto verwalteten, vornehml. im Gebiet um Parma reich begütert waren und engste Kontakte zu Kg.en und Ks.n unterhielten. Die Grundlagen hierfür legte Gf. Suppo (I.) v. Brescia, der 814 als Pfgf. fungierte, 817 die Konspiration Kg. →Bernhards gegen Ks. Ludwig d. Fr. aufdeckte und 822–824 Hzg. v. Spoleto war. Über seine mutmaßl. Söhne Gf. Mauring v. Brescia († 824 als designierter Hzg. v. Spoleto) und Gf. Adalgis (I.) v. Parma († nach 861) pflanzte sich das Geschlecht fort; einerseits im Pfgf. Maurinus († um 850) und im archiminister und consiliarius Ks. Ludwigs II. Suppo (III., † 878/879 nach Verlust des Hzm.s Spoleto), der eine Schwester Mgf. →Eberhards v. Friaul geehelicht hatte, und andererseits in den in Oberitalien tätigen Gf.en Suppo (II.), Egifred und Arding und ihrer Schwester, der Ksn. →Angilberga, wobei Suppo (II.) wiederum die als tapfere Helfer Kg. →Berengars I. im Kampf gegen seinen Rivalen →Wido gepriesenen Gf.en Adalgis (II.), Wifred und Boso, den Bf. und Kanzler Berengars I. Arding v. Brescia sowie Bertilla (1. Gemahlin Berengars I.) zu Kindern hatte. Seit der Mitte des 10. Jh. verlieren sich die sicheren Spuren dieses Geschlechts. – Daß bereits Kunigunde, die Gemahlin Kg. Bernhards v. Italien († 818), den S. zugehörte, wurde erwogen, bleibt aber ebenso unsicher wie eine frühe Verbindung mit den →Otbertinern oder die Zuweisung Hildegards, Gemahlin Gf. Adalbert/Attos v. →Canossa, zu dieser Familie.　　　　E. Hlawitschka

Lit.: I. MALAGUZZI VALERI, I Supponidi, 1894 – B. BAUDI DI VESME, Dai Supponidi agli Obertenghi, BSBS 22, 1920, 201–242 – S. PIVANO, Il testamento e la famiglia dell'imperatrice Angelberga, ASL 49, 1922, 263–294 – DERS., Le famiglie comitali di Parma, Arch. stor. per le prov. Parmensi NS 22 bis, 1922, 501–525 – E. HLAWITSCHKA, Franken, Alemannen, Bayern und Burgunder in Oberitalien (774–962), 1960, bes. 299–309 – J. FISCHER, Kgtm., Adel und Kirche im Kgr. Italien (774–875) [Diss. Tübingen 1965], 205ff. – R. SCHUMANN, Authority and the Commune, Parma 833–1133, 1973, 34ff., 56ff., 399f.

Supposition → Logik, III

Supralibros (Super-Exlibris), eine Sonderform des →Exlibris, die zu Beginn des 16. Jh. in Frankreich aufkam, wo sie u.a. auf Büchern von Kg. Franz I. (1494–1547) angebracht wurde. Die Besitzhinweise (Wappen, Bildnisse, Schriftzeilen) wurden mit Platten auf der Vorderseite des Einbands, mitunter auch auf der Rückseite, eingeprägt und vergoldet. Damit war der Typus des »Fürsteneinbandes« geschaffen, der bei den Büchern des Kfs.en Ottheinrich v. der Pfalz (1502–59) zur höchsten Vollendung gelangte. Solche S. können auch den Schenker eines Buches bezeichnen.   S. Corsten

Bibliogr.: F.-A. SCHMIDT-KÜNSEMÜLLER, Bibliogr. zur Gesch. der Einbandkunst von den Anfängen bis 1985, 1987, 88–95 u.ö. – *Lit.:* HBW I, 828 – E. MITTLER–W. WERNER, Mit der Zeit, 1986, 19–22.

Suprasl'. Um 1498 gründete der Wojewode v. →Novogrudok, Alexander Chodkevič, ein hoher Würdenträger im Großfsm. →Litauen, mit Unterstützung des Bf.s v. →Smolensk, des späteren Metropoliten v. Kiev, Iosif Soltan, ein orth. Kl. der Verkündigung Mariä in Gorodok in der Gegend v. Białystok. 1500 wurde das Kl. auf Wunsch der Brüder in das nahe gelegene S. verlegt. Die ersten Mönche stammten vom →Athos sowie aus dem Kiever Höhlenkl. (→Kiev, C). Diese Gründung entstand im Zuge der orth. Abwehr der von Polen und Litauen betriebenen Katholisierung des Gebietes. Das Kl. wurde zu einem Zentrum des orth. geistigen Lebens (S. er Chronik, PSRL 35, 1980; im 18. Jh. Einrichtung einer Drukkerei).

In die Kl.bibliothek gelangte über die Verbindung zum Athos, d.h. in der ersten Phase der Klostergesch., eine der ältesten altbulg. Hss. (11. Jh.), der sog. Codex Suprasliensis, ein Homiliar für den Monat März, die Kar- und die Osterwoche. Der durch den Kopisten Retko angefertigte Codex (Vorlage in der Schule v. →Preslav im 9. Jh. übers.) ist lückenhaft und zerstückelt erhalten (Ljubljana, Warschau, St.Petersburg).   Ch. Hannick

Lit.: Archeografičeskij sbornik dokumentov otnosjaščichsja k istorii Severo-Zapadnoj Rusi, 1870, Nr. 115f. – Ènciklopedičeskij slovar' Brockhaus-Efron IV, 1891, 45 – L. I. DENISOV, Pravoslavnye monastyri rossijskoj imperii, 1908, 209f. – SłowStarSłow V, 1975, 483 – A. I. ROGOV, S. kak odin iz centrov kul'turnych svjazej Belorussii s drugimi slavjanskimi stranami (Slavjane v èpochu feodalizma, 1978) – Suprasülski ili Retkov sbornik, ed. J. ZAIMOV–M. CAPALDO, 1983 – K. M. KUEV, Sŭdbata na starobŭlgarskata rŭkopisna kniga prez vekovete, 1986, 195–199 – M. HAJDUK, Sanktuarium nad Suprašlą, Slavia Orientalis 38, 1989, 511–536.

Surienne, François de ('l'Aragonais'), Abenteurer und anglobur. Heerführer, *um 1398, †8. April 1462. S., der wohl einer (unbekannten) aragon. Adelsfamilie entstammte, kämpfte 1421–35 im Dienst Hzg. →Philipps des Guten v. Burgund als enger Gefolgsmann von Perrinet Gressart, dessen Nichte er 1426 heiratete. 1435 lehnte er es ab, den Frieden v. →Arras zu beschwören, und diente fortan der engl. Partei. Zw. 1435 und 1437 zum Ritter gekürt, wurde er zum Rat →Heinrichs VI. und Ritter des →Hosenbandordens (1447) ernannt. 1449 nahm er unter Mißachtung des frz.-engl. Waffenstillstandes die Festung →Fougères in der →Bretagne ein und machte legendäre Beute. Die Rückeroberung der →Normandie durch →Karl VII. v. Frankreich trieb ihn wieder in die Arme seiner alten burg. Waffenbrüder. Er bekleidete als *Gouverneur* von →Antoine, Großbastard v. Burgund, als *Maître de l'Artillerie* und *Bailli de la Montagne* hohe burg. Ämter; seine großen Kenntnisse des Festungswesens wurden auch von der Stadt →Dijon genutzt. Ztw. suchte Hzg. Johann v. →Alençon bei seiner Konspiration mit England die Hilfe S.s. Bei seiner Thronbesteigung war daher →Ludwig XI. v. Frankreich klug darauf bedacht, den erfolgreichen Kriegsmann durch Gunsterweise an sich zu binden. Der 1462 verstorbene S. hinterließ seinen Erben die Seigneurien Pisy und Châtel-Gérard in Burgund.

                                                    Ph. Contamine

Lit.: A. BOSSUAT, Perrinet Gressart et S., agents de l'Angleterre, 1936 – J. RICHARD, Quelques idées de S. sur la défense des villes (1461), Annales de Bourgogne 1944, 36–43.

Surrey, Earldom of, 1088 für Wilhelm de →Warenne († 1088) geschaffen. Nach seinem Beinamen wurden er und seine Nachkommen im Earldom allg. als Earls de Warenne bezeichnet. Sie hatten umfangreiche Besitzungen in Sussex, im s. Yorkshire und in Norfolk, zusammen mit Burg und →*honour* of Reigate in S. Wilhelms Enkel, Earl William III. (* um 1119), starb 1148 ohne einen männl. Erben, und das Earldom gelangte nacheinander an die beiden Ehemänner von Williams Tochter Isabel († 1203). Ihr Sohn von ihrem zweiten Ehemann, Earl William IV. († 1240), nahm den Beinamen »de Warenne« an, und das Earldom ging nun über an seine Linie bis zum Tod seines Urenkels John, Earl of S., 1347. Earl John starb ohne Nachkommen, aber seine Schwester Alice heiratete Edmund, Earl of Arundel († 1326), und ihr Sohn Richard, Earl of Arundel († 1376), erbte Titel und Wappen des Earl of S. sowie viele der Warenne-Besitzungen, die er in seine eigenen Lehnsbesitzungen einverleibte. Das Earldom of S. verblieb (ausgenommen 1397–99) in der Familie der →FitzAlan, Earls of Arundel, bis zum Tod des Earl Thomas 1415, als es an die Krone fiel. Thomas' Vater Richard II., Earl of Arundel, verwirkte seine Ländereien und Titel 1397 wegen seiner polit. Opposition zu Kg. Richard II. 1387–88, und der Titel des Duke of S. wurde an Thomas →Holland, Earl of Kent, verliehen. Holland verlor sein Dukedom nach der Thronbesteigung Heinrichs IV. 1399 und wurde wegen seiner Teilnahme an der Rebellion im Jan. 1400 hingerichtet. Den größten Teil des Erbes der Arundel und S. erwarb schließlich John →Mowbray, Duke of Norfolk († 1476), für den der Titel des Earl of S. 1451 wiederbelebt wurde. Das Earldom wurde für Thomas Howard, Duke of Norfolk, 1483 erneuert, und in der Folgezeit blieb es Teil der honours der Howard-Familie.   A. Tuck

Lit.: M. PRESTWICH, Edward I, 1988 – W. M. ORMROD, The Reign of Edward III, 1990.

Susa, oberit. Stadt (Piemont). Der älteste Siedlungskern, das röm. Segusio, am Fuß der Alpenpässe des Montgenèvre und des Mont Cenis gelegen, bildete sich zw. dem 1. Jh. v. Chr. und dem 2. Jh. n. Chr. (ein aus dem 3. Jh. stammender Mauerring ist teilweise erhalten). In den ersten Jahrzehnten des 6. Jh. wurde S. der Mittelpunkt eines sich auf beide Alpenhänge erstreckenden multiethnischen Herrschaftsgebietes unter dem Goten Sisiges. Im FrühMA war S. bereits Sitz einer Taufkirche (S. Maria), die ein sehr ausgedehntes Gebiet umfaßte und einen Zankapfel zw. den Diözesen →Turin und St-Jean-de- →Maurienne bildete, wurde jedoch erst 1772 zum Bm. erhoben. Seit der Mitte des 10. Jh. unterstand S. der Herrschaft der Mgf.en v. →Turin (Arduinische Dynastie), die ein bedeutendes Kastell errichteten. 1029 gründete Mgf. Olderico Manfredi in S. das benediktin. Eigenkloster S. Giusto, dessen Kirche in der NZ zur Kathedrale wurde. Andere ma. religiöse Einrichtungen waren ein Hospital der Antoniter (1188), eine Niederlassung der Johanniter (1173), eine »mansio« der Templer (1185) und ein Minoritenkonvent (1250). Ende des 11. Jh. kam S. unter die Herrschaft der Gf.en v. →Savoyen, die S. zur »Kastellanei erhoben und darauf bedacht waren, daß der »Kastellan« stets ein Vertrauensmann war. 1168 machte Ks. Friedrich I. auf seinem Rückzug aus Italien in S. Halt, wurde jedoch von einem Aufstand der Einwohner zur Flucht gezwungen. 1174 verwüstete er aus Rache die Stadt und verschonte nur das Kastell des Gf.en Humbert III. Inzwischen hatte sich die →Kommune konstituiert: bereits 1148 kam es zu einer »concordia« zw. Gf. Amadeus III. und den Einwohnern von S. Dieser Vertrag bildete die Basis der Statuten, die Gf. Thomas I. 1198 der Stadt gewährte; sie wurden 1233 durch die Konzession der »libertas« durch Amadeus IV. vervollständigt. Seit dieser Zeit entwickelten die cives eine rege Handelstätigkeit, und S. Giusto konstituierte sich als lokale Signorie innerhalb des Herrschaftsgebiets der Savoyer.   G. Sergi

Lit.: G. SERGI, Potere e territorio lungo la strada di Francia, 1981, 95ff., 188ff. – E. und L. PATRIA, Castelli e fortezze della valle di Susa, 1983 – S. SAVI, La catt. di S. Giusto e le chiese romane della diocesi di S., 1992 – G. SERGI, I confini del potere, 1995, 56–141, 344–356.

Susanna. Im deuterokanon. Zusatz des Kap. 13 zum atl. Buch Daniel (Entstehungsgesch.: LThK³ III, 10f.) findet sich die Erzählung von der keuschen S. in Babylon. Sie widersteht zwei ʿÄltesten' beim Bade im Garten und wird von diesen als Rache wegen Unzucht angeklagt. Daniel überführt die Ankläger, S. wird vor dem Tode gerettet, die Ältesten werden gesteinigt. In der patrist. Lit. seit dem 3. Jh. sind die Erwähnungen S.s nicht sehr zahlreich, wozu beigetragen haben mag, daß die bibl. Authentizität des Textes angezweifelt wurde (DASSMANN, 270). Im Danielkomm. Hippolyts (frühes 3. Jh.) wird der Gegensatz zw. den Ältesten und S. als Bild für die Auseinandersetzung zw. Heiden und Christen interpretiert; das Bad der S. erinnert an die Taufe, ihre durch Standhaftigkeit verdiente Rettung ist Hoffnungsbild der Christen. Auch in den patrist. Q. des 4. Jh. ist S. v. a. Rettungsbeispiel. So wurde S. zw. den Ältesten oder mit Daniel seit dem 3. Jh. in der Katakombenmalerei neben anderen Rettungsexempla dargestellt. Das allegor. Bild eines Schafes zw. zwei Löwen mit Beischriften in der Praetextatkatakombe ist einmalig. In den Reliefs röm. Sarkophage des 4. Jh. sind mehrfach vielszenige Zyklen bis zur Steinigung der Ältesten zu finden. Vereinzelte S.-Bilder auch auf →Goldglas, in den Elfenbeinreliefs des Kastens in Brescia, im verlorenen Kuppeldekor von S. Costanza. Singulär der Bergkristall des inschriftl. gen. Frankenkg.s Lothar mit acht S.-Szenen und lat. Beischriften aus Dan 13 in London (9. Jh.). Die Beziehung des Themas zur Rehabilitierung der verstoßenen Frau Lothars II. i. J. 865 ist unsicher. Im MA (nur im W) v. a. zykl. Darstellungen in Bibelillustrationen: →Daniel. Während zuvor S. fast immer bekleidet dargestellt wurde, belegen seit dem 16. Jh. zahlreiche Einzelbilder der S. im Bade das gewachsene Interesse an Aktdarstellungen. In der ma. Lit. wird S. ebenfalls thematisiert; z. B. gibt es ein alliterierendes me. Gedicht aus dem 14. Jh. mit dem Titel »Susannah« oder auch »The Pistel of Swete Susan«.   J. Engemann

Lit.: LCI I, 469–473; IV, 228–231 – H. SCHLOSSER, Die Daniel-S.-Erzählung in Bild und Lit. der chr. Frühzeit (Tortulae, hg. W. N. SCHUMACHER, 1966) – H. WENTZEL, Der Bergkristall mit der Gesch. der S., Pantheon 28, 1970, 365–372 – E. DASSMANN, Sündenvergebung durch Taufe, Buße und Märtyrerfürbitte..., 1973.

Susceptacula regum, mit Gesang versehene Begrüßungsgedichte für den feierl. Empfang von Herrschern und Angehörigen der Herrscherfamilie in einem Kl. Auch für Einzüge von Herrschern und Bf.en in Bf.sstädten wurden Empfangsgedichte verfaßt. Der Begriff – schwerlich ein Terminus technicus – ist nur bei →Ekkehard IV. v. St. Gallen bezeugt, der unter den Werken →Notkers II. »quedam s. r.« anführt (Casus s. Galli c. 123). Die Dichtungen orientierten sich formal und inhaltl. am liturg. Zeremoniell (Prozessionsgesang, Hymnen). Den Inhalt pflegten v. a. Herrscherlob, Gebet und Segenswünsche für den Gast sowie Ermahnungen an ihn zu bilden. Die erhaltenen Texte stammen aus karol. und otton. Zeit; das Genus wurde insbes. in →St. Gallen gepflegt. Manche S.

sind anonym überliefert; andere stammen von Dichtern wie →Walahfrid (für Karl d. Kahlen und Lothar I.), →Notker I., →Ratpert und →Froumund. Z.T. ist die Datierung schwierig, die Zuordnung zu bestimmten Herrschern und Aufenthalten zweifelhaft.   J. Prelog

Lit.: W. BULST, S. r. (Corona quernea [Festgabe K. STRECKER, 1941]), 97–135 – F. BITTNER, Stud. zum Herrscherlob in der mlat. Dichtung, 1962, 133–135 – P. STOTZ, Ardua spes mundi, 1972, 90–113 – P. WILLMES, Der Herrscher-'Adventus' im Kl. des FrühMA, 1976.

Suso, Heinrich → Seuse, Heinrich

Suspension, Amtsenthebung, untersagt die Ausübung der mit einem Amt verbundenen Rechte und Aufgaben, wobei Umfang und Dauer durch Gesetz oder Strafgebot, durch Urteil oder Strafverfügung festgelegt werden können. Hist. ist sie von der härteren →Deposition und →Degradation zu unterscheiden, weil sie dem Geistlichen Kirchenamt und Zugehörigkeit zum Klerus beließ. Schon früh (Can. apost. 15; Nov. 123 c. 1. 2. 10) gab es die S. vom geistl. Amt im Sinne der Enthebung von allen Amtsfunktionen (relative →Ordination). Sie wurde sowohl als Besserungs- als auch als Sühnestrafe (seit dem 8. Jh. auch als Tatstrafe) verhängt. Das Aufkommen der absoluten →Ordination und die Ausbildung und Erweiterung des →Interdikts bewirkten seit dem 12. Jh., daß die S. auf die strafweise Amtsenthebung eingeengt wurde. Erst dadurch wurde sie zu einer reinen Klerikerstrafe. Die seit dem Ende des 11. Jh. eingeführte S. ab officio et beneficio bildete durch den Verlust des Einkünfte zunächst eine Verschärfung der S. ab officio (X 2. 21. 2; X 5. 19.7), seit der Mitte der 12. Jh. ist sie eine eigene Form der S. (X 1. 6. 7, § 3). Die S. ab ordine bewirkte die strafweise Hemmung der Befugnis zur Ausübung von Weihehandlungen und kam erst gegen Ende des 12. Jh. mit der absoluten Ordination auf (X 5. 8. 1). Es gab auch partielle S.en, wie die des Pfarrbesetzungsrechtes oder der Hemmung der Ordinationsbefugnis eines Bf.s. Die S. ex informata conscientia erfolgte durch den eigenen Ordinarius bei geheimen Vergehen ohne Verfahren und Rechtsschutzgarantie.   R. Puza

Lit.: DDC VII, 1118ff. – LThK² IX, 1197f. – PLÖCHL II, 345f. – FEINE, 437f. – F. X. WERNZ, Ius decretalium, VI, 1913, nn. 200–216 – TH. GOTTLOB, Die S. ex informata conscientia, 1939 – F. W. KRENZOW, Die S. ex informata conscientia, ÖAKR 11, 1960, 189ff. – R. PAHUD DE MORTANGES, Zw. Vergebung und Vergeltung, 1992, 88.

Sussex, ags. Kgr. und Gft., an der s. Küste Englands, zw. den Gft.en Hampshire und Kent. Die stark bewaldeten Lehmböden im N der Gft. (»Weald«) bildeten im MA eine bedeutende Schranke und zeigten einen größeren Einfluß auf die Wirtschaft und die landwirtschaftl. Entwicklung der Gft. (shire). Zw. dem »Weald« und der flachen Küstenebene lag das Gebiet des Kreidehochlands (»Downs«). Die geogr. Ausdehnung der ags. Provinz der Südsachsen stimmte weitgehend mit der der röm. civitas Regni mit →Chichester als Hauptort überein, die sich jedoch weiter nach W erstreckt haben könnte. Eine germ. Besiedlung begann in der Provinz im 5. Jh. n. Chr. und konzentrierte sich auf das landwirtschaftl. reiche Gebiet am Fuße der »Downs«. Als traditionelles Gründungsdatum des südsächs. Kgr.es gilt 477, als – nach der Ags. →Chronik – →Ælle und seine drei Söhne mit drei Schiffen in dem nicht identifizierbaren »Cymenesora« landeten. Dieser Bericht weist viele Merkmale auf, die für ags. Gründungslegenden typ. sind; weder er noch die mit ihm verknüpften Daten können buchstäbl. Genauigkeit beanspruchen. Da keine südsächs. Genealogien erhalten geblieben sind, können keine definitiven Verbindungen zw. Ælle und seinen Söhnen und den verschiedenen südsächs. Kg.en, die im 7. und 8. Jh. belegt sind, bewiesen werden. Uns ist wenig über das Wesen des südsächs. Kgtm.s bekannt, aber eine gemeinsame Herrschaft scheint üblich gewesen zu sein. Obwohl Ælle in →Bedas »Historia ecclesiastica« als außerordentl. mächtiger Kg. dargestellt wird und die Südsachsen mit einer Besteuerungsgrundlage von 7000 Hufen im →Tribal Hidage einen größeren Verband bildeten, war das Kgr. im 7. und 8. Jh. allg. unter der Oberhoheit entweder von Mercien oder Wessex. Die Bekehrung zum Christentum wurde von rivalisierenden Oberherren im späten 7. Jh. mit Nachdruck betrieben und unter der Leitung des aus Northumbrien verbannten Bf.s →Wilfrid durchgeführt, der um 681 von Kg. Æthelwalh der Südsachsen zum ersten Bf. v. Selsey ernannt wurde. Die letzten Hinweise auf Kg.e der Südsachsen erscheinen während der Oberherrschaft →Offas v. Mercien, der die Provinz wohl während der späten 80er Jahre des 8. Jh. einverleibt hatte. Als Kg. →Egbert v. Wessex die Mercier 825 entscheidend schlug, gelangten die Südsachsen unter westsächs. Kontrolle, und die Provinz blieb bis zur norm. Eroberung eine westsächs. Gft. (shire). Obwohl die Hauptgrenzen v. S. durch die norm. Übernahme nicht verändert wurden, gab es eine gewisse Anzahl von internen Umorganisationen, die sich auf die *rapes* auswirkten, die fünf wichtigsten Untereinheiten der Verwaltung (analog zu den →*lathes* in Kent). Der Bf.ssitz wurde von Selsey nach Chichester verlegt. Die einzige andere Stadt in vergleichbarer Größe war 1086 →Lewes im O der Gft. →England, A.   B. Yorke

Lit.: The South Saxons, hg. P. BRANDON, 1978.

Sussex, Earldom of → Arundel

Süßholz (Glycyrrhiza glabra L./Leguminosae). Die aus dem östl. Mittelmeerraum, dem Nahen Osten und Zentralasien stammende Staude wurde bes. in Spanien, in Südfrankreich und Unteritalien, dann auch in England erst seit dem 13. bzw. 14. Jh. in größerem Umfang angebaut; in Deutschland bildete ab dem 15. Jh. die Gegend um Bamberg das Zentrum einer ausgedehnten S.-Kultur, deren – vielleicht schon wesentl. frühere – Entstehung die Legende mit der Ksn. →Kunigunde in Verbindung brachte. Verwendung fand die wegen ihres süßen Geschmacks seit alters geschätzte Wurzel wie der daraus gewonnene eingedickte Saft der Pflanze, die im MA hauptsächl. unter dem – von gr. glycyrrhiza (Dioskurides, Mat. med. III, 5; Plinius, Nat. hist. XXII, 24–26) abgeleiteten – mlat. Namen *liquiricia* u. ä (daraus 'Lakritze') bekannt war (Alphita, ed. MOWAT, 99 und 76 [*glicoricia*]). Den wohl ältesten mitteleurop. Beleg dafür bietet Hildegard v. Bingen (Phys. I, 19), die das *liquiricium* u. a. als Heiserkeit behebendes, Augen klärendes und Verdauung förderndes Mittel empfahl. Nur kurz erwähnt hingegen Konrad v. Megenberg (II, 24; IVB, 28; V, 61) das *suezholz* bzw. *Lekritzen*-Pulver und -Saft. Ansonsten setzte man – größtenteils antiker Tradition folgend – das als durststillend geltende S. (Albertus Magnus, De veget. VI, 126) auch bei Brust- und Lungenleiden, Husten, Blasen- und Nierenbeschwerden sowie Magengeschwüren ein (Circa instans, ed. WÖLFEL, 65; Gart, Kap. 224).   P. Dilg

Lit.: MARZELL II, 724–727 – M. PUTSCHER, Das S. und seine Gesch. [Diss. Köln 1968] – H. KÜSTER, Wo der Pfeffer wächst. Ein Lex. zur Kulturgesch. der Gewürze, 1987, 252–255.

Süßkind v. Trimberg, mutmaßl. Verf. eines schmalen Œuvres von zwölf Sangspruchstrophen in sechs Tönen aus dem 3. (möglicherweise schon 2.) Drittel des 13. Jh. Zur mitteldt. Sprache paßt die Herkunftsbezeichnung »von Trimberg«, die nach Unterfranken weist. In seinen Texten thematisiert S. aus dem gängigen Spektrum der →Spruchdichtung Tugendlehre, Gotteslob, Memento mori, Armutsklage und Sozialethik. Bes. Aufmerksamkeit wurde ihm zuteil aufgrund seines in einer Spruchstrophe (V, 2) exponierten Judentums, das zudem in Überschrift (»Sûskint der Jvde von Trimperg«) und Bild des einzigen Überlieferungszeugen, der Großen Heidelberger →Liederhs., sichtbar wird. Er hat als präsumtiver erster jüd. Autor der dt. Literaturgesch. die wiss. und lit. Rezeption stimuliert. Allerdings hat die poet. Stilisierung als Jude auch Zweifel an der Authentizität seines Judentums aufkommen lassen. Ebenfalls muß mit der Möglichkeit gerechnet werden, daß nur die Töne auf S. zurückgehen.   K. Kellermann

Ed.: Dt. Liederdichter des 13. Jh., ed. C. v. KRAUS, 1978², I, 421–425 – *Lit.:* Verf.-Lex.² IX, 548–552 [B. WACHINGER; Lit.] – P. WAPNEWSKI, Ein Fremder im Königl. Liederbuch (Kontroversen, alte und neue. Akten des VII. Internat. Germanisten-Kongresses, 1985, hg. A. SCHÖNE, I, 1986), 111–125 – E. WENZEL, S. v. T.: »Wâhebûf und Nichtenvint« (Gedichte und Interpretationen. MA, hg. H. TERVOOREN, 1993), 284–298.

Sutherland, Earldom of. Das »Südland« von →Caithness erstreckte sich von der n. und nw. Küste Schottlands bis nach Dornoch an der Küste des Moray Firth. Dieses Gebiet, das im MA weitgehend gäl.sprachig war, muß eine bedeutende skand. (norw.) Besiedlung, wahrscheinl. im 9. und frühen 10 Jh., in bestimmten Küstenregionen im NW und SO erfahren haben. Bis zum Ende des 12. Jh. wurde Schottland als ein wesentl. Bestandteil von Caithness betrachtet, und im 13. Jh. erfolgte die Gründung der Stadt Dornoch als Sitz der Diöz. Caithness mit einer kleinen Kathedrale, die teilweise erhalten ist. Seit der Regierung Alexanders II. wurde S. als selbständiges Earldom anerkannt. Die ersten Earls waren Nachkommen eines militär. Abenteurers fläm. Herkunft, der sich in dem Gebiet des Moray Firth um 1150 angesiedelt hatte. Diese Familie folgte bis 1514 vom Vater auf den Sohn, dann ging das Earldom durch Heirat auf den Familienzweig der Gordons über. Die wichtigste gäl. Familie in S. waren die Mackays, über die aus dem MA wenig bekannt ist.   G. W. S. Barrow

Q. und Lit.: Origines Parochiales Scotiae, II, 2, ed. C. INNES, 1855 – S. and the Reay Country, ed. A. GUNN–J. MACKAY, 1897.

Sutri, Stadt im nördl. Latium (Mittelitalien), etrusk. Gründung, zw. 391 und 380 v. Chr. von den Römern eingenommen, seit augusteischer Zeit Kolonie (Colonia Julia Sutrina). Seit dem 5. Jh. ist ein Bf. bezeugt. 592 von den →Langobarden erobert, kehrte S. 594 wieder für ca. 130 Jahre unter die Kontrolle von Byzanz zurück. 728 wurde die Stadt von →Liutprand eingenommen, der sie sogleich an die Kirche, nicht an den legitimen Besitzer, d.h. das Byz. Reich, restituierte. Traditionell sah man darin das erste Zeichen der Anerkennung der polit. päpstl. Autorität im ehem. byz. Dukat Rom. Diese Interpretation wurde zur Diskussion gestellt, indem man die »Restitutio« als Akt zugunsten der »privaten« Patrimonia der Kirche ansah. Jedenfalls bedeutete diese »Restitutio« zumindest einen grundlegenden Wechsel der rechtl. Zugehörigkeit von S., da keine Belege vorhanden sind, daß S. bereits früher zu den privaten Gütern der Kirche gehörte. Nach 774 war S. fester Bestandteil des Territoriums, über das die Päpste ihre polit. Herrschaft ausübten (→Patrimonium Sancti Petri), und zw. dem 11. und dem 13. Jh. mehrmals Residenzort von Päpsten. In den 60er Jahren des 13. Jh. von dem stauferfreundl. Ghibellinen Pietro IV. di →Vico eingenommen, kehrte die Stadt nach verschiedenen Wechselfällen 1332 unter die päpstl. Kontrolle zurück.   F. Marazzi

Lit.: E. DUPRÉ THESEIDER, Roma dal Comune di popolo alla signoria pontificia, 1952 – O. BERTOLINI, Roma e i Longobardi, 1973 – T. W. POTTER, The Changing Landscape of Southern Etruria, 1975 – V. FIOCCHI NICOLAI, I cimiteri paleocristiani del Lazio, I, Etruria Meridionale, 1988 – C. MORSELLI, S. (Itinerari dei Musei, Gallerie e Scavi d'Italia, IX, 1991) – F. MARAZZI, Il Patrimonium Sancti Petri, dal IV al IX sec., Nuovi Studi Storici, 1994.

Sutri, Synode v. 1046. Angesichts zunehmender Zweifel an der Legitimität →Gregors VI., der →Heinrich III. zum Ks. krönen sollte, trat auf Veranlassung des Herrschers am 20. Dez. in S. nw. von Rom eine Kirchenversammlung zusammen, um die Vorgänge, die zur Ablösung der miteinander rivalisierenden Päpste →Benedikt IX. und →Silvester III. führten, zu untersuchen. Zwar hatte der Kg. Gregor VI. im Herbst zu Piacenza noch als Papst empfangen, doch gaben die Umstände seiner Erhebung, insbes. die finanzielle Abfindung, mit welcher der Verzicht Benedikts IX. honoriert worden war, Anlaß zu Bedenken, zumal Heinrich III. auf einer Synode zu Pavia (25. Okt.) ein allgemeines Simonieverbot (→Simonie) erlassen hatte. Während der von den →Crescentiern erhobene Silvester III. auf seinen Bf.ssitz in der Sabina zurückkehren mußte, wurde Gregor VI. von der Synode zum Amtsverzicht gezwungen. Der Umstand, daß er die Abzeichen der päpstl. Würde offenbar selbst ablegte, berechtigt jedoch nicht, von einer Selbstverurteilung zu sprechen. Seine Verbannung nach Dtl. war wohl weniger ein Akt der Bestrafung, als eine Vorsichtsmaßnahme, um künftige Ansprüche auf den röm. Stuhl auszuschließen. Benedikt IX., der in S. nicht erschienen war, wurde von einer im Anschluß tagenden röm. Synode (23. Dez.) verurteilt.

Wenn Heinrich III. auch keineswegs nach einem festen Plan vorgegangen ist, so dürfte es doch im Interesse der von ihm geförderten Kirchenreform gelegen haben, das Papsttum aus seiner Abhängigkeit vom stadtröm. Adel zu befreien. Seine Handlungsweise, die von den Zeitgenossen weitgehend gebilligt wurde, entsprach der vom Gedanken eines theokrat. Kgtm.s ausgehenden frühma. Herrschaftspraxis. Die Kritik →Wazos v. Lüttich oder auch des anonymen Verfassers des Traktats »De ordinando pontifice« ist keineswegs repräsentativ und erhielt erst vor dem Hintergrund des →Investiturstreites Bedeutung. Durch das Einschreiten Heinrichs III. in S. und die anschließende Erhebung dt. Reformpäpste wurde der Ausweitung der Kirchenreform auf Rom der Weg bereitet.

T. Struve

Lit.: HAUCK III, 588–590 – HEFELE-LECLERCQ IV, 981–990 – HKG III/1, 291f. – JDG H. III, Bd. 1, 1874, 313f., Exkurs III/5, 500–506 – HALLER II, 278–283, 572–576 – SEPPELT II, 415–419 – H. ZIMMERMANN, Papstabsetzungen des MA, 1968, 125–132 – F.-J. SCHMALE, Die »Absetzung« Gregors VI. in S. und die synodale Tradition, AHC 11, 1979, 55–103 – H. H. ANTON, Der sog. Traktat »De ordinando pontifice«. Ein Rechtsgutachten im Zusammenhang mit der Synode v. S. (1046) (BHF 48, 1982) – G. TELLENBACH, Die w. Kirche vom 10. bis zum frühen 12. Jh., 1988, 120f. – H. WOLTER, Die Synoden im Reichsgebiet und in Reichsitalien von 916–1056, 1988, 379–394 [*Lit.*].

Sutri, Treffen v. 1155 (8./9.–10. Juni), nach Antritt des 1. Italienzuges trafen Kg. Friedrich I. und Papst Hadrian IV. erstmals in Grassano bei S. vor der Ks.krönung zusammen. Dem Treffen gingen kgl. und päpstl. Gesandtschaften, die Auslieferung →Arnolds v. Brescia und die Leistung eines Sicherheitseides an Papst und Kard.e Anfang Juni voraus. Die trotz Zusage der Ks.krönung gespannte Situation verdeutlicht die Weigerung Friedrichs I., den beim Zeremoniell des Papstempfangs üblichen →Marschall- und Stratordienst wegen der lehnrechtl. Deutbarkeit zu leisten; Hadrian IV. verweigerte ihm darauf den Friedenskuß. Die bei →Boso überlieferte Flucht der Kard.e erklärt sich aus der Abfassungsintention seines Werkes. Ein Fs.enurteil bestätigte die päpstl. Sicht, daß es sich bei dem officium stratoris und strepae um eine alte Gewohnheit handelte. Am 11. Juni leistete Friedrich I. diesen am Lago di Monterosi bei Nepi. Anscheinend forderte er vom Papst als Gegenleistung die Entfernung eines Wandgemäldes mit der Umschrift im Lateranpalast, das Ks. Lothar III. als Lehnsmann des Papstes erscheinen ließ. Das Verhalten Friedrichs I. ist im Kontext seiner Ks.vorstellung zu verstehen, wie der Streit auf dem Hoftag v. →Besançon 1157 verdeutlicht.

W. Georgi

Q. und Lit.: RI IV, 2, Nr. 306f., 309, 313–315 – H. SIMONSFELD, JDG F. I. (1152–1158), 1908 [Neudr. 1967], 326–333, 677–688 [Exkurs IV] – W. HEINEMEYER, »beneficium – non feudum sed bonum factum«. Der Streit auf dem Reichstag zu Besançon 1157, ADipl 15, 1969, 155–236, bes. 183–197 – G. B. LADNER, Die Papstbildnisse des Altertums und des MA, II, 1970, 17–22; III, 1984, 46f. – O. ENGELS, Kard. Boso als Geschichtsschreiber (Festg. H. TÜCHLE, 1975), 147–168, bes. 157f. – J. LAUDAGE, Alexander III. und Friedrich Barbarossa [Habil. Schr. masch., Köln 1990; im Dr.] – U. SCHMIDT, A quo ergo habet, si a domno papa non habet imperium? Zu den Anfängen der »stauf. Ks.-wahlen« (Von Schwaben bis Jerusalem, hg. S. LORENZ–U. SCHMIDT, 1995), 61–88, bes. 62, 74–84.

Sutri, Vertrag v. 1111. Im Zuge der von Heinrich V. mit Paschalis II. anläßl. seines Italienzuges 1110/11 geführten Verhandlungen wurde vom Papst als Gegenleistung für einen kgl. Investiturverzicht die Rückgabe der den Kirchen des Reiches seit Karl d. Gr. übertragenen Güter und Rechte in Aussicht gestellt. Die zw. kgl. und päpstl. Beauftragten unter Ausschluß der Bf.e ausgehandelten Vereinbarungen zu S. Maria in Turri (4. Febr.) wurden am 9. Febr. 1111 im Geheimvertrag v. S. durch Hzg. Friedrich v. Schwaben und eine Reihe weiterer Fs.en sowie durch Pietro di Leone (→Pierleoni) als Vertreter des Papstes beschworen. Als einziger Geistlicher war auf seiten Heinrichs V. der zum Ebf. v. Mainz erwählte Kanzler Adalbert beteiligt. Hiernach hatte Heinrich V. am Tage der Ks.krönung förml. auf die Investitur der Bf.e zu verzichten, die nicht zum Reich gehörenden Kirchen mit ihren Besitzungen freizugeben und sich zur Bestandsgarantie des Patrimonium Petri zu verpflichten, während die Bf.e auf päpstl. Anordnung Kg. und Reich die unter dem Begriff →Regalien zusammengefaßten weltl. Rechte und Einkünfte zurückerstatten sollten: nämlich Städte, Hzm.er, Mgft.en, Gft.en, Münz-, Zoll- und Marktrecht, Reichsvogteien, Niedergerichte, Höfe sowie ihr krieger. Gefolge nebst Burgen. Trotz schwerwiegender Bedenken hinsichtl. der Durchsetzbarkeit der päpstl. Zusagen war man auf kgl. Seite zur Annahme des Vorschlags bereit. Bei der Verlesung der päpstl. Urk. in der Peterskirche zu Rom unmittelbar vor der geplanten Ks.krönung Heinrichs V. (11. Febr.) kam es jedoch zu einem Eklat, weil sich die Bf.e nicht zu einem Verzicht auf ihre weltl. Herrschaftsrechte bereitfinden wollten und auch den Laienfs.en der Verlust von Kirchenlehen und Vogteirechten unzumutbar erschien. Daraufhin fühlte sich auch Heinrich V. nicht mehr an die Abmachung gebunden und beanspruchte seinerseits wieder das uneingeschränkte Recht der Investitur.

Bei seinem radikalen Vorschlag zur Lösung des Investiturproblems (→Investiturstreit) hatte Paschalis II. nicht mit dem Widerstand der ihre reichsfsl. Stellung verteidigenden Bf.e gerechnet. Auf der Linie der im Traktat »De investitura episcoporum« (→Sigebert v. Gembloux) vorgenommenen Scheidung zw. geistl. Amt und weltl. Besitz hatte sich jedoch auf kirchl. Seite die Einsicht durchgesetzt, daß dem Kg. ein Verfügungsrecht über die Regalien nicht abgesprochen werden konnte.

T. Struve

Q.: MGH Const. 1, 137–140, Nr. 83–88 – *Lit.:* HAUCK III, 898–902 – HKG III/1, 454f. – JDG H. IV. und H. V., 6, 1907, 141–149 mit Exkurs I, 369–390 – U.-R. BLUMENTHAL, Patrimonia and Regalia in 1111 (Law, Church and Society. Essays i. H. ST. KUTTNER, 1977), 9–20 – M. MINNINGER, Von Clermont zum Wormser Konkordat, 1978, 159–164 – C. SERVATIUS, Paschalis II (1099–1118), 1979, 223–227 – G. TELLENBACH, Die westl. Kirche vom 10. bis zum frühen 12. Jh., 1988, 219–221 – ST. WEINFURTER, Reformidee und Kgtm. im spätsal. Reich (Reformidee und Reformpolitik im spätsal.-frühstauf. Reich, 1992), 1–45, bes. 34ff.

Sutton Hoo, Ort eines frühma. Gräberfeldes, das sich neben dem Fluß Deben in Suffolk (SO-England) befindet. Von XX entdeckten Grabhügeln wurden 11 archäolog. untersucht. Die meisten von ihnen waren bereits geplündert worden, aber unter dem Hügel I überdauerte ein Schiffsgrab (→Grab, A. I), das die reichsten Beigaben enthielt, die jemals in Britannien gefunden wurden (heute im Brit. Museum, London). Es wird angenommen, daß dieses Grab der Begräbnisplatz früher ags. Kg.e war und aus der Zeit der Christianisierung →Englands stammt.

Der S. H.-Begräbnisplatz ist bemerkenswert wegen der Vielfalt seiner Bestattungssitten. Die Hügel IV, V, VI, VII und XVIII enthielten Aschenreste, die in Tücher eingeschlagen waren und in bronzenen Gefäßen lagen. Im Hügel III befand sich die Asche in einem hölzernen Kasten. Im Hügel XVII lag das Skelett eines jungen Mannes in einem Sarg mit einem Schwert; außerhalb des Sargs befanden sich ein Schild, zwei Speere, ein Kessel, ein Eimer, ein Beutel, ein hölzerner Kübel und das Zaumzeug eines Pferdes. Das Pferd selbst lag in einer angrenzenden Grube. Der kleine Grabhügel XX bedeckte das Grab eines Kindes, das in einem Sarg mit einem kleinen Speer und einer Schnalle lag. Unter dem Grabhügel XIV war in einer hölzernen Kammer ein Frauengrab. Unter dem Hügel II lag eine Grabkammer, die ursprgl. das reich ausgestattete Grab eines Mannes enthielt, das von einem Schiff von etwa 20 m Länge mit dem Kiel nach unten bedeckt wurde (vgl. Hedeby/→Haithabu).

In dem berühmten Schiffsgrab unter dem Grabhügel I befand sich ein Schiff von 27 m Länge in einer Grube und mit einer Grabkammer in der Mitte. In dem männl. Körpergrab lag der Tote wahrscheinl. in einem Sarg und war ausgestattet mit einem Wehrgehänge mit goldenen und granatroten Schulterklappen, einer goldenen Gürtelschnalle, einem Helm, einem Schwert und einem Beutel mit 37 frk. Münzen sowie Resten von bedeutenden Gewändern. Alle Fundstücke zeigen eine außerordentl. Qualität. Am östl. Ende des Sargs waren Waffen und Insignien, bestehend aus byz. Silberwaren, einer eisernen Standarte und einem »Zepter« aus Wetzstein. Am westl. Fußende des Sargs befanden sich drei große Kessel und ein Kübel.

Es gab in S. H. drei Gruppen von Begräbnissen, die nicht unter Hügeln waren: 1. 23 Körpergräber an der östl. Peripherie, in denen drei Tote ausgestreckt, drei in der Hocke lagen, zwei waren enthauptet und einer gehängt worden. – 2. 21 Gräber befanden sich strahlenförmig oder tangential um den Grabhügel V, sechs Tote waren geköpft, einer gehängt worden, vier lagen ausgestreckt, einer war verstümmelt. – 3. Drei Körpergräber waren einfach ausgestattet, von denen zwei in der Nähe des Grabhügels XX wahrscheinl. einen Jüngling mit Schließen und einem Messer sowie eine junge Frau mit einem ledernen Beutel und einer Gürtelkette enthielten.

Den Grabhügel I mit dem Schiffsgrab ordnet man →Rædwald († 624 oder 625) zu. Stilist. können der polychrome Schmuck und das Tierornament in die Zeit nach 550 datiert werden, noch vor den insularen Evangeliaren von 650 und später. Die frk. Goldtremissen (→Tremissen) im Beutel wurden ursprgl. auf um 650 datiert, dann auf ca. 620 zurückdatiert (BRUCE-MITFORD, 1975). Eine Datierung um 600 ist neuerdings vorgeschlagen worden (KENDALL-WELLS, Anm. 1 [STAHL]). Die C^{14}-Untersuchung hat folgende Daten ergeben: Bienenwachs der Lampe im Grabhügel I: 480–570; ein Stück Holz im Hügel I: 560–650; Begräbnisse der 1. Gruppe: 540–700, 680–820; Begräbnisse der 2. Gruppe: 650–955, 650–780; Begräbnis der 3. Gruppe: 670–830. – Das Schiffsgrab v. S. H. erhellt auch manche der Beschreibungen im »Beowulf«-Epos.   M. O. H. Carver

Lit.: R. L. S. BRUCE-MITFORD, The S. H. Ship-Burial, 3 Bde, 1975–83 – M. O. H. CARVER, S. H. in Context (Sett. cent. it. 32, 1986), 77–117 – The Age of S. H., hg. DERS., 1992 – S. H.: Fifty Years After, hg. R. FARRELL–C. NEUMAN DE VEGVAR (American Early Medieval Studies 2, 1992) – Voyage to the Other World, hg. C. B. KENDALL–P. S. WELLS, 1992 – S. H. Research Committee Bull. 1983–93, hg. M. O. H. CARVER, 1993.

Suzdal', Stadt in Rußland, nö. von Moskau, altes religiöses und polit. Zentrum der nö. →Rus'.

I. Anfänge – II. Aufstieg und Blütezeit – III. Kirchliches Leben und Kunstgeschichte.

I. ANFÄNGE: S. liegt an der Kamenka in einem fruchtbaren, waldfreien Ackerbaugebiet (*Opol'e*), das ursprgl. bewohnt war vom finn. Stamm der *Merja* und im 10.–11. Jh. besiedelt wurde von ostslawischen Kolonisten, v.a. aus den steppennahen Gebieten (Transfer südl. Ortsnamen!). Das S.er Land galt in der Frühzeit der Kiever Rus' (→Kiev, A) als 'Land hinter dem Walde' (Zales'e) und fand daher in den Chroniken bis zur Mitte des 12. Jh. nur selten Beachtung; es ist erstmals namentl. erwähnt zu 1024 als Schauplatz eines von →Jaroslav dem Weisen niedergeschlagenen Bauernaufstandes, Folge einer Hungersnot, aber wohl auch Ausdruck einer heidn. Reaktion (als Anführer genannt 'volchvy', Zauberer). Die Stadtgenese v. S. ist auf dörfl. Siedlungen an der Kamenka und ihrem kleinen Nebenfluß Gremjacka zurückzuführen; S. war Fs.ensitz und Wohnort einer sozial mächtigen adligen Oberschicht (seit der 2. Hälfte des 11. Jh. 'Dörfer' von Gefolgschaftsangehörigen belegt). Nach der Erbfolgeregelung Jaroslavs war S. als ehem. Teil des Fsm.s →Perejaslavl' im Besitz von dessen Sohn →Vsevolod († 1093), dann von →Vladimir Monomach († 1125), der auf dem Kreml'-Areal in einer Flußbiegung den ersten steinernen Kirchenbau (Uspenskij-Kathedrale) sowie Befestigungen errichten ließ.

II. AUFSTIEG UND BLÜTEZEIT: Der Aufstieg S.s, der im Zuge des forcierten Ausbaus des russ. NO seit der 1. Hälfte des 12. Jh. erfolgte und die Stadt zusammen mit →Rostov zum Zentrum eines von Kiev weitgehend unabhängigen Fsm.s werden ließ, ist eng verbunden mit den bedeutenden Herrscherpersönlichkeiten →Jurij Dolgorukij († 1157), →Andrej Bogoljubskij († 1174) und →Vsevolod III. († 1212), der S. (neben →Vladimir an der Kljaz'ma) zur Metropole des gleichnamigen Fsm.s (*Vladimir-S.*) machte und seit den 1190er Jahren systemat. den Titel eines →Großfs.en führte. Seit 1217 war S. Zentrum eines eigenen Fsm.s S., 1341 Hauptstadt, seit 1350 einer der beiden zentralen Orte des Fsm.s →Nižnij Novgorod, bis es 1392 an die Fs.en v. →Moskau kam, die in S. Statthalter einsetzten. Bestrebungen der Fs.en v. Nižnij-Novgorod-S. zur Wiederherstellung ihrer Selbständigkeit gegenüber dem durch die Machtkämpfe →Vasilijs II. und →Dmitrij Šemjakas ztw. geschwächten Moskau hatten nur kurzlebigen Erfolg.

Die wirtschaftl. Blüte von S. bis zu seiner Zerstörung durch die →Tataren (1238) beruhte auf der Rolle der Stadt als Knotenpunkt großer Handelswege: in den S über Kursk nach Kiev, in den NW nach →Novgorod und in den O über die →Wolga zu den →Bulgaren und den mittelasiat. Märkten. Das nach Novgorod exportierte Getreide wurde in Notzeiten oft gezielt als polit. Druckmittel verwendet (Einsetzung von Fs.en für Novgorod überwiegend aus der S.er Linie). Der Absicherung des siedelnden Vordringens der Slaven nach Osten entlang der Wolga dienten militär. Angriffe Vsevolods III. gegen das Reich der →Wolgabulgaren (1184, 1186, 1205).

Die Bojarenaristokratie (→Bojaren), die als eigenständige polit. Kraft die städt. Volksversammlung (→Veče) dominierte und sich seit der 2. Hälfte des 12. Jh. bei bestimmten polit. Anlässen (Einsetzung von Andrej Bogoljubskij, 1157) zusammen mit kaufmänn. Kreisen als eine Art Landesversammlung formierte, geriet phasenweise in Gegensatz zur Fs.engewalt (unter Andrej Bogoljubskij Ausbau der »Beistadt« Vladimir zur Residenz als eine gegen das selbstbewußte Bojarentum der »älteren Städte« S. und Rostov gerichtete polit. Maßnahme, das Sich-Stützen der Fs.en v. a. auf die 'jüngere →Družina', niedere, z. T. unfreie Dienstelemente sowie die einfache Stadtbevölkerung), als diese Ansätze eines autokrat. Herrschaftsverständnisses offenbarte. In den Wirren nach der Ermordung von Andrej Bogoljubskij (1174) verfochten die »älteren Städte« Rostov und S. objektiv die Einheit des Landes.

III. KIRCHLICHES LEBEN UND KUNSTGESCHICHTE: Das bis in die Kiever Zeit zurückreichende Bm. wurde im späten 16. Jh. zur Erzdiöz. erhoben. Der bedeutende Bf. →Dionisij (1374–85) förderte Chronistik (→Laurentios-Chronik, 1377) und sakrale Kunst (Erwerb von byz. →Ikonen u. a. Kunstwerken; hochentwickelte Ikonenmalerei im 14. und 15. Jh.).

Das einzigartige architekton. Ensemble S.s umfaßt v. a. zahlreiche durch Schenkungen der Fs.en und Bojaren wohlhabend gewordene Kl. und Kirchen des 11.–16. Jh., deren Bauten ursprgl. zumeist aus Holz errichtet waren, die in ihrem heut. Erscheinungsbild daher überwiegend die Bauweise des 16.–18. Jh. widerspiegeln. Die auf einen Vorläufer des frühen 12. Jh. (Uspenskij-Kathedrale) zurückgehende Roždestvenskij-Kathedrale wurde 1222–25 in weißem Stein errichtet (ursprgl. erhalten das Untergeschoß: 'Goldenes Tor', 1230–33). Ein Kleinod ist die Boris-und-Gleb-Kirche (1152: drei Apsiden, eine Kuppel) bei dem von Jurij Dolgorukij errichteten Fs.enhof in nahegelegenen Kidekša. – Die aus der Zeit →Vladimir Monomachs und →Jurij Dolgorukijs stammenden Befestigungsbauten (Holz-Erde-Konstruktionen) wurden 1192 unter Vsevolod III. erneuert. Der Burgbereich (*detinec*) war durch drei Tore zugänglich, ebenfalls das Suburbium (*posad*). Die ungemein hohe Zahl von Sakralbauten, gehäuft auftretend im vergleichsweise engen Areal des →Kreml', denen nur 414 Stadtbürgerhöfe (1573) gegenüberstanden, ist einzigartig für altruss. Städte. →Kirchenbau, III; →Russ. Kunst.   H. Rüß

Lit.: Lex. der Gesch. Rußlands, 1985, 406–408 [J. TORKE] – HGesch Rußlands I, 341ff. [H. RÜSS] – A. N. NASONOV, Knjaz' i gorod v Rostovo-Suzdal'skoj zemle, V. 1, 1924, 3–27 – M. K. LJUBAVSKIJ, Obrazovanie osnovnoj gosudarstvennoj territorii velikorusskoj narodnosti, 1929 – N. N. VORONIN, Zodčestvo Severo-Vostočnoj Rusi, I–II, 1961–62 – DERS., Vladimir, Bogoljubovo, S., Juriev-Polskoi, 1962 – Ju. A. LIMONOV, Letopisanie Vladimiro-Suzdal'skoj Rusi, 1967 – K. ZERNACK, Die burgstädt. Volksversammlungen bei den Ost- und Westslaven, 1967 – V. A. KUČKIN, Rostovo-Suzdal'skaja zemlja v X-pervoj treti XIII v. Centry i granicy, IstSSSR, 1969, 62–94 – G. K.

VAGNER, S., 1969 – A. D. VARGANOV, S., 1971 – W. VODOFF, Un »parti théocratique« dans la Russie du XIIe s.? Remarques sur la politique eccl. d'André de Bogoljubovo, CCMéd 17, 1974, 143–215 – D. WÖRN, Stud. zur Herrschaftsideologie des Gfs.en Vsevolod III., JbGO 27, 1979, 1–40 – V. A. KUČKIN, Formirovanie gosudarstvennoj territorii Severo-Vostočnoj Rusi v X–XIV vv., 1984 – A. POPPE, Christianisierung und Kirchenorganisation der Ostslawen in der Zeit vom 10. bis zum 13. Jh., Österr. Osthefte 30, 1988.

Suzeränität (frz. *suzeraineté*), dem Lehnsrecht entstammende verfassungsrechtl. Vorstellung, die traditionell von Rechts- und Institutionshistorikern in Abhebung vom Gedanken der →Souveränität gebraucht wird, obwohl beide Begriffe auf nahezu gleichen etymolog. Grundlagen beruhen. Im →Frankreich des ausgehenden MA bezeichnet der (selten belegte) Begriff *suzerain* einen Lehnsherren (→Seigneurie) im Verhältnis zu seinen Lehnsleuten (Vasallen). Damit verweist die Vorstellung der S. auf das →Lehnswesen, wohingegen der *souverain* als →'Herr' im Verhältnis zu seinen 'Untertanen' aufgefaßt wird. Das Problem der S./Souveränität stellt sich insbes. in bezug auf den Kg. v. →Frankreich, der nicht nur den Gipfel der 'Lehnspyramide' einnahm (Abhängigkeit aller Lehen und Afterlehen des Kgr.es von der kgl. 'seigneurie supérieure'), sondern schließlich auch alle Bewohner des Kgr.es (ob nun Vasallen bzw. Aftervasallen oder nicht) als seine Untertanen (*sujets*) behandelte. Die allmähl. Entwicklung zu dieser allg. 'Untertänigkeit' hin ist etwa seit Mitte des 12. Jh. greifbar und erfuhr in der 2. Hälfte des 13. Jh., unter dem Einfluß des gelehrten Rechts, eine Beschleunigung. Wie u. a. das Zeugnis des Juristen Guillelmus →Duranti d. J. belegt, war um 1300 ein Zustand erreicht, der den Kg. v. Frankreich, unabhängig von seiner Position als Lehnsherr, zum anerkannten 'princeps' und 'souverain seigneur' aller Untertanen des Kgr.es ('regnicolae') machte. →Corona, III; →Königtum, D; →Monarchie.   Ph. Contamine

Lit.: J.-F. LEMARIGNIER, La France médiévale, institutions et société, 1970, 255–263 – A. RIGAUDIÈRE, Pouvoirs et institutions dans la France médiévale, II, 1994, 90–92.

Sūzī Çelebi, Meḥmed b. Meḥmed b. ʿAbdullāh, türk. Dichter aus →Prizren, geb. zw. 1455–65, gest. 1524. Gegen Ende seines Lebens lehrte er in seiner Geburtsstadt an einer von ihm errichteten Schule. Er verfaßte nach 1479 ein Ġazavātnāme (→Chronik, S. II), in dessen Mittelpunkt ʿAlī Beg steht, der die reisigen Haufen der →Aqïnǧï unter →Meḥmed II. und →Bāyezīd II. anführte. Schauplätze der mit Motiven der epischen Dichtung durchgestalteten Reimchronik, in die lyr. Gedichte eingestreut sind, sind →Siebenbürgen und die →Valachei. Der Traum einer valach. Fs.entochter fungiert sowohl als Vorausdeutung ihrer Liebesbeziehung zu ʿAlī Beg als auch zur Darlegung von dessen Abstammung vom Gründer der →Mīḫāloġullarī, dem der Prophet Mohammed im Traum erschien. Von dem in vier Hss. überlieferten Werk sind 1795 Doppelverse erhalten.   B. Flemming

Ed.: A. S. LEVEND, Ġazavāt-Nāmeler ve Mihaloğlu Ali Beyʾin Ġazavāt-Nāmesi, 1956 – *Lit.:* H. ÖZDEMIR, Die altosman. Chroniken als Q. zur türk. VK, 1975.

Suzy, Étienne de, Siegelbewahrer (→chancellerie) Kg. →Philipps IV. des Schönen v. →Frankreich, 1302–Dez. 1305, † 10. Dez. 1311. S. stammte aus Suzy (dép. Aisne, canton Anizy-le-Château, Diöz. Laon), besuchte die Novizenschule in →Laon, ist als Magister des kanon. Rechts, Kanoniker v. Tournai (1293), Archidiakon v. Brügge (1296–1304), Kanoniker v. Laon (1299–1311), Administrator des Bm.s Paris (Juni 1304), Elekt v. Tournai, Kardinalpresbyter v. S. Ciriaco alle Terme (ab Dez. 1305) belegt. S.s kirchl. Laufbahn hängt eng zusammen mit seiner Karriere am Kg.shof. Er begegnet hier seit 1293, nahm teil am →Parlement, führte 1294–1304 'inquisitio-nes' (gerichtl. Untersuchungen im kgl. Auftrag) durch und folgte Pierre →Flotte als Siegelbewahrer, nachdem er bereits während einer Abwesenheit Flottes (4. Nov. 1300–16. Juli 1301) das kgl. →Siegel geführt hatte. Aufgrund seines Amtes (»circa delationem et custodiam sigil-li«) empfing er eine kgl. →Pension von 500 *livres tournois* (1305) und eine kgl. Gabe (April 1306). Auf polit. Gebiet nahm er teil an den gegen Papst →Bonifatius VIII. gerichteten Versammlungen (1303), am →Templerprozeß (1308) sowie am Prozeß gegen Bonifatius VIII. (1310), war auch zugegen bei den Versprechungen, die die Gft. →Flandern dem Kg. v. Frankreich zu leisten hatte (Juni 1305). Nach seiner Erhebung zum Kard. im Dez. 1305 (und der damit verbundenen Niederlegung des Siegels) residierte S. an der röm. →Kurie zu →Avignon und war bevorzugt tätig als Vermittler zw. Papst und Kg., insbes. in den Angelegenheiten Flanderns und des Ebm.s →Lyon. E. Lalou

Lit.: DHGE, s.v.

Svatopluk (Swentopluk), Fs. des Großmähr. Reiches (→Mähren, I), † 894. S., der ursprgl. seinen Sitz in →Nitra hatte, stürzte 870 seinen Verwandten →Rostislav, den er an →Ludwig d. Dt. auslieferte, und bemächtigte sich selbst der Herrschaft; frk. Einfälle wehrte er ab, und der Frieden v. Forchheim (874) sicherte ihm de facto die Unabhängigkeit. Für den illegitimen Sohn →Arnulfs v. Kärnten, →Zwentibold, firmierte er als Taufpate. Als Ebf. für →Pannonien und Mähren stand Method (→Konstantin und Method) in seiner Obhut. Unter S.s Führung wurden Teile des Theißbeckens und Pannoniens, Böhmen, Schlesien sowie die Gebiete der →Sorben und →Wislanen in den Machtbereich Mährens einbezogen. S. förderte die Verbreitung des Christentums; der Böhmerfs. →Bořivoj empfing an seinem Hof die Taufe. Papst Johannes VIII. in dem 880 für S. ausgestellten päpstl. Privileg »Industriae tuae« sowie Papst Stephan V. 885 (für den 'rex Sclavorum S.') bestätigten dem Mährerfs.en die Unabhängigkeit von anderen weltl. Herrschern und bezeichneten ihn als »quasi einzigen Sohn« des Stuhles Petri – eine Auszeichnung, die bislang dem Ksm. vorbehalten war. Die Treffen S.s mit Ks. Karl III. (884) und Kg. Arnulf (890) festigten S.s selbständige Herrschaft, auch über Böhmen. S. hinterließ zwei Söhne, →Mojmir II. und Svatopluk II. Nach der Tradition wurden seine Gebeine zunächst in der (Kl.)kirche am Zobor bei Nitra beigesetzt und später nach Velegrad übertragen. Das Urteil der Q. über S. ist zwiespältig: Die ostfrk. Annalen warfen S. Treulosigkeit und Feindschaft gegenüber allen Völkern vor, →Regino v. Prüm dagegen pries die hervorragende Intelligenz des »Kg.s der Mährer«. Der byz. Ks. Konstantin VII. nannte S. einen kühnen und gefürchteten Herrscher. Das Papsttum sah in ihm einen eifrigen Förderer des Christentums, einen frommen, weisen und treu ergebenen Herrscher. J. Turmair (Aventinus) schließlich bezeichnete S. als den mächtigsten aller slav. Herrscher und ehrte ihn mit dem Beinamen 'Magnus'. L. E. Havlík

Lit.: I. L. ČERVINKA, Slované na Moravě a Říše vel'komoravská, 1928, 281–290 – A. ANGENENDT, Ks.herrschaft und Kg.staufe, 1984, 238–247 – G. ALTHOFF, Zur Bedeutung des Bündnisses S.s v. Mähren mit Franken (Symposium Methodianum, hg. K. TROST u.a., 1988), 13–21 – L. E. HAVLÍK, King Sventopluk's Image in the MA. Critica storica 28, 1991, 164–179 – DERS., S. Veliký, král Moravnů a Slovanů, 1994.

Svein Alfivason, illegitimer Sohn →Knuds d. Gr. und der →Ælfgifu (Alfiva), dän. Regent in →Norwegen 1029/

30–1035, † 1036. Knud, der im Rahmen seines »Nordseeimperiums« v. a. seit 1028 Ansprüche auf Norwegen geltend machte, ernannte 1029 S. zum Regenten und entsandte ihn (nach dem Tode Kg. →Olaf Haraldssons d. Hl.n, der bei Stiklestad 1030 einem von westländ./trönd. Großen geführten Bauernheer erlegen war) mit seiner Mutter Ælfgifu und dem Gefolgschaftsbf. Sigurd (beide treten politisch stärker hervor als S. selbst) sowie einem dano-angl. Gefolge nach Norwegen. Die im Tröndelag (Landschaft um →Drontheim) residierende Regentschaft stieß nach dem Zeugnis von Skaldengedichten und frühen Geschichtswerken bald auf Mißbilligung; sowohl die um ihren Einfluß betrogenen Großen als auch die Bauern, die unter den härteren Abgaben ('Alfivagesetze') litten, wünschten sich die Wiederherstellung eines norw. Kgtm.s, gefördert durch die einsetzende Heiligenverehrung Olafs. Nach dem Tode Knuds d. Gr. (1035) kam es zum offenen Bruch; die trönd. Häuptlingsgeschlechter riefen den Sohn Olafs, →Magnús den Guten, zum Kg. aus; S. und seine Leute mußten sich nach Dänemark zurückziehen. Die 'Alfivagesetze' wurden erst unter →Sigurd Jórsalafari (1130–41) formell aufgehoben. H. Ehrhardt

Lit.: P. SVEAAS ANDERSEN, Samlingen av Norge og kristningen av landet 800–1130, 1977, 142ff.

Sven(d)

1. S. Gabelbart, *Kg. v.* →*Dänemark,* † 3. Febr. 1014, Sohn von Kg. →Harald Blauzahn, gegen den er sich (im Zuge einer heidn. Reaktion?) erhob (erwähnt bei →Adam v. Bremen und im »Encomium Emmae reginae«); der Vater suchte daraufhin Zuflucht in der slav. Stadt 'Jum(ne)' (→Jomsborg/→Wolin) und starb dort (987?). Später wurde Kg. S. von den 'Jomswikingern' entführt (→Jómsvíkinga saga, Anfang 13. Jh.) und mußte nach der Erzählung →Thietmars v. Merseburg durch hohes Lösegeld freigekauft werden. S. zog an der Spitze von Wikingerverbänden (→Wikinger) nach →England und trieb dort 'Danegeld' ein. Um 1000 besiegte er vor der Insel Svold(er) den Kg. v. →Norwegen, →Olaf Tryggvason (der den Tod fand), und beherrschte, mit Hilfe zweier norw. →'Jarle', nun auch Norwegen. Nach einem ags. Massaker an den in England ansässigen Dänen zog S. erneut gegen England und eroberte es 1013 (Angelsächs. →Chronik). S.s Sohn →Knud d. Gr. setzte nach dem Tode des Vaters diese Eroberungstätigkeit fort. I. Skovgaard-Petersen

Lit.: I. SKOVGAARD-PETERSEN, Sven Tveskaeg i den aeldste danske historiografi (Middelalderstudier A. E. CHRISTENSEN, 1966) – P. SAWYER, Da Danmark blev Danmark. Gyldendal og Politikens Danmarkshist. 3, 1988.

2. S. Estridsen, *Kg. v.* →*Dänemark,* * 1018/25, † 28. April 1074/76, ☐ Roskilde, Dom. Vater: Ulf, →Jarl in der Gefolgschaft →Knuds d. Gr.; Mutter: Estrid, Schwester Knuds d. Gr.; ∞ Gunhild († um 1060), von ihr zwangsweise geschieden; später: Thora. Ein gespanntes Verhältnis zu Kg. Knud (ab 1025/27) führte Ulf und S. zu Kg. Anund Jakob v. →Schweden (Ermordung Ulfs nach 1032 durch Knud?). Nach autobiograph. Auskünften, die S. dem Geschichtsschreiber →Adam v. Bremen gab, soll er insgesamt zwölf Jahre in Schweden verbracht haben, u.a. im Kampf gegen das dän.-norw. Kgtm. →Magnús' d. Guten (1042–47) und →Harald Sigurdssons (ab 1046). S. erweiterte seinen Einfluß in Dänemark von →Schonen aus westwärts, wie die unter ihm geprägten Münzen zeigen, während Harald bis 1051/52 durch Angriffe von See her seine Ansprüche vergebl. durchzusetzen suchte. Nach zehnjähriger ungestörter Herrschaft wurde S. 1062 wieder von Harald angegriffen und an der Mündung des Flusses Nissan (Halland) geschlagen; ein dauerhafter Friede wurde jedoch 1064 geschlossen. In S.s Regierungszeit begann der Übergang des dän. Kgtm.s von einer Stammesherrschaft zu einer frühstaatl. christl. Herrschaftsordnung. S. erneuerte um 1060 im Zusammenwirken mit Ebf. →Adalbert v. →Hamburg–Bremen die Bm.sorganisation Dänemarks (obwohl ihn der Ebf. gezwungen hatte, sich wegen zu naher Verwandtschaftsbeziehung von Gunhild zu scheiden), leitete Beziehungen zu Papst →Alexander II. ein, bemühte sich, seinem Oheim →Harald Blauzahn den Ruf eines Hl.n zu verschaffen, und förderte die Kirche v. →Roskilde. Von den Söhnen, die S. aus Verbindungen mit verschiedenen Frauen hatte, folgten ihm im Zeitraum von 1074/76 bis 1134 Harald Hen, →Knud d. Hl., Olaf Hunger, →Erich (Erik Ejegod) und Niels als Kg.e nach.

T. Nyberg

Lit.: DBL³ XIV, 1983, 240–243 [N. Lund] – E. Hoffmann, Kg.serhebung und Thronfolgeordnung in Dänemark bis zum Ausgang des MA (Beitrr. zur Gesch. und Q.kunde des MA 5), 1976, 23–36 – S. Balle, Ulf Jarl og drabet i Roskilde, Histor. årbok for Roskilde amt, 1983, 23–59 – Danmarkshistorie, hg. O. Olsen, 4, 1989, 46–58 [O. Fenger] – Tusindtallets Danske Mønter/Danish Coins from the 11th Cent. [Kat. Nationalmuse.], hg. J. Steen Jensen, 1995.

3. S. III. (S. Grathe, auch: Petrus), *Kg. v. →Dänemark,* * spätestens 1120 (erstmals belegt 1135), † 23. Okt. 1157; unehel. Sohn von Kg. Erich II. († 1137) und Thunna; ∞ um 1152 Adela, Tochter von →Konrad, Mgf. v. Meißen. Durch die Doppelwahl nach der Abdankung Erichs III. (1146) wurde S. zum Kg. erhoben (als solcher anerkannt nur in Seeland und Schonen), wohingegen sein Konkurrent Knud, der Sohn des Magnus, des Mörders von Hzg. →Knud Laward, in Jütland Anerkennung fand. S. förderte die Kanonisation Knud Lawards (1146, 1148), band dessen Sohn Waldemar (→Waldemar d. Gr.) an sich (Einsetzung zum ʻpraefectusʼ v. →Schleswig) und nahm am →Wendenkreuzzug als Anführer des Schleswigschen Aufgebotes teil (Knud befehligte dagegen die Jütländer).

Im Bündnis mit dem Schauenburger Adolf II., Gf. v. →Holstein, wehrte S. mehrere Angriffe seines Gegners Knud gegen Seeland ab (1146/47, 1150) und bemühte sich (wie anderseits aber auch Knud) um die Unterstützung des dt. Kg.s →Konrad III. und seines Nachfolgers →Friedrich Barbarossa, der schließlich aber S. mit Dänemark belehnte (Merseburg, 1152). S. verstand es aber nicht, seine Macht zu festigen (Opposition gegen seine harten Steuerforderungen, in Schonen Streitigkeiten mit Ebf. →Eskil).

1153 vollzog Waldemar einen Parteiwechsel und ließ sich 1154 gemeinsam mit Knud vom Viborger Landesding als Kg. huldigen. S. betrieb im Exil (am Hofe seines Schwiegervaters, bis 1156) mit Hilfe →Heinrichs d. Löwen seine Rückkehr (Festlegung einer Dreiteilung Dänemarks, durch die S. Schonen zurückerhielt). Im Handstreich (9. Aug. 1157) suchte er seine Rivalen auszuschalten: Knud fand den Tod, aber Waldemar überlebte verwundet und konnte S. auf der Heide v. Grathe in Jütland besiegen. Die Regierung des auf der Flucht erschlagenen S. war so stark vom Bürgerkrieg bestimmt, daß sich kein rechtes Bild von seinen Regierungshandlungen gewinnen läßt.

Th. Riis

Q.: Diplomatarium Danicum 1. R. II, 1963 – Danmarks middelalderlige Annaler, ed. E. Kroman, 1980 – *Lit.:* DBL³ XIV, 243f. – N. Skyum-Nielsen, Kvinde og Slave, 1971.

4. S. (Sven) **Aggesen** (S. Aggesøn, Sveno Aggonis filius), dän. Geschichtsschreiber der 2. Hälfte des 12. Jh., entstammte einer vornehmen jütländ. Familie und erwarb seine klass. Bildung wohl an einer frz. Univ. Wie der etwas jüngere →Saxo Grammaticus war er ʻcontubernalisʼ (Ge-

folgsmann) des Kg.s v. →Dänemark und wurde als Teilnehmer am letzten ʻWendenfeldzugʼ 1184 Augenzeuge der Zerstörung der →Jomsborg (→Wolin). Neben der lat. Übers. einer auf →Knud VI. und Ebf. →Absalon zurückgehenden Gesetzessammlung über das Rechtsverhältnis unter kgl. Gefolgsleuten (→Hird) verfaßte S. eine »Brevis historia regum Dacie«, in der er die dän. Reichsgesch. hauptsächl. unter Verwendung mündl. überlieferter Zeugnisse (Volkssagen, Berichte aus der eigenen Familientradition) in einem überladenen, zitatenreichen Stil darstellte. Die Hervorhebung von Uffe und Thyra Danebod, die sich dem dt. Ks. widersetzten, weist auf die aktuelle Politik Kg. Knuds hin, der den Eid auf Ks. Friedrich Barbarossa verweigerte. →Chronik, J. I.

R. Volz

Ed.: M. Cl. Gertz, En ny Text af S. Vaerker, 1915 – Script. min. hist. Danicae medii aevi, I, 1917, 55–143 – *Übers. [dän.]:* M. Cl. Gertz, S. hist. Skrifter, 1916–17 [Neudr. 1967] – *Lit.:* DBL I, 153f. [E. Jørgensen] – KL XVII, 501–502 [E. Kroman] – S. Bolin, Om Nordens äldsta historieforskning, 1931 – E. Jørgensen, Historieforskning og Historieskrivning i Danmark indtil Aar 1800, 1931.

Sverker. 1. S. d. Ä., Kg. v. →Schweden, † um 1156, Stammvater der gleichnamigen Kg.sfamilie (ʻSverkerska ättenʼ), entstammte wohl einem großen Geschlecht aus Östergötland (nähere Herkunft unbekannt), ∞ 1. Ulfhild, ehem. Gemahlin des Kg.s Niels Svensson v. Dänemark; 2. Rikissa (aus Polen), Witwe des aus Dänemark stammenden Prinzen (und schwed. Thronbewerbers) Magnús Nielsen. S., dessen Regierung nur durch wenige Q. erhellt wird, ging in den Jahren um 1130 aus den Machtkämpfen, die dem Tode Kg. Ingers d. J. († um 1120) folgten, siegreich hervor. Er und Kgn. Ulfhild förderten die kirchl. Belange, bes. die →Zisterzienser (nach 1140 erste Kl.: Nydala in Småland, →Alvastra in Östergötland, Varnhem in Västergötland). Eine Synode zu →Linköping regelte in Anwesenheit des päpstl. Legaten, Nicolas Breakspear (des späteren Papstes →Hadrian IV.), die rechtl. Stellung des schwed. Klerus und die Erhebung des →Peterspfennigs, möglicherweise wurde dort (erfolglos) die Frage der Errichtung eines Ebm.s für Schweden diskutiert. S., der 1142 nach einer aruss. Q. einen (fehlgeschlagenen) Seekriegszug in den O unternahm, war seit Mitte der 50er Jahre in die dän. Thronstreitigkeiten verwickelt, was vielleicht zu seiner Ermordung beitrug. Er wurde nach der Überlieferung von Alvastra von einem seiner Gefolgsmänner erschlagen, als er sich auf dem Weg zur Weihnachtsmesse befand.

G. Dahlbäck

Lit.: S. Carlsson–J. Rosén u. a., Den svenska historien, 1, 1966.

2. S. d. J., Kg. v. →Schweden, ✕ 1210, ∞ 1. Benedicta, eine Verwandte aus der Hvide-Familie; 2. Ingegerd, Tochter des schwed. Jarls Birger Brosa. Als Enkel von 1. und Sohn des Kg.s Karl Sverkersson und der dän. Adligen Kristina (aus der großen seeländ. Familie der Hvide, verwandt mit Kg. →Waldemar d. Gr.) wurde S. nach dem gewaltsamen Tod des Vaters (1167) nach Dänemark gebracht und von Mitgliedern der Hvide erzogen. Nach dem Tode →Knut Erikssons bestieg er, wohl ohne Waffengang, den schwed. Thron und betrieb während einer längeren Friedensperiode kirchenfreundl. Politik (1200 Privileg für die Kirche v. →Uppsala: Immunität des Klerus, Steuerbefreiung für Kirchengüter). 1204 brachen aber neue Kämpfe mit dem konkurrierenden Geschlecht →Erichs d. Hl.n (ʻEriska ättenʼ) aus. S. konnte seine Gegner zunächst besiegen (Schlacht v. Älgarås, 1205), doch unterlagen seine dän. Hilfstruppen 1208 bei Lena (Västergötland) dem Thronprätendenten Erik Knutsson, den S. noch mit Hilfe einer päpstl. Exkommunikationsdrohung zu bekämpfen suchte. 1210 wurde er in einer Schlacht bei Gestilren (Västergötland) getötet.

G. Dahlbäck

Lit.: →Sverker d. Ä.

Sver(r)ir Sigurdarsson, Kg. v. →Norwegen 1177/84–1202, † 8. März 1202. Er verfügte nur über zweifelhafte Thronansprüche; nach dem parteilichen Zeugnis der »Sverris saga« war er außerehel. Sohn von Kg. Sigurd Haraldsson (und damit Nachfahre von Kg. →Magnús Barfuß) und wurde während seiner Jugend, die er in Unkenntnis seiner kgl. Abkunft auf den Färöern verbrachte, zum Priester geweiht. Seit 1177 kämpfte er, mehr und mehr sich an die Spitze der sog. →'Birkebeiner' stellend, zielbewußt und in zähem Kleinkrieg (gestützt v. a. auf die Landschaft Tröndelag, um →Drontheim) gegen die kirchenfreundl. Partei um →Erling Skakke 36 (gefallen 1179), dessen Sohn →Magnús Eriksson (gefallen 1184), den ersten gekrönten Kg. v. Norwegen, und Ebf. →Eysteinn Erlendsson († 1188) und konnte sich bis 1184 (nach Ausrufung zum Kg. durch das *øyrathing,* 1179) allg. durchsetzen, zumal er den exilierten Ebf. zu einem Ausgleich bewog (Rückkehr 1183).

Nach einigen ruhigeren Regierungsjahren brach der Gegensatz zw. dem die Unterwerfung der Geistlichkeit fordernden Kg. und dem die →'libertas ecclesiae' (Bf.s-wahlen, Jurisdiktion) wieder stärker betonenden neuen Ebf. Erik Ivarsson offen aus: Der Kg. schlug den Aufstand der sog. 'Kuvlungen' nieder (1188) und drängte Ebf. Erik ins Exil (an den Hof Ebf. →Absalons v. Lund), setzte die Wahl seines Anhängers Martin als Bf. v. →Bergen durch und ließ sich 1194 von den norw. Bf.en zum Kg. krönen. Die Kurie, die auf Appellationen beider Seiten zunächst abwartend reagiert hatte, erließ unter Coelestin III. einen Privilegienbrief zugunsten des Ebf.s (15. Juni 1194), woraufhin die königstreuen norw. Bf.e von →Lund aus exkommuniziert wurden und sich (unter Bf. Nikolaus v. Oslo) 1196 die antikgl. und kirchentreue Oppositionsbewegung der →'Bagler' neu formierte. S. starb nach wechselnden Auseinandersetzungen während der Kämpfe um die Landschaft Viken (Gebiet v. →Oslo und →Tønsberg), die das Zentrum des Widerstandes bildete; er soll auf dem Sterbebett seinem Sohn Hákon den Ausgleich mit der Kirche anempfohlen haben.

S., eine der kraftvollsten und umstrittensten Königsgestalten des norw. MA, hat durch seinen Kampf gegen die von gregorian. und viktorin. 'libertas'-Vorstellungen geprägte Kirche, in dem der Kg. als erster die Waffe der →Publizistik einsetzte (→»Sverris saga«, →»Tale mot biskopene«), die Haltung des norw. Kgtm.s, wie sie sich noch im »Königsspiegel« des 13. Jh. (→Fürstenspiegel, B. IV) artikuliert, nachhaltig beeinflußt.

H. Ehrhardt

Lit.: J. E. Sars, Kong Sverre, 1902 – F. Paasche, Sverre prest, Edda 1915 – H. Koht, Kong Sverre, 1952 – G. M. Gathorne-Hardy, A Royal Impostor-King Sverre of Norway, 1956 – K. Helle, Norge blir en stat 1130–1319, 1974, 74ff. [Lit.].

Sverris saga. In der wohl in den ersten Jahren des 13. Jh. entstandenen und in vier Hss. (AM 327, 4°; AM 47 fol.; GKS 1005 fol. und AM 81a fol., alle 14. Jh.) vollständig überlieferten Königssaga (→Konunga sögur, →Saga) werden Leben und Taten des norw. Kg.s Sve(r)rir Sigurdarsson (Regierungszeit 1184–1202) in rühmender, die Legitimität seiner Herrschaft hervorhebender Tendenz dargestellt. Im Mittelpunkt der umfangreichen Saga stehen die Kämpfe Sver(r)irs gegen Kg. →Magnús Erlingsson, die Schlacht bei Fimreite (1184) und die Auseinandersetzungen mit der kirchentreuen Partei der →Bagler.

Ein typ. erzähler. Mittel bilden die von überird. Mächten gesandten Träume und die in antiker historiograph. Tradition (Livius) stehenden Feldherrnreden. Die Frage der Verfasserschaft ist z. T. noch ungeklärt, eine Vorstufe des ersten Teils (bis Kap. 31 oder 43) mit dem Titel »Grýla« (Popanz) stammt von Karl Jónsson, Abt von Þingeyrar († 1212/13), der unter der Aufsicht Kg. Sverrirs das Werk als polit. Propagandaschrift (→Publizistik) verfaßte und möglicherweise auch die anschließenden Teile ausarbeitete.

R. Volz

Ed.: S. s. etter Cod. AM 327, 4°, ed. G. Indrebø, 1920 [Nachdr. 1981] – The Sagas of King Sverrir and Hakon the Old, MS No. 81 A Fol., hg. L. Holm-Olsen, 1961 (Early Icelandic Mss. in Facs. 3) – *Übers.:* S. s., übers. J. Sephton, 1899 [engl.] – Norw. Kg.sgesch., übers. F. Niedner, 2, 1925 [1965²], 19–113 [gekürzt] – *Lit.:* KL XVII, 551–558 [L. Holm-Olsen] – R. Simek–H. Pálsson, Lex. der an. Lit., 1987, 343–344 – G. Ceder-Schiöld, Konung Sverre, 1901 – F. Jónsson, S. s., ANF 36, 1920, 97–138 – L. Holm-Olsen, Studier i S. s., 1953 – J. Schreiner, Omkring S. s., NHT 36, 1952–53 – G. M. Gathorne-Hardy, A Royal Impostor, 1956 – E. N. Brekke, S. s. opphav, 1958.

Svjatopolk. 1. S. Vladimirovič Okajannyj ('der Verfluchte'), Fs. v. →Kiev 1015–16, 1018–19, * wahrscheinl. 978, † nach 1019. Es besteht kein Grund, die Nachricht der aruss. Chronik (→Povest' vremennych let) zu bezweifeln, daß S. ledigl. Adoptivsohn des Fs.en →Vladimir I. d. Hl. v. Kiev und Sohn von dessen älterem Bruder Jaropolk war. In den aruss. Q. wird S. als Mörder seiner jüngeren Brüder →Boris und Gleb bezeichnet. Wenn die Tatsache selbst auch feststehen mag (Versuche, die Schuld Vladimirs Sohn →Jaroslav [2. J.] zuzuweisen, können nicht überzeugen), verhindert doch die starke Stilisierung der in Betracht kommenden Texte eine klare Sicht auf die Ereignisse. Unter Vladimir hatte S. seinen Sitz in →Turov, so daß sein nahes Verhältnis zu →Bolesław I. Chrobry v. Polen, mit dessen Tochter S. verheiratet war, verständl. ist. Wohl in die letzten Jahre Vladimirs fällt ein offener Bruch S.s mit diesem, der zur Verhaftung S.s, seiner Gattin sowie des poln. Bf.s Reinbern v. Kolberg führte. Die genaue Ursache des Konflikts bleibt unbekannt, ob die Behauptung →Thietmars, S. sei von Bolesław angestiftet worden, wegen seiner offenkundigen Voreingenommenheit gegen den poln. Fs.en nicht verläßl. ist. Indirekte Angaben über eine Designation von Boris zum Thronfolger v. Kiev durch Vladimir lassen vermuten, daß sowohl S.s Auflehnung als auch der Bruderzwist nach Vladimirs Tod (15. Juli 1015) nicht bzw. nicht nur auf S.s Herrschsucht, sondern auf eine Kollision von zwei Thronfolgeprinzipien zurückzuführen sind, nämlich einem traditionellen, nach dem Kiev als Teilfsm. dem jeweils ältesten Bruder (also S.) gehören sollte, und einem neuen, eine Teilung des Reiches zu vermeiden suchte (→Senior, III). Die Ermordung von Boris und Gleb bot Jaroslav den Vorwand, 1016 von →Novgorod aus in den Kampf einzugreifen, so daß sich S. nach Polen retten mußte. Trotz der poln. (im Aug. 1018 Kiev vorübergehend von Truppen Bolesławs erobert) und kuman. Unterstützung konnte sich S. gegen Jaroslav nicht durchsetzen. Er mußte nach der Niederlage im Sommer 1019 Kiev endgültig verlassen und setzte sich vermutl. noch für einige Zeit in Brest an der russ.-poln. Grenze fest. Sein weiteres Schicksal ist unbekannt.

A. Nazarenko

Q.: PSRL I, 1928², 80, 121, 130–146; II, 1908², 67, 105, 115–133 – Thietmar v. Merseburg, Chronik, hg. R. Holtzmann, MGH SSrer-Germ NS 9, 1935, IV, 58; VI, 91; VII, 65, 72–74; VIII, 31–33 – *Lit.:* A. V. Nazarenko, Nemeckie latinojazyčnye istočniki IX–XI vekov, 1993, 148–205 [Komm. zu Thietmar; Lit.] – →Boris und Gleb.

2. S. Izjaslavič, Fs. v. →Kiev 1093–1113, * 1050, † 16. April 1113, ☐ Erzengel-Michael-Kirche des Demetrios-

Kl. Kiev. S.s Herkunft aus →Izjaslav Jaroslavičs Ehe mit Gertrud ist ungesichert. Seit 1078 trat S. als Fs. v. →Novgorod auf, das er auch nach dem Tod des Vaters unter →Vsevolod Jaroslavič v. Kiev behielt, um dann 1088 nach →Turov, dem durch den Tod seines Bruders Jaropolk freigewordenen Stammsitz der Izjaslaviči, zu ziehen. Der Tod Vsevolods machte S. nach dem Seniorat (→Senior, III) zum legitimen Fs.en v. Kiev (24. April 1093), wenn auch die aruss. Chronik (→Povest' vremennych let) Spannungen zw. S. und seinem Vetter →Vladimir Vsevolodovič Monomach verrät. S. versuchte ohne endgültigen Erfolg, den früheren Machtbereich des Vaters wiederherzustellen und ganz Volhynien und Novgorod für sich zu gewinnen, indem er sich auf das bei der Fs.ensynode v. →Ljubeč 1097 erstmals formulierte Prinzip des 'Vatererbes' (otčina; →Votčina) stützte. Dieses Ziel bestimmte auch seine internat. Bündnisse (Verheiratung seiner Töchter mit →Bolesław III. v. Polen [1103] und Hzg. Álmos, Bruder Kg. →Kolomans v. Ungarn [1104]). Das Machtsystem unter S. ist durch eine Art Doppelherrschaft von S. und Vladimir Monomach unter Ausklammerung der Söhne →Svjatoslav Jaroslavičs, der Fs.en v. →Černigov →Oleg (2. O.) und David, gekennzeichnet. Die Zusammenarbeit mit Vladimir ermöglichte eine erfolgreiche Politik gegen die Steppennomaden; der Niederlage gegen die →Kumanen (1093), nach welcher der Friede durch S.s Heirat mit einer Tochter des Chāns Tugor erkauft werden mußte, folgten glänzende Siege (1103, 1111). Ungeachtet der langen und insgesamt stabilen Herrschaft blieb der kleinmütige und habsüchtige Fs. in Kiev unbeliebt; die Unruhen, die hier nach seinem Tod ausbrachen und sich v. a. gegen die fsl. Administration und die Juden richteten, lassen einen steigenden fiskal. Druck vermuten. Mit dem Tod S.s schied die Sippe Izjaslav Jaroslavičs aus der Reihe der führenden Fs.en des Reiches aus; der Besitz von S.s Nachkommen blieb auf das Turover Land beschränkt.

A. Nazarenko

Q.: PSRL I, 1928², 174, 200, 207, 217–290, 293; II, 1908², 163f., 191, 199, 208–276, 289 – NPL, 16, 19, 161, 470 – Paterik Kievskago Pečerskago monastyrja, hg. D. I. ABRAMOVIČ, 1911, Slovo 31 – Lit.: SOLOV'EV, IR II, Kap. 3 – A. E. PRESNJAKOV, Knjažoe pravo v Drevnej Rusi, 1909, 46–68.

Svjatoslav. 1. S. Igorevič, Fs. v. →Kiev, * um 942, † Frühjahr 972; Sohn des Fs.en v. →Igor' v. Kiev. Die aruss. Chronik (→Povest' vremennych let) schildert S. als kriegstüchtigen Helden und (trotz der Bemühungen seiner Mutter, Fsn. →Ol'ga, zur Taufe zu bekehren) Feind der Christen. Die selbständige Regierung S.s begann nach 959 mit einer Reihe großangelegter krieger. Unternehmungen: zunächst gegen die →Vjatičen, dann 965 und wahrschein. 969 gegen die →Chazaren (leitete das Ende des selbständigen chazar. Chāganats ein und dehnte den russ. Einfluß auf Gebiete am Don sowie an der Ostküste des Asowschen Meeres [→Tmutarakan'] aus). Die Aktivitäten gipfelten in zwei balkan. Feldzügen v. 968 (Datierung 967 möglich) und 969 (970)–971. Auf diplomat. Anstiftung von Byzanz als russ.-bulg. Krieg begonnen (die aruss. Chronik schreibt S. in diesem Zusammenhang den Plan zu, ein bulg.-russ. Großreich mit 'Perejaslavec an der Donau' als Hauptstadt zu gründen), schlugen sie unter Ks. Johannes I. Tzimiskes in einen Kampf mit Byzanz um, der russischerseits wohl im Bündnis mit Ks. Otto I. geführt wurde. Ob es S. dabei ledigl. um Behauptung der bulg. Erwerbungen ging oder ob er darüber hinaus einen Marionetten-Ks. in Konstantinopel einsetzen wollte (wie Leon Diakonos vermuten läßt), ist nicht zu entscheiden. Nichts von beidem konnte S. jedoch durch-

setzen. Nach dem russ.-byz. Friedensvertrag (Juli 971) mußte er Bulgarien räumen und auf jede Eroberungspolitik im Balkangebiet und im nördl. Schwarzmeerraum definitiv verzichten. Weder dem erhaltenen Vertragstext noch sonstigen Q. ist zu entnehmen, ob bzw. inwieweit dadurch die Vorrechte der russ. Kaufleute in Byzanz, die in den Verträgen v. 907/911 und 944 festgesetzt worden waren, betroffen waren. Auf dem Rückweg nach Kiev fiel S. einem Überfall von →Pečenegen zum Opfer. Die verbreitete Meinung, die S.s Kriege nicht im Sinne eines polit. Programms, sondern als Raubzüge eines typ. Wikinger-Fs.en versteht, muß als hyperkritisch zurückgewiesen werden. A. Nazarenko

Q.: PSRL I, 1928², 63–74; II, 1908², 34, 52–62 – Leonis Diaconi Caloensis hist. libri decem, rec. C. B. HASE, 1828 [passim] – Ioannis Scylitzae Synopsis hist., rec. I. THURN, 1973, 277, 286–291, 294–310 – Lit.: T. M. KALININA, Svedenija Ibn Haukalja o pochodach Rusi vremen Svjatoslava, Drevnejšie gosudarstva na territorii SSSR Jg. 1975, 1976, 90–101 – A. N. SACHAROV, Diplomatija Svjatoslava, 1982 [Lit.] – A. V. NAZARENKO, Rus' i Germanija pri Svjatoslave Igoreviče, Istorija SSSR 1990, 2, 60–74.

2. S. Jaroslavič, Fs. v. →Kiev, * 1027/28, † 27. Dez. 1076, □ Verklärung-Christi-Kathedrale, Černigov; 3. Sohn von →Jaroslav I. d. Weisen und Ingigerd, Stammvater der →Rjurikiden v. →Černigov; ⚭ um 1045 Cäcilia (Herkunft unbekannt; Ungarn?), ⚭ 1. um 1071 Oda (Tochter Idas 'v. Elsdorf', einer Base Ks. Heinrichs IV.); Söhne: von 1.: Gleb, →Oleg (2. O.), David, Roman; von 2.: Jaroslav (v. →Murom und →Rjazan'). Unter dem Vater verwaltete S. Volhynien. Die Teilung des Reiches nach dem sog. Vermächtnis Jaroslavs (rjad; →Senior, III) machte S. 1054 zum zweitstärksten Fs.en der Rus', der über Černigov (mit Murom, ohne Kursk) und →Tmutarakan' verfügte. Offen bleibt, ob das durch Jaroslavs Vermächtnis proklamierte Seniorat des ältesten Bruders →Izjaslav von Anfang an neben einer kollektiven Oberherrschaft von drei Brüdern (Izjaslav, S., →Vsevolod v. Perejaslavl') über das ganze Reich bestand oder ob es erst später (etwa 1060, nach dem Tod zweier jüngerer Brüder) durch eine solche Triarchie verdrängt wurde. Kirchenpolit. hatte diese zur Folge, daß S.s Hauptstadt (wie Vsevolods Perejaslavl') ztw. neben Kiev zur Titularmetropole erhoben wurde. 1068 führten ein Aufstand in Kiev gegen Izjaslav und dessen Flucht nach Polen zu einer territorialen Umverteilung, die S. mindestens →Novgorod einbrachte. Dieses früher dem Fs.en v. Kiev gehörende Land konnte S. auch 1069, nach der Rückkehr Izjaslavs, behaupten, was die Wiederherstellung der Triarchie in der früheren Form unmöglich machte. Der latente Konflikt führte 1073 zu einem direkten Angriff S.s (mit Unterstützung Vsevolods) auf Kiev und zur Vertreibung Izjaslavs. Am 22. März wurde S. Fs. v. Kiev; ob er dabei Černigov behielt oder es Vsevolod abtreten mußte, bleibt fraglich. In den 70er Jahren betrieb S. die Neutralisierung →Bolesławs II. v. Polen, des Verwandten und Verbündeten Izjaslavs. Nach einer Annäherung an Ks. Heinrich IV. verbündete sich S. (wahrscheinl. Frühjahr 1075) aber selbst mit Bolesław und griff (wiederum mit Vsevolod) im Herbst 1075 militär. zugunsten Polens in Böhmen ein. S.s Vorgehen gegen den älteren Bruder führte zu einem Zerwürfnis mit dem einflußreichen Abt des Kiever Höhlenkl. →Feodosij (krit. Darstellung S.s in der →Povest' vremennych let). Mit S.s Namen sind zwei im Original erhaltene Florilegien, die sog. Izborniki S.s aus d. J. 1073 und 1076, verbunden. Der unerwartete Tod S.s (infolge eines mißlungenen chirurg. Eingriffs) führte nach der Rückkehr Izjaslavs nach Kiev zu einem Machtverlust der Familie S.s und zum Tod bzw. zur

Vertreibung seiner Söhne (außer David). Eine begrenzte Restituierung des Erbes S.s erfolgte in der ersten Hälfte des 12. Jh. dank seines Sohnes Oleg und seines Enkels Vsevolod Ol'govič.   A. Nazarenko

Q.: PSRL I, 1928², 149, 161–183, 187, 193, 198f., 247; II, 1908², 137, 149–173, 177f., 185, 189f. – Izbornik Svjatoslava 1073 goda, faksim. izd., hg. L. P. ŽUKOVSKAJA u.a., 1983, fol. 1v [Porträt S.s mit seiner Familie] – V. L. JANIN, Aktovye pečati Drevnej Rusi X–XV vv., I, 1970, Nr. 10–13 [Bleibullen S.s] – Annales Stadenses auctore Alberto, hg. J. M. LAPPENBERG, MGH SS 16, 1859, 319f. – Annales s. Galli, hg. A. SCHÜTZ, MGH SRG NS 18 [im Dr.], s.a. 1072 – *Lit.:* SOLOV'EV, IR II, Kap. 2 – A. E. PRESNJAKOV, Knjažoe pravo v Drevnej Rusi, 1909, 34–46 – V. A. KUČKIN, »Slovo o polku Igoreve« i mežduknjažeskie otnošenija 60-ch godov XI veka, VI, 1985, 11, 19–35 – A. V. NAZAREN-KO, O dinastičeskich svjazjach synovej Jaroslava Mudrogo, Otečestvennaja istorija 1994, 3/4, 181–194.

Švitrigaila (auch Svidrigaila, poln. Świdrigiełło), Gfs. v. →Litauen aus dem Geschlecht der Gediminiden (→Jagiełło, Jagiellonen), * ca. 1370, † 10. Febr. 1452 in Luck, Sohn von →Olgerd, Vetter von →Witowt, mit dem er um den litauischen Thron rivalisierte. Š. verband sich mit dem →Dt. Orden und fand um 1408 vorübergehend bei →Vasilij I. v. Moskau Zuflucht. Nachdem er 1430 zum Gfs.en gewählt worden war, trat er wie sein Vorgänger Witowt für die Selbständigkeit Litauens gegenüber Polen ein und strebte wie dieser nach der Erhebung zum litauischen Kg. Zur Abwehr von poln. Expansionsbestrebungen ging Š. 1431 nochmals ein Bündnis mit dem Dt. Orden ein, was den Verbleib Volhyniens beim Gfsm. zur Folge hatte. Der Orden vermittelte auch Verbindungen zum Konzil v. →Basel, in denen Š. seine Bereitschaft zu einer kirchl. Union bekundete, mit der er eine Konsolidierung des Gfsm.s mit seiner teils orth., teils kath. Bevölkerung erreichen wollte (FORSTREUTER). Im Herbst 1432 unternahm der von Polen unterstützte →Sigismund Kestutovič einen Überfall auf Š. und ließ sich zum Gfs.en ernennen. Dies führte zu einem bis 1438 dauernden Machtkampf. Für Š., dem viele orth. Fs.en und →Bojaren des Gfsm.s angehangen hatten, wirkte sich nachteilig aus, daß Sigismund diese 1434 privilegierte. Eine entscheidende Niederlage erlitten die Truppen von Š. und die ihm beistehenden livländ. Ordenskräfte 1435 in der Schlacht bei Wilkomir. In seinem letzten Lebensjahrzehnt war Š. nur noch Fs. v. Volhynien.   N. Angermann

Lit.: A. LEWICKI, Powstanie Świdrygiełły, 1892 – J. E. v. KOZIELSK-PUZYNA, Switrigail v. Litauen, 1914 – K. FORSTREUTER, Preußen und Rußland, 1955 – H. JABLONOWSKI, Weißrußland zw. Wilna und Moskau, 1955 – Z. IVINSKIS, Lietuvos istorija. Iki Vytauto Didžiojo mirties, 1978.

Swanahild (Seranahilt), bayer. Adlige aus dem Haus der →Agilolfinger, Gemahlin des Hausmeiers →Karl Martell. Dieser brachte 725 von einem Kriegszug nach →Bayern die Gattin des Hzg.s →Grimoald, Pilitrud, und deren Nichte S. an den frk. Hof. Karls Heirat mit S., nach dem Tod seiner Frau Chrotrud, ist als polit. Entscheidung auf dem Weg eines Ausgleichs mit Bayern zu sehen. Dem bald geborenen Sohn →Grifo versuchte S. tatkräftig einen Anteil am väterl. Erbe zu sichern. In dem nach Karls Tod (741) entbrannten Streit setzten sich seine Söhne aus 1. Ehe, →Pippin und →Karlmann, gegen S. durch und verdrängten Grifo aus seinem Erbe; S. wurde als Leiterin des Kl. →Chelles abgefunden. Im Gegensatz zur karol. Propaganda, die die »improba mulier« (Ann. Mett. pr.) zur Konkubine machte, war sie zweifellos rechtmäßige Gattin – das Reichenauer Verbrüderungsbuch verzeichnete sie sogar als »Swanahil regina«.   U. Nonn

Q.: Cont. Fredeg. 12, 25 (MGH SRM II) – Ann. q. d. Einhardi (MGH SRG 6) – Ann. Mettenses priores (MGH SRG 10) – *Lit.:* E. HLA-

witschka, Die Vorfahren Karls d. Gr. (BRAUNFELS, KdG, I), 79 – J. JARNUT, Unters. zur Herkunft S.s, der Gattin Karl Martells, ZBLG 40, 1977, 245–249 – J. JAHN, Hausmeier und Hzg.e ... (Karl Martell in seiner Zeit, hg. J. JARNUT, U. NONN, M. RICHTER, 1994), 317–344.

Swentopluk → Svatopluk

Świdrigiełło → Švitrigaila

Swithun, hl., Bf. v. →Winchester (Fest: 2. Juli; Translation: 15. Juli), † 2. Juli, wahrscheinl. 862; vier Viten sind überliefert: eine in lat. Prosa von Lantfred (um 975), eine in lat. Versen von →Wulfstan d. Cantor (um 996), eine ae. von →Ælfric und eine anonyme in lat. Prosa aus der Mitte des 11. Jh. Nach diesen Viten wurde S. Priester in Winchester. Er war verantwortl. für die Erziehung des künftigen Kg.s Æthelwulf, der ihn wahrscheinl. 852 in Winchester zum Bf. ernannte. Von seinem Episkopat ist nur bekannt, daß er wohltätige Werke tat, Kirchen und eine Brücke in Winchester errichtete. Am 15. Juli 971 veranlaßte Bf. →Æthelwold die Umbettung von S.s Gebeinen von dem ursprgl. Begräbnisplatz vor der Westseite des Old Minster in das Innere der Kirche. Bei einer erneuten Translation wurden sie wahrscheinl. 974 auf zwei verschiedene Schreine verteilt. Diese Translation stand wohl mit dem Umbau der Kirche in Zusammenhang, die nun den ursprgl. Begräbnisplatz S.s einbezog. An dieser Stelle befand sich vermutl. einer der Schreine, der andere am Hochaltar. Nach der norm. Eroberung wurde das Old Minster durch die heutige Kathedrale ersetzt, in die man S.s Reliquien am 15. Juli 1093 überführte, die während des ganzen MA Pilger anzogen. S.s Kult war verbreitet. →Hagiographie, B. VI, VII.   D. W. Rollason

Ed.: E. S. SAUVAGE, S. Swithuni Wintoniensis episcopi translatio et miracula auctore Lantfredo monacho Wintoniensi, AnalBoll 4, 1885, 367–410 – DERS., Vita S. Swithuni Wintoniensis episcopi auctore Goscelino monacho Sithiensi, AnalBoll 7, 1888, 373–380 – Ælfric's Lives of Saints, ed. W. W. SKEAT, EETS OS 76, 82, 1881 – Frithegodi monachi Breviloquium vitae beati Wilfredi et Wulfstani cantoris Narratio metrica de sancto Swithuno, ed. A. CAMPBELL, 1950 – *Lit.:* The Anglo-Saxon Church (Papers on Hist., Architecture and Archaeology i. h. H. M. TAYLOR, hg. L. A. S. BUTLER-R. MORRIS, 1986).

Syagrius. 1. S., Sohn des magister militum per Gallias →Aegidius, beherrschte noch nach der Absetzung des letzten weström. Ks.s →Romulus Augustus (476) das Gebiet um Soissons im Namen Roms. Er erkannte →Odoaker als Kg. v. Italien nicht an und schickte eine Gesandtschaft an den oström. Herrscher →Zenon mit der Bitte um Hilfe, die ihm jedoch versagt blieb. 486 wurde der von Gregor v. Tours als rex Romanorum bezeichnete S. von →Chlodwig besiegt und nach längerer Gefangenschaft getötet. Nach der frk. Völkertafel hatte mit S. Rom die Herrschaft in Gallien endgültig verloren.   R. Klein

Lit.: KL. PAULY V, 440 – A. DEMANDT, Die Spätantike, 1989, 180.

2. S., hl., Bf. v. →Autun seit ca. 561, † an einem 27. Aug. um 600, stammte wohl aus Autun, gehörte einer Familie des →Senatorenadels an. S. nahm als Bf. an mehreren Konzilien teil (Lyon 567 und 583, Paris 573, Mâcon um 581). Er hatte am Kg.shof unter →Guntram und →Brunichild eine angesehene Position inne und gründete gemeinsam mit Brunichild die Abtei St. Martin, ein Frauenkl. St. Maria und ein Xenodochium (Hospital). Papst →Gregor d. Gr., der dem Bf. die Abhaltung eines Konzils zur Reform der gall. Kirche übertragen wollte, wies ihn an, den hl. →Augustinus bei der Englandmission zu unterstützen, und verlieh ihm (und seinen Nachfolgern) 599 das →Pallium, zugleich den ersten Rang innerhalb der Kirchenprovinz →Lyon (nach dem Ebf.). Anläßlich der Restauration der Kirche und der »domus ecclesiae« v. Autun empfing Bf. S. von →Venantius Fortunatus Verse, die den

Fußboden der Kathedrale schmücken sollten. Als hochangesehener Bf. fand S. Eingang in das Martyrologium Romanum.   J. Richard

Lit.: LThK² IX, 1201 – AASS Aug. VI (1743), 84–0 – Bibl. SS IX, 1016–1018 – J. RÉGNIER, Les évêques d'Autun, 1988.

Syllogismus → Schlußmodi

Symbol

I. Allgemein. Symbol und Allegorie in der Forschungsgeschichte; kunstgeschichtlicher Aspekt – II. Philosophie und Theologie.

I. ALLGEMEIN. SYMBOL UND ALLEGORIE IN DER FORSCHUNGSGESCHICHTE; KUNSTGESCHICHTLICHER ASPEKT: So schillernd, wie Entstehungsgesch., Inhaltsbestimmung und Verwendung des Begriffs S. in der Antike waren, blieb sein Gebrauch nicht nur im MA, sondern bis heute. Da die Beurteilung der Aussagen ma. Q. stets auch davon abhängt, wie ein moderner Beobachter S. definiert und von anderen Zeichen und Bedeutungsträgern abgrenzt, v.a. →Allegorie, →Personifikation und Typos (→Typologie), gibt es in der Forschungslit. kein einheitl. Bild des ma. S.gebrauchs (zum Einfluß der jeweiligen S.auffassung auf die Lesung des S.gebrauchs früherer Zeit vgl. MEYER, 1988, 116; zum terminolog. Wandel in der Forschungslit. der letzten Jahre s.u.). Der Begriff Symbolon (gr. σύμβολον, von symballein ʻzusammenwerfen, -fügenʼ) konnte sich auf die Entsprechung der Teile eines zuvor auseinandergebrochenen Erkennungszeichens beziehen (als Zeichen eines bes. Verhältnisses zw. Personen), aber auch auf andere natürl. oder verabredete Zeichen mit Bedeutungsfunktion. Daß der Terminus zumindest in der Spätantike sehr weite Bedeutung hatte, geht aus Mitteilungen des Porphyrios und Jamblichos über die Bildersprache des Pythagoras »in S.en« hervor, denn die von ihnen angeführten Beispiele entsprechen der allegor. Mythenerklärung und Homerexegese (PÉPIN, 95f.; ebd. passim Stellen aus Philon und frühchr. Autoren, in denen auch bibl. Allegorien und typolog. Bezüge als »S.e« bezeichnet sind; vgl. auch LAMPE, 1281f. s.v. συμβολικός, συμβολικῶς und σύμβολον). Die chr. Wortbedeutung schloß schon im 3. Jh. auch Glaubensbekenntnisse ein (→Symbolum).

Obwohl sich in frühchr. und ma. Texten zu Bedeutungsfragen aus dem Wortgebrauch (u.a. *signa, figurae*) meist keine Unterscheidung zw. Allegorie und S.ik ergibt, läßt sich mit DE BRUYNE, SCHMIDTKE und MEIER 1977 aufgrund der inhaltl. Tendenzen der Autoren als S.ik jener Teil der Naturdeutung bezeichnen, der von neuplaton. Analogiedenken beeinflußt war und meist auf Paulus zurückgeführt wurde: »Seit Erschaffung der Welt wird seine (d.h. Gottes) unsichtbare Wirklichkeit an den Werken der Schöpfung mit der Vernunft wahrgenommen, seine ewige Macht und Gottheit« (Röm 1, 20). Bei →Augustinus, Pseudo-Dionysius (→Dionysios Areopagites), →Johannes Scotus Eriugena, →Hugo v. St-Victor und anderen ma. Autoren wurde dargelegt, wie durch Intuition und Kontemplation aus den Eigenschaften der göttl. Schöpfung Gott selbst erkannt werden könne, z.T. mit Benennung von Erkenntnisstufen in Entsprechung zu den Stufen des Wirklichen. Alles Geschaffene ist also ein S. Gottes; die S.funktion beruht auf einem Verhältnis der →Analogie. Dagegen sind das Fehlen einer solchen Verknüpfung und die darauf beruhende Vielfalt der Bedeutungsmöglichkeiten deutl. Kennzeichen der Allegorie: Der Löwe konnte Christus und den Satan, verschiedene Hl.e, den Barmherzigen und den Weltmenschen bedeuten. Hinzu kommt gegenüber der intuitiven Deutung von S.en die Rationalität der Deutung von Allegorien. Wenn

man die ma. Weltdeutung und Zeichensprache so aufteilt, daß bei der Allegorie ein rationales Verhältnis zw. dem sprachl. bzw. künstler. Bild oder Zeichen und seinen nicht in notwendigem Zusammenhang mit ihm stehenden und möglicherweise vielschichtigen Bedeutungen besteht, für das S. jedoch eine durch Natur, Mythos oder religiösen Glauben vorgegebene Beziehung zu übersinnl. Bedeutung und eine Vergegenwärtigung transzendentaler Wirklichkeit angenommen wird, müssen S.e zwangsläufig auf allen sprachl. und künstler. Ebenen seltener gewesen sein. Dementsprechend wurde oben unter →Farbsymbolik allgemein als Aufgabe eine auf ma. Autoren gestützte Erforschung der allegor. Bedeutungen von Farben unter Verzicht auf den S.begriff bezeichnet; bei den dort angeführten Auslegungsbeispielen ist bes. interessant, wie unterschiedl. Bedeutungen für die bisher in der Lit. gern als Beispiel natursymbol. Farbgebung angeführte Farbe Rot nachzuweisen sind. In vielen einschlägigen Beiträgen dieses Lexikons läßt sich das Überwiegen ma. Allegorien und allegor. Zeichen und Sinnbilder gegenüber S.en deutlich ablesen. Daß z.B. die aus den Vier apokalypt. Wesen abgeleiteten →Evangelistensymbole nicht als symbol., sondern als allegor. anzusehen sind, läßt sich aus ihrer anfangs wechselnden Zuordnung ebenso erkennen wie aus ihrer häufigen Verwendung als Attribute der Evangelisten (vgl. auch →Architektur-, →Braut-, →Buchstaben-, →Ornament, →Rechts- und →Tiers.ik, →Christuss.e und →Licht). Aufschlußreich für diese Entwicklung ist z.B. auch ein Vergleich der Aufsätze von GROSSMANN und MEYER-SUNTRUP. Allerdings hatte bereits DE BRUYNE zugeben müssen, daß sich der soeben skizzierte Unterschied zw. S. und Allegorie z.B. bei Johannes Scotus nicht aus einzelnen Texten ergibt, sondern nur aus dem Gesamtwerk (344f.); z.B. nennt dieser im Komm. zu Joh (MPL 122, 344f.) die beiden Fische der Brotvermehrung S.e des AT und NT; weitere Beispiele des S.begriffs als Bezeichnung für atl. und ntl. Allegorien: Exposit. in ierarch. cael. (CChr, cont. med. 31) 1, 410f.; 8, 335–337; 15, 593–595. Die Definition des S.s, die Hugo v. St-Victor in Buch 7 seiner Expositio zum selben Werk des Pseudo-Dionysius gab, war ebenso unpräzise (MPL 175, 1053f.). Die Bevorzugung des Begriffs der Allegorie für ma. übertragene Bedeutungen in der jüngsten Forschungslit. läßt sich übrigens nicht nur auf Erkenntnisfortschritte zurückführen, sondern auch als Reaktion auf den vorausgehenden »inflationären und ideolog. aufgeladenen Gebrauch des S.begriffs« (KURZ, 66; vgl. MEIER, 1976, 9) erklären. Z.B. waren die verschiedenartigen, bei Augustinus, Pseudo-Dionysius und ma. Autoren als *signa, figurae, allegoriae* oder *sacramenta* benannten Bedeutungsträger als S.e angesehen und die AT/NT-Typologie als hist. S.ismus bezeichnet worden (CHYDENIUS); man hatte sogar von Allegorien gesprochen, die S.e enthalten, zu denen auch Personifikationen gehören (HERMERÉN 123).

Auch auf kunstgesch. Gebiet wurden Bildzeichen und -allegorien verschiedenster Art unter dem S.begriff zusammengefaßt (CHAMPEAUX-STERCKX). In diesem Zusammenhang gehört auch der umfassende S.begriff CASSIRERS (vgl. POCHAT, 128–134). Solcher Pan-S.ismus, der in Handbüchern weiterlebt (z.B. BECKER, LADNER) hat eine längere Vorgesch., die nur angedeutet werden kann. Obwohl die Aussagen einzelner Autoren der dt. Klassik und Romantik sehr unterschiedl. und z.T. widersprüchl. sind und S. und Allegorie teils synonym, teils als Gegenbegriffe verwendet wurden, läßt sich als Grundtendenz seit dem späten 18. Jh. eine Überschätzung des S.s gegenüber der

Allegorie feststellen. Während letztere Zeichen umfaßt, die keinen unmittelbaren Zusammenhang mit dem von ihnen Bedeuteten haben und die daher in Verwendung wie Deutung dem Vernunftbereich angehören, wird das S. sinnl.-intuitiv geschaut und begriffen, es repräsentiert in lebendiger Vergegenwärtigung und Teilhabe eine allg. Idee. Wie unterschiedl. solche Idee im Bereich von Natur, Leben, Philosophie und Religion sein konnte, läßt sich z. B. bei Goethe erkennen. Unter den verschiedenen Definitionen, die er (in zeitl. Entwicklung) für das S. gab (SØRENSEN, 1963; TITZMANN, BINDER), z. T. in Abgrenzung von der Allegorie und mit Erläuterung durch Beispiele, finden sich Äußerungen, die in die Richtung einer S.definition als »lebendig-augenblickliche Offenbarung des Unerforschlichen« (Maximen und Reflexionen Nr. 752) gehen; in der vielzitierten Unterscheidung von Allegorie und S.ik ist nur bei letzterer die Idee unerreichbar (ebd. Nr. 749f.). Allerdings sind Ideen keineswegs ausschließl. transzendental zu verstehen; doch gibt es auch Stellen in Goethes Schriften, in denen die Funktion des S.s in einer Weise bestimmt wird, die den oben erwähnten theol. Äußerungen nahe kommt: »Das Wahre, mit dem Göttlichen identisch, läßt sich niemals von uns direkt erkennen: wir schauen es nur im Abglanz, im Beispiel, S., in einzelnen und verwandten Erscheinungen…« (Versuch einer Witterungslehre; vgl. POCHAT, 31, BINDER, 158).

Die Hochschätzung des S.begriffs in der dt. Klassik wurde in der Romantik zur Überschätzung: das S. galt als allein legitimer Bildausdruck eines Übersinnlichen, das es nicht nur abbildet, sondern selbst enthält, während die Allegorie als rationale Methode der Veranschaulichung von Abstraktem verächtlich abgetan wurde (NIKLEWSKI, 5; POCHAT, 37f.). Daß daher bis weit ins 20. Jh. hinein möglichst jede übertragene Äußerung, jedes sinnbildl. Zeichen und jede allegor. Darstellung als symbol. eingeordnet wurde, ist verständlich. Hier bahnt sich, wie oben erwähnt, auch in Bezug auf die Beurteilung ma. Lit. und Kunst eine Änderung an.   J. Engemann

Lit.: E. DE BRUYNE, Études d'esthétique médiévale I/3, 1946 – U. GROSSMANN, Stud. zur Zahlens.ik des FrühMA, ZKTH 76, 1954, 19–54 – J. PÉPIN, Mythe et Allégorie, 1958 – J. CHYDENIUS, The Theory of Medieval Symbolism, 1960 – B. A. SØRENSEN, S. und S.ismus in den ästhet. Theorien des 18. Jh. und der dt. Romantik, 1963 – D. SCHMIDT-KE, Geistl. Tierinterpretation in der deutschsprachigen Lit. des MA (1100–1500), 1968 – H. DÖRRIE, Spätantike S.ik und Allegorese, FrühmaStud 3, 1969, 1–12 – G. HERMERÉN, Representation and Meaning in the Visual Arts, 1969 – U. WEINBRUCH, 'Signum', 'Significatio' und 'Illuminatio' bei Augustin (Der Begriff der repraesentatio im MA, hg. A. ZIMMERMANN, 1971), 76–93 – CH. MEIER, Überlegungen zum gegenwärtigen Stand der Allegorie-Forsch., FrühmaStud 10, 1976, 1–69 – J. PÉPIN, Aspects théoriques du S.isme dans la tradition Dionysienne (Simboli e simbologia nell'alto medioevo [Sett. di studio 23], 1976), 293–329 – U. ECO, Zeichen, 1977 – CH. MEIER, Gemma spiritalis, 1, 1977 – H. MEYER–R. SUNTRUP, Zum Lex. der Zahlenbedeutung im MA, FrühmaStud 11, 1977, 1–73 – M. LURKER, Wörterbuch der S.e, 1979 – P. MICHEL, Tiere als S. und Ornament, 1979 – G. NIKLEWSKI, Versuch über S. und Allegorie, 1979 – B. A. SØRENSEN, Die 'zarte Differenz', S. und Allegorie in der ästhet. Diskussion zw. Schiller und Goethe (Formen und Funktionen der Allegorie [Symposion Wolfenbüttel 1978], hg. W. HAUG, 1979), 632–641 – M. TITZMANN, 'Allegorie' und 'S.' im Denksystem der Goethezeit, ebd., 642–665 – G. POCHAT, Der S.begriff in der Ästhetik und Kunstwissenschaft, 1983 – E. CASSIRER, S., Technik, Sprache, hg. E. W. ORTH–J. M. KROIS, 1985 – Les règles de l'interprétation, hg. M. TARDIEU, 1987 – G. KURZ, Metapher, Allegorie, S., 1988² – W. BINDER, Das 'offenbare Geheimnis'. Goethes S.verständnis (Welt der S.e, hg. G. BENEDETTI–H. RAUCHFLEISCH, 1988), 146–163 – F. MEYER, Das S. in der bildenden Kunst (ebd.), 113–130 – G. DE CHAMPEAUX–D. S. STERCKX, Einführung in die Welt der S.e, 1990 – U. BECKER, Lex. der S.e, 1992 – G. B. LADNER, Hb. der frühchr. S.e, 1992 – Weitere Lit. →Allegorie.

II. PHILOSOPHIE UND THEOLOGIE: [1] *Allgemein:* Frühchristentum und MA haben keine ausgearbeitete S.theorie. Dennoch sind das gesamte Wahrnehmen, Empfinden und Denken im Sinne von 1 Kor 13, 12 weitgehend 'symbolisch' geprägt. Dabei sind die Grenzen zu →Allegorie, Typologie, Metapher, Bild, Zeichen fließend (s. Abschn. I). Von der Wortbedeutung *symballein* ('zusammenwerfen') her fungiert S. in der Antike als Erkennungszeichen und hat als solches vorrangig jurist. Bedeutung, findet aber auch im religiösen Zusammenhang Verwendung (vgl. DSAM XIV/3, 1364–1366; LAW, 2954–2955). Über die Vermittlung neuplaton. Philos. (Plotin) erfährt der Begriff des S.s eine umfassendere Bedeutung und vielfältigere Verwendung. Dabei sind im wesentl. zwei Bedeutungszusammenhänge zu unterscheiden: a) im Kontext philos. und theol. Reflexion, und hier einerseits im Zusammenhang der Schriftinterpretation (→Bibel), andererseits für all jene Bereiche, in denen eines (Sichtbares) auf ein anderes (Unsichtbares) verweist, u.a. i. spez. in Anwendung auf →Sakrament (vgl. LAMPE, 1281f.); b) in stärkerer Anlehnung an den antiken Gebrauch im Sinne von Bekenntnis. Das 'Konzept' des S.s erlaubt es ma. Reflexion, alle Dinge als vielfältig, kaleidoskopartig aufeinander bezogen u. schließl. (hierarch.) geordnetes Ganzes zu begreifen u. letztlich stets im Lichte einer höheren Wirklichkeit zu erkennen u. zu begründen. Dies garantiert einerseits die Würde des konkret Erfahrbaren, verweist es aber gleichzeitig auf ein anderes, transzendentes Sein. Dabei lassen sich für dieses relationale Weltverständnis mehrere Marksteine u. Traditionsstränge unterscheiden.

[2] *Osten:* Eine wichtige Grundlegung symbol. geprägter Reflexion liegt sicher in dem von den Alexandrinern entwickelten Modell des vierfachen Schriftsinns (→Bibel), das sowohl von östl. als auch westl. Tradition aufgenommen und auch auf andere Bereiche ausgedehnt wird. Daneben entfaltet →Ephraem Syrus eine eigene Theol., nach der sich Gott in einer Fülle von Typen, S.en, Bildern, Parabeln und Zeichen in Schöpfung und Offenbarung kundtut. Seine lit. geprägte Sprache ist demnach nicht nur Reflex semit.-aram. Kultur, sondern Ausdruck einer Erkenntnishaltung. Für seine breite Rezeption zeugen nicht nur gr. Nachdichtungen, sondern auch bis ins 7. Jh. zurückreichende Hss. innerhalb der lat. Überlieferung (vgl. SCHMIDT–GEYER, 1982).

[3] *Westen:* Eine weitere Stütze symbol. Denkens bietet →Augustins Zeichentheorie, die wohl ebenfalls im Hinblick auf die rechte Schriftauslegung ausgearbeitet wurde, darüber hinaus aber eine auf weitere Bereiche anwendbare Zeichendefinition bietet: im Unterschied zur *res*, die nur ist was sie ist, dient ein *signum* dazu, etwas anderes zu bezeichnen, wobei nochmals zw. natürl. und künstl. Zeichen zu unterscheiden ist. »Gott veranlaßt durch ein äußeres Zeichen, daß derjenige, der es wahrnimmt, sich auf sich besinnt und aufgrund der Erleuchtung seiner mens den Bedeutungsgehalt der Vorstellung des Wahrgenommenen entweder sofort einsieht oder einzusehen sucht. Erst die Erkenntnis seiner Bedeutung rechtfertigt das Verständnis von etwas als eines Zeichens.« (De doctr. christ. I, II, 2; II, I, 1–2; De mag. 33; Ep. 55, 11, 21; vgl. U. WIENBRUCH, 'Signum', 'significatio' und 'illuminatio' bei Augustin [ZIMMERMANN, 1971, 76–93, zit. 88]). Eine weitere Q. bietet →Boethius, insbes. mit seiner Schrift »De Musica«. Über ihn gelangt die platon. (Timaios) pythagor. Tradition, nach dem der Begriff der Proportion konstitutive, sowohl ästhet. als auch ontolog. Relevanz zukommt, in ma. S.konzepte. Dieser Strang wird nicht nur von der Schule v. →Chartres aufgegriffen, sondern

findet sich auch in den vielfältig durchgespielten Mikro-Makrokosmos-Entsprechungen. Von nicht zu unterschätzender Bedeutung für ma. S.verständnis ist schließlich das Corpus des Ps.→Dionysius Areopagita. Diesem neuplaton. Denken proklischer Prägung gelingt es, eine durch Emanation und Partizipation im Einen gründende symbol. Metaphysik zu entwickeln, nach der die in diesem Sinne symbol. begriffene Wirklichkeit stets über sich hinausweist und darin zur göttl. Schau hinaufzuführen vermag (De coel. hier. II, 1; De eccl.hier.; Div. nom. I, 4 [MPL 3, 622]; vgl. SEMMELROTH [1952/1954]). Durch die Übermittlung des Joh. Scotus (Eriugena) (s. u.) fand diese im MA weite Verbreitung und Aufnahme.

[4] *Fortwirken dieser Traditionen im MA:* Eine spezif. Form symbol. Weltverständnisses stellen die Enzyklopädien dar. Nach dem Vorbild des →Physiologus wird das gesamte zur Verfügung stehende Wissen existierender wie erfundener Dinge in akkumulierender Weise zusammengefügt und in einem weitgehend freien Spiel allegor. und symbol. Bezüge aufeinander und schließlich auf eine höhere Realität bezogen. Selbst die für das MA wohl einflußreichste Wissensslg., die »Etymologiae« des →Isidor v. Sevilla, ordnet ihre Stoffe nach einer nur oberfläch. Systematik, sucht den Dingen vielmehr mit Hilfe der etymolog. Bedeutung der Worte auf den Grund zu gehen und darin letztl. Wissen und Glauben zu vermitteln (vgl. E. GRAUBMÜLLER, Etymologie als Schlüssel zur Welt? Bemerkungen zur Sprachtheorie des MA [FROMM, 1975, I], 209–230). Sehr viel konsequenter begegnet die Verweisstruktur der gesamten Wirklichkeit bei →Johannes Scotus (Eriugena). Indem Gott als überwesentl. Einheit einerseits die Essenz der Dinge, andererseits aber ihnen überhoben ist, kann alles zum S. werden, ja gibt es letztlich nichts Sichtbares und Körperliches, das nicht gleichzeitig etwas Unkörperliches und Intelligibles bedeutet (Div. nat. III, 6; V, 3; Super hier. cael. S. I, 1 [MPL 122, 129]; II). Der metaphys. Symbolismus verbindet sich mit einer kosm. Allegorik, was jeden Transitus nicht etwa unter heilsgesch. eschatolog. Perspektive, sondern als einen direkten Übergang vom Sinnl. zum Intelligiblen begreifen läßt. Dichter., nahezu hymn. Ausdruck findet dieses Verständnis in →Alanus' ab Insulis, »Omnis mundi creatura«.

Letzterer weist auf die Schule v. →Chartres. Hervorgehoben sei →Wilhelms v. Conches Kommentierung von →Macrobius' Komm. zu Ciceros Somnium Scipionis, in der er unterschiedl. Arten symbol. Denkens differenziert. Während auch jener davon spricht, daß die Natur eine offene, nackte Entblößung ihrer selbst hasse, gegenüber erdichteter Erzählung im Unterschied zu philos. Wahrheit aber skeptisch bleibt, entwickelt jener ein ausgefeiltes integumentum-Konzept, in dem fabula und imago unterschiedl. Funktionen im Bergen und Hervorbringen von Wahrheit zukommen (vgl. P. DRONKE, Eine Theorie über 'fabula' und 'imago' im 12. Jh. [FROMM, 1975, II], 161–176). In stärker eriugen. Tradition stehen die Viktoriner. →Hugo v. St. Viktor begreift die Welt als ein von Gott geschriebenes Buch, in dem alle sichtbaren Gegenstände in symbol. und bildl. Weise zur Bezeichnung und Erklärung der unsichtbaren dienen (Erud. didasc. VII, 4; De microcosmo II, 80; In hier. coel. expos. II [v.a. MPL 175, 141.154]; In eccl. 2; 10 [ebd. 139–144; 173–174]; De sacr. I, 2, 6; I, 3, 28; I, 6, 2; vgl. SCHÜTZ, Ch. 1967). Ähnlich haben für →Richard v. St. Victor alle Dinge eine Ähnlichkeit mit einem unsichtbaren Gut, und vermag die contemplatio im Zusammenspiel der Erkenntnismodi den S.gehalt der Wirklichkeit zu ergründen (Benj. maior II, 12; I, 3. 6; Benj. minor 18; 22; vgl. KÄMMERLINGS [1994]).

Mit →Petrus Lombardus kündet sich eine neue Phase ma. Reflexion zur Bedeutung von S./Zeichen an, indem er am Beginn seiner Sentenzen die augustin. Unterscheidung von res und signa einführt (I Sent d1 c1) und damit Weichen für die Gegenstandsbestimmung der Theol. der Hochscholastik stellt (s. u.). Steht →Bonaventura wohl noch in der Linie des 'l'âge du symbol' (CHENU) des 12. Jh. mit der grundlegenden Maxime 'per visibilia ad invisibilia', so bindet er dieses Modell an eine wesentl. heilsgesch. geprägte Struktur und reflektiert an einigen Stellen explizit den rechten Gebrauch der Zeichen. Grundlage der Beziehung ist die similitudo. »Das Zeichen, das ... zum Symbol wird, in dem das Bezeichnete auf Grund der similitudo schon approximativ ergriffen werden kann, wird für Bonaventura zu einem umfassenden Offenbarungsmittel, das in der göttl. expressio der Trinität grundgelegt ist und in der Schöpfungsoffenbarung seine große Ausgestaltung erfährt.« (Hex. XXIII, 12.14; Brev. prol. 3; Itin II, 11; I Sent d46 au q4; IVSent d24 p2; vgl. LEINSLE, 1976, zit. 12). →Thomas v. Aquin äußert sich kritisch gegenüber allem Dichtwerk, spricht aber gleichzeitig von der Möglichkeit sinnbildl. Ausdrucks (S.th. I/II, 101, 2 ad 2; I, 1, 10 resp; Quodl. VII, 6, 15; s.u.).

Ein Nachwirken dieses, wesentl. (neu)platon. S.konzeptes findet sich vornehml. in den Bereichen der Mystik und Lit. Meister →Eckhart reflektiert die göttl.-geschöpfl. Relationen vorwiegend unter den Begriffen des 'bildens', was allerdings im Zuge seiner Realisierung zunehmend zur Aufhebung tendiert, im Sinne der Gottesgeburt in der menschl. Seele den Bildbegriff überflüssig werden läßt (vgl. A. M. HAAS, Meister Eckharts myst. Bilderlehre [ZIMMERMANN, 1971], 113–138). Bei →Dante findet sich ein Reflex dieses Konzeptes nicht nur in einer Übertragung des vierfachen Schriftsinns auf die Dichtung (Epistola XIII; Il Convivio II, 1), sondern ist insbes. die Divina Comedia von vielfachen symbol. Bezügen geprägt. Dies reicht von einer die Werkstruktur bestimmenden Zahlensymbolik über immer neue Aspekte des Weiblichen bis zu einem von unterschiedl. Figurationen getragenen, letztlich der göttl. Liebe entsprungenen, umfassenden Weltbild. Schließlich begegnet es erneut im Kontext des florent. Neuplatonismus, herausragend in Marsilio →Ficinos »In Convivium Platonis sive de Amore«, einer platon., plotin und christl., zudem ins Ethische, Astrologische und Metaphysische geweiteten Eroslehre, die über die höf. Liebeslyrik weiterwirken wird.

[5] *Abweichungen:* Innerhalb dieses weiten und vielfältig differenzierten Feldes symbol. Weltauffassung stellen mitunter die Schriften von Frauen einen nochmals spezif. Beitrag dar. Diese zeichnen sich u.a. vor allem dadurch aus, daß sie 'weibl.' Begriffen, Allegorien, S.en, Bildern eine bes. Rolle zuweisen und damit, wohl im jeweiligen Überlieferungskontext, bestehende Zusammenhänge aufbrechen und neue Bezüge schaffen. Genannt sei etwa →Hildegard v. Bingen, die durch Umwertung traditioneller Zuweisungen etwa der Elemente, durch Einführung weibl. Begriffe und Bilder auch für das Göttliche, nicht zuletzt durch die Zusammensetzung einer Vielzahl einzelner Sinnträger eine eigene Weltsicht baut, die sich als solche von vergleichbaren symbol. allegor. Entwürfen abhebt (vgl. CH. MEIER, Zwei Modelle von Allegorie im 12. Jh. [HAUG, 1979], 70–84; NEWMAN, 1981; SCHMIDT, 1995). Vergleichbar bietet →Mechthild v. Magdeburg die Form 'allegorischer Allegorese', bei der der jeweilige S.gehalt stärkere Selbständigkeit erlangt, eine Möglichkeit subjektivierender und dogmenüberschreitender Aneignung der Heilswahrheiten und somit einen Spielraum

innerhalb chr.-orth. Weltanschauung (vgl. H.-G. KEMPER, Allegor. Allegorese [HAUG, 1979], 90–109; SCHMIDT, 1995). (De)Konstruktion der Überlieferung mit Hilfe symbol. Gestaltungsformen findet sich in konsequenter Weise bei →Christine de Pisan, insbes. im »Livre de la Cité des Dames« (vgl. ECHTERMANN [1994]).

[6] *Neuansätze:* Im Zuge der →Aristoteles-Rezeption des 13. Jh. tritt eine neue Fragestellung in Hinblick der Bedeutung von Zeichen ins Zentrum des Interesses: der Zusammenhang von signum – conceptus – res bzw. Semantik – Erkenntnistheorie – Ontologie. Die Frage, was durch das Zeichen/den Terminus ins Bewußtsein komme, ist seit Aristoteles (De Int. 16a 3–8) gestellt und durch Boethius' Komm. (»constituit intellectum«) dem MA überliefert (AL II, 1–2). →Thomas v. Aquin begreift den 'conceptus intellectus' als dasjenige, was der Verstand zur Erkenntnis der Dinge formt (S. th. I, 13, 1 resp; Exp. super librum Boethii De Trin. q3 a3 obj3; vgl. WEIDEMANN, 1975). In der Spätscholastik wird dies zur Frage nach der Seinsqualität des Conceptus und damit in Zusammenhang eine Frage nach den Universalien. Im einzelnen ausgearbeitet findet sich dieser Problemkomplex bei →Wilhelm v. Ockham, der grundlegend zw. natürl. und willentl. eingesetzten Zeichen unterscheidet, wobei bei ersteren zw. Zeichen und Sache eine Ähnlichkeitsrelation besteht, während letztere die Funktion haben, direkt auf diese zu verweisen (vgl. SCHULTHESS, 1992). Die grundlegende Frage allerdings, was ein Zeichen erkennen lasse, wird über das MA hinaus zu einer zentralen Frage der Semiotik.   M. Leisch-Kiesl

Q.: [s. Text] – Bibliogr.: M. LURKER, Bibliogr. zur S.kunde, I–II, 1964–66 – W. BIES, Bibliogr. zur S.ik, Ikonographie und Mythologie, 1–24, 1968–91, Generalregister zu 1–20 – Lit.: A. BLAISE, Lex. latinitatis medii aevi [CChrCM], 1975, 897 – J. CHEVALIER, Dict. des s.es, mythes, rites…, 1969 [Bibliogr. 827–844] – DSAM XIV/3, 1364–1383 – LAMPE, 1281–1282 – LAW 2992–2955 – Wb. der Feminist. Theol., 1991, 390–396 – Symbolon. Jb. für S.forsch. 1, 1960, – 7, 1971, NF 1, 1972 – W. KUYPERS, Der Zeichen- und Wortbegriff im Denken Augustins, 1934 – C. SEMMELROTH, Die theologia symbolike des Ps. Dionysius Areopagita, Schol 27, 1952, 1–11 – DERS., Die Lehre des Ps. Dionysius vom Aufstieg der Kreatur zum göttl. Licht, ebd. 29, 1954, 24–52 – R. A. MARKUS, St. Augustin on Signs, Phronesis 2, 1957, 60–83 – CH. SCHÜTZ, Deus absconditus – Deus manifestus. Die Lehre Hugos v. St. Viktor über die Offenbarung Gottes, 1967 – H. DÖRRIE, Spätantike S.ik und Allegorese, FMASt 3, 1969, 1–12 – C. P. MAYER, Die Zeichen in der geistigen Entwicklung und in der Theol. des jungen Augustin, 1969 – U. KREWITT, Metapher und trop. Rede in der Auffassung des MA, 1971, v. a. Kap. 14 – Der Begriff der Repraesentatio im MA. Stellvertretung, S., Zeichen, Bild (Misc. Mediaevalia 8), hg. A. ZIMMERMANN, 1971 – J. CHYDENIUS, La théorie du s.ism médiéval, Poétique 23, 1975, 322–341 – H. WEIDEMANN, Metaphysik und Sprache. Eine sprachphilos. Unters. zu Thomas v. Aquin und Aristoteles, Symposion 52, 1975 – Verbum et Signum. hg. H. FROMM u.a., I–II, 1975 – U. G. LEINSLE, Res et Signum. Das Verständnis zeichenhafter Wirklichkeit in der Theol. Bonaventuras, VGI 26, 1976 – CH. MEIER, Überlegungen zum gegenwärtigen Stand der Allegorieforsch., FMASt 10, 1976, 1–69 – G. R. LADNER, Medieval and Modern Understanding of S.ism; Speculum 54, 1979, 223–256 – Formen und Funktionen der Allegorie, hg. W. HAUG, 1979 [Bibliogr. 739–775] – F. ZAMBON, Allegoria in verbis: per una distinzione tra simbolo e allegoria nell'ermeneutica medioevale, Quaderni del circolo filolog. linguist. padovano 11, 1980, 73–106 – B. J. NEWMAN, O feminea forma. god and woman in the works of St. Hildegard, 1981 – Typus, S., Allegorie bei den östl. Vätern und ihre Parallelen im MA, hg. M. SCHMIDT-C. GEYER, 1982 (Eichstätter Beitr. 4, Abt. Philos. und Theol.) – F. OHLY, Schr. zur ma. Bedeutungsforsch., 1983 – U. ECO, Kunst und Schönheit im MA (dt. 1987) – P. SCHULTHEISS, Sein, Signifikation und Erkenntnis bei Wilhelm v. Ockham, 1992 – G. KURZ, Metapher, Allegorie, S., 1993³ – A. ECHTERMANN, Christine de Pizan und ihre Hauptwerke zur Frauenthematik (Kennt der Geist kein Geschlecht?, hg. E. GÖSSMANN, Archiv für philosophie- und theologiegesch. Frauenforsch. 6, 1994),

1–75 – R. KÄMMERLINGS, Mystica arca. Zur Erkenntnislehre Richards v. St. Viktor in De gratia contemplationis (Ma. Kunsterleben nach Q. des 11. bis 13. Jh., hg. G. BINDING–A. SPEER, 1994), 76–100, Text 101–115 – M. SCHMIDT, Tiefe des Gotteswissens – Schönheit der Sprachgestalt bei Hildegard v. Bingen (Mystik in Gesch. und Gegenwart, I/10, 1995) – Mechthild v. Magdeburg, Das fließende Licht der Gottheit, Übers. mit Einf. v. M. SCHMIDT (ebd., I/11, 1995).

Symbolismus, Deutscher. Unter der Bezeichnung »Dt. Symbolismus des 12. Jh.« werden in der philos. und theol. Forschung (A. DEMPF, H. D. RAUH, W. BEINERT u. a.) eine Reihe von Gelehrten des 12. Jh. vorgestellt, die einen ganz unterschiedl. Ort in der Geistesgeschichte haben, deren Denkform aber als S. gekennzeichnet wird: die Geschichtstheologen →Anselm v. Havelberg († 1158) und →Otto v. Freising († 1158); die Reformtheologen →Rupert v. Deutz († 1129/30), →Honorius Augustodunensis († Mitte des 12. Jh.), →Gerhoch v. Reichersberg († 1169) und →Hildegard v. Bingen († 1179). Der S. dieser Theologen gründet im (christl.) Glauben an den Gott-Logos Jesus Christus, der vor allen, über allen und in allen Dingen gründet. Der S. bewältigt die Dualität der Welterfahrung und des Glaubensbewußtseins in einer spirituellen Schau des Gegensätzlichen in der umgreifenden Schöpfungs- und Heilsordnung. Die »concordantia discordantium« wird nicht mit der Anstrengung des Begriffs und der Dialektik, sondern in einer theol. Ästhetik erreicht.   L. Hödl

Lit.: A. DEMPF, Sacrum imperium…, 1929, 1962³ – H. D. RAUH, Das Bild des Antichrist im MA: Von Tyconius zum Dt. S., BGPhMA 9, 1973.

Symbolum. Das Wort S. kommt von σύμβολον und bedeutet Erkennungszeichen, »tessera«, Glaubensbekenntnis und Initiationsformel. Die Kirchenväter, beginnend mit Ambrosius, Augustinus und Rufinus, bezeichneten mit S. jene regula professionis oder regula fidei, die als Zusammenfassung des wahren Glaubens für die →Taufe notwendig waren. Die älteren Kirchenväter – v. a. die Apologeten – verwendeten für das S. regula veritatis, doctrina fidei, tessera, sacramentum (Irenaeus, Adv. haeres. III, 9, 4; Tertullianus, De praescriptione 6; Cyprian, EP. 69, 7; Hippolytus, Trad. apostolica, 21). Im Osten wurden die Ausdrücke πίστις, μάθημα, ἔκθεσις πίστεως verwendet. In den Akten der Synode v. Laodicea erscheint das Wort σύμβολον zum ersten Mal.

In den Schriften des NT finden sich zahlreiche, oft formelhafte Bekenntnisse des Glaubens an Jesus als den Christus, den Kyrios, an sein Heilswerk, ferner Bekenntnisse, die Gott den Vater und Jesus Christus zusammen nennen und vereinzelt auch den Hl. Geist erwähnen. Obwohl diese ntl. Aussagen keine Beweise für ein apostol. S. sind, bilden sie seit der Mitte des 2. Jh. den trinitar. Kern der Tauffeier, in welcher der Taufende dem Täufling drei Fragen stellt, die dieser mit »ich glaube« beantwortet. Daher haben die Taufbekenntnisse dieser Zeit interrogativen und nicht deklarator. Charakter. Später werden sie durch Zusätze christolog. und heilsgesch. Natur erweitert und erhalten im Katechumenenunterricht durch expositio, traditio und redditio symboli die Aussagekraft eines S. Die Bezeichnung des Taufbekenntnisses als S. ist abendländ. Ursprungs. Das altröm. Taufsymbolum wird gegen Ende des 4. Jh. als s. apostolorum bezeichnet. Dieser Name entstammt der Tradition, als ob dieser Text unmittelbar von den Aposteln verfaßt worden sei (Ambrosius, EP 42, 5; Rufinus, Comm. in Sym. apost. 2). In der 1. Hälfte des 3. Jh. wurde es vervollständigt und vom Griech. ins Lat. übersetzt. Dabei übernahm die lat. Kirchensprache den griech. Terminus S. für den eigenen Sprachgebrauch. Die lat. Fassung verbreitete sich sehr schnell in den westl. Provinzen und erfuhr zusätzl. Veränderung. In den gall. Liturgiebüchern wird sie in der heutigen Form (textus receptus) bezeugt (vollständig bei Pirmin) und im Frankenreich durch die Liturgiereform →Karls d. Gr. offiziell verbreitet. Schließlich kam sie nach Rom zurück, wo sie vom Nicaeno-Konstantinopolitanischen S. verdrängt worden war. Das apostol. S. erlangte im Westen in den nächsten Jahrhunderten unbestrittene Anerkennung und den Ruf unangetasteter apostol. Herkunft. Auf die Lateiner, die sich auf die Autorität dieses S.s als Verhandlungsgrundlage beriefen, wirkte es deshalb wie ein Schock, als Ebf. →Markos Eugenios v. Ephesos auf dem Unionskonzil v. →Ferrara-Florenz (1438) behauptete, daß die Griechen dieses Glaubensbekenntnis der Apostel nicht besäßen und es niemals gesehen hätten. Die allgemein angenommenen Behauptungen von Rufinus (Comm. in Symb. apost. 2) erwiesen sich zum ersten Mal als fromme Legende.

Im Gegensatz zum Westen, wo seit dem 3. Jh. das S. apostolorum (altröm. S.; DH 30) bekannt ist, präsentiert sich die oriental. Fassung des S.s erst im 4. Jh., und zwar in wesentl. stärker entfalteten Formeln. Als Folge der Auseinandersetzung mit den auftretenden Häresien zeigen die oriental. Symbola eine größere Differenzierung gegenüber den abendländ. Fassungen. Als das Konzil v. →Nikaia den Glauben der Kirche gegen die arian. Irrlehre definieren wollte, nahm es als Grundlage das Taufsymbolum aus Caesarea in Kappadokien, dem es einige Fachausdrücke, v.a. ὁμοούσιος, einfügte. So entstand das für die ganze Reichskirche gültige S. Nicaeanum (DH 125f.), das aber zunächst wenig beachtet wurde, da man sich immer wieder in neuen Symbolformulierungen versuchte. Bleibende Bedeutung gewann erst das S. Constantinopolitanum (DH 150), das seit dem 17. Jh. als Nicaeno-Constantinopolitanum bezeichnet wird. Diese Bezeichnung ist nicht exakt, da der Ursprung umstritten ist. Wahrscheinl. ist sein Verfasser →Epiphanios (1. E.), und das 1. Konzil v. Konstantinopel hat es übernommen. Auf dem Konzil v. →Chalkedon wurde der Text des Konzils v. →Konstantinopel verlesen und angenommen (DH 300–303). Diese Zuschreibung wurde zur festen Tradition.

Das Nic.-Const. S. verdrängte die anderen Symbola des Ostens und fand sehr früh Eingang in die eucharist. Liturgie. Im 5. Jh. führten die Monophysiten Syriens die Rezitation des Nic.-Const. S.s in die eucharist. Feier ein. Anfang des 6. Jh. wurde es auch in Konstantinopel bei jedem Gottesdienst verlesen. Ks. Justinian II. befahl 568, daß das Nic.-Const. S. in jeder Kirche zu singen sei, was mehr im Westen als im Osten angenommen wurde. Die 3. Synode v. →Toledo (589) beschloß die Einführung des Nic.-Const. S.s als Glaubensbekenntnis in die Messe. Für das Frankenreich verordnete es die Aachener Synode (798). Karl d. Gr. erlangte die Einführung des Credos in Rom unter Leo III., allerdings ohne →Filioque. Im 9. Jh. erwähnt Aeneas, Bf. v. Paris, die ganze Kirche Galliens bekenne sonntags singend den Glauben (MPL 121, 721). Ks. Heinrich II. drängte 1014 bei seiner Krönung auf die Übernahme des Glaubenssymbolums in die röm. Eucharistiefeier (MPL 142, 1060D–1061A). Die röm. Kirche rechtfertigte sein Fehlen in der Liturgie mit der Begründung, diese Kirche sei niemals von einer Häresie berührt worden. Bei den weiteren Synodensymbola, ausgenommen Toledo (400 und 447; DH 188–208) und Konstantinopel (681; DH 546–559), bes. bei den zahlreichen kleineren Synoden des beginnenden MA, ist es nicht immer möglich, zwischen einem S. und einem Glaubensbekenntnis zu unterscheiden. Die zahlreichen professiones fidei, die die

einzelnen zu ihrer Rechtfertigung abgegeben haben, können nicht als Symbola betrachtet werden.

Unter den einzelnen Glaubensbekenntnissen nimmt das S. Athanasianum (DH 75–76) einen wichtigen Platz ein. Es besteht aus 40 kurzen Sätzen und bezeugt eine weit über →Athanasius und das Konzil v. Chalkedon hinausgehende Entwicklung der Christologie. Wegen seiner klaren Darlegung der Trinitäts- und Zweinaturenlehre hat es großes Ansehen gewonnen und ist auch in die Liturgie übernommen worden. Im 17. Jh. erkannte man, daß es nicht von Athanasius stammte und ursrpgl. lat. geschrieben war. Seine liturg. Verbreitung im Westen deutet auf seinen Ursprung in Südgallien. In der karol. Zeit wurde es vom Volk in der Sonntagsmesse nach der Predigt rezitiert und ist seit dem 9. Jh. im gewöhnl. Sonntagoffizium nachweisbar.

S. war ursprgl. die Zusammenfassung der Katechese, die vor der Taufe gegeben wurde und in der rituellen Formel des Taufgelöbnisses kulminierte. Auf dem Konzil v. Nikaia, das seinen Glauben auf der Grundlage eines Taufbekenntnisses formulierte, wurde der so verfaßte Glaube zum Kennzeichen der Orthodoxie und zur Normregula fidei, um den rechten Glauben auszudrücken und die Rechtgläubigkeit festzustellen.   P. Vrankić

Q. und Lit.: Denzinger–Hühnermann (DH), 1991[37] – EncCatt XI, 603–608 – LThK[2] I, 760–762; III, 88f.; IV, 935–939; VI, 495–497; VII, 966–969; IX, 1205–1212 – TRE XIII, 384–416; XIX, 518–524; XXIV, 429–441 – Sacramentum mundi, Theol. Lex. für die Praxis, hg. K. Rahner, 4 Bde, 1967–69, 4, 789–795 – A. Hahn, Bibliothek der Symbole und Glaubensregeln, 1897[3] – F. Kattenbusch, Das Apostol. Symbol, 2 Bde, 1894–1900 – O. Cullmann, Les premières confessions de foi chrétienne, 1943 – I. Ortiz de Urbina, La struttura del Simbolo Constantinopolitano, OrChrP 12, 1946, 275–285 – J. N. D. Kelly, Early Christian Creeds, 1950 – J. Gill, The Council of Florence, 1959 – C. Eichenseer, Das S. Apostolicum beim hl. Augustinus, 1960 – P. Th. Camelot, Éphèse et Chalcédonne, 1962 – J. A. Jungmann, Missarum sollemnia, 2 Bde, 1962[2] – O. S. Barr, From the Apostels Faith to the Apostel Creed, 1964 – I. Ortiz de Urbina, Nizäa und Konstantinopel, 1964 – A. M. Ritter, Das Konzil v. Konstantinopel und sein Symbol, 1965 – E. Schillebeeckx, Das Glaubenss. und das Glaubensregeln, 1897[3] – F. Kattenbusch, Das Apostol. Theologie, Offenbarung und Theologie, 1965, 163–174 – H. Schlier, Die Anfänge des christolog. Credo (Zur Frühgesch. der Christologie, hg. B. Welte, 1970), 13–58 – H. van Campenhausen, Das Bekenntnis im Urchristentum, Zs. für die ntl. Wiss. 63, 1972, 210–253 – P. Smulders, The Sitz im Leben of the Old Roman Creed, TU 116, 1975, 409–421 – Ph. Schaft, The Creeds of Christendom, 3 Bde, 1977 – L. Karrer, Der Glaube in Kurzformeln, 1978 – A. Grillmeier, Jesus der Christus im Glauben der Kirche, I, 1979, 386–413 – Stud. zur Bekenntnisbildung, hg. P. Meinhold, 1980 – Constitutiones Concilii quarti Lateranensis una cum Commentariis glossatorum, ed. A. García y García, 1981 – J. Orlandis–D. Ramos-Lisson, Die Synoden auf der iber. Halbinsel zum Einbruch des Islam (711), 1981 – W. Hartmann, Die Synoden der Karolingerzeit in Frankreich und Italien, 1989 – B. Roberg, Das II. Konzil v. Lyon (1274), 1990 – H.-J. Vogt, Kleine Gesch. des Credo, 1993.

Symeon

1. S. der Große, Fs. und *Zar* (seit 914) *v.* →*Bulgarien* 893–927, * ca. 864 in →Pliska, † 27. Mai 927 in →Preslav, Sohn des bulg. Fs.en →Boris I. und der Maria. An der Magnauraschule in Konstantinopel erhielt S. eine solide Ausbildung in Theologie und weltl. Philos. (daher von Zeitgenossen »Halbgrieche« gen.). Nach Bulgarien zurückgekehrt (ca. 886), widmete er sich als Mönch lit. Tätigkeit, wurde nach der Absetzung seines Bruders →Vladimir Rasate 893 in der neuen Hauptstadt Preslav zum Fs. v. Bulgarien. S., der von Anfang an eine expansive Politik gegenüber dem Byz. Reich betrieb, vermochte das von ihm beherrschte Territorium durch den ersten langen Krieg gegen Byzanz (894–899) beträchtl. zu erweitern: Im Süden verlief die Grenze 20 km nördl. von

Saloniki und im Westen am Adriat. Meer. Im zweiten bulg.-byz. Krieg, der mit kurzen Unterbrechungen von 912 bis 924 dauerte, zeigte sich das Hauptziel S.s: die Eroberung Konstantinopels sowie die Usurpation von Thron, Titel und Rechte des →Basileus. Bereits bei der ersten Belagerung Konstantinopels sahen sich die Regenten des minderjährigen Ks.s →Konstantin VII. Porphyrogennetos gezwungen, S. die Ks.krone zu übergeben und vereinbarten die Heirat seiner Tochter mit dem ʼkleinen Kaiserʼ. Die Ablehnung des Plans einer ersten bulg.-byz. dynast. Ehe durch Ksn. Zoe führte zur Wiederaufnahme der Auseinandersetzungen. Das bulg. Heer besetzte Ostthrakien, eroberte →Adrianopel und zwang die byz. Bevölkerung, S. als Basileus anzuerkennen (914). Seither war S.s Ziel die Schaffung eines byz.-bulg.Großreiches. In der Schlacht bei Acheloos (20. Aug. 917; →Anchialos) siegten die von S. persönl. geführten Bulgaren, worauf sich S. zum »Basileus der Romäer« (→Rhomaioi) ausrufen ließ. Bulg. Truppen agierten in verschiedenen Teilen der Balkanhalbinsel und erreichten die Dardanellen und den Golf v. Korinth. Da die Eroberung Konstantinopels ohne Kriegsflotte unmöglich war, suchte S. die Seemacht des arab. Kalifats v. →Ägypten für seine Zwecke zu gewinnen, doch gelang es der byz. Diplomatie, einen bulg.-arab. Militärpakt zu verhindern. Nach einem erfolgreichen Angriff auf Ostthrakien belagerte S. erneut Konstantinopel, doch scheiterte er wiederum. Ein Treffen mit dem byz. Ks. →Romanos I. Lakapenos (9. Sept. 923) führte nicht zum Friedensschluß, beendete jedoch S.s Aspirationen auf den byz. Thron. Die mit Byzanz verbündeten Serben verwickelten S. in einen langwierigen Krieg, der zur Besetzung Serbiens führte, das 924 bulg. Prov. wurde. Da ein Teil der serb. Bevölkerung in →Kroatien Zuflucht fand, folgte der serb.-bulg. Auseinandersetzung ein zweijähriger bulg.-kroat. Krieg, der durch die Vermittlung von Papst Johannes X. unterbrochen wurde. Die wiederaufgenommenen Kontakte zum Papsttum brachten eine Annäherung Bulgariens an die röm. Kirche. Die päpstl. Legaten, die im Sommer 927 nach Preslav kamen, um S. zu krönen und das Oberhaupt der bulg. Kirche zum Patriarchen zu erheben, fanden S. nicht mehr am Leben: Er war einem Herzschlag erlegen.

S. hatte große Verdienste an der Organisation der lit. Schulen v. Preslav und →Ohrid sowie an der Schaffung der Grundlagen der slav. und →bulg. Lit. Auf seine Anregung wurden Sammelwerke zusammengestellt: »Zlatostruj« (ʼGoldstromʼ; ausgewählte Reden seines Lieblingsschriftstellers →Johannes Chrysostomos) sowie zwei Bände theol.-enzyklopäd. Charakters (Reden und Lehren von Kirchenvätern, Evangelienauslegungen). Die Errichtung der Hauptstadt Preslav, der Bau vieler Kirchen und Kl. zeugen gleichermaßen von seiner kulturellen Initiative. Er schuf das Modell einer beschleunigten Entwicklung in einer slav.-byz. Variante, die für die orth. Zivilisation grundlegend wurde.   V. Gjuzelev

Lit.: Oxford Dict. of Byzantium, 1991, 1984 – S. Palauzov, Vek bolgarskago carja Simeona, 1852 – Zlatarski, Istorija I/2, 278–515 – S. Runciman, A Hist. of the First Bulgarian Empire, 1930 – G. Sergheraert, Syméon le Grand, 1960 – I. Božilov, Car Simeon Veliki (893–927) (Zlatnijat vek na srednovekovna Bălgaria, 1983).

2. S. (Siniša) **Palaiologos,** *Herrscher v. →Thessalien,* * wahrscheinl. 1327, † 1370, Sohn des serb. Kg.s →Stefan Uroš III. Dečanski aus dessen zweiter Ehe mit Maria Palaiologina. Nach der Eroberung von →Ep(e)iros 1347 setzte der Halbbruder →Stefan Dušan S. dort als Statthalter mit Despotes-Titel ein. S. heiratete Thomaida, Tochter des früheren Herrn v. Ep(e)iros, Johannesʼ II. →Orsini

und der Anna Palaiologina. Nach dem Tod Stefans Dušan 1355 machte S. Stefans Sohn, →Stefan Uroš, den serb. Thron streitig. Er ließ sich 1356 in Kostur zum Zaren ausrufen; diesen Titel trug auch sein Sohn Johannes Uroš. S.s Aspirationen scheiterten 1358 an einer militär. Niederlage bei Skutari. Daraufhin wandte er sich nach Thessalien, wo seit Stefans Dušan Tod der Despot Nikephoros II. Angelos herrschte. Nach Nikephorosʼ Tod im Kampf gegen die Albaner nahm S. Thessalien ein. Zentrum seiner sowohl auf die rhomäischen als auch die serb. Ks.traditionen gegründeten Herrschaft war Trikkala. S. besetzte die benachbarten Gebiete von Ep(e)iros und Akarnanien, überließ die Herrschaftsausübung jedoch alban. Magnatenfamilien.   B. Ferjančić

Lit.: B. Ferjančić, Tesalija u XIII i XIV veku, 1974, 237–258 – D. Nicol, The Despotate of Epiros, 1267–1479, 1984, 131–134 – G. Soulis, The Serbs and Byzantium during the Reign of Tsar Stephen Dušan (1331–55) and his Successors, 1984, 115–125.

3. S. II. ibn Abī Šaibī, *gr.-orth. Patriarch v. →Antiocheia* (ca. 1206–ca. 1240). Waren die gr.-orth. Patriarchen v. Antiocheia seit 969 vom byz. Ks. ernannt und seit 996 dem Klerus Konstantinopels entnommen worden, so war S. der erste einheim. →Melkit, der wieder in Syrien, wahrscheinl. sogar in Antiocheia, vom lokalen Episkopat mit Zustimmung →Bohemunds IV. gewählt wurde. Profitierend vom antiochen. Erbfolgestreit konnte sich S. bis 1212 in Antiocheia behaupten, 1212–17/18 amtierte er unter dem Schutz Lewons II. in Tarsos, dann emigrierte er mit seinen Bf.en an den byz. Hof nach →Nikaia. 1233 hielt er sich wahrscheinl. wieder in Antiocheia auf, wo ihn →Sava v. Serbien besuchte. 1234 nahm er an den Unionsverhandlungen zw. Byzanz und Gregor IX. in Nikaia und Nymphaion teil. 1235 stimmte er der Wiedererrichtung des bulg. Patriarchates zu. 1235/36 schrieb Georgios →Bardanes v. Korfu an S. nach Nikaia, doch in seinen letzten Lebensjahren weilte S. wieder in Kleinarmenien, wo er um 1239 Unionsverhandlungen zw. der byz. und der armen. Kirche einleitete. Zeitgenöss. Kolophone bezeugen, daß S. auch während seines Exils in Nikaia im ganzen Patriarchat kommemoriert wurde.   K.-P. Todt

Lit.: J. Nasrallah, S. II Ibn Abū Chaïba, patriarche melchite dʼAntioche, Proche-Orient Chrétien 24, 1974, 34–43 – Ders., Hist. du mouvement litt. dans lʼÉglise melchite du Vᵉ au XXᵉ s., III/1, 1983, 95f., 396f.

4. S. II., *orth. Patriarch v. →Jerusalem* vor 1095–nach 1105, wurde von den Anführern des 1. →Kreuzzuges unmittelbar nach der Einnahme Jerusalems am 15. Juli 1099 gezwungen, die versteckten Reliquien von Kreuz und Grab Christi herauszugeben, sodann vertrieben und durch den Lateiner Arnulf v. Choques ersetzt. S. zugeschriebene lat. Briefe, in denen säumige Kreuzfahrer im Abendland unter Androhung der Exkommunikation zur Einlösung ihres Gelübdes aufgefordert werden, sind Fälschungen. Die Nachricht bei →Albert v. Aachen (Hist. Hieros. I, 2–5; VI, 39), S. sei vor der Bedrängnis durch die Muslime nach Zypern geflohen und dort während der Belagerung Jerusalems durch die Kreuzfahrer gestorben, ist unhaltbar, was sich u. a. daraus ergibt, daß der Patriarch in seinem Traktat gegen die →Azymen, den er vermutl. im Exil in Konstantinopel verfaßt hat, den Gegenpapst →Silvester IV. (Maginulf) (Nov. 1105–April 1111) erwähnt.   P. Plank

Lit.: B. Leib, Deux inédits byz. sur les azymes au début du XIIᵉ s., OrChr II/3, 1924, 217–239 – P. Plank, S. II. v. J. und der erste Kreuzzug. Eine quellenkrit. Unters., OKS 43, 1994, 275–327.

5. S., *Ebf. v. →Thessalonike* seit 1416/17 (hl.; orth. Kanonisation 1981), * in Konstantinopel, † Sept. 1429, Priester und Mönch in Konstantinopel. Er gilt als der bedeutendste spätbyz. Liturgiologe. Sein bekanntestes Werk ist eine Slg. von 32 häresiolog. und 340 liturg. Traktaten in Form eines Dialogs zw. einem fragenden Kleriker und einem antwortenden Bf. (MPG 155, 33–952). Doch belegen neuerdings aufgefundene und edierte Schrr. (u. a. Didaskalia an den Despoten Andronikos, 1423) auch sein hohes Engagement in den polit. und militär. Fährnissen seiner Zeit.   P. Plank

Ed.: Συμεὼν ἀρχιεπισκόπου Θεσσαλονίκης τὰ λειτουργικὰ συγγράμματα, I, hg. I. M. PHUNTULES, 1968 – Ἁγίου Συμεὼν ἀρχιεπισκόπου Θεσσαλονίκης ἔργα θεολογικά, hg. D. BALFOUR, 1981 – Politico-historical Works of S. Archbishop of Thessalonica, hg. DERS., 1979 – *Lit.*: PLP, Nr. 27057 – I. M. PHUNTULES, Τὸ λειτουργικὸν ἔργον Συμεῶνος τοῦ Θεσσαλονίκης, 1966 – J. DARROUZÈS, St-Sophie de Thessalonique d'après un rituel, RevByz 34, 1976, 45–78 – D. BALFOUR, St. S. of Thessalonike as a Historical Personality, The Greek Orth. Theological Review 28, 1983, 55–72 – M. KUNZLER, Gnadenquellen. S. v. T. († 1429) als Beispiel für die Einflußnahme des Palamismus auf die orth. Sakramentenlehre und Liturgik, 1989.

6. S. Eulabes (S. Studites), 917–986/987, Mönch des →Studiu-Kl. in Konstantinopel seit ca. 942, berühmt als *πατὴρ πνευματικός* →Symeons d. Neuen Theologen, der seinem Lehrer ein Enkomion widmete. Für S. wurde im Mamas-Kl. in Konstantinopel ein Gedenktag mit Darstellung des Verstorbenen auf einer Ikone eingeführt. Dagegen erhoben die Mönche heftigen Protest; dieser führte später zu Auseinandersetzungen mit Metropolit Stephanos v. Nikomedeia. Möglicher Anlaß für den Protest könnte auch die Lebensführung S.s gewesen sein, die der eines →Salos glich. Die von Symeon d. Neuen Theologen oder →Niketas Stethatos gesammelten geistl. Aphorismen S.s sind in 40 anonymen Kephalaia enthalten, die dem Corpus Symeons d. Neuen Theologen angegliedert sind.   G. Schmalzbauer

Ed. und Lit.: MPG 120, 668D–696B – BECK, Kirche, 584 – DThC XIV, 2941–2973 [J. GOUILLARD; s. v. Syméon le jeune] – ThEE 11, 1967, 536 [P. G. NIKOLOPOULOS] – I. KAMARINEA-ROSENTHAL, Symeon d. Neue Theologe und S. Studites, Oikumene. Einheit 3, 1952, 103–120 – DIES., S. Studites, ein hl. Narr (Akten des XI. internat. Byz. kongr. München, 1960), 515–520 – S. Neos Theologos, Hymnen, hg. A. KAMBYLIS, 1974.

7. S. Logothetes →Symeon Magistros

8. S. Magistros (Logothetes), byz. Gelehrter, ksl. Höfling, † nach 987; von vielen Forschern mit →Symeon Metaphrastes identifiziert (ungesichert). S. verfaßte wichtige Briefe, Gedichte und insbes. die von der Weltschöpfung bis 948 reichende »Chronographia«. Diese ist in vielen Hss. und mehreren, voneinander stark abweichenden Fassungen (u. a. eine altslav.) erhalten. Die Q. für die ältere Zeit, darunter der sog. »Megas Chronographos«, sind verschollen; ab 913 stützte S. sich wahrscheinl. auf eigenes Material. Die ältere Version steht der damaligen Umgangssprache nahe und nimmt für Ks. →Romanos I. Lakapenos (919–944) Partei, während die in gelehrtem Idiom abgefaßte jüngere (ab 948 bis wohl 963) die ksl. Familie →Phokas begünstigt. Der Urtext ist nicht ediert, neben einer Teilausg. der jüngeren Version (nach einem Cod. Vat.) gibt es Ed. späterer Überarbeitungen (→Leon Grammatikos [11. Jh.]; →Theodosios Melitenos [Name Fiktion des 16. Jh.]; »Georgios Monachos Continuatus« [einige Hss. des →Georgios Monachos bieten für die Zeit von 842–948 den Text des S.]). Auch die sog. »Chronographie des Ps.-Symeon« beruht trotz Eigenständigkeit in vielem auf S.   A. Markopoulos

Ed.: Georgios cont. (Theophanes cont., ed. I. BEKKER, 1838) – Theodosii Meliteni chronographia, ed. T. L. F. TAFEL, 1859 – V. ISTRIN, Chronika Georgija Amartola, II, 1922 – J. DARROUZÈS, Épistoliers byz., 1960, 99–163 – *Lit.*: Oxford Dict. of Byzantium, 1991, 1982f.

[Lit.] – HUNGER, Profane Lit., I, 354–357 – A. KAZHDAN, Khronika S. Logofeta, VizVrem 15, 1959, 125–143 – W. TREADGOLD, The Chronological Accuracy of the Chronicle of S. the Logothete, DOP 33, 1979, 157–197 – A. MARKOPOULOS, Sur les deux versions de la Chronographie de S. Logothète, BZ 76, 1983, 279–284 – A. SOTIROUDIS, Die hs. Überlieferung des »Georgios Continuatus« (Red. A), 1989.

9. S. v. Mesopotamien (Makarios-S.), theol.-spiritueller Schriftsteller, 4. Jh., gilt als Verf. des unter dem Namen 'Makarios' überlieferten Schrifttums (Identifizierung durch W. STROTHMANN und H. DÖRRIES). S. stammte vielleicht aus Kleinasien/Antiochien und lebte wohl unter Asketen im syr.-mesopotam. Raum. Der Inhalt seiner Homilien/geistl. Konferenzen fügt sich in die gr. Theologie des späten 4. Jh. ein. Bes. Nähe zu den →Messalianern, allerdings bestimmt von ernster Auseinandersetzung und Korrektur ('Reformmessalianer'). Sein umfangreiches Schrifttum ist in 'Sammlungen' erfaßt (bekannteste: 50 geistl. Homilien des Makarios, hg. H. DÖRRIES u. a., 1964; vgl. CPG 2410–2427).   K. S. Frank

Lit.: TRE XXI, 730–735 [Lit.] – E. A. DAVIDS, Das Bild vom Neuen Menschen, 1968 – H. DÖRRIES, Die Theologie des Makarios/S., 1978 – R. STAATS, Makarios-S., Epistola Magna, 1984.

10. S. Metaphrastes (wohl identisch mit Magistros [Logothetes]), hl., * in Konstantinopel z. Z. Leons VI. (886–912), † 28. Nov., wahrscheinl. 987, bekleidete hohe Ämter in der Verwaltung (z. B. unter Ks. Johannes Tzimiskes [969–976] Magistros und Logothetes *τοῦ δρόμου*). Nachrichten zu S.s Leben überliefern der arab. Historiker Yaḥyā v. Antiochien und der georg. Mönch auf dem Schwarzen Berge bei Antiochien Eprem Mcire. Unter Ks. Basileios I. fiel S. in Ungnade und zog sich in ein Kl. zurück, wo er starb. Nach seinem Tod verfaßte →Nikephoros Uranos Verse auf ihn; für den bald als Hl.n anerkannten S. schrieb Michael →Psellos im 11. Jh. eine Akolouthie, →Markos Eugenikos im 15. Jh. ein weiteres Officium. Unter S.s Werken ragt neben der bis z. J. 948 reichenden Chronik das →Menologion hervor, das die älteren Heiligenviten für das gesamte Kirchenjahr bearbeitet, in einigen Fällen jedoch den Wortlaut der Vita antiqua unverändert beließ. Nach KEKELIDZE konnte S. nur einen Teil des Kirchenjahres bearbeiten, nämlich von Sept. bis Jan., die restl. Monate behandelte Patriarch →Johannes VIII. Xiphilinos (ab 1081). KEKELIDZE stützt sich dabei auf Angaben aus der georg. Überlieferung des Menologions, das in zwei Arbeitsgängen, im Kl. Iviron auf dem Athos im 10. Jh. sowie im Kl. Gelati in Georgien im 13. Jh., übersetzt wurde. Weiter sind von S. Briefe, eine Epitome der Kanones, Gedichte und Gebete erhalten.   Ch. Hannick

Lit.: DSAM XIV, 1383–1387 – DThC XIV, 2959–2971 – Tusculum Lex., 1982³, 753–756 – K. KEKELIDZE, Ioann Ksifilin, prodolžatel' Simeona Metafrasta, Christianskij Vostok 1, 1912, 325–347 [= Etiudebi 5, 1957, 229–247].

11. S. Neos Theologos ('der neue' und 'der jüngere' Theologe), byz. Mönch, Mystiker und Dichter, * 949 in Kleinasien (Taufname Georgios?), † 1022; ab 963 in Konstantinopel geistl. Betreuung durch den Studiu-Mönch →Symeon Eulabes ('der Fromme'), 976 Eintritt in das →Studiu-Kl., 977 wegen zu enger Bindung an seinen 'pneumatikos pater' (Spiritual) Wechsel in das Mamas-Kl. in Konstantinopel, dort 980 Priesterweihe und Wahl zum Abt. Wegen angreifbaren Heiligenkults für Symeon Eulabes nach dessen Tod († 987), umstrittener theol. Aussagen und Härten in der Führung seiner Mönche wiederholt von kirchl. Führern (bes. Stephanos v. Nikomedeia) angegriffen, resigniert er um 1005, wird 1009 vom Patriarchatsgericht zur Verbannung verurteilt und verbleibt, nach (teilweiser) Rehabilitierung 1011, bis zu seinem Tod 1022 in freiwilligem Exil. Stark durch Symeon Eulabes geprägt, vertiefte sich S. seit frühester Jugend in Gebets- und Buß-übungen (Tränengabe). Er erlebt seit etwa 970 Visionen des Logos Gottes in Form von immateriellem Licht (Tabor-Licht), in welchem er aufzugehen vermeint und dessen körperl. Fühlbarkeit er betont. Die Visionen intensivieren sich mit zunehmendem Alter. S. führt die Gottesschau (theologia), welche grundsätzlich jedermann in diesem Leben möglich sei, im Gegensatz zu den Hesychasten (→Hesychasmus) allein auf die Gnade Gottes zurück. Seine Visionen teilt er v.a. in 58 »Hymnen« (fast 11000 'polit.' Verse, also Fünfzehnsilber, denen S. in der byz. Lit. zum Durchbruch verhilft) mit, die – anders als die der geistl. und klösterl. Praxis dienenden Prosawerke – größtenteils erst nach S.s Tod (durch seinen Biographen →Niketas Stethatos) bekannt werden.   J. Koder

Ed.: B. KRIVOCHÉINE–J. PARAMELLE, S. N. Th., Catéchèses, I–III (SC 96, 104, 113), 1963–65 – J. DARROUZÈS, S. N. Th., Traités Théol. et Éthiques, I–II (SC 122, 129), 1966–67 – J. KODER, J. PARAMELLE, L. NEYRAND, S. N. Th. Hymnes, I–III (SC 156, 174, 196), 1969–73 – A. KAMBYLIS, S. N. Th., Hymnen (Suppl. Byz. 3), 1976 – J. DARROUZÈS, S. N. Th., Chapitres théol., gnostiques et pratiques (SC 51), 1980² – *Lit.:* DSAM XIV, 1387–1401 [T. ŠPIDLÍK] – BECK, Kirche, 360–363, 585–587 – W. VÖLKER, Scala Paradisi, eine Stud. zu Johannes Climacus und zugleich eine Vorstudie zu S. N. Th., 1968 – DERS., Praxis und Theoria bei S. N. Th., ein Beitrag zur byz. Mystik, 1974 – B. KRIVOCHÉINE, Dans la lumière du Christ. Saint S. N. Th. 949–1022, 1980 – B. FRAIGNEAU-JULIEN, Les sens spirituels et la vision de dieu selon S. N. Th., 1985 – J. KODER, Normale Mönche und Enthusiasten: Der Fall des S. N. Th. (Religiöse Devianz. Unters. zu sozialen, rechtl. und theol. Reaktionen auf religiöse Abweichung im MA, 1990), 97–119 – H. J. M. TURNER, St. S. N. Th. and Spiritual Fatherhood, 1990 – A. HATZOPOULOS, Two Outstanding Cases in Byz. Spirituality: the Macarian Homilies and S. N. Th., 1991 – U. CRISCUOLO, I prodromi della ripresa platonica: S. N. Th. (Storia e Tradizione culturale a Bisanzio fra XI e XII sec. Atti I Gior. st. biz. 1993), 1–28 – A. GOLITZIN, Hierarchy vs. Anarchy? Dionysius Areopagita, S. N. Th., Nicetas Stethatos, and Their Common Roots in Ascetical Tradition, St. Vladimir's Theol. Quarterly 38, 1994, 131–179.

12. S. Salos, Prototyp der Hl.n, die Narr um Christi willen waren (→Salos). Die Vita des →Leontios v. Neapolis (BHG 1677; CPG 7883) stellt die Entwicklung S.s dar: Aus Edessa stammend (6. Jh.), lebte S. fast 30 Jahre als 'Baskos' in der Einsamkeit, wo er die ἀπάθεια erreichte, die ihm die Rückkehr unter die Menschen ermöglichte, jedoch um diese – als Narr in Emesa auftretend – durch groteske Provokation zu Wahrheit und Rettung zu bringen. Auch wenn er häufig Prügel und Demütigungen einstecken mußte (z.B. als er es wagte, nackt ein Frauenbad zu besuchen), gelang es ihm, Menschen verschiedener sozialer Herkunft zum Nachdenken zu bewegen. S.s Wundertätigkeit wird auch bei →Evagrios Scholastikos in der Kirchengeschichte erwähnt. Die orth. Kirche feiert sein Fest am 21. Juli.   G. Schmalzbauer

Lit.: L. RYDÉN, Das Leben des Hl. Narren S. v. Leontios v. Neapolis, 1963 – DERS., Bemerkungen zum Leben des hl. Narren S. v. Leontios v. Neapolis, 1970 – Leontios de Neapolis, Vie de S. le Fou..., hg. A. J. FESTUGIÈRE, 1974 – V. ROCHEAU, St. S., eremite palestinien et prototype des »Fous-pour-le-Christ«, Proche Orient Chrétien 28, 1978, 209–219 – L. RYDÉN, The Holy Fool (The Byz. Saint, 1981), 106–113 – Oxford Dict. of Byzantium, 1991, 1989f.

13. S. Seth, byz. Universalgelehrter, * um 1000, † bald nach 1085 in Rhaidestos (Tekirdağ). Als Hofbeamter wurde er 1034 aus Konstantinopel vertrieben und gründete ein Kl. auf dem bithyn. Olymp, später weilte er im Orient, v.a. in Ägypten, wo er nach einem Selbstzeugnis im aristotel. ausgerichteten naturwiss. Kompendium »Σύν-

οψις τῶν φυσικῶν« die dort partielle Sonnenfinsternis vom 25. Febr. 1058 beobachtete. In einem speziellen Werk behandelte er astronom. Fragen. Arab. und andere oriental. Q. sind in seiner alphabet. geordneten, Ks. →Michael VII. Dukas gewidmeten Slg. »Über die Kräfte der Nahrungsmittel« verwertet; sie löste sich von der altgr. Nahrungsmittelterminologie und machte die Byzantiner mit exot. Produkten (u.a. Ambra, Haschisch, Kampfer, Moschus) bekannt. In einer kleinen Schr. kritisierte er verschiedene Beweisführungen →Galens, ohne freilich dessen ganzes Lehrgebäude in Frage zu stellen. Unediert ist ein Traktat über gesundheitsförderndes Verhalten (Cod. Oxon. Barocc. 224, f. 29v–30v). Seine astrolog. Kenntnisse und seine in mehreren spektakulären Fällen eingetretenen Zukunftsprognosen (z.B. Tod Robert Guiscards, 1085) beeindruckten am Hofe →Alexios' I. Komnenos. Ks. Alexios fürchtete einen gefährl. Einfluß S.s auf die Jugend und siedelte ihn nach Rhaidestos um. Ein unvollendetes Spätwerk ist die Alexios I. gewidmete Übers. des arab. Fs.enspiegels →Kalīla wa-Dimna unter dem Titel →»Stephanites und Ichnelates«.   R. Volk

Lit.: BECK, Volksliteratur, 41–44 – HUNGER, Profane Lit. I, 522; II, 241, 275, 308f. [Lit.] – Tusculum-Lex., 1982³, 723f. [Ed.] – G. HELMREICH, Handschriftl. Stud. zu S., 1913 – G. HARIG, Von den arab. Q. des S., MedJourn 2, 1967, 248–268 – R. VOLK, Gesundheitswesen und Wohltätigkeit im Spiegel der byz. Kl.typika, 1983, 90, 157, 188 – DERS., Der med. Inhalt der Schr. des Michael Psellos, 1990, 211, 275, 291 – DERS., Einige Beitr. zur mittelgr. Nahrungsmittelterminologie, Lexicographica Byzantina, 1991, 293–311.

14. S. Stylites. [1] *S. der Ältere,* hl. (Fest: 1. Sept.), ca. 390–459, entstammte einer einfachen chr. Familie aus dem Dorf Sisan im syr.-kilik. Grenzgebiet. Seit 403 lebte S. in einem Kl., dem er aber seinem Hang zu extremer Askese wegen zur Belastung wurde, so daß er sich 412 als Anachoret in dem nordsyr. Dorf Telanissos niederließ, wo er erstmals unter Kontrolle des zuständigen Landklerus die 40tägige vorösterl. Fastenzeit völlig ohne Nahrung und Wasser zubrachte, was ihm zur jährl. Gewohnheit wurde. 422 bestieg er auf einem nahen Berg für den Rest des Lebens eine Säule, um dem stetig anwachsenden Besucherstrom enthoben zu sein, ohne sich dem Rat und Hilfe suchenden Menschen zu entziehen, deren er sich in freundl. Güte annahm und denen er zweimal pro Tag zu festgesetzten Zeiten predige. →Theodoret v. Kyrrhos, der ihn persönl. kannte, setzte ihm noch zu Lebzeiten in Kap. XXVI der Hist. Rel. ein erstes lit. Denkmal (BHG 1678). Um S.s Säule wurden unmittelbar nach seinem Tod vier dreischiffige Basiliken errichtet, die im Grundriß ein gr. Kreuz bildeten. Der große Baukomplex (Ruinen erhalten) war unter dem Namen Qalᶜat Simᶜān bis zum Sarazeneneinfall die bedeutendste Wallfahrtsstätte Syriens.

[2] *S. der Jüngere,* einer der bedeutendsten Nachahmer Symeons d. Ä., S. d. J. (521–592; hl. [Fest: 23. bzw. 24. Mai]), bestieg bereits 6jährig seine erste Säule. Mit 12 Jahren zum Diakon, mit 33 Jahren zum Priester geweiht, zog er sich 556 für 10 Jahre auf einen Berg bei Antiocheia zurück, der fortan als θαυμαστὸν ὄρος ('Wunderbarer Berg') bekannt und Sitz eines berühmten Kl. war. Auch bei der 3. Säule, die S. 45jährig bestieg, wurden Kirche und Kl. errichtet. S. verfaßte Homilien, Briefe und einige z.T. auch heute noch in der orth. Kirche gesungene Hymnen.   P. Plank

Lit.: Bibl. SS XI, 1116–1138, 1141–1157 – H. LIETZMANN, Das Leben des hl. S. S., TU 32/4, 1908 – P. PEETERS, St. S. Stylite et ses premiers biographes, AnalBoll 61, 1943, 29–71 – P. VAN DEN VEN, Les écrits de St. S. le Jeune, Le Muséon 70, 1957, 1–57 – DERS., La vie ancienne de s. S. Stylite le Jeune, 1962 – J. LAFONTAINE-DOSOGNE, Itinéraires archéol.

dans la région d'Antioche, 1967 – J. Nasrallah, Le couvent de St-S. d'Alépin, Parole de l'Orient 1, 1970, 327–356 – Ders., L'Orthodoxie de S. Stylite l'Alépin, ebd. 2, 1971, 345–364 – →Styliten.

Symmachus

1. S. (hl., Fest: 19. Juli), Papst seit 22. Nov. 498, † 19. Juli 514 in Rom, ☐ St. Peter, ebd; stammte aus Sardinien. Nach dem Tod Anastasius' II. erhob die mit dessen versöhnl. Politik (→Akakian. Schisma) unzufriedene Mehrheit den Diakon S., die byzantinerfreundl. Minderheit den Archipresbyter Laurentius. Die Wirren wurden durch die Entscheidung Kg. Theoderichs d. Gr. für S. nur vorübergehend beigelegt. Die Synode des S. 499 sollte künftig die →Papstwahl sichern (MGH AA XII, 399–415). Nach schweren Anschuldigungen lehnte 501 eine Synode it. Bf.e eine Verurteilung des S. ab mit der Begründung, daß dieser als Papst keinem menschl. Gericht, sondern allein dem Urteil Gottes unterworfen sei (ebd., 416–347). Laurentius konnte sich mit Duldung Theoderichs zunächst behaupten; S. blieb auf das Asyl in St. Peter beschränkt (Synode 502: ebd., 438–455). Nachdem Theoderich im Konflikt mit Ostrom 506 Laurentius preisgab, wurde S. in alle Rechte eingesetzt, erwies sich als Verteidiger des Glaubens (gegen das →Henotikon), verlieh Bf. →Caesarius v. Arles das Pallium und dekretierte die Primatialrechte v. →Arles in der gall. und span. Kirche. Der S.-Prozeß ließ im Kreis der Anhänger des S. die »Symmachian. Fälschungen« entstehen, die mit in Form und Sprache plumpen, erfundenen Papstprozessen zu beweisen suchten, daß der Papst von niemandem gerichtet werden könne.   G. Schwaiger

Q. und Lit.: A. Thiel, Epistolae Rom. Pontificum, I, 1868, 639–738 [Briefe, Synodalakten] – LP I, 43–46, 260–268; III, Reg. – Jaffé² I, 96–100; II, 693f., 736 – E. Caspar, Gesch. des Papsttums, II, 1933, 87ff. – P. A. B. Llewellyn, The Roman Clergy during the Laurentian Schism, Ancient Society 8, 1977, 245–275 – J. N. D. Kelly, Reclams Lex. der Päpste, 1988, 64–66 – S. Vacca, Prima Sedes a nemine iudicatur, 1993 – E. Wirbelauer, Zwei Päpste in Rom, 1993 – Ph. Levillain, Dict. hist. de la papauté, 1994, 1007f., 1609–1611.

2. S., Q. Aurelius Eusebius (ca. 345–402), der stadtröm. Aristokratie entstammend, erreichte die höchsten staatl. Ämter (391 Konsul) und war ein gefeierter Redner seiner Zeit. Bekannt wurde er durch seine dritte Relatio (384), in der er sich in seiner Eigenschaft als Stadtpräfekt am Ks.hof in Mailand für die Wiederrichtung des Victoria-Altars in der röm. Kurie einsetzte. Die im Namen der heidn. Senatoren vorgetragene Bitte wurde jedoch vom Bf. →Ambrosius (2. A.) verhindert, der großen Einfluß auf den noch sehr jungen Ks. →Valentinian II. hatte (Ambr. epist. 17; 18). Als überzeugter Heide unterstützte S. den Aufstand der Usurpatoren →Maximus und →Eugenius, wurde jedoch wegen seines hohen Ansehens von Theodosius begnadigt. Letztmals ist er als Führer einer Gesandtschaft in Mailand nachweisbar, wo er die Glückwünsche des Senats zu →Stilichos Konsulatsantritt überbrachte (400). Von S., der sich zusammen mit einem Kreis Gleichgesinnter um die Pflege von Klassikertexten verdient machte (Livius, Vergil) und sich selbst um einen kultivierten, prätentiösen Stil bemühte, sind folgende Werke erhalten: 10 Bücher Briefe (insges. ca. 900 Schreiben; →Symmachus [3.]), 49 Relationen (amtl. Schreiben an den Ks.hof vom J. 384/385), 8 Reden (z. T. fragmentar., am bekanntesten die laudationes auf Valentinian I. und Gratian). S. gilt als der bedeutendste Vertreter des traditionsbewußten Römertums, der durch seine lautere, tolerante Gesinnung Respekt verdient, aber den Wandel der Zeit weder auf polit. noch auf religiösem und sozialem Gebiet erkannte.   R. Klein

Ed. und Lit.: O. Seeck, MGH AA 6, 1883 – R. Klein, S., 1971 – Ders., Der Streit um den Victoria-Altar, 1972 – J. Wytzes, Der letzte Kampf des Heidentums, 1977 – A. Pabst, Q. Aurelius S., Reden, 1989.

3. S., Q. Fabius Memmius, Sohn des Q. Aurelius Eusebius S. (2. S.), geb. 383/384, Quaestor 393, Praetor 401, edierte zw. 403 und 408 die Briefe seines Vaters teils aus dem Nachlaß, teils aus dem Besitz der Adressaten in 10 Büchern nach Empfängern geordnet. →Brief, A. II.
                    J. Gruber

Lit.: PLRE II, 1046f. – RE IV A, 1195.

4. S., Q. Aurelius Memmius, wahrscheinl. Urenkel des Q. Aurelius Eusebius S. (2. S.), Patricius, Praefectus urbi 476/491 (Bautätigkeit in Rom), Consul mit collega 485, Haupt des Senats in Rom. Im Zusammenhang mit dem Hochverratsprozeß gegen seinen Schwiegersohn →Boethius wurde auch er angeklagt und 525 hingerichtet. →Amalasuntha gab seinen Kindern das konfiszierte Vermögen zurück. Von seiner lit. Tätigkeit zeugen eine verlorene röm. Gesch. in 7 Büchern sowie die Subskription am Ende des 1. Buches vom Komm. zum Somnium Scipionis des →Macrobius. Boethius und →Priscianus widmeten ihm Schriften.   J. Gruber

Lit.: HLL § 725. 4 – PLRE II, 1044–1046 – RE IV A, 1160.

5. S., Exeget, 2. Hälfte des 5. Jh.; 357 Frgm.e seiner asket. geprägten Erklärung der Proverbien sind im Cod. Vat. gr. 1802 erhalten. Er gilt auch als Autor eines in syr. Übers. fragmentar. überlieferten Komm.s zum Hld.
                    E. Grünbeck

Ed.: CPG 6547 – M. Faulhaber, Hld-, Proverbien- und Predigercatenen, 1902, 90–94 – C. van den Eynde, La version syriaque du comm. de Grégoire de Nysse sur le Cantique des Cantiques, 1939, 77–89, 104–116 – Lit.: Dict. encyclopédique du christianisme ancien, II, 1990, 2347f. [F. Scorza Barcellona] – G. Mercati, Pro Symmacho (Nuove note di letteratura biblica e cristiana antica, 1941), 91–93 – M. Richard, Les fragments du comm. de S. Hippolyte sur les proverbes de Salomon, Le Muséon 78, 1965, 286f.; 80, 1967, 356 n. 41.

Symphorian

Symphorian, hl., Märtyrer v. →Autun (Fest: 22. Aug.). Die 'Passio' dieses Hl.n, ein Werk des Presbyters Euphronius, der später Bf. v. Autun wurde (452–476), macht S. zum Sohn eines (bereits christianisierten) Faustus. Der junge S. wurde, nachdem er die Anbetung der heidn. Göttin 'Berecynthe' verweigert hatte, gefangengenommen und vom 'consularis' Heraclius zur Enthauptung verurteilt. Die Mutter ermahnte S., als dieser zur Hinrichtung vor den Mauern geführt wurde, zur Standhaftigkeit. →Ado v. Vienne siedelt das Martyrium des S. in die Zeit des Ks.s Mark Aurel an. Eine jüngere Passio (509–540) verbindet S.s Persönlichkeit mit der Legende des hl. →Benignus (er soll S. getauft haben) und der Christenverfolgung unter Ks. Aurelian. Ungereimtheiten im hagiograph. Berichten ließen einige Historiker vermuten, daß es sich um ein historisch nicht belegbares Martyrium handle, von Euphronius fingiert, um Autun einen hl. Schutzpatron zu geben; andere sind dagegen der Auffassung, daß der Passio des S. eine der ältesten Q. über gall. Märtyrer zugrundeliegt. Kristallisationspunkt der S.-Verehrung war stets die von Euphronius über dem Märtyrergrab errichtete →Basilika (um 452), die am Ende des 7. Jh. mit einem Kanonikerstift ausgestattet wurde und im 12. Jh. zur Abtei erhoben wurde. Das S.-Patrozinium wurde auf eine große Anzahl von Kirchen in allen Teilen Galliens übertragen.   J. Richard

Lit.: LThK² IX, 1219 – Bibl. SS, IX, 1216f. – AASS Aug. IV (1739), 491–498 – J. Van der Straeten, Martyrs d'Aurélien en Bourgogne, AnalBoll 79, 1961 – Sept siècles de civilisation gallo-romaine vus d'Autun, 1985, 101–109 [N. Gauthier].

Symphosius (→Anthologie, B. II; zu den Namensformen vgl. Glorie, 150 Anm. 45) verfaßte Ende des 4. Jh., eventuell im 5. Jh., eine Slg. von 100 (oder 99) →Rätseln, deren beide Redaktionen im Cod. Salmasianus (→Anthologie, B. I) bereits vermischt sind. Die Beliebtheit dieser Rätsel im frühen MA geht aus der sehr ansehnl. hs. Überlieferung und aus ihrem Nachleben hervor. Mindestens 26 Hss. von der Mitte des 8. Jh. bis zum 11. Jh. bieten den Text (z. T. in Auswahl), vielfach steht er in der Umgebung von Schultexten; zehn Rätsel sind bereits in die »Historia Apollonii« (→Apollonius v. Tyrus) aufgenommen; die ps.-Bedanischen »Collectaneen«, die ags. lat. Rätseldichter und die Übers. ins Ae. lassen ihren Einfluß erkennen. Im 12. Jh. scheint das Interesse erloschen zu sein; die Nennungen in den Lit. katalogen des →Sigebert v. Gembloux und des →Wolfger v. Prüfening beruhen nicht auf eigener Kenntnis des Werks, sondern auf →Aldhelm. Erst im 13. Jh. zeigen eine Hs. und drei Rätsel in den →»Gesta Romanorum« einen Nachklang ihrer Wirkung. Schon im frühen MA scheint man die Slg. gelegentl. mit dem verlorenen »Symposium« des →Lactantius identifiziert zu haben. In Ausg. des 18. Jh. findet sie sich unter dessen Werken.   G. Bernt

Ed.: Variae collectiones aenigmatum, ed. Fr. Glorie, 1968, CCL 133A, II, 621–721 [lat.-engl.] – Anthologia lat. I, 1, ed. D. R. Shackleton Bailey, 1982, Nr. 281 – *Lit.:* Hb. der lat. Lit. der Antike, V, 1989, § 548.

Symposienliteratur, im allg. dialog. gestaltete Texte verschiedenen Inhalts, die während eines fiktiven Symposions geführte scherz- oder ernsthafte Gespräche unter Gebildeten wiedergeben (Vorbilder: Symposien Platons und Xenophons). In der Spätantike hat die S. nur wenige Vertreter. Ks. →Julianus stellt, mit Anlehnung an Lukian und die menippeische Satire, in seinem Symposion, das er in den Götterhimmel verlegt, sein Herrscherideal dar und polemisiert gegen die Christen. Methodios, um 300 Bf. v. Olympos in Lykien, schreibt nach dem formalen und z. T. auch inhaltl. Vorbild Platons ein Symposion über die Jungfräulichkeit. Als bedeutendstes Werk der spätantiken lat. S. verfaßt →Macrobius 7 Bücher Saturnalia. An den drei Saturnalientagen versammeln sich hervorragende Vertreter der stadtröm. Senatsaristokratie wie →Praetextatus, →Flavianus, →Avianus und →Servius zum Gespräch über Vergils Werk, das unter den Aspekten Astronomie, Philos., Auguraldisziplin, Pontifikalrecht, Rhetorik sowie die gr. und röm. Vorbilder besprochen wird. Das für →Lactantius als Jugendwerk bezeugte Symposion (Hier. vir. ill. 80) ist verloren. Die in der S. übliche Topik der Szenerie verwendet auch die Ps.→Cypriani Cena.   J. Gruber

Ed.: Julianus: Ch. Lacombrade, L'empereur Julien, II/2, 1964, 1–71 – *Methodios:* N. Bonwetsch, GCS 27, 1917, 1–141 – *Übers.:* L. Fendt, BKV², 2, 1911 – *Macrobius:* J. Willis, 1994³ – *Lit.:* Kl. Pauly V, 450f. – RE IV A, 1273–1282 – J. Martin, Symposion, 1931 – *Julianus:* J. Bouffartigue, L'empereur Julien et la culture de son temps, 1992 – *Macrobius:* HLL § 636 – J. Flamant, Macrobe et le néo-platonisme lat. à fin du IV⁰ s., 1977 – *Ps.-Cyprian:* Ch. Modesto, Stud. zur Cena Cypriani und zu ihrer Rezeption, 1992.

Synagoge. 1. S., das dem jüd. Gebet- und Lesegottesdienst dienende Gebäude (→Gottesdienst, 1; zu den baugesch. Voraussetzungen →Baukunst, C). Ma. S.n gehören zwei Traditionen an, der *sefardischen* in Spanien und Portugal (→Sefarden) und der *aschkenasischen* in Mittel- und Osteuropa (→Judentum, B). Wegen früher Vertreibungen aus →England (13. Jh.) und →Frankreich (14. Jh.) sind dort keine ma. S.n erhalten. Die Identifizierung des Baues in Rouen als S. ist umstritten. Auch aus →Italien

sind keine ma. S.n erhalten, wegen der Vertreibung aus dem Kgr. Neapel und den meisten Städten des Kirchenstaates sowie der Ghettobildung im 16. Jh.

Auf der Iber. Halbinsel entstanden mehr als 100 S.n, von denen jedoch wegen der Vertreibung der Juden aus Spanien (1492) und Portugal (1496) nur wenige erhalten sind. Die früheste in Toledo (später Sta. Maria la Blanca), um 1200, ist ein fünfschiffiger Bau mit weiten Hufeisenbogen-Arkaden auf niedrigen Pfeilern, als eine Verbindung der christl. Basilika mit Obergaden und dem Typus der Almohadenmoschee. Islam. Einfluß zeigt sich auch in den ornamentalen Stukkaturen. Von Toledo abhängig ist die S. in Segovia, doch kleiner, mit drei Schiffen. Auch die ehem. S. in Sevilla (heute Kirche) besitzt drei Schiffe. Seit dem 14. Jh. existiert der Saalbau ohne Stützen, so in Córdoba (1315) und Toledo (El Tránsito, Mitte 14. Jh.), im Gegensatz zu den früheren Bauten mit Frauenemporen. Die reiche Ornamentik folgt dem Mudéjar-Stil. Weitere Bauten finden sich in Cáceres, Tudela, Bembibre u. a. Die einzige aus Portugal bekannte S. in Tomar (ca. 15. Jh.) besitzt vier Säulen in Raummitte, die wohl die Bima umgaben. Originale Innenraumeinrichtungen sind nicht erhalten. Zwei verschiedene Bima-Stellungen erscheinen möglich: in Raummitte und im Westen.

Aschkenas. S.n sind aus der Region zw. dem Elsaß und Prag bzw. Krakau bekannt. Sie bilden zwei Typen: den zweischiffigen Raum und den Saalbau. Beide bestehen nebeneinander. Die Saalbauten sind kleiner, flach gedeckt oder gewölbt. Zweischiffige S.n wurden in Worms (12. Jh.), Regensburg (13. Jh.), Prag (um 1300) und Krakau (ca. 14. Jh.) errichtet. Alle sind eingewölbt und zeigen eine zentrale Bima-Stellung, die für den aschkenas. S.ntypus charakterist. ist. Dies gilt auch für die kleineren Saalbauten in Rufach (Elsaß), Speyer, Miltenberg, Bamberg, Köln und Eger. Frauenräume gibt es erst seit dem 13. Jh. (Worms, Köln); sie sind ebenerdige Anbauten an die Männers.n. Frauenemporen existieren erst seit dem 16. Jh. Der Stil der Bauten richtet sich nach dem seiner Zeit und geograph. Region. Während der zweischiffige Bautypus mit dem Ende des MA ausläuft, leitet der Saalbau zu den Beispielen des 16. Jh. über. Auffallend ist die Orientierung am Profan- und nicht am Kirchenbau.   H. Künzl

Lit.: H. Künzl, Der S.nbau im MA (Die Architektur der S. Ausst. Kat. Frankfurt a. M., 1988/89), 61–88 – Dies., Jüd. Kunst – von der bibl. Zeit bis zur Gegenwart, 1992, 44–61 [Bibliogr.: 238ff.] – s.-a. Lit. zu →Baukunst, C (R. Krautheimer, 1927; F. Cantera Burgos, 1955).

2. S. (als Personifikation der chr. Ikonographie) →Ecclesia und Synagoge.

Synaptien (συνάπτειν 'zusammenfügen'), textl. feststehende Fürbittreihen des orth. Gottesdienstes, von den Slaven allesamt *ektenija* gen. →Symeon v. Thessalonike unterscheidet zw. der eigtl. συναπτή, deren Bitten mit κύριε ἐλέησον ('Herr, erbarme dich') beantwortet werden, der inständigen Bitte (ἐκτενής), deren Intentionen mit einem dreimaligen κύριε ἐλέησον Nachdruck verliehen wird, und den αἰτήσεις (Bitten), die mit dem Ruf παράσχου κύριε ('Gewähr' es, o Herr') zu vollziehen sind (MPG 155, 600–605). Wörtl. Zitate bei →Johannes Chrysostomos (2. Hom. zu 2 Kor) und in den →Apostol. Konstitutionen (VIII, 6–10, 36–41) belegen das hohe Alter der S. Die αἴτησις um den »Engel des Friedens« begegnet auch im jüd. →Gottesdienst.   P. Plank

Lit.: M. N. Skaballanovič, Ektenii, Trud. Kievsk. Duchovn. Akad. 1911, Juni 181–202, Sept. 1–39 – I. M. Hanssens, Institutiones liturgicae, III, 1932, 230–260 – A. Strittmatter, Notes on the Byz. Synapte, Traditio 10, 1954, 51–108.

Synaxarion, byz. Slg. von Hl.nviten in Kurzfassung, angeordnet nach dem liturg. Kalender. Die entsprechenden Abschnitte werden im Morgenoffizium nach der 6. Ode verlesen. Die ältesten Hss. stammen aus dem 10. Jh. (→Menologion Ks. Basileios' II.); aufgrund der Angaben zur Chronologie der aufgenommenen Hl.n (Ende 8.–Ende 9. Jh.) dürfte die Slg. nicht wesentl. früher erstellt worden sein. In späteren Hss. wurden auch neuere Hl.e aufgenommen, ein Verf. kann nicht mit Sicherheit ermittelt werden. In einer auf Nikephoros Kallistos →Xanthopulos (Mitte 13. Jh.–ca. 1335) zurückgehenden Red. werden die Lesungen durch Verse (Zwölfsilber) eingeleitet. Unter der Überschrift 'Prolog' wurde das S. in einer Bf. Konstantinos v. Mokissos zugeschriebenen Red. noch im 11. Jh. im →Studiu-Kl. (Konstantinopel) ins Slav. übersetzt. Die mit Versen versehene Red. ('Prolog Stišnoj') führte Metropolit →Kiprian im 14. Jh. in Rußland ein. Daneben bezeichnet S. auch das Verz. der ntl. Lesungen in der Liturgie für das bewegl. Kirchenjahr.   Ch. Hannick

Lit.: Oxford Dict. of Byzantium, 1991, 1991 – H. DELEHAYE, Synaxarium ecclesiae Constantinopolitanae, 1902 – BECK, Kirche, 251 – J. HENNIG, Zur geistesgesch. Stellung der S.-Verse, OKS 21, 1972, 141–152 – W. VANDER MEIREN, Précisions nouvelles sur la généalogie des synaxaires byz., AnalBoll 102, 1984, 297–301 – Slovar' knižnikov i knižnosti Drevnej Rusi XI–pervaja polovina XIV v., 1987, 376–381 [E. A. FET] – S. A. DAVYDOVA–T. V. ČERTORICKAJA, K istorii sinaksarja, TODRL 47, 1993, 151–163.

Syndic (lat. sindicus, syndicus) bezeichnet in der städt. und ländl. Institutionsgesch. des MA und der Frühen Neuzeit den gewählten Repräsentanten eines Gemeinwesens. Das Amt ist charakteristisch für die eher verspätete Verfassungsentwicklung kleinerer südostfrz. Städte (in den Fs.erm →Savoyen, →Genf, →Dauphiné sowie in Seigneurien im Massif Central), die unter herrschaftl. Gewalt von Fs. en oder Bf. en bzw. von deren seigneurialen Amtsträgern standen. Die bürgerl. Führungsschichten (Notabeln) erlangten auf dem Wege friedl. Emanzipation (im 12.–14. Jh. Verleihung von *franchises*) Selbstverwaltungsrechte, u. a. die Einsetzung städt. Magistrate; diese heißen in einer Urk. aus Chambéry (1353) »sindici, procuratores et yconomos«, sonst »notarii et sindici«, werden auf ein Jahr gewählt und bilden die Spitze der städt. Gremien. Ihre Zahl schwankte (fünf im [damals savoyischen] →Aosta, vier in Évian und Thônes, zwei in Aix-les-Bains, →Chambéry, Montmélian und →Annecy) und wurde im Lauf der Zeit auch verändert (in Ugine 1291 nur ein s., 1296 dagegen vier; in Annecy vier im 14. Jh., nur zwei im 15. Jh.). Die städt. Statuten definieren die Aufgaben der s.s nur recht allgemein (»die Angelegenheiten der Gemeinschaft zu führen«); konkrete Amtstätigkeiten waren die Durchführung der Ratsbeschlüsse, Vertretung der Stadt vor weltl. Gerichtshöfen, beim Gf.en und auf den Tagungen der 'Trois →États' in →Grenoble (Dauphiné) und Chambéry (Savoyen), Überwachung der öffentl. Arbeiten, so der Errichtung und Instandhaltung von Befestigungen, Brücken, Brunnen, Hallen, Kontrolle der →Hygiene von Straßen und Stadtgräben (Annecy), Maßnahmen gegen Preistreiberei, Verwaltung der 'deniers communs', der Erträge aus städt. Steuern und →Akzisen, die Einnahme- und Ausgabenpolitik, für die sie am Ende ihrer Amtszeit vor einer Kontrollkommission Rechenschaft abzulegen hatten. Sie schufen sich ein kleines Beamtenpersonal mit Stadtschreiber ('scriba villae'), Werkmeister, 'recteur' (Brunnenmeister), Kanonieren/Stadtsoldaten, →Barbier/→Chirurg, Ausrufer ('crieur public', →Büttel) und Polizeidiener (→sergents). Prosopograph. Studien weisen auf vier Herkunftsmilieus hin: 1. kleine

oder mittlere stadtsässige Adelsfamilien, 2. ausgebildete Juristen (→Notare, Richter der gfl. →Audiences, gfl. →Sekretäre), 3. Leute aus Finanz- und Steuerwesen, 4. Elite der Handwerker- und Kaufmannschaft (Tuchhändler, Apotheker, Fleischer, Gastwirte, Gewandschneider, Messerschmiede in Städten wie Chambéry und Annecy).

Das Amt des s. erscheint auch in den durch ertragreiche Weidewirtschaft (→Alm) aufblühenden ländl. Gemeinden in den Hochtälern der westl. Alpen, deren bäuerl. Oberschicht sich als 'communiers', 'comparsoniers', 'jomarons' auf der Ebene der Seigneurie und Pfarrei zusammenschließen, Versammlungen ('plaids', 'consilia') abhalten und ständige Repräsentanten, die oft 'sindici' heißen, einsetzen. Sie haben bes. die Aufgabe, die kollektive und individuelle Almnutzung (*alpage*) zu regeln, fremde Herden ggf. fernzuhalten, dem Mißbrauch des Holzrechts (→*affouage*) zu wehren, eine gerechte Verteilung des →Wassers zu gewährleisten usw. Diese ländl. Magistrate, deren Amtsführung sich an örtl. Gewohnheitsrechten ('bans') orientierte, erwiesen sich oft als umsichtige Schützer der »ökolog.« Ressourcen (Schutz der Bergwälder vor übermäßigem Herdenverbiß und Viehtritt). Sie hielten regelmäßige, obligatorisch auch von den grundherrl. Amtsträgern besuchte Versammlungen ab, waren vielerorts mit Steuererhebung, Instandhaltung der Wege und z. T. militär. →Aufgebot befaßt. Ihre Amtstätigkeit wird in einer Reihe von Gemeinden durch reiches Archivmaterial dokumentiert. – Als s. konnte auch ein gewählter oder kooptierter Repräsentant einer religiösen →Bruderschaft oder →Zunft bzw. →Gilde bezeichnet weden. – Zum Syndicus im dt. Städtewesen →Stadtschreiber, -syndicus.   J.-P. Leguay

Lit.: A. BABEL, Hist. économique de Genève, 1963 – R. MARIOTTE-LÖBER, Ville et seigneurie, les chartes de franchises des comtes de Savoie fin XIIᵉ s.–1343, 1973 – J.-P. LEGUAY, Un réseau urbain médiéval: les villes du comté puis du duché de Savoie…, Bull. du Centre d'études franco-italien 4, 1979, 13–64 – DERS., Travailler la terre en Savoie et en Piémont, 1985.

Syneidesis → Gewissen

Syneisakten (von gr. συνεισάγω 'zusammenbringen', 'einführen'; lat.: subintroducta; auch agapeta), wohl eine volkstüml., pejorative Bezeichnung von mit Asketen zusammenlebenden Asketinnen (eine Art 'geistl. Ehe'). Die Praxis ist sicher seit dem 3. Jh. nachweisbar (Cyprian, Ep. 4; 13, 5; 14, 3; vgl. Pseudo-Cyprian, De singularitate clericorum; Pseudo-Clemens, De virginitate; Eusebius, Hist. eccl. VII 30, 12). Solchen asket. Lebensgemeinschaften wurden sexuelle Beziehungen unterstellt; die Lebensform wurde deshalb als Verstoß gegen die kirchl. Ordnung abgelehnt (Synode v. Ankyra, Can. 19; Synode v. Elvira, Can. 27; Konzil v. Nizäa, Can. 3: Verbot der S. für Kleriker). Die Ursprünge sind nicht erhellt, inwieweit gnost. Spekulation und Praxis anregend wirkten, ist nicht zu entscheiden. Näher liegen prakt. Gründe der gegenseitigen Hilfe entsprechend den Aufgabenteilungen von Mann und Frau. Die Insistenz auf Geschlechtertrennung in asket.-monast. Gemeinschaften konnte die inkriminierte Praxis nicht aus der Welt schaffen. Kirchenväter polemisierten weiter gegen sie (Basilius v. Ankyra, † um 364; →Ambrosius; →Johannes Chrysostomos; →Hieronymus), in der synodalen Gesetzgebung wurden die älteren Verbote fortgeschrieben. Das gilt auch für das frühe MA. Hier ist von *mulieres extraneae* die Rede, die nicht mit Klerikern zusammenleben durften (Gregor d. Gr., Ep. XIII 38–39; Synode v. Orléans 549, Can. 3; v. Tours 567, Can. 11; v. Mâcon 583, Can. 1). Möglicherweise gehören die in der ma. Lit. vorkommenden *conhospitae* in diesen Zusammenhang. Inwieweit die vielfältigen Symbiosen männl. und weibl. Religiosen (→Doppelkl.) mit der altkirchl. Praxis in Verbindung zu bringen sind, muß offen bleiben.   K. S. Frank

Lit.: H. ACHELIS, Virgines Subintroductae, 1902 – P. DE LABRIOLLE, Le mariage spirituel dans l'antiquité chrétienne, RH 137, 1921, 204–225 – Doppelkl. und andere Formen der Symbiose männl. und weibl. Religiosen im MA, hg. K. ELM–M. PARISSE, 1982 – S. ELM, 'Virgins of God'. The Making of Asceticism in Late Antiquity, 1994.

Synekdemos ('Reisebegleiter'), ca. 527 zusammengestellte Liste von 923 Städten und 64 Provinzen (Eparchien) des oström. Reiches mit der Angabe des Ranges des jeweiligen Gouverneurs in geogr. Anordnung, gedacht als Führer für reisende Beamte. Der in der Überschrift gen. Verf. Hierokles Grammatikos ist sonst unbekannt. Der auf Verwaltungsurkk. der 2. Hälfte des 5. Jh. aufbauende S., vielleicht ein »amtl. Register« (JONES), ist eine Hauptquelle für die weltl. Verwaltungsgliederung des oström. Reiches zu Beginn der Regierung Justinians I.   G. Weiß

Ed. und Lit.: E. HONIGMANN, Le Synekdèmos d'Hiéroklès, 1939 [Ed., Komm.] – Oxford Dict. of Byzantium, 1991, 930 – A. H. M. JONES, Cities in the Eastern Roman Provinces, 1971² – HUNGER, Profane Lit., I, 1, 531 – J. KARAYANNOPULOS–G. WEISS, Q.kunde zur Gesch. von Byzanz, 1982, Nr. 126.

Synesios, * um 370 in Kyrene, † wohl 412; Schüler der Philosophin →Hypatia, 399–401 als Vertreter seiner Heimatstadt in Konstantinopel, hielt vor Ks. Arkadius eine große Rede (Opusc. I, 5–62, ed. TERZAGHI) über die Aufgaben des Herrschers. 410 in Ptolemaios zum Bf. gewählt, wollte er sich doch nicht von seiner Frau trennen und seine philos. Gedanken, die der Lehre von der Erschaffung der Einzelseelen und der Auferstehung entgegenstanden, nicht aufgeben (ep. 105; 187, 9, ed. GARZYA). Er ist der erste Bf., der einen verbrecher. staatl. Funktionär namentl. exkommuniziert hat (epp. 41 und 42, ed. GARZYA). Seine Briefe waren hoch geschätzt (über 250 Mss.). Seine Opuscula behandeln u. a. die Vorsehung, die Träume, ein Lob der Kahlköpfigkeit, die vorbildl. Lebensweise des Philosophen Dion Chrysostomos. Von seinen neun Hymnen preisen Nrr. 3 bis 8 Christus, Nr. 6 (VV 20ff.) spricht von den drei Gaben der Magier und so auch vom menschl. Tod des »großen Gottessohnes« (V 11). Bes. im Hymnus 1 und 2 beschreibt S. sein eigenes Leben und seine Frömmigkeit und umkreist in z. T. neuplaton. Ausdrükken das Geheimnis des Dreifaltigkeitsglaubens, bes. das Verhältnis von Vater und Sohn (1, 145–369; 2, 60–140); den hl. Geist benennt er mit dem Femininum »pnoia« und schreibt ihm Mittelstellung und Mutterrolle zu (vgl. WODTKE-WERNER).   H. J. Vogt

Ed.: S. i Cyrensis Opuscula, ed. N. TERZAGHI, 1944 – S. i Cyrensis epp., ed. A. GARZYA, 1979 – S. v. K., Hymnen, eingel., übers. und komm. J. GRUBER–H. STROHM, 1991 – *Lit.:* CH. LACOMBRADE, S. de Cyrène. Hellène et Chrétien, 1951 – S. VOLLENWEIDER, Neuplaton. und chr. Theologie bei S. v. K., 1985 – J. H. BARKHUIZEN, S. of Cyrene, Hymn 8: A Perspective on his Poetic Art (Early Christian Poetry, ed. G. VAN DEN BOEFT–A. HILHORST [= VC Suppl. 2], 1993), 263–271 – V. WODTKE-WERNER, Der Hl. Geist als weibl. Gestalt im chr. Altertum und MA, 1994.

Synkellos ('Zellengenosse'). In der byz. Kirche ein Mönch und/oder Priester, der mit einem Patriarchen oder Bf. in der gleichen Zelle oder Wohnung lebte. Aus dieser Nähe ergab es sich seit dem 5. Jh. häufig, daß der S. den Patriarchen oder Bf. als eine Art Generalvikar bei der Amtsausübung unterstützte und seine Nachfolge antrat. So war z. B. →Johannes II. v. Konstantinopel (518–520; 45. J.) zuvor S. Timotheos' I. (511–518). Die führende Stellung des S. im ökumen. →Patriarchat führte dazu, daß

dieser sich zum Mittler zw. Ks. und Patriarch entwickelte, weshalb er seit dem 10. Jh. vom Ks. ernannt und in den Senat aufgenommen wurde. Ab der 2. Hälfte des 10. Jh. wandelte sich die Bezeichnung zum höf. Ehrentitel für Bf.e. Im 11. Jh. gab es dann *protosynkelloi, proedroi* der *protosynkelloi* und sogar *protoproedroi* der *protosynkelloi,* doch scheiterte 1065 der Versuch der Metropoliten, die den Titel trugen, sich einen Vorrang vor den übrigen Metropoliten zu verschaffen. Dagegen war der *megas protosynkellos* der Palaiologenzeit wieder ein S. im urspgl. Sinne. Als S.oi wurden auch die Suffraganbf.e des Patriarchen v. Antiocheia in seiner Kirchenprov. Syria I bezeichnet. Im Patriarchat Jerusalem trugen die Bf.e v. Joppe, Lydda, Neapolis und Jericho diesen Ehrentitel.   K.-P. Todt

Lit.: BECK, Kirche, 63, passim – J. DARROUZÈS, Recherches sur les OΦΦIKIA de l'église byz., 1970, 17–19 [Register] – I. G. PELIDES, Τίτλοι ὀφφίκια καὶ ἀξιώματα ἐν τῇ βυζαντινῇ αὐτοκρατορίᾳ καὶ τῇ χριστιανικῇ ὀρθοδόξῳ ἐκκλησίᾳ, 1985, 195–198.

Synodalstatuten. Unter S. im engeren Sinn versteht man die durch Veröffentlichung auf der Diözesansynode Gesetzeskraft erlangenden Anordnungen des Bf.s. Unter verschiedenen Bezeichnungen (statuta, praecepta, constitutiones, mandata synodalia usw.) erreichen sie ihre ma. Hochform in Zusammenhang mit den gesetzgeber. und pastoralen Reformen des 13. Jh. Als Vorläufer gelten die 45 Dekrete der ersten bekannten Diözesansynode (Auxerre 585) und die capitula karol. und nachkarol. Bf.e (→Theodulf v. Orléans, Raoul v. Bourges, →Hinkmar v. Reims usw.), ihrerseits Zusammenfassungen von Kapitularien und Konzilskanones dieser Zeit. Die im 12./13. Jh. in England und Frankreich (Lincoln 1186, Coutances 1189/99, Cambrai 1190, Toul 1192, York 1195, Westminster 1200, Paris 1204 [Odo v. →Sully] usw.) aufkommenden S. im strikten Sinn des Wortes enthalten neben Bestimmungen älterer Konzilien aktualisierte Eigenbräuche der Diöz.n. Eine ganze Serie von südfrz. S. befaßt sich mit der Abwehr der →Albigenser (Narbonne 1227, Toulouse 1229, Albi 1230, Arles und Bordeaux 1234, Béziers 1246, Nîmes 1252, Carcassonne 1270). Nach Kan. 6 des IV. Laterankonzils v. 1215 (COD 212/3) sind in den S. jeweils die Dekrete der Provinzialkonzilien zu veröffentlichen. Umgekehrt kam es auch vor, daß S. von Synoden höherer Ebenen rezipiert wurden (Odo v. Sully, Guillelmus →Durantis d. Ä.). Insbes. setzten die S. die seit dem Ende des 12. Jh. erneuerte Sakramententheologie (→Wilhelm v. Auxerre, →Stephan Langton, →Robert de Courson usw.) in die pastorale Praxis um. Sie vermittelten dem Seelsorgeklerus nicht nur die notwendigen pastoralen Grundkenntnisse, sondern dienten, jeweils auf den Diözesansynoden aktualisiert, auch zu seiner Weiterbildung. Die seit dem 13. Jh. entstehenden Slg.en von S. (»Liber« bzw. »Summa synodalis« u. ä.) stellen wahrhafte Handbücher des Pastoral und eine Art Vademecum der Seelsorgepriester dar. Die unter dem Namen des Bf.s, der sie entweder selbst verfaßte oder verfassen ließ, oder dem der Diöz., für die sie angeordnet wurden, verbreiteten S. enthalten eine Fülle von konkreten Auskünften über fast alle Bereiche des kirchl. Lebens und machen sie damit zu einer längst noch nicht ausgeschöpften Q. für Historiker der verschiedensten Disziplinen.   H. J. Sieben

Lit.: A. ARTONNE, L. GUIZARD, O. PONTAL, Rép. des statuts synodaux des diocèses de l'ancienne France, 1969² – O. PONTAL, Historique du synode diocésain et des statuts synodaux des origines au XIIIᵉ s. (Les statuts synodaux français du XIIIᵉ s., Bd. I, 1971), XXV–LXXVII – DIES., Les statuts synodaux. Typologie du sources du MA occidental 11, 1975 – J. GAUDEMET, Le gouvernement de l'Église à l'époque classique, II: Le gouvernement local (Hist. du droit et des institutions de l'église en Occident 8, 2, 1979), 205–215 – O. PONTAL, Clercs et laïcs au MA d'après les statuts synodaux, Bibl. d'hist. du christianisme 24, 1990, 23–40.

Synodalurkunde, -akte → Urkunde

Synode.
Da während des gesamten MA die Termini »concilium« und S. synonym verwendet werden, kommt der vorliegende Artikel nicht auf die mit ihnen gemeinte Sache (Gesch. und Theorie der →Konzilien) zurück, sondern gibt statt dessen einen geschichtl. Überblick über die Verwendung des Terminus »synodus«.

[1] Das im profanen Bereich Zusammenkünfte verschiedenster Art bezeichnende σύνοδος ist für Bf.sversammlungen spätestens seit der Mitte des 3. Jh. belegt (Dionysios v. Alexandria, GCS 9, 2; 640, 14 und 644, 18; →Eusebios v. Kaisareia, ebd., 588, 16; 592, 9; 612, 18 usw.). Der Terminus ist meist näher bestimmt, bei Selbstbezeichnung in der Regel durch 'heilig' (ἅγια bzw. ἁγιωτάτη oder ἱερά). Die 1. Reichss. (→Nikaia 325) wird neben ἅγια καὶ μεγάλη (→Kyrillos v. Alexandria) oder einfach μεγάλη (→Basilius v. Kaisareia) u. ä. zunächst nur sporad. (Eusebios v. Kaisareia, →Athanasios), später häufiger als σ. οἰκουμενική bezeichnet. Auch für die folgenden Reichss.n bürgert sich diese Bezeichnung allmähl. ein. Die S.n verschiedener Größe und Einzugsbereiche werden entsprechend bezeichnet, so die σ. ἐπαρχίας (provincialis) bzw. τελεία (perfecta) und die σ. διοικήσεως bzw. μείζων, die entweder den ganzen Osten oder nur einen Teil umfaßt. Die begriffl. Gegenüberstellung ökumen. (οἰκουμενική) und lokaler (τοπική) bzw. partikularer (μερική) S.n findet sich erst nach der Mitte des 6. Jh. Dabei gehört zum Begriff der σύνοδος οἰκουμενική die Einberufung durch den Ks. und die Entscheidung von Glaubensfragen. Die σ. μερική bzw. τοπική versammelt dagegen Bf.e nur aus einem Teil der Kirche und entscheidet nicht über Glaubensfragen. Die genannte Unterscheidung von zwei wesentl. verschiedenen Arten von S.n bleibt für die byz. Lehre von den Konzilien charakterist. (vgl. u. a. →Eulogios v. Alexandria, →Anastasius Sinaita, →Germanos v. Konstantinopel, →Theodoros Studites, »Synodicum vetus«, Nicaenum II).

[2] Im *Westen* ist zur Bezeichnung von Bf.sversammlungen, so bei →Tertullian und Cyprian, zunächst nur »concilium« üblich. Als Synonym taucht synodus erst um die Mitte des 4. Jh., zum ersten Mal wohl bei Potamius v. Lissabon (MPL 8, 1417C) auf. Dabei ist concilium bei Autoren wie →Hilarius v. Poitiers, →Lucifer v. Cagliari, →Augustinus, →Ambrosius, →Vincentius v. Lérins bzw. in den afrikan. Konzilien noch entschieden häufiger als S., umgekehrt ist das Verhältnis dann bei →Sulpicius Severus, →Hieronymus, →Facundus v. Hermiane, →Gregor d. Gr. und in den gall. Konzilien. Der heidn. Geschichtsschreiber →Ammianus Marcellinus bezeugt ausdrückl., daß die christl. Bf.sversammlungen seiner Zeit »synodi« heißen (Res gestae 15, 7, 7). Mit s. werden dabei anfangs anscheinend nur die als neuartig empfundenen Reichss.n bezeichnet, bald jedoch jede Art von Bf.sversammlung, so daß s. zu einem einfachen Synonym von concilium wird. Ähnlich wie das griech. Äquivalent wird auch das lat. s. mit verschiedenen Attributen näher bestimmt. Bes. häufig ist auch hier die Selbstbezeichnung »sancta« oder seltener »sacrosancta«. Auf die Wertschätzung deuten Verbindungen wie »venerabilis« oder »beata s.« hin, auf die Zusammensetzung solche wie »s. episcoporum, episcopalis, sacerdotum« bzw. »patrum«. Den Ort der Zusammenkunft bezeichnen Wendungen wie »synodus Ni-

caena, Sardicensis, Ephesena« usw. Den jeweiligen Einzugsbereich spezifizieren Bezeichnungen wie »provincialis, conprovincialis, dioeceseos«, im frühen MA Angaben wie »quattuor, decem, duodecim, plurimarum« usw., »provinciarum, omnium episcoporum regni« usw. Die ökumen. S. wird als »s. oecumenica« oder »universalis« oder »plenaria«, bisweilen auch als »mundana« bezeichnet. V. a. bei afrikan. Autoren steht »s. plenaria« jedoch auch für die Versammlung des Metropoliten mit seinen Bf.en. »Generalis s.« bezeichnet oft die vergleichsweise größere S., also die gesamtafrikan. im Vergleich zur s. provincialis, die Nationals. der christl. Germanenreiche oder die ökumen. im Vergleich zu kleineren Konzilien. Bis zu den →Dekretisten im 12. Jh. bezeichnet »generalis« keine bestimmte S.nart, sondern bringt die relative Bedeutung von S. im Vergleich zu anderen bzw. ihren Anspruch auf allgemeinere Geltung (»prätentiöser Gebrauch«) zum Ausdruck. Im frühen MA können Papst-, Reichs-, National-, Provinzial-, ja Diözesans.n gleicherweise als s. generalis bezeichnet werden. S. particularis bzw. localis kommt zwar gelegentl., und zwar als Übersetzung aus dem Griech., vor, dient aber vor den Dekretisten nicht zur Bezeichnung einer wesentl. von der s. generalis verschiedenen S.nart. Wenn Augustinus schon concilia regionalia den gesamtafrikan. bzw. gesamtkirchl. gegenübergestellt hatte, so wirkte er damit auf das frühe MA nicht traditionsbildend, wie man u. a. an →Hinkmar v. Reims beobachten kann, der die S. unterhalb des ökumen. Konzils weder als »particularis« noch »localis« noch »regionalis« kennzeichnet. Oft ist »universalis« zwar gleichbedeutend mit generalis und wird entsprechend ebenfalls im 'prätentiösen' Sinn verwendet, doch steht es im frühen MA bes. zur Bezeichnung der acht ökumen. Konzilien der Alten Kirche bzw. gelegentl. auch der germ. Reichss.n. Mit »s. principales« werden die vier ersten ökumen. Konzilien, also diejenigen von Nikaia (325), →Konstantinopel (381), →Ephesos (431) und →Chalkedon (451) bezeichnet. Unter ihnen kann Nikaia als »generalissima« ausgezeichnet werden. Die Verbindung »synodale concilium« (gall. Konzilien der Merowingerzeit und päpstl. S.n des 11. und 12. Jh.) unterstreicht wohl den spezif. bfl. Charakter der Versammlung. Im 11. Jh. ist schließlich der Pleonasmus »synodus concilii« mehrfach belegt.

[3] Nachdem schon bei Berthold v. Konstanz die Tendenz festzustellen ist, die Papsts.n durch die Bezeichnung »generalis« von den »s. universales« gekennzeichneten sog. ökum. Konzilien abzuheben, unterscheiden dann Dekretisten grundsätzl. zwei Arten von Konzilien: »generalia sive universalia« auf der einen und »provincialia sive particularia« auf der anderen Seite (→Huguccio) bzw. »universales s.« und »locales s.« (→Johannes Teutonicus). Konstitutiv für die »s. generalis« bzw. »universalis« ist dabei die Anwesenheit des Papstes oder seines Legaten. Diese Gegenüberstellung entspricht der auf griech. Seite zw. der σύνοδος οἰκουμενική und der σύνοδος τοπική bzw. μερική. Ist dort der Ks., so hier der Papst das entscheidende Element des 'General- bzw. Universalkonzils'. Diese Unterscheidung blieb in den folgenden Jahrhunderten in Geltung: Generals.n im engeren Sinn des Wortes sind S.n in Gegenwart des Papstes oder seines Stellvertreters.

[4] →Johannes v. Ragusa unterscheidet im 15. Jh. im Rahmen der Theorie eines voll entwickelten kirchl. Konzilswesens insgesamt zehn Ebenen, auf denen S.n stattfinden. Hinsichtl. des Sprachgebrauchs merkt er jedoch an: die Versammlungen der unteren vier Ebenen (Pfarrei, Erzpresbyterat, Archidiakonat, Dekanat) werden weder

concilium noch s., die der Diözese nur s., die des Metropolitan-, Provinzial-, National- und Patriarchalverbandes meistens concilium, die der Gesamtkirche entweder concilium oder s. genannt (De auct. conciliorum). Nach Antoninus v. Florenz († 1459) sind concilium und s. dagegen zwar grundsätzl. synonym, wird die Versammlung des Papstes jedoch gewöhnl. als concilium, die des Metropoliten mit seinen Bf.en und die des Bf.s mit seinen Priestern als s. bezeichnet (Summa III, 23, 2; Ausg. 1760, 1163). →Johannes de Turrecremata teilt die S. nach Art der Dekretisten in zwei Grundkategorien: »universales, quibus interest Romanus pontifex vel eius legatus« und »locales, quas congregant primates vel metropolitani absque praesentia pape vel eius legati« (De ecclesia II, 3; Ausg. 1561, 277r). Im Kontext des Konzils v. →Ferrara-Florenz wird zur Bezeichnung des Florentinums und der acht ökumen. Konzilien der Alten Kirche der Terminus ycomenicos in die lat. Sprache eingeführt (Fantinus Vallereso, Briefe Eugens IV.).

[5] Erhellend für den ma. Begriff s. sind schließlich die dafür angegebenen Etymologien: Johannes v. Ragusa (De auct. conciliorum, ähnlich Johannes de Turrecremata, Summa, ebd. 274r) leitet aus den beiden griech. Bestandteilen συν und ὁδός die Zielsetzung der S. ab: »omnes in synodo constituti debent una via ad eundem finem tendere, videlicet ad bonum rei publicae christianae«. Matthias Ugoni optiert dagegen für die Zusammensetzung aus συν und ᾠδή, so daß s. für ihn soviel bedeutet wie concors concentus bzw. harmonica quaedam conciliatio (De conc., Ausg. 1563, 3a).   H. J. Sieben

Lit.: M. BOYE, S.n Dtl.s und Reichsitaliens von 922–1059, ZRGKan Abt 18, 1929, 131–284, bes. 177–193 – A. LUMPE, Zur Gesch. der Wörter Concilium und S. in der antiken christl. Latinität, AHC 2, 1970, 1–21 – H. J. SIEBEN, Die Konzilsidee der Alten Kirche, 1979 – DERS., Traktate und Theorien zum Konzil, 1983 – DERS., Die Konzilsidee des lat. MA, 1984 – DERS., Die Partikulars., 1990.

Synodikon.

[1] *Synodikon der Orthodoxie:* Das S. (slav. *sinodik pravoslavija, vselenskij sinodik*) entstand im Anschluß an die Synode v. 843, auf der die Bilderverehrung wieder als rechtmäßig anerkannt wurde (→Bild, I). Es enthielt neben den Beschlüssen der sieben ökumen. Synoden ein Verzeichnis der Namen derer, die als Ikonoklasten oder wegen anderer Irrlehren dem Anathema verfielen; dann wurde allen verstorbenen Rechtgläubigen ewiges Gedenken, allen lebenden in den Polychronia ein langes Leben gewünscht, jeweils unter namentl. Nennung der höchsten geistl. und weltl. Amtsträger. Der Ritus der Orthodoxie mit Lesung des S. wurde am →Sonntag der Orthodoxie (erster Sonntag der Großen Fastenzeit) in Kathedralkirchen gefeiert. Der Eintrag in das S. , ein Akt öffentl.-rechtl. Charakters, erfolgte aufgrund Beschlusses der weltl. und geistl. Gewalt. Das S. erfuhr zeitbedingte und regionale Differenzierung; mit seinen Bf.s- und Herrscherlisten bildet es eine wichtige prosopograph. Q.

Eine georg., der verlorenen Urfassung wahrscheinl. sehr nahe kommende Übers. findet sich im →Nomokanon des Euthymios Hagioritis († 1028). Im Zweiten Bulg. Reich ließ Zar →Boril 1210 eine Übers. aus dem Griech. anfertigen; der serb. *Sinodik pravoslavija* wurde 1221 oder 1235 offiziell verkündet. Beide Redaktionen stehen im Zusammenhang mit der Bekämpfung der →Bogomilen. Nach Annahme von MOŠIN gelangte eine im 10. Jh. im Ersten Bulg. Reich gefertigte Übers. des S. bald nach der Christianisierung 988 in die Kiever Rus'; die Chronik erwähnt einen *sinodik* unter dem Jahr 1108. DERGAČEV zufolge wurde der Ritus im Kiever Reich auf Griech. gefeiert, bis 1274 anläßlich der Synode v. Vladimir eine

Neuübers. entstand (älteste erhaltene russ. Hs. um 1400). Seit dem 16. Jh. finden sich umfangreiche Gefallenengedenken im russ. S. (im 17. Jh. auch als gesonderte Rotuli geführt). Im 17. Jh. erschienen griech. und slav. Druckfassungen des S. innerhalb des Fastentriodion.

[2] *Sinodik in Funktion der Diptychen (*südslav. *pomenik):* Ausschließl. in Novgorod und im Moskauer Rußland wurde das Wort *sinodik* seit dem 12. Jh. in metonym. Übertragung auch zur Bezeichnung für Bücher zum Totengedenken im Tages- und Wochenkreis verwendet, gegliedert in einen offiziellen (Herrscher, Hierarchen) und einen Stifterteil. Die Blütezeit dieser Gattung liegt in der frühen NZ, parallel zur größten Entfaltung einer an koinobit. Großkl. und später auch Pfarrkirchen gebundenen liturg. Totensorge, die funktional und strukturell der hochma. westeurop. →Memoria weitgehend entspricht. Manche *sinodiki* seit dem 15. Jh. enthalten 'Vorworte' über Nutzen und Notwendigkeit des Totengedenkens. Die Texte, zumeist schon in älteren russ. Buchtypen präsent, stammen großteils aus der byz. Tradition; durch diese vermittelt, finden wir auch Auszüge aus den Dialogen Gregors d. Gr. (IV, 55–59).   L. Steindorff

Ed. und Lit.: E. V. PETUCHOV, Očerkiiz literaturnoj istorii sinodika, 1895 – M. G. POPRUŽENKO, Sinodik carja Borila, 1928 – V. MOŠIN, Serbskaja redakcija Sinodika v nedelju pravoslavija, Vizantijskij vremennik 16, 1959, 317–394; 17, 1960, 278–353 – J. GOUILLARD, Le S. de l'Orthodoxie, TM 2, 1967, 1–316 – M. ESBROECK–N. KARADENIZ, Das S. ... in georg. Übers., AHC 19, 1987, 300–313 – Slovar' knižnikov i knižnosti Drevnej Rusi II, 2, 1989, 339–344 – L. V. DERGAČEVA, Stanovlenie povestvovatel'nych nočal v drevnerusskoj literature XV–XVII vekov (na materiale sinodika), 1990 [mit Beilage: V. V. DERGAČEV, K istorii russkich perevodov Vselenskogo Sinodika] – L. STEINDORFF, Memoria in Altrußland, 1994.

Synodos Endemusa.

Von gr. ἐνδημέω ('weilen') abgeleitet, ist die S. eine Patriarchatssynode, an der die in der Hauptstadt weilenden Metropoliten bzw. Ebf.e teilnehmen; die S. kommt erstmals in den Akten des Chalcedonense (ACO II, 1, 3, 107) vor. Derartige Bf.sversammlungen, in Ansätzen auch in anderen →Patriarchaten zu finden, sind mit den Synodalprinzipien kaum zu vereinbaren; doch setzten sie sich in Konstantinopel durch, wo sie die eigtl. Patriarchatssynode, von der sie manchmal schwer zu unterscheiden waren, schließlich ablösten. Die S. war zur Erledigung aller rechtl. Angelegenheiten des Patriarchats sowie gelegentl. – mittels eines Rekurses an den Ks. bzw. einer Berufung an den Patriarchen v. Konstantinopel – auch derjenigen der übrigen Patriarchate zuständig. Seit dem 9. Jh. entwickelte sie sich neben den, allerdings nur selten einberufenen allg. →Synoden zum Träger der höchsten Gewalt in der Ostkirche. In der spätbyz. Zeit wurde der Teilnehmerkreis, der sich immer mehr auf die wichtigsten Metropoliten und autokephalen Erzbf.e des Patriarchats beschränkte, durch die hohen Würdenträger (Exokatakoiloi) vermehrt. Nach den überlieferten Synodalprotokollen war die S. in ihrer richterl. Funktion nicht nur bei kirchenrechtl. Angelegenheiten, sondern auch, v.a. in den letzten Jahrhunderten und während der Türkenherrschaft, in zivilrechtl. Fragen tätig.   Sp. Troianos

Lit.: Oxford Dict. of Byzantium, 1991, 697 – B. STEPHANIDES, Die gesch. Entwicklung der Synoden des Patriarchats v. Konstantinopel, ZKG 55, 1936, 127ff. – BECK, Kirche, 42ff. – J. HAJJAR, Le Synode Permanent, 1962 – BL. PHEIDAS, Ἐνδημοῦσα Σύνοδος, 1971.

Synonyma Bartholomaei

(Sinonoma Bartholomei), eines der zahlreichen spätma. Vokabularien, das – wie London, BL, Royal 12 G IV; Sloane 964; Sloane 347; Sloane 962 – aus der dicht belegten *Aaron barba Aaron jarus pes vituli*-Gruppe stammt (THORNDIKE–KIBRE, Incipits, 1963², 5) und Ende des 14. Jh. von John Mirfield (Johannes

Marifeld, † 1407) redigiert wurde. Der Redaktor, dem wir auch ein praxisbezogenes 'Breviarium Bartholomei' verdanken (nach →Gilbertus Anglicus; vgl. →Ortolf v. Baierland), gehörte als Geistlicher dem Augustiner-Konvent (Austin priory) von St. Bartholomaeus zu Smithfield an und war als Pfleger am St. Bartholomew's Hospital tätig. Die Benennung des Arzneibuchs wie des Synonymars bezieht sich auf diese Stätte des Wirkens. – Mirfield hat die rund 750 Lemmata sorgfältig alphabetisiert und oft nicht nur durch gräko-lat. Synonyme, sondern auch durch me. Äquivalente sowie durch knapp beschriebene Definitionen erläutert. Aufgenommen sind in erster Linie Pflanzen- und Drogennamen; daneben begegnen anatom. Nomina, patholog. Begriffe und Bezeichnungen für Tierarten. Im Lemma »hennekersen« zeigt sich ndfrk. Einfluß (→'Boec van medicinen in Dietsche'). Das Ganze verrät hervorragende Fachkenntnis (auch in der →Pest-Behandlung) und macht verständlich, daß Mirfield seitens der Bürger von London 'immortalem famam acceperit'.

G. Keil

Ed.: S. B., ed. J. L. G. Mowat, 1882 (Anecdota Oxoniensia. Mediaeval and Modern Series, I, 1) – *Lit.:* T. Hunt, Plant Names of Me. England, 1989, xliv f. – W. F. Daems, Nomina simplicium herbarum ex synonymariis medii aevi collecta: Semant. Unters. zum Fachwortschatz hoch- und spätma. Drogenkunde (Studies in ancient medicine, 6, 1993), 72, 95–396.

Synonyme ersetzen, wie →Glossen, ein Wort durch ein bedeutungsgleiches oder bedeutungsähnl. Wort. In der →Rhetorik werden S. als Redeschmuck (→Ornatus) eingesetzt; Synonymie als rhetor. Figur (→Figurae) beabsichtigt zumeist Ausdruckssteigerung, die aus dem semant. Unterschied ihrer Glieder gewonnen wird.

Lit.: →Figurae, →Glossen, Glossare, →Ornatus.

Synopsis Basilicorum (maior), nach dem überlieferten Titel eine »alphabet. geordnete Auswahl und Kurzfassung der 60 ksl. Bücher mit Verweisungen«, die wohl noch im 10. Jh. entstand und etwa ein Zehntel des Textes der →Basiliken enthält. Die alphabet. Anordnung beruht auf den Schlüsselwörtern der Rubriken, unter denen der Verf. in eigenständiger Systematik einschlägige Basilikenexzerpte mit genauer Stellenangabe zusammengestellt und auf weitere verwiesen hat. Aufgrund dieses Aufbaus war die S. einerseits geeignet, die Benutzung der Basiliken zu erleichtern, konnte diese aber auch andererseits als einbändige Kurzfassung in der Praxis ersetzen. Für die große Beliebtheit des Werks spricht die hohe Zahl der erhaltenen Hss., unter denen sehr viele →Scholien und Textzusätze aufweisen. In der Regel ist die S. mit einem in zwei Klassen begegnenden Anhang überliefert, dessen Hauptbestandteil Novellen der Ks. des 10.–12. Jh. bilden. L. Burgmann

Ed.: C. E. Zachariae a Lingenthal, Jus Graeco-Romanum, V, 1869 [Nachdr. in: I. und P. Zepos, Jus Graecoromanum, V, 1931 (1962)] – *Lit.:* N. G. Svoronos, Recherches sur la tradition juridique à Byzance. La S. major des Basiliques et ses appendices, 1964.

Synopsis minor, byz. Rechtsbuch vom Ende des 13. Jh., dessen authent. Titel nicht überliefert ist. →Konstantinos Armenopulos, der das Werk in der Hexabiblos benutzte, nannte es »das kleine (Rechtsbuch) nach dem Alphabet«, womit er offensichtl. auf die →Synopsis Basilicorum (maior) anspielte. Im Gegensatz zu dieser ist die S. in nicht immer einsichtiger Weise nach den Schlüsselwörtern der einzelnen Kapitel geordnet, was ihre Benutzung erschwert haben muß. Als Q. haben dem unbekannten Autor v. a. das Rechtsbuch des Michael →Attaleiates und die Synopsis Basilicorum (maior) gedient, die er teils wörtl. exzerpiert, teils gekürzt, paraphrasiert oder (selten) kommentierend ergänzt hat. L. Burgmann

Ed.: C. E. Zachariae a Lingenthal, Jus Graeco-Romanum, II, 1869, 9–264 [Nachdr. in: I. und P. Zepos, Jus Graecoromanum, VI, 1931 (1962), 327–547] – *Lit.:* S. Perentidis, Recherches sur le texte de la S. (Fontes Minores, VI, hg. D. Simon, 1984), 219–273 – *Ders.,* L'empereur né le jour de Pâques: Michel IX Paléologue et la date de la S. (ebd., VII, 1986), 253–257.

Synopsis Pselli → Psellos, Michael

Syntagma Blastares → Blastares, Matthaios

Synthronon, in frühchr. und byz. Kirchen die Bänke, auf denen an der Rückwand der →Apsis die Priester im Halbkreis zu Seiten der stets höheren und besser ausgestatteten →Kathedra des Bf.s saßen. Die gr. Bezeichnung S. (Σύνθρονον) betont die Gemeinsamkeit des Klerus, die lat. (subsellium, -ia) bringt, wie bereits im röm. privaten, polit. und Gerichtsbereich die Unterordnung unter den Höchstrangigen zum Ausdruck (hier den Bf.). Erste lit. Erwähnung: Didascalia 57, 3–53 (Funk I, 158, 3. Jh.); Hinweis auf Erhöhung der Kathedra des Bf.s und höheren Rang der subsellia zu seiner Rechten: Testamentum D. n. J. Chr. 19 (Rahmani 23, 5. Jh.). Das S. blieb, wie Funde belegen, nicht auf bfl. Kirchen beschränkt. Zur Vermehrung der Plätze wurde das S. an der Apsisrückwand auch mehrstufig angelegt, in mehreren gr. Kirchen des 5./6. Jh. war es durch zwei gerade, parallel links und rechts des Altars im →Bema stehende Anlagen erweitert (Beispiele: Soteriou 226–229, Peeters 111–115). Im W wurden Kathedra und Klerikersitze seit karol. Zeit neben dem Altar angeordnet, in ma. Kirchen des O wurde das S., da ohnehin durch die →Bilderwand verdeckt, zunächst verkleinert, dann zugunsten seitl. Sitzanordnung neben dem Altar aufgegeben. J. Engemann

Lit.: Lex. der Kunst, IV, 1991, 773 – RE IVA, 1, 502–504 – G. A. Soteriou, ΑΙ ΧΡΙΣΤΙΑΝΙΚΑΙ ΘΗΒΑΙ ΘΕΣΣΑΛΙΑΣ ΚΑΙ ΑΙ ΠΑΛΑΙΟΧΡΙΣΤΙΑΝΙΚΑΙ ΒΑΣΙΛΙΚΑΙ ΤΗΣ ΕΛΛΑΔΟΣ, 1931 – C. Peeters, De liturg. Dispositie van het vroegchristelijk Kerkgebouw, 1969 – Th. F. Mathews, The Early Churches of Constantinople, 1971.

Syphilis, von Girolamo Fracastoro 1546 geprägter Krankheitsname (nach einem fiktiven neuweltl. Sauhirten) für eine Spirochätosen-Pandemie, die durch Mannschaften von →Kolumbus 1493 aus der Karibik nach Barcelona gebracht wurde und von dort in den folgenden sieben Jahren sich über Europa bis nach Indien ausbreitete. Auslöser war die Tropenkrankheit *Frambösie* (durch Treponema pertenue hervorgerufen), neben der die gleichzeitig eingeschleppte (durch Treponema pallidum verursachte) Lues zunächst nur eine untergeordnete Rolle spielte. Die Erstbenennungen beziehen sich zunächst auf die Symptomatik, wobei span. »bubas« auf die →Pest-Lymphknoten, »oletum« auf den Gestank bei Rhinopharyngitis mutilans zurückweist und »grôze blâter«, »boesiu blâter«, »grosse vérole« (> »variola grossa«) bzw. »spaens[ch]e pocken« auf die charakterist. borkig verschorfte Frambösiepapel anspielen. Paracelsus spricht im Hinblick auf die nächtl. sich verstärkenden Schmerzattacken und den phasischen Verlauf von »*venerischer*« Erkrankung. Als gängigste Bezeichnung erweist sich indessen »*Die Frantzosen*« (> »morbus gallicus«), die wie »*mal de Naples*« daran erinnern, daß das frz. Invasionsheer 1494/95 in Neapel erkrankte und wesentl. zur Verbreitung des Leidens beitrug. – Unter der Konkurrenz zahlreicher ätiolog. Modelle (Pesthauch, Saturn-Konstellation, Strafe Gottes) setzte sich die Beobachtung Franz Muralts (1495), daß es sich bei der S. um eine sexuell transmitierte →Geschlechtskrankheit handeln könne, nur zögernd durch. – Ab 1496 begann sich die Therapie zu standardisieren: die als Hyperthermie-Behandlung durchaus erfolgreiche, von Paracelsus aber 1529 diskreditierte *Holzkur* mit dem neuweltl. Guajak-Holz (Absud beim Schwitzen) und die aus der Dermatologie entlehnte, erst Anfang des 20. Jh. durch Arsenpräparate, später Penicillin ersetzte *Schmierkur* (mit Quecksilber-in-Schweineschmalz-Emulsion). – Medizinalpolit. Maßnahmen, die die Kranken wie beim →Aussatz abzusondern suchten (etwa durch Umwandlung von 'Frauwenhäusern' in 'Frantzosenhäuser'), erwiesen sich als wenig wirksam, insbes. nachdem – wie Ulrich v. Hutten und mit ihm Fracastoro erkannten – die 'Frantzosen' bis 1540 drei Mitisierungsschritte durchlaufen hatten, das heißt durch die Treponema-pallidum-Endemie der Lues venerea ersetzt worden waren. – Ikonograph. Darstellungen vor 1500 akzentuierten Hauterscheinungen und wiesen dem 'scabies-nova'-Kranken die Frambösiepapel als Krankheitszeichen zu.   G. Keil

Lit.: K. SUDHOFF, Graph. und typograph. Erstlinge der S.lit. aus den J. 1495 und 1496 (Alte Meister der Med. und Naturkde. 4, 1912) – H. HAUSTEIN, Die Frühgesch. der S. 1495–1498, Arch. Dermat. Syphil. 161, 1930, 255–388 – W. F. R. ESSED, Over den oorsprung der s. [Diss. Leiden 1933] – G. KEIL–W. F. DAEMS, Paracelsus und die »Franzosen«, Nova Acta Paracelsica 9, 1977, 99–151 – G. KEIL, Seuchenzüge des MA (B. HERRMANN, Mensch und Umwelt im MA, 1986), 109–128 – V. ZIMMERMANN, Rezeption und Rolle der Heilkde. in landessprachigen hs. Kompendien des SpätMA (Ars medica IV, 2, 1986), 91f., 140f. ['Zweiter Harburger S.traktat' mit Hyperthermiebehandlung] – C. G. SANTING, Med. und Humanismus: Einsichten des Nürnberg. Stadtarztes Th. Ulsenius über »Morbus gallicus«, SudArch 79, 1995, 138–149.

Syrakus (Siracusa), Stadt im östl. →Sizilien, griech. Gründung. In röm. Zeit Residenz der Praetoren und wichtigste Stadt Siziliens mit bedeutenden Beziehungen zum Orient und zu Afrika. Im frühen MA beschränkten sich die besiedelten Teile der Stadt auf den ältesten Kern Ortygia und auf Acradina jenseits des Isthmus, setzten sich jedoch unterirdisch in den 'Katakomben' fort. Das Territorium der Stadt erstreckte sich auf den südöstl. Teil der Insel und umfaßte viele Ländereien der Röm. Kirche. 535 eroberte →Belisar die Stadt. In der ersten Hälfte des 9. Jh. erhob sie das Patriarchat v. Konstantinopel zur Metropolie, der 12 Suffragankirchen unterstanden, unter ihnen →Palermo und →Messina, jedoch mit Ausnahme des autokephalen →Catania. Die muslim. Eroberung zerschnitt die Verbindungen zu Byzanz und zu Süditalien. Vor den muslim. Invasoren flüchtete die Bevölkerung in die Mauern von Ortygia, mußte sich aber nach langer Belagerung (Frühjahr 877 bis Sommer 878) ergeben. Die Stadt wurde fast gänzlich zerstört und ein Großteil der Bevölkerung versklavt. Damit verlor S. seinen Rang als wichtigste Stadt der Insel an →Palermo. Die Rückeroberungsversuche durch Byzanz (964 unter →Nikephoros Phokas und 1038 unter Georgios →Maniakes) blieben erfolglos. Ein Konflikt zw. dem Herrn v. Agrigento und dem ehrgeizigen Herrn v. S., Ibn aṭ-Ṯumna, der 1060 die Normannen zu Hilfe rief, begünstigte die Eroberung durch die Normannen. Im Okt. 1086 verhandelte S. mit Roger I. über die Übergabe. 1093 begründete dieser Bm. und Diözese neu. Der bereits im 7. Jh. zur Kirche umgewandelte Athenetempel wurde zur neuen Kathedrale. In norm. Zeit entstanden die Basilika S. Lucia fuori le mura und die Kirchen S. Tommaso und S. Nicolò dei Cordari. 1162 versprach Friedrich I. S. und weite Gebiete Ostsiziliens Genua für die Stellung von Schiffen zur Eroberung des Normannenreiches. Während der Minderjährigkeit Friedrichs II. nahm der Genuese Alamanno da Costa S. ein und proklamierte sich zum Gf.en der Stadt (1205): ein weiterer Beweis für das Interesse der it. Seestädte für S. Friedrich II. gewann 1221 S. zurück und ließ das »Castello Maniace« erbauen. Unter der Herrschaft der Aragón (1361–1536) war S. Mittelpunkt des Ausstattungsgutes

der Kgn.nen von Sizilien. In dieser Zeit entstanden neue prunkvolle Paläste in S. Im SpätMA erlebte S. jedoch nicht zuletzt durch die Pest (1348) und infolge schwerer Hungersnöte (1443) einen Bevölkerungsrückgang. Mitte des 16. Jh. zählte es etwa 13 000 Einw.   V. D'Alessandro

Lit.: S. PRIVITERA, Storia di S. antica e moderna, 1878–79 – E. MAUCERI, S. nel secolo XV, 1896 – G. AGNELLO, S. bizantina, 1930 – S. L. AGNELLO, Il 'Liber privilegiorum et diplomatum nobilis et fidelissimae Syracusarum urbis', Arch. stor. siracusano, V–VI, 1959–60, 32–81 – IP X, 298ff.

Syrgiannes Palaiologos Philanthropenos, byz. Aristokrat, * ca. 1290/92, † 1334, Sohn eines hellenisierten Kumanen (Sytzigas, als Christ S.) und einer Angehörigen der Familie der Palaiologen und Philanthropenoi (VAN DIETEN, 124), verwandt auch mit Ks. →Johannes VI. Kantakuzenos. Als Gouverneur in Epiros wegen Usurpationsverdachtes im Gefängnis (ca. 1319), nahm er diesen Posten kurzfristig wieder ein und erhielt das Hofamt des Pinkernes ('Mundschenk'). S. beteiligte sich maßgebl. am Ausbruch des Bürgerkrieges zw. →Andronikos II. und dessen Enkel →Andronikos III., wobei er mehrfach die Partei wechselte. Ab 1321 hatte er das Amt des Megas Dux inne. Wieder im Gefängnis, wurde er erst nach 1328 unter Andronikos III. entlassen und Gouverneur v. Thessalonike. 1329/30 von der Ksn.mutter (Andronikos' III.) Maria adoptiert, 1333 wegen Hochverrates angeklagt, floh nach Euboia und schloß sich Kg. →Stefan Dušan v. Serbien an, unter dem er einige Städte eroberte. Auf dem Marsch nach Thessalonike wurde er getötet. Seine Tochter Theodora heiratete Guido v. →Lusignan, Kg. v. Armenien.   G. Schmalzbauer

Lit.: PLP, Nr. 27167 – Oxford Dict. of Byzantium, 1991, 1997 [Lit.]. – J. L. van DIETEN, Nikephoros Gregoras, Rhomäische Gesch., 1979, II/1, 117–126, 144ff.

Syrianos, neuplaton. Philosoph aus Alexandria, 1. Hälfte des 5. Jh., studierte in Athen, wo er 431/432 Scholarch wurde. Sein bedeutendster Schüler ist →Proklos. Im Komm. zu den Büchern 2, 3, 12, 13 der Metaphysik des Aristoteles vertritt er neben altakadem.-pythagor. Vorstellungen auch solche →Plotins. In der Seelenlehre vermittelt er zw. diesem und →Iamblichos. Außerdem ist erhalten ein Komm. zum 1. Buch der Schrift des Rhetors Hermogenes »Über die Ideen«. Andere verlorene Schriften nennt die →Suda.   J. Gruber

Ed.: H. RABE, 1892/93 [Komm. zu Hermogenes] – CAG VI, 1902 [Komm. zu Aristoteles] – *Lit.:* RE IVA, 1728–1775 – D. J. O'MEARA, Le problème de la métaphysique dans l'antiquité tardive, FZPhTh 33, 1986, 3–22 – R. L. CARDULLO, Siriano nella storiografia filosofica moderna e contemporanea, Siculorum Gymnasium 40, 1987, 71–182.

Syrien, Land in Vorderasien.

I. Spätantike und frühchristlich-byzantinische Kultur – II. Arabischmuslimische Zeit und Kreuzzüge.

I. SPÄTANTIKE UND FRÜHCHRISTLICH-BYZANTINISCHE KULTUR: [1] *Die Zeit der Christianisierung:* S. bildete auch während des Zeitraumes von der Regierung Konstantins bis ca. 800 niemals eine polit. Einheit. Das Land war zw. den iran. →Sāsāniden und dem röm. Reich, später zw. dem Byz. Reich (→Byz. Reich, H) und dem Herrschaftsbereich der →Araber (→Omayyaden) geteilt. Von Ost nach West sind sprachlich-kulturell drei Zonen zu unterscheiden: die griechischsprachige 'Syria' von →Antiochia bis Gaza, eine zweisprachige Zone (Griechisch und Syrisch) von →Edessa bis →Damaskus und bis nach →Palästina, eine dritte Zone (geprägt durch das Syrische und das Arabische bzw. Iranische) von →Nisibis bis tief hinein nach Mesopotamien und in den Iran (→Persien). Im Laufe der Zeit drang die syr. Sprache, hervorgegangen aus dem aramäischen Dialekt v. Edessa (→Aramäische Sprache), auf Kosten des Griechischen vor. Im 4. Jh. sind Kult und Kultur der Paganen (→Heidentum) überall noch leicht faßbar: in Antiochia mit →Libanios; in Edessa mit den Angriffen →Ephraims, des Begründers der theol. Schule v. →Edessa, gegen die →Gnosis, gegen Bardaisan und den →Manichäismus; in Mesopotamien mit der Polemik →Afrahats gegen den Mazdeismus. →Märtyrerakten haben sich überall erhalten. Zahlreiche Bekehrungsgeschichten betreffen →Konstantin und die Kreuzeslegende (→Kreuz, F. I). Die christenfeindl. Maßnahmen des Ks.s →Julianus Apostata bilden den Ausgangspunkt einer umfangreichen Polemik. Die Akten der hll. →Barbara, Christina und Irena spiegeln Auseinandersetzungen zw. Lokalkulten und dem Christentum wider.

[2] *Monophysitismus und christologischer Streit des 4. und 5. Jh.:* Die von →Apollinaris v. Laodikeia († nach 390) entfachte Bewegung ließ Antiocheia zur Wiege des Monophysitismus (→Monophysiten) werden. Der bereits in →Nikaia (325) verurteilte Arianismus (→Arius) lieferte dem Paganismus den christl. Deckmantel. Ausdruck der Kirchenspaltung des 5. Jh. war die Verurteilung der Lehre des →Nestorios auf dem Konzil v. →Ephesos (431). Die Christen in Mesopotamien nahmen die nestorian. Richtung an (→Ostkirchen, II. 1) und schieden sich damit vom Westen. Das Konzil v. →Chalkedon (451) mit seiner Auffassung zweier Naturen in Christo (→Christologie, A) verursachte bis tief ins 6. Jh. starke Unruhen in S.; hiervon zeugt der riesige Bestand an polem. Literatur (ursprgl. in griech. Sprache, doch heute nur noch in syr. Übersetzung erhalten).

Im 4. Jh. entwickelte sich überall das →Mönchtum. Den →Messalianern wird der anonyme »Liber Graduum« zugeschrieben, es verbreiten sich →Apophthegmata und Makariosschrifttum ([Ps.-]→Makarios). Heftige Ablehnung gegen Chalkedon zeigte sich in Jerusalem. Eng damit verbunden war die Lit. über die Himmelfahrt Mariens. Doch wurde mit dem →Henotikon Ks. →Zenons (485) ein gewisser Friedensprozeß eingeleitet; Dichter wie Isaak v. Edessa haben diese Zeit besungen.

[3] *Im 6.–8. Jh.:* Im frühen 6. Jh. flammte die monophysit. Opposition erneut auf (bes. unter dem Patriarchen →Severus v. Antiocheia, 512–518); die Reaktion Ks. Justinians (er ließ anläßl. einer Disputation die Führer der antichalkedon. Partei in Konstantinopel festhalten) führte zur Errichtung einer unabhängigen Kirche, deren Anhänger (nach →Jakobos Baradai) als →Jakobiten bezeichnet wurden (→Ostkirchen, II. 2).

Bedeutende syr. Autoren des 6. Jh. sind Symeon v. Beith Arscham, →Jakob v. Sarug und der myst. Autor Stephan Bar Sudhaili (Buch vom »Hierotheos«), der wie andere Autoren dem bes. im Osten lebendigen Origenismus (→Origenes) nahestand. Für die kirchl. Einheit trat hier u. a. Babai (569–628) ein. Martyrius Sahdona wurde in der Zeit des Herakleios praktisch zum Chalkedoniker. Die Verwüstung →Jerusalems durch die Perser (614) bildete den Wendepunkt der kirchl. und kulturellen Entwicklung. In der kurzen Zeit der durch →Herakleios (627) wiederhergestellten byzantinischen Herrschaft hatten die Orthodoxen mit dem Patriarchen →Sophronios (633/634–639) eine starke Stellung in Jerusalem inne. Die Mosaik-Karte von Medaba zeigt die Vermehrung der Klöster in dieser Zeit.

Nach der Eroberung durch die Araber (634–640), die unter dem Omayyaden →Muʿāwiya die Stadt →Damaskus seit 661 zur Metropole des Großreiches ausbauten, hatten christl. Familien zunächst noch führende Ämter am Hofe inne; eine Abkehr hiervon wird markiert durch die Haltung des →Johannes Damaskenos, der um 692 den (in seiner Familie bereits erbl.) Gouverneursposten v. Damaskus ablehnte und in der Grabeskirche eine als Herausforderung empfundene Predigt hielt. Im Zeichen einer zunehmend christenfeindl. Politik der arab. Herrscher verschwand das Kreuz von den Münzen, wurde der muslim. 'Felsendom' errichtet. Früh entstand eine theol. Kontroverse mit dem →Islam, wobei →Theodor abū Qurra seine Schriften in arab. Sprache verfaßte. Im 8. Jh. setzte ein Rückgang der syr. Lit. ein. Ein anonymes christl. Glaubensbekenntnis in arab. Sprache zeigt eine bemerkenswerte Kenntnis des Islams.   M. v. Esbroeck

Lit.: Kl. Wb. des Christl. Orients, hg. J. Assfalg–P. Krüger, 1975 [Lit.] – P. Canivet–J.-P. Rey-Coqais, La Syrie de Byzance à l'Islam, 1992 – S. H. Griffith, Arabic Christianity in the Monasteries of Ninth-Cent. Palestine, 1992 – S. Kh. Samir–J. S. Nielsen, Christian Arabic Apologetics during the Abassid Period, 1994 – M. v. Esbroeck, Le discours de Jean Damascène pour la Dédicace de l'Anastasis, OrChrP, 1996 [im Dr.].

II. ARABISCH-MUSLIMISCHE ZEIT UND KREUZZÜGE: In die Regierungszeit des ersten Kalifen Abū Bakr (632–634) fallen die Anfänge der Eroberung S.s (arab. *aš-Šam*, das im N bzw. »links« von der Arab. Halbinsel gelegene, sich von Gaza bis zum Taurus erstreckende Gebiet, zu dem auch →Palästina gezählt wird) durch muslim. Stammesgruppen. Die seit langem an die Raubzüge (→Razzia) der Beduinen gewöhnten Byzantiner unterschätzten diese ersten Angriffe aus dem östl. angrenzenden Steppen- und Wüstengürtel und schickten allzuspät größere und schlagkräftigere Heere gegen sie ins Feld. Im Juli 634 erlitt Byzanz bei Aǧnādain eine blutige Niederlage; im Sept. 635 kapitulierte das von seiner byz. Garnison verlassene →Damaskus. Die von →Ks. Herakleios in Marsch gesetzte Armee konnte das Blatt nicht wenden – im Aug. 636 wurde sie am →Yarmūq vernichtend geschlagen. Bis Ende 636 wurden Hāmāh, Homs und →Aleppo eingenommen; 637 wurde →Antiochia kampflos übergeben; →Jerusalem kapitulierte 638; 640 fiel das bis dahin von See her unterstützte →Caesarea in muslim. Hand. Die rasche und unwiderrufl. Eroberung S.s ist nicht allein mit militär. Kategorien zu erklären (große Beweglichkeit und hohe Kampfmoral auf der arab. Seite, Schwerfälligkeit und Desinteresse in den byz. Söldnerheeren), sondern auch mit der fiskal. und wirtschaftl. Bedrückung der Provinzialbevölkerung durch die ksl. Bürokratie, aber wohl auch mit dem religiösen Gegensatz zw. den monophysit. Christen S.s und der orth. byz. Kirche. Die (mancherorts sogar als Befreier begrüßten) Muslime forderten dagegen ledigl. die polit. Unterwerfung der dem byz. Staat längst entfremdeten syr. Bevölkerung, nicht aber deren Konversion zum →Islam, garantierten Christen und Juden freie Religionsausübung und Schutz (arab. *ḏimma*) gegen Leistung einer vertragl. vereinbarten Abgabe (arab. *ǧizya*). Ohne eigene administrative Kenntnisse behielten die Muslime zunächst die alten byz. Verwaltungsstrukturen mit Griechisch als Amtssprache bei und beschränkten sich darauf, als militär. und relig. Oberschicht von Heerlagern aus das Land zu kontrollieren und die Abgaben einzuziehen.

Eine weitere und tiefe Zäsur in der Gesch. des Landes bildete die Regierung des →Kalifen und ehem. Statthalters in Syrien (seit 639), →Muʿāwiya, der als Begründer der Dynastie der →Omayyaden Damaskus als Residenz beibehielt. Ehedem Randprovinz, wurde S. dadurch zum Kernland des arab. Großreichs, Damaskus zum Mittelpunkt der islam. Welt. Unter Muʿāwiya und seinen Nachfolgern, die sich als kunstbeflissene Bauherren hervortaten, schritten Islamisierung und Arabisierung der einheim. Bevölkerung und ihre allmähl. Verschmelzung mit den Eroberern voran. In der Verwaltung wurden Christen aus wichtigen Ämtern entfernt und durch Muslime ersetzt, als Kanzleisprache Arabisch statt des Griechischen eingeführt.

Mit der Machtübernahme durch die →Abbasiden (750) verlor S. seine polit., wirtschaftl. und kulturelle Vorrangstellung und fiel zurück auf den Stand einer Reichsprovinz, in der – von der Hauptstadt →Bagdad argwöhnisch beäugt – allmähl. das Arabische das Syrische als Umgangssprache verdrängte. Der Ende des 9. Jh. einsetzende Zerfall des Abbasidenreiches ist in S. von zunehmender polit. Instabilität gekennzeichnet. Von →Ägypten aus versuchten →Ṭūlūniden und →Iḫšīdiden, das Land zu unterwerfen, das wiedererstarkte Byzanz (→Byz. Reich, H) griff von Kleinasien nach S. aus. In Aleppo machte sich die arab. Dynastie der →Ḥamdāniden selbständig. Vom 10. Jh. an faßten die türk. →Selǧuqen in S. Fuß, die es in die Sultanate v. Damaskus und Aleppo sowie in eine Reihe kleinerer, sich befehdender Emirate wie Ḥāmāh, →Ḥomṣ, Antiochia u. a. aufteilten und schließl. in Konkurrenz zu den →Fāṭimiden traten, die den südl. Landesteil besetzten.

Im Verlauf des 1. →Kreuzzuges und der darauffolgenden Jahre eroberten die Kreuzfahrer große Teile von S. und begründeten das Kgr. →Jerusalem, die Gft. →Tripolis, das Fsm. →Antiochia und die Gft. →Edessa. Zum Schutz und zur Verwaltung des Landes erbauten sie zahlreiche →Burgen (→Chastel Pélerin, →Krak des Chevaliers, →Montfort, →Belvoir). S. wurde für zwei Jahrhunderte zum Schauplatz heftiger Kämpfe zw. Christen und Muslimen (→Ḥaṭṭīn), aber auch des wirtschaftl. (→Levante-, →Mittelmeerhandel) und kulturellen (→Usāma b. Munqiḏ) Austauschs. Soweit S. nicht von den Kreuzfahrern besetzt war, wurde es unter →Saladin ein Teil des Reiches der →Ayyūbiden, an deren Stelle seit 1260 die →Mamlūken traten, die an der →Goliathsquelle die nach S. vordringenden →Mongolen zurückschlugen.

Sultan →Baibars (1260–77) und seine Nachfolger (z. B. →Qalāwūn) regierten von →Kairo aus das Mamlūkenreich zentralist. und teilten S. in Statthalterschaften ein. Nach der Vertreibung der Kreuzfahrer (Fall von →Akkon, 1291) schleiften die Mamlūken aus Furcht vor neuen Kreuzfahrern die wichtigsten Küstenstädte (Tripolis, →Tyrus). Schwere Verwüstungen brachte dem Land der Einfall →Timūrs (1401). Im wirtschaftl. und polit. Niedergang begriffen, wurde das Mamlūkenreich 1517 von Sultan →Selim I. erobert. S. wurde Provinz des →Osman. Reiches.   P. Thorau

Lit.: EI¹ 4, 313ff. – M. GAUDEFROY-DEMOMBYNES, La Syrie à l'époque des Mameloukes, 1923 – R. DUSSAUD, Topogr. hist. de la Syrie antique et médiévale, 1927 – C. CAHEN, La Syrie du Nord à l'époque des croisades et la principauté franque d'Antioche, 1940 – P. K. HITTI, Hist. of Syria, 1957² – C. CAHEN, Der Islam, I, 1968 [Fischer Weltgesch., 14] – Gesch. der arab. Welt, hg. U. HAARMANN, 1987.

Syrlin, 1. S., Jörg der Ältere, Verleger, Schreinermeister und Bildschnitzer. Als solcher identisch mit dem als Heggbacher Meister bezeichnete Schnitzer B des umfangreichen Chorgestühls im Ulmer Münster; * um 1425 in Ulm, † ebd. 1491. S. d. Ä. übernahm als Verleger und Inhaber eines umfangreichen Werkstattbetriebes Großaufträge für Ausstattungen, insbes. für sakrale Zwecke. Allein maßgebend für die Konzeption der Objekte und den Arbeitsablauf zu deren termingerechter Fertigstellung, gab er, wenn deren Umfang die Kapazität seiner Werkstatt überstieg, Teile des Ganzen, insbes. Bildschnitzer- und Bildhauerarbeiten, an Subunternehmer (Michel →Erhart u. a.) weiter. Nach Übergabe seines Betriebes (um 1480/81) an den Sohn, J. S. d. J., übernahm er (zusammen mit seiner Frau) das Amt als »pfleger unß lieben frowen«, d. h. des Münsterpflegers als Nachfolger von Jörg Conradin. – *Werke:* Betpult (1456), Lesepult aus Ottenbach (1458 datiert und signiert), Ulmer Dreisitz (1468), das Tiefenbronner Retabel (1469), Ulmer Chorgestühl (1469–1474) und Hochaltarriß (vor 1474) des im Bildersturm zerstörten Hauptaltarretabels des Ulmer Münsters. Mit ihm, seiner letzten großen Unternehmung, krönte J. S. d. Ä. zugleich sein Lebenswerk.   M. Tripps

Lit.: W. DEUTSCH, Der ehem. Hochaltar und das Chorgestühl, zur S.- und zur Bildhauerfrage (600 Jahre Ulmer Münster [Fschr., hg. H. E. SPECKER–R. WORTMANN, 1977]) – B. ROMMÉ, Jörg Sürlin d. Jg. und die Bildschnitzerfrage, Zs. für Württ. Landesgesch. 50, 1991, insbes. 105–107 – G. WEILAND, War der ältere Sürlin Bildhauer?, Jb. der Staatl. Kunstslg.en in Baden-Württ. 28, 1991, 37–54 – B. ROMMÉ, Überlegungen zu J. S. d. Ä. und zur Ausstattung des Ulmer Münsterchores am Ende des 15. Jh., Jb. der Staatl. Kunstslg.en in Baden-Württ. 30, 1993, 7–23.

2. S., Jörg der Jüngere, Schreinermeister und Verleger; * um 1455 in Ulm, † ebd. 1523 (?). Übernahm um 1480/81 die Werkstatt seines Vaters J. S. d. Ä. Der Sohn nutzte den Ruf der S.werkstatt, die sich durch die Ausstattung des Ulmer Münsterchores einen Namen gemacht hatte, betrieb zur Schreinerwerkstatt einen Verlag in großem Stil und stattete so die oberschwäb. Pfarr- und Kl. kirchen mit Altarretabeln, Chorgestühlen, Kanzeln u. ä. aus. Dabei war er gehalten, wie eine Archivale von 1482 überliefert, in den Schreinerarbeiten enthaltene Bildwerke auf seine Kosten an Bildschnitzer zu verdingen (Michel Erhart, Daniel Mauch und – v. a. – Niklaus Weckmann). 1491, im Todesjahr seines Vaters, in Ulmer Urkk. im Zusammenhang mit Rechtsgeschäften, Rechtsstreitigkeiten und als Bürge vielfach erwähnt. 1496 und 1497 Mitglied des Großen, 1505–21 des Kleinen Ulmer Rates. 1491 nennt ihn ein Bürgschaftsvertrag als Zunftmeister; ein Amt, das er dreißig Jahre lang (bis 1521) innehatte. Seine unternehmer. Fähigkeiten – Entwürfe und Betriebsorganisation – ermöglichten es ihm, zusammen mit seriellen Herstellungsmethoden flexibel und kostengünstig zu arbeiten. In summa die Voraussetzungen für den Erfolg der S.werkstatt. Durch die Unterverträge mit Bildschnitzern, Steinbildhauern, Stechern u. a. müssen die Signaturen seiner Gesamtkunstwerke richtigerweise als eine Art Markenzeichen gesehen werden. *Werke:* Ulmer Fischkastenbrunnen (1482, heute im Ulmer Museum), Chorgestühl in St. Martin zu Oberstadion (1483–84), das dortige Grabmal des Hans v. Stadion (1489), Chorgestühl und Dreisitz in der ehem. Kl.kirche Blaubeuren, Chorgestühl und Dreisitz in Zweifaltendorf (1499), Dreisitz (1506) und Chorgestühl (1509) in St. Cornelius und Cyprian zu Ennetach, Schalldeckel der Münsterkanzel in Ulm (1410), Chorgestühl (1512), Dreisitz und das heutige Hochaltarretabel (um 1518–20) in der evangel. Stadtkirche Geislingen sowie folgende archival. belegte Werke: acht Retabel, eine Kanzel und vier Chorgestühle.   M. Tripps

Lit.: G. OTTO, Ulmer Plastik der Spätgotik, 1927, 112–216 – DIES., Der Export der S.werkstatt nach Graubünden, ASAK NF 37, 1935, 283–291 – W. DEUTSCH, J. S. d. J. und der Bildschnitzer Niklaus Weckmann, Zs. für Württ. Landesgesch. 27, 1968, 39–82 – A. BROSCHEK, Michel Erhart, 1973, 158–165 – B. ROMMÉ, Die Chorgestühle von Jörg Sürlin d. J. – Produktionsformen einer spätgot. Schreinerwerkstatt in Ulm, Jb. der Staatl. Kunstslg.en in Baden-Württ. 27, 1990, 52–71 – DIES., Jörg Sürlin d. J. und die Bildschnitzerfrage, Zs. für Württ. Landesgesch. 50, 1991, 105–121 – A. SCHÄDLER, Niclaus Weckmann – Bildhauer zu Ulm, Münchener Jb. der bildenden Kunst 43, 1992, 74ff. – B. ROMMÉ, Das Schaffen von Jörg Sürlin d. J. (Ulm und Oberschwaben 49, 1994), 61–110.

Syropulos, Johannes, sonst unbekannter Verf. einer – trotz der Einwände von DUJČEV – 1192 gehaltenen Lobrede auf Ks. →Isaak II. Angelos. Von geringem hist. Wert, ist sie jedoch ein Musterbeispiel für die byz. Ks. rhetorik im 12. Jh. (eingehender sprachl. Komm. bei BACHMANN).

G. Weiß

Lit.: Oxford Dict. of Byzantium, 1991, 2001 – M. BACHMANN, Die Rede die J. S. an den Ks. Isaak II. Angelos, 1935 – I. DUJČEV, Proučvanija vŭrchu bŭlgarskoto srednovekovie, 1945, 86–90.

Syropulos, Silbestros (Sophronios [I.], Patriarch v. →Konstantinopel Juni 1463–Juli 1464), Schriftsteller, * vor Juli 1399 (wohl in Konstantinopel), † bald nach 1464. Aus einer Familie stammend, die schon mehrere kirchl. Würdenträger gestellt hatte, ergriff auch S. die geistl. Laufbahn. Im Juli 1424 als Diakon belegt, bekleidete er hohe Funktionen innerhalb des Patriarchalklerus v. Konstantinopel (Megas Ekklesiarches 1437–52, Dikaiophylax 1439). Er nahm im Gefolge des Patriarchen →Joseph II. v. Konstantinopel am Konzil v. →Ferrara-Florenz teil, wo er 1439 das Unionsdekret unterfertigte, widerrief aber nach der Rückkehr nach Konstantinopel die Unterschrift und trat der unionsfeindl. Gruppe um →Markos Eugenikos und →Gennadios (II.) bei; in diesem Sinne verfaßte er auch die Darstellung der Gesch. des Konzils v. Ferrara-Florenz (»Memoiren«). Patriarch zw. dem 2. und 3. Patriarchat des Gennadios II., wurde er im Juli 1464 abgesetzt und starb kurz danach. Von 1424–47 ist er auch als Hss. kopist belegt.

O. Kresten

Ed.: V. LAURENT, Les 'Mémoires' du Grand Ecclésiarque…, 1971 [mit frz. Übers.] [s. a. O. KRESTEN, Nugae Syropulianae, Revue d'Hist. des Textes 4, 1974, 75–138; J.-L. VAN DIETEN, Zu den zwei Fassungen der Memoiren des Silvester S., AHC 11, 1979, 367–395] – *Lit.:* PLP, Nr. 27217 [Lit.] – Oxford Dict. of Byzantium, 1991, 2001 – BECK, Kirche, 759f. – J. GILL, Personalities of the Council of Florence, 1964, 154–185 – J. L. VAN DIETEN, Silvester S. und die Vorgesch. v. Ferrara-Florenz, AHC 9, 1977, 154–179.

Syssel (anorw. *sýsla*, pl. *sýslur*, 'Amt, Amtsbezirk', geleitet vom Sysselmann, *sýslumaðr*, pl. *sýslumenn*, 'Amtmann'). Eine durchgängige Einteilung →Norwegens in S. wird erst in →Magnús Hákonarsons Landslög von 1274/ 75 vorausgesetzt, der genaue Grenzverlauf zw. den einzelnen S. bleibt dabei weitgehend unbekannt. Der *S. mann* als wichtiges Element der kgl. Lokalverwaltung wird zum ersten Mal in der Rechtsrevision Kg. →Magnús Erlingssons (1163–84), dem sog. Magnustext der →Gulaþingslög, greifbar und ist v. a. unter Kg. →Sver(r)ir Sigurdarsson (1177–1202) Instrument der kgl. Verwaltung in den wechselnden territorialen Verhältnissen der Bürgerkriegszeit, zugleich aber auch Ausdruck gesellschaftl. Wandels: Das Kgtm. bedient sich immer seltener der lokal verankerten Häuptlingsgeschlechter als Amtswalter (*ármenn*; →Lendermenn), sondern setzt zunehmend in Dienstverhältnissen zum Kgtm. stehende Mitglieder der Gefolgschaft (→Hird) als kgl. Beauftragte in den Bezirken ein. – Zu den wichtigsten Obliegenheiten des S. mannes gehören Rechtspflege, militär. Aufgebot und Einziehung von Abgaben und Bußen; er organisiert daher die Lagthinge (→Ding, II), nimmt die Aufsicht über den →Leidang und die Einsetzung von Urteilergremien wahr. Gegen Ende des 13. Jh. wird das S. auch als *len* ('Lehen') bezeichnet, der S. mann als *lensmann*.

H. Ehrhardt

Lit.: K. HELLE, Norge blir en stat 1130–1319, 1974, 207ff.

Szécsényi, ung. Adelsgeschlecht aus der Sippe Kacsics, bezeugt seit dem 13. Jh. Während die Sippe zum Kg. sgeg-

ner Mätthäus →Csák hielt, gelang Thomas († 18. Sept. 1354) mit Unterstützung →Karls I. der Aufstieg in die Aristokratie. Nach 1319 hatte er mehrere Landesämter inne und war durch seine Gattin Anna v. Auschwitz (aus der Familie der →Piasten) mit der kgl. Dynastie verwandt. Sein Sohn Nikolaus († nach 1367) war →Banus v. Kroatien-Slavonien. Frank († 1408) gehörte zu den Baronen Kg. Siegmunds und blieb, obwohl er bei dessen Gefangennahme 1401 gegen den Kg. stand, als Mitglied des →Drachenordens im Besitz seiner bedeutenden Güter und Ämter (zuletzt Landesrichter 1399–1407). Die nz. Magnatenfamilie Széchenyi/Széchényi entstammt dem Soldatenadel des 16. Jh. und ist mit den S. nur namensverwandt.

J. Bak

Lit.: E. FÜGEDI, Castle and Society in Medieval Hungary (1000–1437), 1986, bes. 123ff.

Szeged (Szegedin), Stadt an der Mündung des Flusses Maros in die Theiß, seit 1183 in den Q. belegt. Die drei Siedlungskerne von S. wurden erst 1469 vereinigt. Obwohl S. mindestens seit 1222 wichtiger Umschlagplatz für Salz aus →Siebenbürgen war, um 1242 zum Sitz eines →Komitats wurde und seine fremden Siedler (→hospites) seit 1247 im Besitz des →Stuhlweißenburger Privilegs waren, entwickelte sich die Stadt wirtschaftl. erst im 14. Jh. zum wichtigen Markt (im 15. Jh. sollen Tausende von Pferden an einem Markttag verkauft worden sein!) und Zentrum des Weinbaus. 1316 gründeten Franziskaner einen Konvent im Suburbium, 1318 ließen sich Dominikaner in der nördl. Vorstadt nieder. 1332 hatte S. zwei Pfarreien, eine städt. Selbstverwaltung ist erstmals 1368 belegt. Im 15. Jh. war S. wichtiger Ausgangspunkt für Verteidigungszüge gegen die →Osmanen, 1444 wurde in S. ein Friedensvertrag mit Sultan Murād II. geschlossen, dessen baldiger Bruch zur Niederlage Ungarns bei →Varna führte.

J. Bak

Lit.: J. REIZNER, S. története, I, 1899 – GY. KRISTÓ, S. Története, 1983, 1–423.

Székesfehérvár → Stuhlweißenburg

Székler (lat. Siculi; ung. Székely-ek), ung. Hilfsvolk, Name und Herkunft umstritten. Vermutl. handelte es sich ursprgl. um einen turksprachigen Verband (Avaren? Kabaren? Protobulgaren?). Als unsicher gilt auch, wann und wie die S. ins Karpatenbecken gelangten. Erstmals erwähnt werden sie zusammen mit den →Pečenegen 1116 und 1146 als leichtberittene Vorhut des ung. Heeres. Die S. besaßen eine Kerbschrift, die z. T. den türk. Runenalphabeten glich und eine Stammesstruktur, die verwandte Züge zu der der Oġuz-Türken aufwies. Als Hilfstruppen des ung. Kg.s und als Grenzwächter (speculatores), die längs der Grenzverhaue (ung. *gyepü*) angesiedelt wurden, waren sie zum allg. Kriegsdienst verpflichtet.

Die S. genossen daher eine rechtl. Sonderstellung (libertas Siculorum, Siculitas), d. h., sie galten insgesamt als adlig und frei, leisteten keine Abgaben außer bestimmten Geschenken, die sie bei der Krönung und Hochzeit des ung. Kg.s und bei der Geburt des Thronfolgers entrichteten (ursprgl. Pferde, nach ihrer Seßhaftwerdung Ochsen; daher die Bezeichnung 'Ochsenbrennen', lat. boum signatura), und besaßen das Recht, ihre militär. Befehlshaber (capitanei) und Richter (iudices) selbst zu wählen. Nur der erstmals 1235 erwähnte S.-Gf. (comes Siculorum), der an der Spitze ihrer Gemeinschaft stand, wurde vom ung. Kg. ernannt. Die S. gliederten sich in sechs 'Geschlechter' (genera) zu je vier 'Zweigen' (lineae), aus denen jährl. wechselnd ihre Amtsträger hervorgingen.

Ursprgl. nur in Kernungarn ansässig, wanderte das Gros der S. seit dem 12. Jh. v. a. über das →Komitat Bihar nach →Siebenbürgen ein, wo sie urkundl. seit 1210 nachweisbar sind. Die Gemeinschaft der S. (1292: universitas Siculorum) verfügte hier auf 'Kg.sboden' über ein eigenständiges Rechtsterritorium, das sich wie bei →Kumanen und Siebenbürger →Sachsen in sieben autonome Stühle (terrae, sedes) gliederte. Die durch Vermögensunterschiede und erhöhte Kriegsdienstverpflichtungen bedingte soziale Differenzierung der S.-Gesellschaft setzte im 14. Jh. ein und wurde 1473 durch Kg. →Matthias Corvinus (1458–90) bestätigt, der die Einteilung der S. in drei Stände (tria genera Siculorum) auch rechtl. fixierte. Als autonome Rechtsgemeinschaft in corpore behauptete sich aber die Universitas Siculorum bis ins 19. Jh. gleichberechtigt neben den 'Nationsuniversitäten' des ung. Adels und der Siebenbürger Sachsen, mit denen sie wiederholt 'Unionen' (u. a. 1437, 1438, 1507, 1514) einging.

H. Göckenjan

Q.: Székely Oklevéltár, I–VIII, 1872–1934 – *Lit.:* C. CONNERTH, Die Stuhlverfassung im S.land und auf dem Kg.sboden…, 1900 – L. SZÁDECZKY-KARDOSS, A székely nemzet története és alkotmánya, 1927 – Gy. GYÖRFFY, Der Ursprung der S. und ihre Siedlungsgesch. (Siebenbürgen und seine Völker, hg. E. MÁLYUSZ, 1943), 76–131 – TH. v. BOGYAY, Über Herkunft, Gesellschaft und Recht der S., Ung. Jb 2, 1970, 20–33 – H. GÖCKENJAN, Hilfsvölker und Grenzwächter im ma. Ungarn, 1972 – T. A. SZABÓ–L. BENKŐ, Die S., Ung. Jb 14, 1986, 207–224 – GY. GYÖRFFY, A magyarság keleti elemei, 1990 – Z. KORDÉ, A székelykérdés története, 1991.

Szentlőrinc (Budaszentlőrinc, heute Teil von Budapest), Kl. in →Buda. Zunächst eine dem hl. Lorenz geweihte Kapelle unterhalb des Johannesbergs (erstmals 1290 erwähnt), wurde S. um 1309 zum Hauptkl. der Fratres S. Pauli Primi Eremitae (→Pauliner). 1381 wurden die Reliquien des hl. →Paulos v. Theben aus Venedig nach S. überführt und der Bau eines monumentalen Kl. in Angriff genommen, das, begünstigt durch die Nähe der Hauptstadt Buda, bes. im späten 15. Jh. zum beliebten Wallfahrtsort wurde.

J. Bak

Q. und Lit.: Documenta Artis Paulinorum, II, 1975–78, 414–432 – M. ZÁKONYI, A Buda melletti S. pálos kolostor története, Századok 45, 1911, 513–530, 586–606, 686–711, 764–780, 805f.

Szepter → Zepter

Szilágyi. 1. S., Erzsébet (Elisabeth), * nach 1410, † nach 10. Juni 1483, ∞ Johannes →Hunyadi. Nach dem Tod ihres Mannes und des Erstgeborenen Ladislaus (hingerichtet 16. März 1457) erbte sie die Familiengüter und führte mit ihrem Bruder Mihály S. v. Horogszeg den Kampf um die Kg.swahl des jüngeren Sohnes →Matthias (1. M.). Auch unter Matthias weiterhin Besitzverwalterin, residierte E. S. in der Kgn.nenburg v. Óbuda (Alt-Ofen; →Buda) und urkundete als mater regis. Sie vermachte die Güter der Hunyadi ihrem illegitimen Enkel, Johann Corvin, der so zum größten Grundherrn des Landes wurde.

J. Bak

Lit.: P. E. KOVÁCS, A Hunyadi család (Hunyadi Mátyás Emlékkönyv, hg. GY. RÁZSÓ–L. V. MOLNÁR, 1990), 29–51.

2. S. Mihály (Michael) **v. Horogszeg,** Feldherr, ung. Reichsverweser 1458, † 1461, seit den 1440er Jahren Mitkämpfer von Johannes →Hunyadi, mit seiner Schwester Erzsébet S. verheiratet war. Als Gegner Georg (Đurđe) →Brankovićs und Befehlshaber v. →Belgrad, das er 1456 verteidigte, strebte er erfolglos nach der Herrschaft über

Serbien. Er beteiligte sich an der Ermordung Ulrichs II. v. →Cilly, entging aber der Rache →Ladislaus' V. Als Ban v. →Mačva 1457–58 und 1460 führend in der Verteidigung des Landes, wurde er nach Hunyadis Tod der Anführer seiner Partei und erkämpfte mit Gewalt und Diplomatie die Wahl →Matthias' Corvinus zum Kg. Am gleichen Reichstag im Jan. 1458 wurde er für fünf Jahre als Garant der Bündnisse mit anderen Magnaten zum Reichsverweser gewählt, doch bald vom jungen Kg. abgesetzt. Danach schloß er sich mehrfach Fronden gegen Matthias an und wurde schließlich verhaftet. 1460 für den Kampf gegen die Osmanen befreit, fiel er in türk. Gefangenschaft. Da er nicht bereit war, die Schwachstellen der Festung Belgrad zu verraten, wurde er enthauptet.

J. Bak

Lit.: V. FRAKNÓI, S. M. Mátyás király nagybátyja, 1913.

Szlachta ('Geschlecht'), Name des rechtl. uniformen Adelsstandes in Polen (→Adel, F; →Stand, V, 1), der sich durch stufenweise Umgestaltung der Schicht der Ritter bildete. Erste Schritte dabei waren die Statuten Kg. Kasimirs d. Gr. (Mitte 14. Jh.), die Erlangung gerichtl. Immunität der gesamten Ritterschaft und die ältesten allg. Ständeprivilegien (1374 Privileg v. Kaschau durch Kg. Ludwig). Nach innen gliederte sich die S. in Wappengeschlechter; äußere Zeichen der Zugehörigkeit waren →Wappen (seit 13. Jh. in Schlesien, seit 14. Jh. in den übrigen poln. Ländern in Gebrauch) und Ruf (→Devise). S.-Mitglied war, wer Eltern von S.-Herkunft hatte, falls ihre Ehe legal war (seit 1505 mußte auch die Mutter S.-Abkunft aufweisen). Der Tendenz zur sozialen Abschließung des S.-Standes wirkten die Ausweitung der Staatsgrenzen (z. B. 1454 Übertragung der poln. Privilegien auf den preuß. Adel) sowie später auch Nobilitierung und Indigenat entgegen. Starken Einfluß hatten die S.-Institutionen und -Privilegien auf das Gfsm. →Litauen (1387 Privileg für die Bojaren, 1413 Union v. →Horodło). Wichtigste Pflicht der S. war der berittene Kriegsdienst (später »Allg. Aufgebot« [expeditio generalis] genannt; Verpflichtung zum Kriegszug über die Landesgrenzen seit 1374 eingeschränkt). Die Schlagkraft des S.-Aufgebots nahm aber schnell ab, was sich erstmals 1454 bei Konitz in der Niederlage gegen den Dt. Ritterorden zeigte.

In der Zeit der Anjou und Jagiellonen wuchs die Bedeutung der S., da sie die dynast. Probleme (ungesicherte Thronfolge) zur Erringung von Ständeprivilegien (1374 Kaschau, 1422 Czerwińsk, 1430–33 Jedlno und Krakau, 1454 →Nieszawa und Cerekwica usw.) nutzen konnte. Die Formierung der S. als Stand endete mit der Konstitution →»Nihil novi« (1505 durch Kg. Alexander bestätigt). Basis der S. in ökonom. Hinsicht war der Besitz von Land zu »Ritterrecht«, der sich im 14./15. Jh. schrittweise zur Vorwerk-Fronwirtschaft entwickelte. Im Hinblick auf die Größe des Gutsbesitzes und auf die polit. Stellung Einzelner und ihrer Familien war die S. stark differenziert; an ihrer Spitze standen die aus der ritterl. Herrenschicht stammenden Magnaten. Auf der Basis ihrer Privilegien, der Landes-Sejmiki und des Parlaments (→Sejm) wurde die S. zum wichtigsten, ja einzigen polit. Element im Staat. Das Aussterben der Jagiellonen-Dynastie (1572) bewirkte eine weitere Stärkung ihrer Rolle als »polit. Volk«, das sich das Recht der Kg.swahl in Form der sog. »freien Wahl« sicherte.

J. Dobosz

Lit.: →Adel, F; →Stand, V, 1.

T

aṭ-Ṭabarī, abū Ǧaᶜfar Muḥammad b. Ǧarīr b. Yazīd, islam. Autor, geb. im Winter 839 (Ende 224/Anfang 225) in Āmol (Nordiran), gest. 17. Febr. 923 (Montag, 27. Šawwāl 310) in Bagdad, einer der epochemachenden (Religions-)Gelehrten des →Islam, schon zu Lebzeiten gesuchter Lehrer und berühmt für exemplar. Lebenswandel sowie stupendes, in verschiedenen Disziplinen gleich gediegenes Schaffen, hier v. a. als Geschichtsschreiber zu nennen. In der riesigen »Kurzgefaßten [!] Geschichte der Gottesgesandten, Könige und Kalifen«, idealiter einer (soweit als möglich) annalistisch gegliederten Gesch. der Welt von ihrer Erschaffung bis zum Jahr 302 (914–915), wird der vom →Koran gesetzte heilsgeschichtl. Rahmen für die vorislam. Zeit großzügig mit oft erst nachkoran. ῾islamisierten᾿ jüd.-christl. sowie parallel dazu iran. Überlieferungen ausgefüllt (aṭ-Ṭ. Hauptq. zur Gesch. der →Sāsāniden). Bei der Darstellung der islam. Gesch. verzichtet er getreu der Methode der islam. Traditionswiss. (→Ḥadīt) einerseits meist auf Harmonisierung widersprüchl. Aussagen seiner überwiegend schriftl. Q., hält andererseits aber an der Fiktion reiner Mündlichkeit fest.

L. Richter-Bernburg

Ed. und Lit.: The Hist. of al-Ṭ., ed. E. YAR-SHATER, 38 Bde, 1985ff. [vgl. bes. die allg. Einf. von F. ROSENTHAL, Bd. 1, 1989] – F.-C. MUTH, WI 30, 1990, 188–200 – E. LANDAU-TASSERON, Islam 69, 1992, 65–85 – Lfd. Bibliogr. in: Index Islamicus, bes. Jg. 1993, 530, s. v. Ṭ.

Tabellio, tabelliones, Schreiber von Privaturkk. Aus der erstmaligen Erwähnung bei Ulpian (Anfang 3. Jh.) läßt sich bereits der Aufgabenkreis dieser sich neu formierenden Berufsgruppe erkennen: Die t.nes sollten »instrumenta formare, libellos conficere, testationes consignare, testamenta ordinare vel scribere vel signare«. Ks. →Justinian regelte ihre Tätigkeit mit Vorschriften über die Form und die Gültigkeit der von ihnen ausgestellten Urkk. und die Modalitäten der Ausfertigung (C. 4, 21, 17, Nov. 44 und Nov. 73 zu den Jahren 528, 537 und 538). Daraus geht jedoch auch hervor, daß die Ausstellung durch t.nes nicht die einzige vorgesehene Möglichkeit einer Urkundenausfertigung war. Nach der Landnahme der →Langobarden überlebte die Institution der t.nes und damit ihre Art der Urkk. gestaltung in den Gebieten, die von der Invasion verschont geblieben waren (→Exarchat, →Pentapolis, Dukat Rom und die südit. Küstendukate). Die Bezeichnung t.nes als solche, bezogen auf die Aussteller von Privaturkk., begegnet noch einige Zeit, allerdings sporadisch, in Ravenna (neben dem häufigeren »forensis«), im Dukat Rom hält sie sich noch bis Ende des 11. Jh.

Die ersten Urkk., die in Rom von Schreibern ausgestellt wurden, die sich als t.nes bezeichnen, gehen auf das 7. Jh. zurück. Neben den »t.nes urbis Romae« traten im 9. Jh. erstmals als Aussteller von Privaturkk. auch die »scriniarii sanctae Romanae ecclesiae« (→Skriniar) in Erscheinung, die durch ihre Ausbildung an der päpstl. →Kanzlei den t.nes an sprachl. und schriftl. Gewandtheit wie an Aufgeschlossenheit für kulturelle Neuerungen weit überlegen waren, so daß sie in kurzer Zeit den Bereich der Privaturkk. eroberten und die t.nes aus dem Feld schlugen. Die t.nes blieben an die noch bestehenden »scholae tabellionum« und deren extremen Konservatismus gebunden und klammerten sich in Formelschatz, Sprache und Schrift an die nunmehr obsoleten Vorbilder. Auch ihr – kontrovers

interpretiertes – »Signum« hielt sich unverändert bis zur letzten erhaltenen Urk. (1093). Im Lauf des 10. und des 11. Jh. sind Qualität und Zahl der röm. T.nes-Urkk. deutlich geringer als die Menge der Scriniar-Urkk. (9:46 im 10. Jh., 10:215 im 11. Jh.). Im 12. Jh. scheint das röm. Urkk. wesen ausschließlich die Domäne der Skriniare zu sein.

Auch in den Bf. ssitzen im Umkreis von Rom (Terracina, Sutri, Nepi, Tivoli, Anagni, Veroli) ist in analoger Weise im 10./11. Jh. offenbar zumindest formal der Dualismus t.nes – scriniarii und der ῾Sieg᾿ der Skriniare zu erkennen. C. Carbonetti Vendittelli

Lit.: A. DE BOÜARD, Les notaires de Rome au MA, MAH 31, 1911, 291–307 – M. AMELOTTI, L'età romana (M. AMELOTTI, G. COSTAMAGNA, Alle origini del notariato it., 1979), T. I, 5–144 – C. CARBONETTI, Tabellioni e scriniari a Roma tra IX e XI sec., ASRSP 102, 1979, 77–156 – G. PETRONIO NICOLAJ, Il »signum« dei tabellioni romani: simbologia o realtà giuridica? (Paleographica, Diplomatica et Archivistica [Fschr. G. BATTELLI, II, 1979]), 7–40 – A. DE LUCA, La scrittura curiale di Terracina, Scrittura e civiltà 6, 1982, 117–188 – G. NICOLAJ, Recensione alle »Chartae latinae antiquiores«. Part. XX: Italy, I, hg. A. PETRUCCI-J. O. TJÄDER, 1982, RSDI 57, 1984, 293–307 – C. CARBONETTI VENDITTELLI, Gli »scriptores chartarum« a Roma nell'altomedioevo (Notariado público y documento privado. Actas VII Congr. Internat. Diplomática – Valencia 1986), II, 1989, 1109–1137.

Tabernakel

I. Allgemein. Liturgie – II. Baukunst.

I. ALLGEMEIN. LITURGIE: Dem lat. Wort tabernaculum (᾿[Feldherren-]Zelt᾿) eignet im MA ebenso wie dem mhd. belegten Lehnwort (frühneuhd.: *tabernackel*) zunächst die profane Bedeutung ῾Zelt, Hütte᾿. Zwar kann der Begriff (etwa ab dem 13. Jh.) in diesem oder in übertragenen Sinne auch das äußere Gehäuse zur Aufnahme der Pyxis und des Hängetabernakels bezeichnen oder für den das Hängetabernakel überdachenden Baldachin und das eucharist. Wandtabernakel (dann auch für das →Sakramentshaus und die →Monstranz) gebraucht werden, doch erst im 16. Jh. wird es zum terminus technicus »für das (bis zum Vaticanum II.) fest mit einem Altar – zumeist dem Hauptaltar – verbundene Gehäuse für die Aufnahme der Gefäße mit der aufbewahrten Eucharistie« (NUSSBAUM).

Die *Praxis der Aufbewahrung* der eucharist. Species im W ist eingebunden in größere Entwicklungslinien und Strömungen: Rückgang der Kommunionfrequenz, Entwicklung der Eucharistielehre (→Abendmahl, Abendmahlsstreit, →Eucharistie), Übergang zu kleinen Hostienscheiben im 9. Jh. (→Hostie), Wandel der Meßfrömmigkeit (→Elevation, →Messe, →Fronleichnam).

Grundsätzlich ist man bestrebt, nur so viel zu konsekrieren, wie für die Kommunion und aus Aufbewahrungsgründen notwendig ist. Deshalb werden nur eine oder wenige Hostien für die Krankenkommunion und Spendung des →Viaticum (Hauptmotiv), der konsekrierte Wein dagegen sehr selten aufbewahrt (die Praxis, das aufzubewahrende Brot mit konsekriertem Wein zu besprengen oder darin einzutauchen, verschwindet mit der Aufgabe der →Kelchkommunion und aufgrund der Konkomitanzlehre; Mahlreste werden sumiert). Erst im Laufe des 11. Jh. entsteht der Brauch, übriggebliebene Hostien für die Kommunion der Gläubigen in einer späteren Meßfeier aufzubewahren. Obgleich sich die von jeher empfundene Ehrfurcht vor dem »mysterium« der Eucharistie seit

Ende des 10. Jh. zunehmend in Verehrung des im Sakrament anwesenden Christus wandelt, kann bis ins hohe MA hinein von einer Aufbewahrung aus Gründen der Verehrung außerhalb der Meßfeier keine Rede sein. Weitere Aufbewahrungsgründe sind die →Präsanktifikantenliturgie, das Fermentum (im FrühMA auch »sancta« gen. Teile des konsekrierten Brotes, die aus der Eucharistiefeier des Bf.s in die anderen Stadtkirchen gesandt werden [zu Deutung und Genese des Ritus vgl. auch P. NAUTIN, EL 96, 1982, 510–522]) – lebt im MA gewandelt fort als Fermentum-Kommunion über acht oder 40 Tage nach Bf.s-, Priester- und Jungfrauenweihe –, der sancta-Ritus (gegen Ende des 7. Jh. für Rom bezeugt: von der konsekrierten Materie wird ein Teilchen für die Eucharistiefeier am folgenden Tag aufbewahrt und bei der Mixtio in den Kelch gegeben).

Die *privathäusl. Aufbewahrung* zur Hauskommunion (in der Alten Kirche bis 5./6. Jh.) ist dem Laien im MA untersagt, Priestern und Klerikern möglich, in Eremitenzelle und Oratorium bis ins 12. Jh. anzutreffen.

Seit dem ausgehenden 9. Jh. bezeugen die Q. eine Mehrzahl von Aufbewahrungsorten innerhalb der Kirche, wobei seit dem HochMA der Altarraum eindeutig bevorzugt wird. V.a. die Gefahr der Entwendung von Aufbewahrungsgefäßen und Hostiendiebstahl zu Heil- und Zauberpraktiken wie zur Verunehrung durch Häretiker führen auf dem Lateranense IV. (1215) zu einer ersten universalkirchlich relevanten, lediglich die Sicherheit betreffenden Regelung in const. 20: die Eucharistie ist unter Verschluß aufzubewahren. Diese Bestimmung beschränkt die Vielfalt der Aufbewahrungsformen nicht; generell sind deutl. regionale Präferenzen festzustellen.

Seit dem 6. Jh. wird die Eucharistie auch aus Sicherheitsgründen in einem *Annexraum* der Kirche (→Sacrarium, Secretarium, →Sakristei) in einer Wandnische oder in einem Schrank deponiert. Damit ist die Eucharistie auch für liturg. Handlungen einfacher erreichbar. Ende des 10. Jh. wird die Verwahrung in der Sakristei zur Ausnahme. Mit dem frühen 9. Jh. und bis zum 13. Jh. (mancherorts bis zum Tridentinum) wird die Aufbewahrung (außerhalb der Eucharistiefeier) *auf der Altarmensa* nachweisbar (wohl in einer Linie mit der sonst geübten gleichartigen Behandlung von Eucharistie und →Reliquien): dabei stehen die Aufbewahrungsgefäße (noch ohne spezif. Namen, in Form kleiner Kästchen oder kleiner, oft turmartiger Pyxiden und Ziborien, auch Nachbildungen von Kirchengebäuden und auch Marienstatuen [fast ausschließl. in Frankreich]) frei oder in einem größeren auch bewegl. Gehäuse ([Holz-]Kasten) auf dem Altar. Daraus entsteht seit dem 14./15. Jh. das immer öfter mit dem Hauptaltar verbundene oder in dessen Retabel eingebaute *Altartabernakel*.

Bereits in karol. Zeit bezeugt, aber erst nach der Jahrhundertwende und dann (Blütezeit im 12./13. Jh.) v.a. in den Ländern des N wird das *Hängetabernakel* verbreitet (in England allg. üblich). Es hängt vom Chorgewölbe oder einem Altarziborium herab oder wird von einem Krummstab über dem Altar gehalten. Es kann aus einer einfachen Hängepyxis (→Pyxis, s. auch →Hostienziborium) oder einem die Pyxis bergenden Gehäuse bestehen. In Frankreich wird die Form der eucharist. Taube (Hostientaube) bevorzugt, die bislang nur als zierendes Symbol für die konsekrator. Kraft des Hl. Geistes über dem Altar einen Platz gehabt hatte (Mehrzahl der erhaltenen Stücke aus Limoges, 13. Jh., kleine Mulde auf dem Rücken zur Aufnahme weniger Hostien).

Verschließbar und nicht mehr transportabel sind der *eucharistische Wandschrank* (Wandtabernakel erstmals sicher um 1128 in Deutschland bezeugt) und das →Sakramentshaus. Sie bieten nicht nur größeren Gefäßen Platz, sondern auch die Möglichkeit, den Aufbewahrungsort, der Eucharistiefrömmigkeit und dem Schauverlangen der Zeit entsprechend, kunstvoll und anbetender Verehrung gemäß zu betonen. Die Verbreitung erfolgt in einigen Ländern erst mit der Einführung des →Fronleichnamsfestes. Die Entwicklung geht über offene Nischen, auch mit Tür oder Gitter verschließbar, einfache oder verzierte Wandschränke, aus der Nische herausragende Schreine hin zum an die Mauer angelehnten oder frei stehenden Sakramtentshaus.　　　　　　　　S. K. Langenbahn

Lit.: F. RAIBLE, Der T. einst und jetzt. Eine hist. und liturg. Darstellung der Andacht zur aufbewahrten Eucharistie, 1908 – P. BROWE, Die häufige Kommunion im MA, 1938 – DERS., Die Pflichtkommunion im MA, 1940 – O. NUSSBAUM, Die Aufbewahrung der Eucharistie, Theophaneia 29, 1979 – H. B. MEYER, Eucharistie, Gottesdienst der Kirche, GdK 4, 1989, 582–585 – H. CASPARY, Kult und Aufbewahrung der Eucharistie in Italien vor dem Tridentinum, ALW 9,1, 1965, 102–130.

II. BAUKUNST: T. ist in der Architektur ein von Stützen getragener Überbau eines →Altares (Ziborium, →Baldachin) oder →Grabes. In der got. Baukunst ein aus Stützen, zumeist Säulen und Spitzbögen gebildeter, allg. rechteckiger, aber auch polygonaler Aufbau mit oder ohne eingestellter Statue (Kathedrale v. Reims, Westbau des Straßburger Münsters), ähnlich einer Fiale, deren Leib offen ist.　　　　　　　　　　　　　G. Binding

Tabernoles (Tavèrnoles), Sant Sadurni (Serni) de (→Saturninus, hl.), Abtei OSB in der Diöz. →Urgel (nw. →Katalonien), in westgot. Zeit gegr. Kl. Erster bekannter Abt: →Felix v. Urgel (780–799), späterer Bf. und Hauptvertreter des →Adoptianismus. Sein Nachfolger Possedonius, der zum Kreis um →Benedikt v. Aniane zählte, führte die →Regula Benedicti ein. Das Kl. baute (bes. unter Abt Pons, 1000–22, der enge Beziehungen zu →Oliba v. Vich unterhielt) seinen Besitz in →Andorra und den Gft.en Urgel, →Cerdaña und →Pallars aus. Kl. wie Sant Salvador de la Vedella (835), Sant Llorenc de Morunys (11. Jh.), Santa Cecilia d'Elins (1134) oder Sant Andreu de Tresponts (914) wurden T. zur Reform unterstellt. 1040 erfolgte die feierl. Kirchweihe. Die Aufnahme in den Papstschutz und reiche Zuwendungen der Gf.en v. Urgel u. a. in →León und →Asturien führten im 12. Jh. zu neuer Blüte, aber auch zu Konflikten mit den Bf.en v. Urgel. Nach dem Scheitern einer Reform durch die Kongregation der →Claustrales v. Tarragona (1441) verfügte Clemens VIII. 1592 die Aufhebung der Abtei.
　　　　　　　　　　　　　U. Vones-Liebenstein

Lit.: DHEE III, 1973, 1679 [G. M. COLOMBÁS] – Gran Enc. Cat. XIII, 1979, 316f. [A. PLADEVALL] – J. SOLER I GARCÍA, El cart. de T., 1964 – J. J. BAUER, Rechtsverhältnisse der katal. Kl. in ihren Kl.verbänden (9.–12. Jh.), SFGG.GAKGS 23, 1967, 1–130 – C. BARAUT, El monestir de T. i les seves possessions a la Vall d'Andorra, Studia Monastica 10, 1968, 239–274 – J. NOGUÉS I ESTANY, Hist. del monestir de T., 1973 – A. PLADEVALL–P. CATALÀ I ROCA, Els monestirs catalans, 1974², 316f. – M. DELCOR, Un monastère aux portes de la Seu d'Urgell: T. (Les Cahiers de Saint-Michel de Cuxà 17, 1986), 43–70 – Catalunya romànica, VI, 1992, 114–132 [M. RIU I RIU].

Tābit ibn Qurra → Thābit ibn Qurra

Table ronde → Tafelrunde

Tabor, Taborlicht. Der 588 m hohe Berg T. im S Galiläas mit einem 1200 m langen und 400 m breiten Plateau war schon in vorisraelit. und israelit. Zeit Kultort (Ps 88/89, 13), die auf ihm gelegene Stadt Atabyrion in der hasmonäisch-herodian. Periode heiß umkämpft. Der im

NT berichtete Gestaltwandel (Verklärung) Christi vor den Augen seiner drei ausgewählten Jünger Petrus, Jakobus und Johannes unter Beisein des Moses und des Elias auf einem namentl. nicht gen. hohen Berg (Mt 17, 1–8parr; 2Petr 1,18) wird nach einigen Schwankungen seit Kyrillos v. Jerusalem (348) konstant auf dem T. lokalisiert. Kirchenbauten auf dem so zur hl. Stätte gewordenen T. sind seit dem 4./5. Jh. nachweisbar; als Bf.ssitz ist er seit dem 9. Jh. eindeutig bezeugt. Manche byz. Hesychasten identifizieren die Photophanien, die sie in myst. Visionen erleben, mit jenem Licht, in dem Jesus Christus auf dem T. seinen Jüngern erschien (→Hesychasmus). Die Gotteslehre des Gregorios →Palamas deutet dieses Licht als ungeschaffen und ewig, insofern Gott selbst untrennbar zugehörig, jedoch nicht als sein Wesen (οὐσία), sondern als eine seiner Wirkweisen (ἐνέργεια), in denen er sich dem Menschen mitteilt und ihn vergöttlicht (2Petr 1, 4), ohne ihn etwa sich selbst wesensgleich zu machen (MPG 150, 1185–1188, 1221–1226; 151, 432f.).   P. Plank

Lit.: BECK, Kirche, 322–332, 360–368 – V. LOSSKY, La théol. de la lumière chez saint Grégoire de Thessalonique, Dieu Vivant 1, 1945, 95–118 – C. KOPP, Die hl. Stätten der Evangelien, 1964² – K. CHR. FELMY, Die orthod. Theol. der Gegenwart, 1990, 27–33.

Tábor, Stadt in Südböhmen, auf einer felsigen Landzunge über dem Fluß Lužnice gelegen. Vor 1272 legte Kg. →Otakar II. Přemysl hier auf einer Fläche von etwa 16 ha die Stadt Hradiště mit einer Burg an, die nach einigen Jahren von den →Witigonen zerstört wurde. Im Febr. und März 1420 übersiedelten hierher die →Hussiten aus der nahen und wenig später verbrannten Stadt Ausk (Sezimovo Ústí). In kurzer Zeit sammelten sich in der provisor. Festung mit dem bibl. Namen Hradiště hory T. ('Burgwall des Berges T.') 3000–4000 Anhänger der radikalen hussit. Bewegung bes. aus Südböhmen (→Taboriten). Mitte Mai 1420 brach die Mehrheit der T.er Brüder und Schwestern unter Führung Jan →Žižkas und anderer Hauptleute auf, um sich das von der Kreuzzugsexpedition bedrohte Prag (→Kreuzzüge, C. IV [3]) militär. zu unterstützen. Nach ihrer Rückkehr im Herbst 1420 begannen in T. die inneren Auseinandersetzungen mit den →Pikarden und →Adamiten, die ein Jahr später mit der Liquidierung der radikalsten Gruppen endeten. 1422–24 entwickelte sich die Gemeinschaft allmähl. zu einer Stadtgemeinde mit ökonom., sozialer und administrativer Struktur. Die Stärkung der städt. Struktur ermöglichte T. und seiner Gemeinde ein neues Vorrücken an die Spitze der radikalen hussit. Bruderschaften unter →Prokop d. Gr. Die sog. heim. Gemeinde T. beherrschte die umliegende Region; ihr Feldheer legte ständige Besatzungen in wichtige Städte und Burgen und operierte auf dem ganzen Territorium der Länder der Böhm. Krone (→Feldheer, hussit.). Nach dem Ende der Hussitenkriege schloß T. ein Abkommen mit Ks. →Siegmund, der T. Anfang 1437 die Privilegien einer kgl. Stadt, ein Wappen und einen ausgedehnten Grundbesitz zuerkannte. Auch nach dem Zerfall seines Städtebundes blieb T. weiterhin ein destabilisierender Faktor im Land. Als →Georg v. Podiebrad die Stadt 1452 zur Kapitulation zwang, verlor sie ihre Unabhängigkeit und wurde den übrigen kgl. Städten gleichgestellt. Zum wichtigsten Handwerk entwickelte sich in T. die Erzeugung von Tuchen, die nach entfernten Märkten exportiert wurden. Von der ältesten Stadtbefestigung sind nur das Bechyně-Tor, drei polygonale Basteien und Teile der Umwallungsmauer erhalten. Das Rathaus mit einem eingewölbten zweischiffigen Saal wurde 1515–16 beendet, gleichzeitig mit der spätgot. Kirche 'Verklärung des Herrn auf dem Berg T.'   F. Šmahel

Q. und Lit.: K. THIR, Hradiště hory T. jako pevnost v minulosti, 1895 – DERS., Staré domy a rodiny táborské, I–II, 1920 – J. MACEK, T. v husitském revolučním hnutí, I–II, 1955–56² – A. HEJNA, T., 1964 – F. ŠMAHEL, Die hussit. Kommune von T. 1420–22 (Jan Hus und die Hussiten in europ. Aspekten, 1986), 9–28 – DERS. u. a., Dějiny Tábora do roku 1452, I/1–2, 1988–90.

Taboriten, zunächst Anhänger der radikalen Strömung innerhalb der Bewegung der →Hussiten, später auch Mitglieder oder Sympathisanten der Gemeinde auf dem Burgwall des Berges →Tábor. Als Anfang 1419 die hussit. Calixtiner eine Kirche nach der anderen verloren, begannen sie, sich zu Gottesdiensten an höher gelegenen Orten zu versammeln, denen die radikalen Prediger bibl. Namen gaben. Die bedeutendste Versammlungsstätte in Südböhmen wurde der Berg Tábor (der heutige Gipfel Burkovák) zw. Ausk (böhm. Sezimovo Ústí) und Písek, dessen Name an die atl. Prophezeiungen Ezechiels und Isaias, bes. aber an Mt 28, 16–20 erinnert. Die erste Phase der Wallfahrten beendete das gewaltige Zusammentreffen der Hussiten auf dem Berg Tábor vom 22. Juli 1419, auf dem auch geheime polit. Beratungen über das weitere Vorgehen stattfanden. Schon damals formte sich die Idee der Bildung einer auf einheitl. Glauben, gegenseitiger Liebe und brüderl. Konsumgleichheit begründeten religiösen Gemeinde. Die Mißerfolge der hussit. Kampagne vom Herbst 1419 und die Härte der Kämpfe mündeten in eine Welle eschatolog. Visionen vom Untergang der ird. Welt und der baldigen Ankunft Christi (→Chiliasmus, II). In der ersten Etappe von Mitte Nov. 1419 bis Mitte Febr. 1420 dominierten adventist. Visionen vom nahenden Jüngsten Gericht. Die Vorstellungen von einem ird. Reich sündenloser Vollkommenheit und Freiheit gewannen festere Gestalt, als sich die Erwartungen vom Kommen Christi nicht erfüllten, das für die Faschingstage 1420 vorausgesagt worden war. Genau eine Woche nach dem 14. Febr., dem letzten Tag gemäß der Prophezeiung, bemächtigten sich die Hussiten aus Ausk erneut ihrer Stadt und der angrenzenden Burgstätte Hradiště. Bereits zuvor war es zw. den radikalen Priestern und den Prager Magistern zur Diskussion über die Bedingungen des 'hl. Krieges' gekommen, in dem das hussit. 'gemeine Volk' die Berechtigung erhielt, die göttl. Gesetze mit dem 'körperl.' Schwert zu verteidigen. Die bibl. Fundamentalisten um Petr →Chelčický, die nur mit einem spirituell-geistl. Kampf gegen den Antichrist rechneten, wurden in den Hintergrund gedrängt. Zw. Ende Febr. und Anfang Mai begann die Verlegung der Siedlung von Ausk auf den nahen, strateg. günstig gelegenen Burgwall Hradiště. Als Ersatz für das mil. Kgr. Christi hatten die Hussiten aus Ausk und ihre Anhänger jetzt ihren festen Berg, auf den sie die Verklärung des Herrn erwarteten, dessen Gedenken sie auch ihr schlichtes Gebetshaus widmeten. War in der chiliast. Perspektive der ursprgl. taborit. Bewegung eine Planung des sozialen Lebens nicht notwendig, so drängte sie sich nun mindestens bis zur Wiederkunft Christi in der Form des urchr. Lebens auf. Obwohl brüderl. Hilfe schon früher geübt worden war, begann erst nach der Gründung von Tábor die Phase einer egalitären Konsumkommune. Die Nachricht von der neuen Brüdergemeinde ohne Herren und Knechte und ohne persönl. Eigentum führte in kurzer Zeit einige Tausend Bauern und Handwerker nach Tábor. Die Verschmelzung der gegenwärtigen und künftigen Zeit in den Vorstellungen und in der Praxis der chiliast. T. war nicht von langer Dauer. Die Enttäuschung über das Abrücken von den ursprgl. Zielen veranlaßte einige Radikale Ende 1420 zur Abspaltung. Die Prediger um Martin →Húska konzentrierten sich dabei auf dogmat. Fragen, die sie schon früher beschäftigt hatten. Von der Negierung der →Transsubstantiation gelangten die sog. →Pikarden zur totalen Ablehnung des Altarsakraments. Zw. der gemäßigten Glaubenslehre des Nicolaus →Biskupec und derjenigen der Pikarden und →Adamiten fand sich zunächst noch eine vom ursprgl. Chiliasmus geprägte Mittelschicht, die aber in der gewaltsamen Konfrontation vom Frühjahr bis zum Herbst 1421 schrittweise auseinanderbrach; gemeinsam mit ihr verloren sich auch die letzten Reste des chiliast. Programms. Nach der Liquidierung der radikalen Gruppierungen hofften die taborit. Prediger um Biskupec, den Ausweg aus der Krise in der auf die Artikel der vorchiliast. Periode gestützten Formulierung des Glaubens zu finden, die in der »Confessio Taboritarum« festgehalten wurde. Die taborit. Gemeinschaft blieb somit fakt. eine von allen verworfene Kirche innerhalb der Kirche, obgleich ihre Vertreter in Eger und Basel schließlich eine ʿTaboritisierung' der gesamten Kirche anstrebten. Nach der Niederlage der radikalen Bruderschaften im Mai 1434 führte die kleine Gruppe taborit. Priester einen vergebl. Kampf im Rahmen des Utraquismus. Obgleich ihre letzten Vertreter auch im Kerker nie von ihren Glaubensgrundsätzen abrückten, bedeutete ihr Tod nach 1452 das Ende der taborit. Reformkirche.　　　　　　　　　　　　　　　F. Šmahel

Q. und Lit.: J. MACEK, Ktož jsú boží bojovníci, 1951 – DERS., Tábor v husitském revolučním hnutí, I–II, 1955–56² – F. MACHILEK, Heilserwartung und Revolution der T. 1419/21 (Festiva Lanx. Fschr. J. SPÖRL, 1966), 67–94 – R. KALIVODA, Revolution und Ideologie. Der Hussitismus, 1967 – H. KAMINSKY, A Hist. of the Hussite Revolution, 1967 – Das hussit. Denken im Lichte seiner Q., hg. R. KALIVODA–A. KOLESNYK, 1969 – Confessio Taboritarum, ed. A. MOLNÁR–R. CEGNA, 1983 – A. MOLNÁR, I Taboriti. Avanguardia della rivoluzione hussita, 1986 – F. ŠMAHEL u. a., Dějiny Tábora do roku 1452, I/1–2, 1988–90 – DERS. Husitská revoluce, II–IV, 1993.

Täbrīz (Täbris, Täbrīs), Stadt im Iran (→Persien), im nö. Azerbajdžan zw. Urmiyeh-See und Kasp. Meer. Seit dem 8. Jh. (Rawwād b. Muṯanna) unterstand es der kurdisierten Dynastie der Rawwadiden, wurde ab ca. 1070 von den →Selǧuqen beherrscht, an deren Stelle für nur kurze Zeit der Chōrezm-Schāh trat (Ǧelal-ad-Dīn, 1225). Bereits sechs Jahre später besetzten die →Mongolen die Stadt. Hülägü (1258–65), der Bruder des Großchāns Möngkä, vertraute T. seinem Sohn Abaqa an; T. wurde zur Hauptstadt des pers. Mongolenreiches der →Ilchāne. Abaqa (1265–82) knüpfte kontinuierl. Beziehungen zum Westen an: Bereits für 1264 ist ein Venezianer, Pietro Viglioni, durch sein Testament belegt; seit den Jahren um 1280 ist lebhafte Präsenz von Genuesen (→Genua, →Venedig; →Levantehandel) überliefert. T. war zur Weltstadt an einer der großen internationalen Handelsstraßen vom →Schwarzen Meer nach →China geworden; der berühmte Reisende →Clavijo spricht 1403 von 200000 dort lebenden Familien, ein anonymer Geschichtsschreiber dagegen von (bescheidener) 200–300000 Einw.

Bereits 1292 entsandte Kg. Eduard II. v. England eine →Gesandtschaft nach T. 1304 wurde ein genues. Konsul eingesetzt; genues. Notare arbeiteten für eine kleine Gemeinschaft, an deren Spitze ein Rat (ʿConsilium') und ein ʿOfficium mercancie' standen. Marco →Polo rühmt den Wohlstand in T., an dem die westl. Kaufleute, die edle Stoffe trugen, →Seide und Juwelen kauften, eifrig partizipierten. Ebenso wohnten aber auch Chinesen (bes. als Ärzte, Astronomen und Künstler) in T., dem großen Brennpunkt des polit. und intellektuellen Lebens im Ilchānen-Reich; der jüd.-muslim. Wesir und Gelehrte Rašidad-Dīn (hingerichtet 1318) verfaßte hier seine »Franken-

geschichte« und ließ ein weiträumiges Handelsviertel (mit 24 →Karawansereien, 1500 Läden, Werkstätten) sowie eine →Madrasa errichten. Aus T. stammen einige berühmte, mit kostbaren Miniaturen geschmückte Hss. der klass. pers. Lit. 1295 konvertierte Chān Ġāzān (gest. 1304) mit seinen Emiren zum →Islam und ließ sich ein aufwendiges Mausoleum errichten. Nach dem Tod von Abū Saïd (1335) und im Zuge des einsetzenden Zerfalls des Ilchānen-Reiches führten fremdenfeindl. Unruhen zum Wegzug der westl. Kaufleute.

Nach Auseinandersetzungen konkurrierender Dynastien in der 1. Hälfte des 14. Jh. folgte die Eingliederung in das Großreich →Timurs (1336–1405); nach dessen Tod wurde T. zum Herrschaftszentrum der unabhängig gewordenen →Qara-Qoyunlu (reiche Bautätigkeit: ʿBlaue Moschee'). Sie unterlagen aber den konkurrierenden →Aq-Qoyunlu unter →Uzun Ḥasan (1453–78) und Yaqūb, die in T. ebenfalls eine prunkvolle Hofhaltung unterhielten. Seit 1501 diente T. den Ṣafawiden, die hier die Zwölfer-→Schia zur offiziellen Religion machten, als Residenzstadt. Nach der Invasion des Osmanensultans →Selim I. (1514) wurde T. zur Grenzstadt, die 1590 an das →Osman. Reich abgetreten wurde.　　　　　M. Balard

Lit.: The Cambridge Hist. of Iran, 5, 1968 – R.-H. BAUTIER, Les relations économiques des occidentaux avec les pays d'Orient (M. MOLLAT, Sociétés et compagnies de commerce en Orient et dans l'Océan Indien, 1970), 280–286, 325–327 – M. BALARD, La Romanie génoise, 1, 1978, 138–141 – D. MORGAN, Medieval Persia 1040–1797, 1988.

Tabula(e), Brett, Tafel (Holz, Metall, Glas, Elfenbein u. ä.), bemalt, beschrieben oder beschreibbar (Schreib-T., album: geweißte Holz-T., t. cerata: Wachstafel; Pergament auf Rahmen gespannt oder auf Holztafeln befestigt; →Schriftwesen), in Antike und MA in vielen Lebensbereichen, privat und öffentl. wie sakral, als Mittel aufzuzeigen, fest- und vorzustellen (Tafelbild, Diptychon, Tisch, Altar; Vertrag, Urkunde, Diplom, Rechnung, Quittung, Tabelle, Dokument; Land- und Sternkarten →Mappa, →Karte, Kartographie; auch akustisch: Klapper, Gong; Spielbrett). Im →Elementarunterricht ABC-Tafel, tabulista, der die T. liest (Paternoster, Credo, Psalmen). Bei Büchern Inhaltsübersicht, auch als Buchtitel (T. decreti, moralium) lit. Hilfsmittel (Indices, Register, Konkordanzen; →Distinctiones, →Florilegium); Schautafel in Bibliotheken (Katalog u. ä.).　　　　　　　　　　E. Rauner

Lit.: KL. PAULY V, 480ff. – P. LEHMANN, Ma. Büchertitel, I, SBA.PPH 1948, Heft 4, 47 – B. BISCHOFF, Paläographie, 1986, 54ff. – N. HENKEL, Dt. Übersetzungen lat. Schultexte, 1988, 45 und Register.

Tabula Peutingeriana (Peutingersche Tafel), im späten 12. Jh. erstellte Kopie einer spätantiken schemat. Darstellung der wichtigsten Straßen und Orte der röm. Welt des 4.–5. Jh. von den Brit. Inseln bis in den fernen Osten. Anders als beim gezeichneten →Itinerar ist auf der T. nicht nur eine einzelne Route wiedergegeben, sondern das Gesamtnetz der dargestellten Straßen. Die Ausrichtung (Nordung) dieser →Karte ist dabei uneinheitl., eine Maßstäblichkeit wird nicht versucht. Vielmehr sind auf dem einst aus 12, nach Verlust heute aus 11 Pergamentbögen zusammengesetzten, etwa 675 cm langen und nur 34 cm hohen →Rotulus in äußerst langgedehnter Wiedergabe Straßen durch gerade Linien mit beigeschriebenen Entfernungsangaben (meist Meilen, in Gallien: Leugen = 1, 5 röm. Meilen) und Stationen durch Haken in diesen Linien oder durch bes., ihrem administrativen Rang entsprechend verschieden gestaltete Vignetten markiert. Gebirge, Küstenlinien und Flußläufe werden hingegen nur schemat. angedeutet und dienen teils ledigl. der Dekoration.

Die T. wurde von Conrad →Celtis in einem süddt. Kl. gefunden und 1508 dem Augsburger Humanisten Conrad Peutinger (1465–1547) vermacht. Dieser hatte während eines sechsjähriger Aufenthalts in Italien 1482–88 röm. und kanon. Recht in Bologna und Padua studiert, lernte in Florenz in der Akademie der Medici →Poliziano und Giovanni →Pico della Mirandola und in Rom →Pomponius Laetus kennen. 1497 übernahm er in seiner Vaterstadt das Amt des Stadtschreibers (Cancellarius) auf Lebenszeit, gründete um 1500 die Sodalitas literaria Augustana, in der Celtis auswärtiges Mitglied war, und veröffentlichte 1505 als erste planmäßige Slg. röm. Antiquitäten auf dt. Boden die »Romanae vetustatis fragmenta«, röm. Inschriften der Stadt und Diöz. Augsburg. Die T. selbst wurde erst 1598 von Marcus Welser publiziert. 1720 kam sie in den Besitz des Prinzen Eugen; seit 1738 befindet sie sich in der Hof-(heute National-)Bibl. in Wien. Mit ihrer schemat. Darstellung des spätantiken Straßennetzes blieb die T. im MA ohne Nachfolger.   K. Brodersen/J. Gruber

Lit.: E. WEBER, T.: Cod. Vindobonensis 324, 1976 [Faks. mit Komm.] – DERS., T., Antike Welt 15/1, 1984, 3–8 – O. A. W. DILKE, Itineraries and geographical maps (J. B. HARLEY–D. WOODWARD, The Hist. of Cartography, I, 1987, 234–257) – K. BRODERSEN, Terra Cognita, 1995, 186f.

Tabula smaragdina, Diktaslg. kosmolog.-alchem. Inhalts aus dem →Hermes-Trismegistos-Schriftencorpus, die erstmals in der zum (Ps.-)Apollonios-v.-Tyana-Schriftencorpus gehörenden Kosmogonie »Sirr al-ḫalīqa« ('Geheimnis der Schöpfung'; um 750/800 aus dem Griech. ins Arab. übers.) auftritt und dann bald im »Kitāb Usṭuqus al-uss« von Ǧābir ibn Ḥaiyān und im ps.-aristotel. »Sirr al-asrār« (→Secretum secretorum) Aufnahme fand. Dem lat. Abendland wurde die T. wohl erstmals durch die »Sirr al-ḫalīqa«-Übers. des Hugo v. Santalla (12. Jh.), dann durch die »Sirr al-asrār«-Übers. des →Philippus Clericus Tripolitanus (13. Jh.) bekannt. Fortan riß die Kette der Kommentatoren (u. a. →Roger Bacon [13. Jh.], →Hortulanus [14. Jh.]), Tradenten und Übersetzer bis in das 20. Jh. nicht mehr ab. Ihre frühnz. Präsenz im dt. Kulturgebiet beruhte zum geringsten Teil auf der Rezeption des von M. →Ficino übers. →»Corpus hermeticum«, sondern v. a. auf der Beharrungskraft spätma. Erbes. Die orakelhaften »T.«-Sprüche genossen den Rang eines (von I. Newton komm.) locus classicus der alchem. Kosmogonie und Kronzeugnisses der 'hermet.' Tradition. Abgesehen von den wenigen Abschnitten, die den Mikro-/→Makrokosmos-Gedanken bzw. die Lehre vom Interdependenzgeflecht zw. dem 'Oberen' und dem 'Unteren' und andere kosmolog. Gemeinplätze zur Sprache bringen, steht eine überzeugende Deutung der T. noch aus.   J. Telle

Ed. und Lit.: Verf.-Lex² IX, 567–569 [J. TELLE; Lit.] – J. RUSKA, T. Ein Beitr. zur Gesch. der hermet. Lit. (Heidelberger Akten der v.-Portheim-Stiftung 16, 1926) [Textwiedergaben; grundlegend] – M. PLESSNER, Neue Materialien zur Gesch. der T., Der Islam 16, 1927, 77–113 [Textwiedergaben] – R. STEELE–D. W. SINGER, The Emerald Table, Proceedings of the Royal Soc. of Med. (Sect. Hist. of Med.) 21, 1927/28, 485–501 [Textwiedergaben] – Hermès Trismégiste, La 'Table d'Émeraude' et sa tradition alchimique, hg. D. KAHN, 1994 [Textwiedergaben].

Tabulatur (lat. tabula 'schriftl. Festgehaltenes'). [1] In der Musik seit dem 14. Jh. nachweisbare Art der Instrumentalnotation, ganz oder teilweise nicht mit Noten, sondern mit Buchstaben, Ziffern und Zeichen. Man unterscheidet verschiedene, auch national unterschiedl. T.en für Streich-, Zupf-, Blas- und Tasteninstrumente (für Orgel und besaitete Klavierinstrumente), weil T.en, anders als die Notenschrift (→Notation), nicht unmittelbar die Lage der Töne im Tonraum und deren relative Tondauer fixieren, sondern die instrumentspezif. Tonerzeugung anzeigen (Stelle einer best. Saite, die abgegriffen wird und erregt, Tonloch, das abgedeckt, Taste, die niedergedrückt werden muß), um den gemeinten Ton zum Erklingen zu bringen. Zudem werden Sonderzeichen zur Anzeige der relativen Tondauern benötigt. Bereits aus dem 15. Jh. sind wichtige Orgelt.en erhalten (Buxheimer Orgelbuch, T.en v. Ileborgh, →Paumann). Anders als andere ma. Aufzeichnungsformen für mehrstimmige (Vokal-)Musik mit Hilfe von Noten (Stimmbücher, Chorbuch-Anordnungen) stellen die T.en, ähnl. wie Partituren, Zeichen für gleichzeitig erklingende Töne graph. untereinander, die Benennung T. wird im 17. Jh. auf Partituren, sogar auf Generalbaßstimmen übertragen. Vorteile bes. der Orgelt. sind die platz- und zeitsparende, weil umständl. Notenlinien, Schlüssel und Vorzeichnungen vermeidende Notation, die Eindeutigkeit ihrer Zeichen und der Verzicht auf Kenntnisse im vielgestaltigen mensuralen Notensystem.

[2] Regeln für das Dichten von Meisterliedern →Meistersinger.   H. Leuchtmann

Lit.: MGG [Notation, C] – NEW GROVE [Tablature und Notation, § III, 5] – RIEMANN, s. v.

Taccola → Mariano Daniello di Jacopo

Tachygraphie → Stenographie

Tacitus

I. Mittelalter – II. Humanismus.

I. MITTELALTER: Von Kennern unter den Zeitgenossen wie den Späteren stets hoch geschätzt, ist der röm. Geschichtsschreiber Gaius (so nach Sidonius epist. 3, 1 und 21, 3; P[ublius] im codex Mediceus I ist wahrscheinl. nur alter Lesefehler) Cornelius Tacitus (ca. 55–116/120 n.Chr.) wohl seines hohen Anspruchs wegen schon im Altertum vergleichsweise wenig gelesen und relativ selten zitiert worden; die Gefährdung des Werkes spiegelt sich in der Anordnung der nur wenige Monate regierenden Ks.s Tacitus 275/276, der sich für einen Nachkommen des großen Historikers hielt, es sollten Werke seines Ahns in die öffentl. Bibliotheken eingestellt und durch jährl. Abschriften auf Staatskosten die Erhaltung gesichert werden (Hist. Augusta, Tacitus 10, 3). Von den kleinen Schriften, der Vita des Agricola, der Germania und dem Dialogus findet sich in der Antike fast keine Spur. Neben →Tertullian (Apologeticum 16) und →Orosius (häufig), bei denen sich die wichtigsten Zitate finden, und wenigen Erwähnungen deuten alle Spuren aus dem Altertum darauf hin, daß man nur die schon zu Lebzeiten d. jüngeren Plinius veröffentlichten Historien (Titel unsicher) und ein Werk von 30 Büchern kannte, welches die sog. Annalen (Titel nicht authentisch) mit den sog. Historien unter fortlaufender Buchzählung zu einem Ganzen unter dem Titel »Ab excessu divi Augusti« vereinigt enthielt. Das älteste Zeugnis des 30-Bücher-Werkes begegnet im Kommentar des Hieronymus zum Propheten Zacharias (3, 14, 2). Da die sog. Annalen als selbständiges Werk im Altertum überhaupt nicht nachgewiesen sind, und auch später von ihnen nur ein Bruchstück auftaucht, das ebenso gut ein Teil des 30-Bücher-Werkes sein kann, so ist die Existenz der sog. Annalen als selbständiges Werk überhaupt fraglich und muß mit der Möglichkeit gerechnet werden, daß T. selbst – bei veränderter Auffassung der Geschichte – mit der Abfassung einer Darstellung der Gesch. des Prinzipats (und des Dominats) befaßt, den ersten Teil, die sog. Annalen, größtenteils vollendet, den zweiten aber, die längst aus der Hand gegebenen Historien, noch nicht der notwendigen Überarbeitung unterzogen hatte, als er starb.

Aus seinem Nachlaß hätte dann ein ihm Nahestehender, der die Absicht des Verfassers kannte, das Ganze in seinem unvollendeten Zustand, jedoch mit fortlaufender Buchzählung als *die* Geschichte der Kaiserzeit unter dem in bewußtem Anklang an des Livius »Ab urbe condita« von T. gewählten Titel »Ab excessu divi Augusti« herausgegeben.

Wahrscheinl. ist nur dieses Werk erhalten geblieben; die Historien als selbständiges Werk scheinen das Zeitalter der Papyrusrolle nicht überdauert zu haben. Auch von den sog. Annalen findet sich weiterhin (auch nicht unter dem Titel »Ab excessu divi Augusti«, der wohl zum ganzen 30-Bücher-Werk gehört) keine Spur, wenn man nicht, ohne dafür einen Beweis zu haben, das große Bruchstück der ersten Bücher der Annalen (Mediceus I, s. u.), unseren einzigen hierfür existierenden Textzeugen, als ein selbständiges Werk betrachten will.

Die ersten Spuren des T. im MA erscheinen um die Mitte des 9. Jh. in dt. Klöstern. Wahrscheinl. wurden um diese Zeit in →Hersfeld die kleinen Schriften des T., Agricola, Germania, Dialogus, aus einem Exemplar unbekannter Herkunft abgeschrieben. Benutzt wurde die Germania in der 863/865 entstandenen Translatio Alexandri des →Rudolf v. Fulda. Spätere Berührungen mit der Germania, z. B. bei →Adam v. Bremen (2. Hälfte des 11. Jh.), gehen auf die Translatio zurück. – In der Mitte oder 2. Hälfte des 9. Jh. ist vielleicht in →Fulda das aus Corvey erhaltene große Bruchstück der Annalen bzw. des ersten Teils des 30-Bücher-Werkes, I–VI, aus einer Vorlage unbekannten Ursprungs abgeschrieben worden (Mediceus I = Florenz, Laur. 68 I). Geringe Spuren der Kenntnis des Textes glaubt man in den Annales Fuldenses zum Jahr 852 sehen zu dürfen, wo der Name des Autors genannt wird. Ob die später in Corvey befindliche Hs. der sog. Annalen als das einzige Zeugnis der für sich allein bestehenden Annalen betrachtet werden darf oder vielmehr der erste Teil des 30-Bücher-Werkes ist, kann nicht mit Sicherheit entschieden werden. Die Beschaffenheit des Textes, der sehr alt ist (Korruptelen aus der Zeit der älteren röm. Kursive, d. h. spätestens 3. Jh.), könnte unschwer einen Zusammenhang mit dem zweiten uns erhaltenen Bruchstück des 30-Bücher-Werkes andeuten, das in →Montecassino kurz vor oder um die Mitte des 11. Jh. geschrieben ist (Mediceus II = Florenz Laur. 68 II) und die Bücher XI–XVI mit XVII–XXI 26 (d. i. Buch I–V 26 der Historien) enthält; auch dieses Bruchstück bietet einen sehr alten Text. In den folgenden Jh. bis ins 14. Jh. ist das Werk unbekannt.   F. Brunhölzl

Lit.: Praefationes der krit. Ausgaben – LEHMANN, Erforsch. des MA, I–V [Register] – E. A. LOWE, The Unique Ms. of T.s Histories (Palaeographical Papers 1907–65, I, ed. L. BIELER, 1982), 289ff. – F. BRUNHÖLZL, Zum Problem der Casinenser Klassikerüberlieferung. Abh. der Marburger Gelehrten Ges. 3, 1971 – R. J. TARRANT–M. WINTERBOTTOM (L. D. REYNOLDS, Texts and Transmission, 1983), 406ff. – M. v. ALBRECHT, Gesch. der röm. Lit., II, 1992, 902ff.

II. HUMANISMUS: Den T.-Codex v. Montecassino benutzte 1330–40 der Bf. v. Pozzuoli, →Paulinus Minorita, im Anhang der Satirica Historia. →Boccaccio, in dessen Freundeskreis er zw. 1357 und 1363 gefunden und nach Florenz entführt wurde, stützt sich öfters auf den neuentdeckten T., im Dantekomm. mit seitenlangen it. Wiedergaben. 1403/04 zitiert ihn →Bruni zur Stütze seines Bürger-→Humanismus, vor 1418 Jean de →Montreuil in Paris. 1420 entnimmt ihm →Polenton Material für sein Hauptwerk. 1425 bemüht sich →Poggio, kurz darauf →Nikolaus v. Kues um den Hersfelder Codex mit den kleinen Schriften. 1455 sieht ihn Pier Candido →Decem-

brio in Rom. In der Folge wird die Germania bekannt, dient →Pius II. als Modell für seine Länderbeschreibung und begründet das humanist. Germanenbild (→Germanen, III). 1470 erscheint bei Wendelin v. Speyer in Venedig die editio princeps des T. mit Ann. XIff., Hist., Germania, Dialogus. Sie wird rasch nachgedruckt sowie 1476 durch den Agricola ergänzt. T. beginnt, →Livius von der Position des bedeutendsten röm. Historikers zu verdrängen. Nachdem 1509 auch die Fuldaer Annalen nach Italien gelangen, von →Leo X. erworben und 1515 durch →Beroaldus veröffentlicht werden, tritt der Tacitismo seinen internationalen Siegeszug durch das 16. und 17. Jh. an.
                    W. Rüegg

Lit.: J. v. STACKELBERG, T. in der Romania, 1960 – M. FUHRMANN, Einige Dokumente zur Rezeption der taciteischen Germania, AU 1978/I, 39–49.

Tacuina sanitatis. Das »Tacuinum sanitatis« geht zurück auf den Traktat »taqwīm aṣ-ṣiḥḥa« des arab. Arztes Abūʾl-Ḥasan al-Muḫtār b. ʿAbdūn b. Buṭlān († 1063), zu übersetzen als »Almanach der Gesundheit«, in zahlreichen Hss. in Tabellenform (dispositio per tabellas) nach astronom. Vorbildern erhalten. Die Gesundheitslehre bedient sich antiker Q.; ihr Stoff verteilt sich auf 40 »tacuina«, von denen jedes wiederum in Häuser (domus) unterteilt ist. Der lat. Text, vermutl. um die Mitte des 13. Jh. am Hofe Kg. →Manfreds v. Sizilien übersetzt, ist in zahlreichen Hss. des 13.–15. Jh. überliefert. Neben den Textfassungen wurden Bilder-Hss. in Auftrag gegeben, die sich oft erheblich vom Original unterscheiden. 1531 gab Hans Schott »Tacuini sanitatis Elluchasem Elimithar Mithar, Medici de Baldath« in den Druck. Hier sind den Tafeln keine Illustrationen beigegeben; dafür gibt die linke Randleiste der rechten Seiten die Meinung der Autoritäten (opiniones philosophorum) wieder. Eigens vermerkt werden jeweils Nutzen (juvamentum) und Schaden (nocumentum) der einzelnen Gegenstände (nominae). Auf den Schachbrett-Charakter der T. bezog sich der Genueser Mönch →Jacobus de Cessolis im 14. Jh. in seinem »Liber super ludo scaccarum«. Auf die Felder des Schachbretts hat vermutlich auch die dt. Übertragung unter dem Titel »Schachtafelen der Gesuntheyt« zurückgegriffen, 1533 veröffentlicht durch den Straßburger Stadtarzt Michael Herr, illustriert mit zahlreichen Holzschnitten von Hans Weiditz d. J. Was die T. verbindet, ist das klass. Regelwerk der »sex →res non naturales«, wobei die Nahrungsmitteldiätetik in den Vordergrund rückt. Ihrem Schematismus nach sind die T. eher auf den Gebrauch durch Laien ausgerichtet. Aus der lat. Fassung entwickelten sich im 14. und 15. Jh. reich illuminierte Bilder-T., prachtvolle Repräsentationswerke für höf. Benutzer, so die Cod. Paris (ms. 1673), Lüttich (ms. 1041), Rom (ms. Cas. 4182), Rouen (ms. 1088), Wien (ms. 2544) oder Granada (ms. C 67). Sie sind Zeugnis für die vielfältigen Strömungen, die in der Miniaturenmalerei Ende des 14. bis Anfang 15. Jh. in Oberitalien zusammenflossen, wobei islam. Einflüsse unverkennbar sind.   H. Schipperges

Lit.: L. DELISLE, Tacuinum sanitatis in medicina, J. des Savants, 1896, 518–540 – Das Hausbuch der Cerrutti, hg. F. UNTERKIRCHER, 1966 – L. C. ARANO, The Medieval Health Handbook, Tacuinum Sanitatis, 1976 – R. MÜLLER, Der Arzt im Schachspiel bei Jakob v. Cessolis, 1981 – Tacuinum Sanitatis, hg. J. RÖSSL–H. KONRAD, Faksimileausg. des Codex 2396 der NB Wien, 1984.

Taddeo da Parma, Philosoph und Astronom, vermutl. Student und magister artium in Paris. Zusammen mit Angelo d'Arezzo gilt T. als Gründer der averroist. Schule in Bologna (→Averroes, II.3). Dort verfaßte er sein »Commentum super theoricam planetarum Gerardi Cremonensis« (1318) und eine Quaestio »Utrum elementa sub propriis formis maneant in mixto« (1321). Seine Quaestio »Utrum esse et essentia sint idem realiter« beendete er ca. 1321 in Siena; er hinterließ u. a. auch Quaestionen zur Metaphysik und zu »De anima« (ed. S. VANNI ROVIGHI, 1951; zur Lit. und hs. Überlieferung vgl. CH. LOHR, Traditio 29, 1973, 151f.). U. a. von →Johannes v. Jandun beeinflußt, wirkte er für die Emanzipation der aristotel.-averroist. Philosophie gegenüber Theologie und chr. Verfremdungen.　　　　　　　　　R. Hissette

Ed. und Lit.: Z. KUKSEWICS, Un texte intermédiaire entre T. de P. et Jean de Jandun, Mediaevalia philos. Polonorum 27, 1984, 25–63 – M. C. VITALI, T. de P. et les deux rédactions des Quaestiones de anima de Jean de Jandun, ebd. 28, 1986, 3–13 – G. FEDERICI VESCOVINI, Il 'Lucidator dubitabilium astronomiae' di Pietro d'Albano e altre opere (Il mito e la storia, 3, 1988) – Aegidii Romani Opera omnia, I. 1/2*, ed. F. DEL PUNTA–C. LUNA, 1989, nr. 120, 122–132 – A. ALICHNIEWICZ, Le problème de l'influence des critiques de Guillaume Alnwick, Mediaevalia philos. Polonorum 31, 1992, 39–41 – O. PEDERSEN, 'The Theorica Planetarum' and its Progeny (Filosofia, scienza e astrologia nel Trecento europeo, hg. G. FEDERICI VESCOVINI–F. BARONCELLI, 1992), 53–78 – Rep. ed. Texte des MA aus dem Bereich der Philos., hg. R. SCHÖNBERGER–B. KIBLE, 1994, 724f.

Tafel → Retabel

Tafelgut, Tafelgüterverzeichnis. Als (kgl.) T.er (zum kirchl. Bereich: →Mensalgüter) bezeichnet die Forschung jene Teile des Kg.sgutes, die als Sondervermögen unmittelbar der Versorgung des reisenden Kg.shofes dienten. Der Begriff ist angelehnt an den ersten Satz des sog. Tafelgüterverzeichnisses (TV): »curię quę pertinent ad mensam regis Romanorum«. Die Leistungen der verzeichneten Höfe werden als Servitium bezeichnet, was eine regional unterschiedl. bemessene Rechnungseinheit meint, nicht etwa den Tagesverbrauch des Hofes (in Rheinfranken etwa: 40 Schweine, 7 Ferkel, 50 Hühner, 5 Kühe, 500 Eier, 10 Gänse, 5 Pfund Pfeffer, 90 Käse, 10 Pfund Wachs, 4 große Fuder Wein). Ein solches Servitium war wohl jährl. zu leisten, ggf. über größere Entfernungen hinweg. Die Servitien bestanden nicht nur aus agrar. Eigenprodukten, sondern auch aus Fernhandelsware (Pfeffer), die gekauft werden mußte. Das im Verzeichnis fehlende Getreide wurde wohl als unbemessene Leistung vorausgesetzt; Überschüsse dürften abgetreten oder verkauft worden sein. Von dem jeweiligen Leistungsansatz ist schwerlich unmittelbar auf die Größe der Höfe rückzuschließen.

Die kgl. T.er verzeichnet das TV, kopial überliefert in einer 1165/74 (EISENLOHR) im Aachener Marienstift entstandenen Sammelhs. (Bonn, UB, Hs. S 1578). Die Liste ist nach Regionen gegliedert (Sachsen, Rheinfranken, Bayern, Lombardei; Schwaben fehlt); die »Sonderliste« von 10 Höfen im Umkreis von Turin, die nur Geldleistungen zu erbringen haben (insgesamt 5600 Mark) und im 11. Jh. überwiegend zum Herrschaftsbereich der Mgf.en v. Turin gehörten, ist ein versehentl. aufgenommener Fremdkörper. NIEDERKORN betrachtete den gesamten lombard. Teil als Nachtrag anläßl. des 2. Italienzuges Barbarossas (1158); mit Blick auf MGH D F. I. 199 (1158 Jan. 1) könnte auch Leisnig nachgetragen sein (KOBUCH). Der im Aachener Marienstift und in der kgl. Kapelle zu vermutende Redaktor des TV antwortete mit seiner ad hoc erstellten Bestandsaufnahme offenbar briefl. auf eine Anfrage des Hofes, und zwar zu einer Zeit, in der man über die Verhältnisse in Sachsen und Italien nur unzureichend unterrichtet war. Von den zahlreichen Datierungsvorschlägen scheint daher nach wie vor am plausibelsten die zuerst von BRÜHL vorgeschlagene Datierung in den Regierungsbeginn Konrads III. (so NIEDERKORN: 1138) oder Friedrichs I. (1152/53).　　　Th. Kölzer

Lit.: HRG V, 109–111 – C. BRÜHL–TH. KÖLZER, Das TV des Röm. Kg.s, 1979 [Ed., Lit.] – J. P. NIEDERKORN, Die Datierung des TV, MIÖG 87, 1979, 471–487 – E. EISENLOHR, Paläograph. Unters. zum TV des röm. Kg.s, Zs. des Aachener Geschichtsvereins 92, 1985, 5–74 – M. KOBUCH, Leisnig im TV des Röm. Kg.s, Neues Archiv für Sächs. Gesch. 64, 1993, 29–52.

Tafelmalerei
A. Maltechnik – B. Chronologischer Überblick – C. Faßmalerei, Fassung

A. Maltechnik

T. ist bildl. Darstellung auf flachem, festem (Holz, Ton, Schiefer, Metall, Elfenbein) oder versteiftem Malgrund (z. B. auf Rahmen gespannte Leinwand, selten Pergament) im Gegensatz zur →Wandmalerei. Als Bildträger dienen gewöhnl. heimische Hölzer: in N-Europa und Portugal häufig Eichenholz, selten Nußbaum o. a., im S oft Weichhölzer (seit dem Altertum). Mit den äußeren Flügeln des Claren-Altars, Mitte 14. Jh. (Köln, Dom), ist die früheste großformatige Leinwandmalerei erhalten (techn. der Holztafelmalerei vergleichbar. Gegensatz: →Tüchleinmalerei). Insbes. Bildträger aus Holz oder Leinwand benötigen einen auf die jeweilige Technik der Darstellung abgestimmten meist vielschichtigen Grundierungsaufbau. Leimgebundene Gründe ermöglichen die im MA beliebten polierten Vergoldungen, oft mit Gravierungen, Punzierungen usw. Die im MA seltene Ölbindung der Grundierung reduziert die Möglichkeiten der Darstellungstechniken, ist aber unempfindlicher gegen feuchtes Klima. Als Füllmittel dient im N vornehml. weiße Kreide, im S Gips, nur vereinzelt begegnen farbige Grundierungen (stärker im S). Nach dem Glätten des Grundes erfolgt die Unterzeichnung mit Kohle, Pinsel, Metallstift, Feder o. ä., Umrisse der Vergoldungsflächen, selten auch wichtige Linien der Komposition werden durch Ritzungen markiert. Nach dem »Löschen« des Grundes Anlage der Komposition (im N auf hellem Grund in tempeagebundenen Mitteltönen, darauf Schatten, Lichter und Konturen mit fetter gebundenen Farben; im S häufig Abtönung mit grünl. u. a. Imprimitur [→Ikonen], darauf weitgehend Temperamalerei). Seit Anfang des 15. Jh. (im N van →Eyck) werden die abschließenden Farblasuren ölhaltiger, also länger und feiner vermalbar (weiche Übergänge), was dem Streben nach naturalist. Darstellung entgegenkommt.　　　Ch. Schulze-Senger

Lit.: R. E. STRAUB, Reclams Hb. der künstler. Techniken, 1, 1984, 133–247 – H. P. HILGER–CH. SCHULZE-SENGER, Der Claren-Altar im Dom zu Köln, Kölner Domblatt 43, 1978, 27–28.

B. Chronologischer Überblick
I. Südl. Europa – II. Nördl. Europa.

I. SÜDL. EUROPA: Trotz evtl. noch vorhandener Überreste antiker Tafelbilder und Reflexen derselben in Wandbildern konzentrierte sich das frühma. Kunstschaffen auf andere Gattungen (→Buchmalerei, →Wandmalerei, →Mosaikkunst, →Bronzeguß, →Goldschmiedekunst und Kleinplastik). Die frühesten it. Tafelbilder, die sich in Stil und Technik v. a. an der byz. →Ikone orientierten, haben sich in Rom erhalten. Das wohl älteste Werk ist die Salvatorikone der Capella Sancta Sanctorum aus dem 5./6. Jh. (WILPERT). Auch jene Marienikone, die in das 609 zur Marienkirche geweihte Pantheon gestiftet wurde, ist noch am urspgl. Ort. Einen Hinweis auf spezif. spätantike Formen und Techniken vermittelt die in →Enkaustik gemalte Madonna mit Kind und Engeln in S. Maria in Trastevere aus dem frühen 8. Jh., die keinen Goldgrund, sondern einen hellblauen Himmel aufweist.

Der eigtl. Aufschwung der T. als Gattung setzt erst im 12./13. Jh. ein, v. a. in Umbrien und in der Toskana, wo

Pisa, Florenz und Siena Zentren bildeten. Am Anfang der toskan. T. stand der von plast. Vorbildern abgeleitete, gemalte Holzkruzifix (→Croce dipinta), der, üblicherweise nach vorn geneigt, auf dem Tramezzobalken Aufstellung fand. Bei dem ältesten dat. Werk (1138, Sarzana, Dom) ist der Typus des anfangs allein dargestellten Christus triumphans, lucches. Beispielen folgend, bereits mit Assistenzfiguren und seitl. Szenen versehen. →Giunta Pisano führt dann ab 1240 die byz. Form des Christus patiens in die it. T. ein (Assisi, S. Maria degli Angeli). Dieser jüngere Typus, meist auf ornamentiertem Grundfeld und mit halbfigurigen Hl. an erweiterten Kreuzenden, hält sich bis zum Anfang des 14. Jh. (→Cimabue, Florenz, S. Croce; →Giotto, Florenz, S. Maria Novella). Monumentale Brettkreuze erfreuten sich insbes. bei →Bettelorden wie den →Franziskanern großer Beliebtheit.

Parallel dazu wurde die Auseinandersetzung mit byz. Ikonenmalerei fortgeführt: Aus der zweiten Hälfte des 12. Jh. stammen halbfigurige Marienikonen lucches. Produktion (Florenz, Casa Horne), wie sie in Florenz erst ab 1260 vorkommen. Zu dieser Zeit konnte die motiv. Rezeption aber bereits mit stilist. Ablösungstendenzen einhergehen, vgl. etwa die Aufgabe hierat. Frontalität u. a. bei →Guido da Siena (Madonna del Voto, Siena, Dom, urspgl. wohl Teil eines Dossale).

Zur lange Zeit wichtigsten Aufgabe der T. wurde das Altarbild (it. pala). Dessen Herausbildung läßt sich bes. gut in Siena greifen: So dienten über flachen Stuckreliefs gemalte Tafelbilder (Madonna degli occhi grossi, Museo dell' Opera del Duomo, Siena; Majestas Domini, Pinacoteca Naz., Siena) kurz nach 1200 zunächst als →Antependien und wurden dann im Verlauf des Jh. als →Retabel auf den Altar gestellt. Voraussetzung hierfür waren die Liturgiereformen des Laterankonzils v. 1215, nach denen der Zelebrant das Meßopfer vor dem Altar mit dem Rücken zur Gemeinde darbrachte. Auf diese Weise schuf das Altarbild eine wirksame Folie für die Präsentation der →Hostie im Rahmen der →Eucharistie, deren Schau die 1215 zum Dogma erhobene →Transsubstantiationslehre zentrale Bedeutung beimaß (VAN OS). Tafelbilder in Antependienformat mit einem sitzend abgebildeten Hl.n im Mittelteil und seitl. angeordneten Szenen aus seinem Leben (Paliotto der hl. Caecilia, frühes 14. Jh., Florenz, Uffizien) hielten sich als Bildtypus bis ins frühe 15. Jh.

Nach dem Tod des hl. →Franziskus v. Assisi 1226 entstanden in dessen Orden hochformatige, gegiebelte »Vita-Retabel« (HAGER) mit dem Hl.n als stehender Ganzfigur, flankiert von Szenen (Bonaventura →Berlinghieri, Pescia, S. Francesco, inschriftl. dat. 1235); eine Verwendung als Altarbild ist jedoch meist nicht zu belegen. Die Entwicklung dieses Bildtypus inspirierte sich jedenfalls auch an Altarschreinen mit plast. Kultbildern und – häufig bemalten – Klapptüren (KRÜGER). Offenbar ersetzte die T. anfangs kostspieligere Gattungen: Die reichsten Antependien und frühen Retabel waren Goldschmiedearbeiten (Pala d'oro, Venedig, S. Marco, anfangs Antependium, ab 1105 auf dem Altar aufgestellt), einfachere dagegen Reliefs aus Holz bzw. Stein, deren Erbe die T. zunächst imitierend, später zunehmend im Sinne spezif. maler. Mittel gestaltend antrat: Der Eigenwert der Malerei als künstler. Ausdrucksform wurde immer deutlicher.

Auch im 13. Jh. stand die Rezeption byz. Werke weiterhin im Vordergrund, vermittelt etwa durch die Schulen Pisas und Luccas, doch gestaltete sich das Verhältnis zu den Vorbildern zunehmend freier. Eine it. Sonderform des Retabels war z. B. das sog. Dossale mit seiner Reihung halbfiguriger Hl.r unter Spitzbogenblenden; dieses ging

zwar formal aus dem byz. Ikonenbalken hervor, doch war seine Funktion als Altaraufsatz eine Neuheit (BELTING, 1990).

Das Altarbild der thronenden Madonna formte in der Folgezeit zwei größere Haupttypen aus, die monumentale Einzeltafel und das vielteilige Polyptychon. Wichtige Zwischenstufen bildeten hochformatige, z. T. noch als Flachrelief gestaltete Madonnen mit gemalten Szenen (Madonna del Carmine des →Coppo di Marcovaldo, um 1250/60, Florenz, S. Maria Maggiore) und ab 1270 in Florenz auftretende querformatige Marienpalen in der Antependientradition (Panzano, S. Leolino). Um 1285 verknüpfte →Duccio die Marienthematik mit dem giebelten Hochformat der Franziskustafeln und transponierte sie ins Monumentale (Madonna Ruccellai, Florenz, Uffizien, Bildmaße 450×292 cm). Parallel dazu entwickelte sich aus dem Flachgiebel- und insbes. dem Spitzgiebeldossale das Polyptychon (Vigoroso da Siena, um 1280, Perugia, Galleria Naz. dell'Umbria). Letzteres fand bereits 1308–11 in Duccios Sieneser Maestà seinen monumentalsten Ausdruck (Siena, Museo dell'Opera del Duomo, Maße ca. 470×500 cm). Die Madonna mit Kind, umringt von Hl.n und Engeln der Haupttafel, symbolisiert Siena als »Civitas Virginis«. Darunter befindet sich die – erste erhaltene – Predella (→Retabel), darüber ein Kolonnadenfries mit Aposteln, Marienszenen und aus bekrönenden Engeln gebildete Giebel, die Rückseite zeigt Szenen aus dem Leben Christi. Mit diesem Werk, das die Bevölkerung in einer Prozession von der Werkstatt in den Dom überführte, wurde das Altarbild endgültig zur »Ausstattungsaufgabe des liturg. Inventars« (KRÜGER).

Wenngleich Polyptychen noch bis ins erste Viertel des 16. Jh. vorkamen (→ Peruginos Polyptychon für S. Agostino in Perugia; Tizians Averoldo-Altar, Brescia, S. Nazaro e Celso), gewann in Anknüpfung an die großformatigen Madonnen eine Tendenz zum vereinheitlichten Bildfeld an Bedeutung, der die Zukunft gehören sollte. Eine wichtige Zwischenstufe bildete die lange kanon. Form von Haupttafel mit Predella, teilw. mit Bekrönung (Benvenuto di Giovanni, Borghesi-Altar, nach 1478, Siena, S. Domenico), teilw. ohne (Matteo di Giovanni, Madonna della Neve, dat. 1472, Siena, S. Maria della Neve). Ikonograph. folgten diese Werke meist dem Typus der sog. →Sacra conversazione. Später reduzierte sich das Retabel auf die Haupttafel, wobei zunehmend Erzählerisches abgebildet wurde (→Raffael, Transfiguration, Vatikan, Pinacoteca).

Eine weitgehende Abkehr vom byz. Stil vollzog – auch unter Verwendung got. Stilmittel – → Giotto di Bondone, der als Wegbereiter einer vermehrt auf Beobachtung von Natur und Wirklichkeit gegründeten Kunst gilt. Trotz eines Schaffensschwerpunktes in der Wandmalerei war die Wirkung v. a. seiner Erzählfreude für die T. ingesamt beträchtl. Als szen. Retabel mit Predella ist seine Stigmatisation des hl. Franziskus (Paris, Louvre) von Bedeutung.

Die künstler. Emanzipation von Byzanz ließ die Unterschiede zw. in Italien bes. differenzierten Stadtkulturen deutlicher hervortreten, die in der Folge regionale Schulen bildeten. Neben Umbrien und der Toskana brachten u. a. die Lombardei, Emilia und Venedig eine bedeutende T. hervor. Die röm. T. wurde auch nach der Rückkehr der Päpste aus dem avignones. Exil 1377 bis ins 16. Jh. hinein von auswärtigen Kräften bestimmt. Kennzeichnend für die überaus vielschichtige Entwicklung der it. T. ist das Nebeneinander von vorwärts- und rückwärtsgewandten Tendenzen, etwa in der Verwendung des Goldgrundes: Einerseits ist die Anbetung der Hl. Drei Kg.e des →Domenico Veneziano von 1440 bereits in einer offenen Landschaft (→ Landschaftsmalerei) unter natürl. Himmel abgebildet (Berlin, Gemäldegalerie), andererseits weist noch Alvise →Vivarinis Montefiorentino-Polyptychon von 1476 einen Goldhintergrund auf (Urbino, Galleria Naz.).

Zahlenmäßig bedeutend war die Produktion kleinformatiger privater Andachtsbilder. Hierbei erfreuten sich neben meist gegiebelten Einzeltafeln v. a. klappbare Triptychen und → Diptychen großer Beliebtheit, die auch auf Reisen mitgeführt werden konnten. Während große Retabel in Italien meist starr blieben, war bei Kleinformaten das mit Flügeltürchen verschließbare Triptychon weit verbreitet (Bernardo Daddi, dat. 1336, Siena, Pinacoteca Naz.).

Für die Maler der Frühzeit, die als Handwerker galten und in Zünften organisiert waren, bleiben →Signaturen und inschriftl. Datierungen, Ausdruck eines mehr künstler. Selbstverständnisses, selten. Mit der Jahreszahl 1261 versehen und von dem Florentiner Maler Coppo di Marcovaldo signiert ist die Madonna del Bordone (S. Maria dei Servi, Siena), inschriftl. in das Jahr 1271 datiert ist ferner ein von Meliore signiertes Dossale (Florenz, Uffizien). Die T. war im wesentl. eine Auftragskunst, wobei man insbes. für größere Altarwerke umfangreiche Verträge abschloß.

Die Anfänge profaner T. hingegen bleiben vergleichsweise dunkel, sei es aufgrund schlechterer Überlieferung, sei es aufgrund geringerer Produktion. Das am Modell orientierte →Porträt war dem ma. Kunstwollen im allg. und der it. Malerei im bes. – im Gegensatz zum meist idealtyp. → Bildnis – lange fremd. In der Malerei dominierten – wohl inspiriert durch antike Münzen – zunächst Profilansichten, v. a. bei den Stifterporträts (Giotto, Padua, Cappella Scrovegni-Fresken). Das Selbstbildnis des Künstlers hingegen blickt meist aus dem Bild (Taddeo di Bartolo, Himmelfahrt Mariae, 1401, Montepulciano, Dom; als hl. Thaddeus, erstes bekanntes frontales Selbstbildnis). Zeitgenöss. it. Tafelbildporträts (Simone → Martini soll → Petrarcas Laura gemalt haben) sind nicht überliefert. Als autonomes Tafelbild läßt sich das Porträt zuerst im N fassen (→ Johann d. Gute, Kg. v. Frankreich, um 1360, Paris Louvre; Profilansicht auf Goldgrund), in Italien dagegen erst im 15. Jh. (→ Pisanello, Bildnis eines Mädchens, um 1433, Paris, Louvre, vor natürl. Hintergrund). Vergleichbare Profilansichten waren noch um 1465 für → Piero della Francesca bestimmend (Porträts von Federigo da Montefeltro und seiner Gemahlin Battista Sforza, Florenz, Uffizien, vor Landschaftshintergrund), doch ließ sich die it. Entwicklung zusehends durch Werke nordeurop. Künstler inspirieren. So kannte etwa →Antonello da Messina Tafelbilder Jan →van Eycks und →Rogier van der Weydens durch die Slg. der Anjou in Neapel und traf vermutl. Petrus Christus in Mailand, was seine Vorliebe für Dreiviertel- und Frontalansichten geprägt haben könnte (Condottiere, 1475, Paris, Louvre).

Wichtige Wegbereiter für Tafelbilder profaner Thematik waren neben bemalten Geburtstellern (→desco da parto) v. a. die Schauseiten flacher Truhen, häufig Hochzeitstruhen (→ cassone). Dieser bereits in got. Zeit übliche, zunächst meist ornamental mit Flachschnittdekor oder flachen Stuckreliefs verzierte Möbeltypus wurde etwa ab 1400 mit lebhaft erzählten Szenen bemalt (SCHUBRING). Sowohl das Fehlen von Darstellungskonventionen als auch die private Bestimmung der Truhen begünstigte Neuerungen bei der Themenwahl. Unter humanist. Einfluß erfreuten sich Ereignisse der röm. und der zeitgenöss. Gesch. sowie mytholog. Sujets bes. Beliebtheit. Neben

spezialisierten cassone-Malern mit Notnamen wie »Anghiari-Maler« oder »Dido-Maler« betätigten sich auch namhafte Tafelmaler auf diesem Gebiet, darunter Paolo →Uccello (Hirschjagd, Oxford, Ashmolean Museum) oder Sandro →Botticelli (vier Truhen mit Szenen aus dem Leben des hl. Zenobius, in London, New York, Dresden). Für die Übertragung hist. und mytholog. Themen in das monumentale Tafelbild (Paolo Uccellos Dreierserie der Schlacht v. S. Romano, um 1465, in London, Paris, Florenz; Botticellis Geburt der Venus, Florenz, Uffizien) hingegen könnten neben cassoni zugleich auch Fresken mit und Wandteppiche maßgebl. gewesen sein.

Eine bes. Aufgabe profaner T. war die Ausstattung vornehmer Studierzimmer, it. studiolo (jene des Federigo da Montefeltro in Urbino und in Gubbio, oder jenes Isabellas d'Este in Mantua). Die Ausführung der ikonograph. komplexen Bildprogramme wurde meist an mehrere Maler vergeben. Motivisch flossen zunehmend Studien antiker Kunstwerke ein, insbes. bei Andrea →Mantegna. Die einzelnen Bilder waren oberhalb einer mit Intarsien verzierten Holzvertäfelung fest installiert.

Während die ma. Malerei v. a. die symbolhafte Darstellung metaphys. Sinnzusammenhänge in den Vordergrund rückte, diente die Malerei ab der →Renaissance zusehends der Abbildung der sichtbaren Welt, wobei die Erforschung der → Perspektive und der Lichtwirkung, verbunden mit maltechn. Errungenschaften, eine immer naturalistischere Darstellung derselben ermöglichte (Mimesis). Damit ging eine immer klarere Reflexion der spezif. maler. Mittel einher, die sich auch in ersten kunsttheoret. Schriften, allen voran Leon Battista → Albertis »De pictura« (verfaßt um 1435, posthum 1540 in Basel publiziert), ausdrückte und die gegen Ende des 15. Jh. in den sog. paragone mündete, den Streit um den jeweiligen künstler. Wert von Malerei und Bildhauerei, aus der die Malerei, insbes. die T., als führende Kunstgattung hervorging. Theoret. und math. Grundlagen sollten die den →Artes mechanicae zugeordnete T. unter die →Artes liberales einreihen: Statt des handwerkl. wurde ihr wiss. Charakter betont.

In Südeuropa hat sich außerhalb Italiens nur in den nördl. Teilen Spaniens eine zahlenmäßig und künstler. bedeutende ma. T. erhalten. Insbes. in Katalonien findet sich eine größere Anzahl farbenfroh bemalter Antependien (Barcelona, Museu d'art catalunya; Vich Mus.). Wenngleich sich diese frühen Werke stilist. aus den verschiedensten Quellen speisten, überwog auch hier die Rezeption byz. Vorbilder. Ob diese span. Antependien jedoch in der Tat, wie eine Datierung bereits ins 12. Jh. nahelegt (POST), it. Beispielen vorausgingen, scheint fraglich. Ab der Gotik entfaltete sich in Spanien eine reiche Produktion von Polyptychen, die sich zunächst v. a. an Italien, später aber u. a. auch an Flandern orientierten (→Bermejo) und die sich als Retabeltypus bis ins 15./16. Jh. hielten. Als span. Sonderform entstanden ab etwa 1360 sowohl in Katalonien als auch in Valencia großformatige, die gesamte Kapellenrückwand abdeckende Retabel mit charakterist. »Staubschützern« (span. guardapolvos), nach innen abgeschrägten, verzierten Brettleisten. Ein monumentales Hauptwerk aus der Zeit um 1410/20 (6,6×5,5 m, London, V & A) zeigt zudem dt. Stilelemente, die auf den in Valencia ansässigen – wohl sächs. – Maler »Marzal de Sas« zurückgehen (KAUFFMANN).

R. Hiller von Gaertringen

Lit.: J. WILPERT, Die röm. Mosaiken und Malereien der kirchl. Bauten vom 4. bis 13. Jh., 1916 – R. VAN MARLE, The Development of the Italian Schools of Painting, 18 Bde, 1923–36 – P. SCHUBRING, Cassoni,

1923²[mit Suppl.] – E. SANDBERG-VAVALA, La croce dipinta it. e l'iconografia della passione, 1929 – R. OFFNER, A Critical and Historical Corpus of Florentine Painting, Sec. 3, Bd. 1–8; Sec. 4, Bd. 1–6, 1930–79 – CH. R. POST, A Hist. of Spanish Painting, 8 Bde, 1930–41 – M. DE LOZOYA, Hist. del Arte Hispánico, 5 Bde, 1931–49 – F. BAUMGART, Zur Gesch. und soziolog. Bedeutung des Tafelbildes, DVjs 13, 1935 – E. B. GARRISON, It. Romanesque Panel Painting. An Ill. Index, 1948 – E. BAGUÉ, Hist. de la cultura española. La alta edad media, 1953 – B. BERENSON, It. Pictures of the Renaissance. Venetian School, 2 Bde, 1957 – F. WÜRTENBERGER, Weltbild und Bilderwelt von der Spätantike bis zur Moderne, 1958 – R. DOS SANTOS, Hist. del arte portugués, 1960 – C. BERTELLI, La Madonna di S. Maria in Trastevere, 1961 – H. HAGER, Die Anfänge des it. Altarbildes, 1962 – B. BERENSON, It. Pictures of the Renaissance. Florentine School, 2 Bde, 1963 – S. RINGBOM, From Icon to Narrative, 1965 – J. POPE-HENNESSY, The Portrait in the Renaissance, 1966 – R. OERTEL, Die Frühzeit der it. Malerei, 1966² – B. BERENSON, It. Pictures of the Renaissance. Central It. and North It. Schools, 3 Bde, 1968³ – M. CÄMMERER-GEORGE, Die Rahmung der tosk. Altarbilder im Trecento, 1966 – M. C. KAUFFMANN, The Altar-Piece of St. George from Valencia (Victoria & Albert Mus. Yearbook 2, 1970), 64–100 – O. SIRÉN, Giotto and some of his Followers, 2 Bde, 1975 – G. DELOGU-G. MARINELLI, Il ritratto nella pittura it., 1975 – H. BELTING, Das Bild und sein Publikum im MA, 1981 – H. VAN OS, Sienese Altarpieces 1215–1460, I, 1984; II, 1990 – G. BOEHM, Bildnis und Individuum, 1985 – J. H. STUBBLEBINE, Assisi and the Rise of Vernacular Art, 1985 – H. FROSIEN-LEINZ, Das Studiolo und seine Ausstattung (Natur und Antike in der Renaissance. Ausstellungskat. Frankfurt a. M., 1985), 258–281 – J. GUDIOL-S. ALCOLEA I BLANCH, Pintura Gótica Catalana, 1986 – R. WOLLHEIM, Painting as an Art, 1987 – P. HILLS, The Light of Early It. Painting, 1987 – It. Church Decoration of the MA and Early Renaissance, hg. W. TRONZO, 1989 – Art in the Making. It. Painting Before 1400, Ausstellungskat. London, 1989 – La pittura nel Veneto. Il Quattrocento, 2 Bde, 1989 – F. TODINI, La pittura umbra dal Duecento al Primo Cinquecento, 1989 – J. BERG SOBRÉ, Behind the Altar Table. The Development of the Painted Retable in Spain 1350–1500, 1989 – 750 aniversari entorn a Jaume I de l'art romànic a l'art gòtic, Ausstellungskat. Valencia, 1989 – P. TORRITI, La Pinacoteca Naz. di Siena, Mus.kat., 1990 – H. PH. RIEDL, Das Maestà-Bild in der Sieneser Malerei des Trecento, 1991 – J. AINAUD DE CASARTE, Catalan Painting, 1991 – K. KRÜGER, Der frühe Bildkult des Franziskus in Italien, 1992 – La pittura del Veneto. Il Trecento, 2 Bde, 1992 – Prefiguració del museu nacional d'art de Catalunya, Mus.kat., 1992 – M. BOSKOVITS, The Origins of Florentine Painting 1100–1270, 1993 – A. CHASTEL, La Pala ou le retable it. des origines à 1500, 1993 – It. Frührenaissance und nordeurop. SpätMA, hg. J. POESCHKE, 1993 – The Art of Medieval Spain a. d. 500–1200, Ausstellungskat. New York, 1993 – It. Altarpieces 1250–1550, hg. E. BORSOOK-F. GIOFFREDI, 1994 – Painting and Illumination in Early Renaissance Florence 1300–1450, Ausstellungskat. New York, 1994 – A. THOMAS, The Painter's Practice in Renaissance Tuscany, 1995.

II. NÖRDL. EUROPA: Auch hier ist die T. über das Ende der Antike hinaus erhalten geblieben. Für das frühe MA ist ihre Existenz lit. belegt: Im 6. Jh. nennt →Gregor v. Tours Tafeln mit Aposteln in einer Kirche zu Clermont; um 850 erwähnt Abt Ratleic v. Seligenstadt Tafelbilder mit Märtyrern von der Hand eines Malers Hilperich und bezeugt damit deren einheim. Produktion. Von solchen frühen Beispielen blieb jedoch nichts erhalten. Die Überlieferung ist für die Zeit vor dem 14. Jh. insgesamt sehr dürftig und beschränkt sich vornehml. auf dt. Beispiele, für die internat. prägende frz. Gotik des 13. Jh. fällt sie völlig aus. Erst um 1400 wächst die Zahl der erhaltenen T. en deutl. an, um im Laufe des 15. Jh. auf mehrere Tausend zu steigen. Figürl. Malerei war im MA nicht auf Bildtafeln im engeren Sinne beschränkt, sie zierte auch Möbel und andere Gegenstände wie z. B. die sog. »Minnekästchen« (z. B. Münster, um 1340), Briefschachteln, Fahnen (z. B. Prozessionsfahne, um 1400, Kl. Lüne) usw.; diese Arbeiten müssen ebenfalls zur T. gerechnet werden. Aus roman. Zeit hat sich z. B. ein mit großen Hl.nfiguren bemalter Sakristeischrank der 1. Hälfte des 13. Jh. (Halberstadt) erhalten. Von gegenständl. bemalten Schilden erfährt

man in der höf. Dichtung des 12. und 13. Jh. ebenso wie von profanen Bildnissen (Wolframs Parzival, 42, 27; Alexanderlied des Pfaffen →Lamprecht, 5444.); szen. bemalte Schilde entstanden noch Ende des 15. Jh. in Flandern (London, Brit. Mus.). In den Aufgabenbereich der Maler, zumindest seit dem 14. Jh. hauptsächl. in Städten lebende Handwerker, fielen auch Dekorationsarbeiten wie das Bemalen von Wappen, Stangen, das Fassen von Skulpturen (s. Abschnitt C) usw., belegt selbst für bedeutende Künstler wie Jan van →Eyck, →Rogier van der Weyden, Stephan →Lochner. Tafelmaler wurden gelegentl. mit Miniaturen und selbst mit Wandgemälden betraut (z. B. Robert →Campin, 1428); die T. des ganzen MA ist ohnehin stilist. zumeist eng mit →Wand- und bes. →Buchmalerei verwandt. Bereits im 14. Jh. sind die Maler mancherorts in Zünften organisiert (Prag, 1348), mehr noch im 15. Jh., doch nicht überall; diese kontrollierten u. a. die Qualität der Ausführung und der verwendeten Materialien. Zunächst dürfte die T. an Aufträge gebunden gewesen sein, und bei größeren Ensembles blieb sie es auch später, doch ermöglichte die Transportabilität des Tafelbildes dessen Handel, u. a. bei Märkten und Messen. Gemälde Jan van Eycks oder Rogier van der Weydens sind um 1450 als wertvolle Sammlerstücke in Italien bezeugt. In den Niederlanden des 15. Jh. war dieser Markt bereits stark entwickelt, möglicherweise wurde dort etwa die Hälfte aller Gemälde ohne Auftrag produziert (CAMPBELL). Ein Gemälde des Konrad →Witz von ca. 1440 (Straßburg) zeigt im Hintergrund einen Laden mit gefaßten Skulpturen und Gemälden und gibt damit Zeugnis für einen freien Verkauf auch in Dtl. Mindestens seit dem mittleren 14. Jh. wurden kleinere Tafelbilder wie in der NZ im Atelier auf Staffeleien gemalt (böhm. Evangeliar des Johannes v. Troppau, 1368, Wien, ÖNB, cod. 1182, fol. 91v); eine Pariser Miniatur von ca. 1402 (Paris, B. N., Ms.fr. 12420, fol. 86) zeigt eine Malerin an einer höhenverstellbaren Staffelei, mit Palette und verschiedenen Pinseln. Die Bildtafeln waren während des ganzen MA in der Regel fest mit den ebenfalls vom Maler gestalteten Rahmen verbunden.

Das vermutl. älteste erhaltene Werk der T. in Deutschland. ist ein aus dem Soester Walpurgiskl. stammendes →Antependium von ca. 1175 (Münster), das stilist. einigen für →Heinrich d. Löwen gefertigten Hss. nahesteht und mit reicher Verwendung von Blattgold offenbar Goldschmiedearbeiten imitiert. Solche Bezüge zur wertvolleren Schatzkunst lassen sich bei der T. nach 1200 gelegentl. beobachten. Eines der ältesten gemalten →Retabel stellt eine an der Oberkante geschweifte, vermutl. der Form von →Reliquienschreinen nachempfundene Soester Tafel (Berlin, 1. Drittel 13. Jh.) dar, die mit byzantinisierenden Passionsszenen bemalt ist. Ihre Bildfelder sind muldenartig eingetieft, so daß das Objekt Vorrang vor dem Bild besitzt; auch hier liegt wieder die Imitation von Goldschmiedearbeit vor. Das gleiche trifft auf ein im entwickelten →Zackenstil gemaltes, rechteckiges Retabel aus Soest von etwa 1260 zu (Berlin). Um 1260 belegen zwei aus Worms stammende Altarflügel (Darmstadt) mit einem stehenden Hl.n auf jeder Seite die Existenz von verschließbaren Altären, die wie Treibarbeiten reliefierten Innenseiten sind durch eine reichere Verwendung von Gold gegenüber den Außenseiten hervorgehoben. Derartige Unterscheidungen bzw. Abstufungen waren für die nächsten zwei Jahrhunderte und darüber hinaus bei gemalten Altarflügeln gängig, bes. im deutschsprachigen Raum.

Stilist. lassen sich die gen. Werke noch als spätroman. ansprechen, zu Beginn des 14. Jh. tritt in der dt. T. ein an der frz. Hochgotik orientierter Stil auf. Bei den großen Wandelaltären, die damals in dt. Reformordenskl. entstehen, ist mit dem Schema des Hauptaltares zugleich eine wesentl. Aufgabe der T. bis in die frühe NZ festgelegt. Beim um 1300 geschaffenen Altar in Cismar bei Lübeck (Malereien heute zerstört) ebenso wie beim Retabel im mittelrhein. Oberwesel von 1331 u. a. sind Schrein und Flügelinnenseiten mit Skulpturen, die Flügelaußenseiten mit T. versehen. Hierarchisch sind die Malereien damit den plast. Darstellungen untergeordnet, was ebenfalls bis nach 1500 bei Retabeln üblich bleibt. In Oberwesel wird zugleich deutl., daß die gemalten Hl.nfiguren mit ihren gemalten Architekturnischen formal ganz an den Skulpturen der Innenseite orientiert und als eine um die plast. Qualität reduzierte Variante derselben aufgefaßt sind. Ganz gemalte Triptychen kommen ungefähr gleichzeitig vor, von bes. Qualität ist das nicht vollständig erhaltene Retabel in Hofgeismar aus dem 1. Viertel des 14. Jh. mit Darstellungen aus der Passion Christi, gefaßt in reliefierte Arkaden.

Große, einheitl. und von keiner Architektur gegliederte Bildflächen sind erstmals in den Gemälden überliefert, die um 1330 auf der Rückseite des sog. 'Klosterneuburger Altars' (→Nikolaus v. Verdun) angebracht wurden; wiederum ist die Malerei das untergeordnete Medium. Die Bilder lassen v. a. in den Kompositionen it. Einfluß, insbes. →Giottos, erkennen.

Kleinere gemalte Diptychen und Triptychen der 1. Hälfte des 14. Jh. haben sich bes. aus Köln erhalten, sie dienten vermutl. überwiegend der Privatandacht oder wurden zur Reise mitgeführt. Stilist. werden in der got. Kölner Malerei der 1. Hälfte des 14. Jh. Unterschiede erkennbar, wobei sowohl Bezüge zur Buchmalerei als auch zur stark westl. geprägten Wandmalerei der Domchorschranken (z. B. Köln, WRM 4/5) feststellbar sind.

Um die Mitte des 14. Jh. war das Prag→Karls IV. ein Zentrum der T., die hier auch die Buchmalerei an Bedeutung übertroffen zu haben scheint. Die wohl in den 40er Jahren entstandene sog. Kaufmannsche Kreuzigung (Berlin) ist möglicherweise ein Schlüsselwerk. Die böhm. Malerei ist mit österr. Kunst wie dem Klosterneuburger 'Altar' verwandt, zugleich empfing sie westl. und it. Einflüsse. Gerade letztere dürften entscheidend gewesen sein und sich in Farb- wie Raumbehandlung und Plastizität ausgewirkt haben. Mit den it. Einflüssen gelangten auch Byzantinismen nach Böhmen; beide Elemente sind in einer Vielzahl von halbfigurigen, ikonenartigen Marienbildern zu beobachten, deren Produktion um die Mitte des 14. Jh. einsetzte (z. B. Madonna aus Eichhorn, um 1350, Prag). Als bedeutendste Werke um 1350 gelten 9 Tafeln mit christolog. Szenen des →Meisters v. Hohenfurt (Prag), vermutl. Teile eines Retabels, in denen sich westl. Linearität mit it. inspirierter Erschließung des Raumes und Plastizität der Figuren kombiniert. Tafelbilder in der Funktion von Ikonen und Reliquiaren (Rahmen) zugleich wurden gegen 1365 von Meister →Theoderich aus Prag für die Hl. Kreuzkapelle der Burg →Karlstein geschaffen. Die Malereien mit ihren derben, plast. stark artikulierten Gestalten unterscheiden sich deutl. von etwas früheren böhm. Malereien und sollten auf die folgende dt., bes. westfäl. Kunst einwirken. Um 1380–90 zeigt sich beim →Meister v. Wittingau der →Weiche Stil mit Anregungen der franco-fläm. Malerei, die später auch die provinziell werdende böhm. Kunst des 15. Jh. über dt. Zwischenstufen beeinflußte.

In Frankreich ist ein roman. bemaltes Kästchen mit profanen Motiven von ca. 1180/90 als ältestes Werk der T.

erhalten (Vannes, Kathedrale), es erinnert an limousiner Emailarbeiten. T. wird in der 1. Hälfte des 14. Jh. nur durch die it., v. a. sienes. Malerei in →Avignon repräsentiert, die bis um 1400 einflußreich sein sollte. Mit Ausnahme eines bemalten Schreins in Albi (Kathedrale) von ca. 1330, einer provinziellen Arbeit, beginnt daher mit dem um die Mitte des Jh. in Paris geschaffenen →Bildnis Kg. Johanns II. des Guten die Überlieferung frz. got. T. Nur etwas später, um 1365, entstand das Porträt Hzg. Rudolfs IV. v. Österreich (Wien), die älteste autonome Bildnistafel im deutschsprachigen Raum. Von 1363 datiert die älteste erhaltene ndl. T., das in Utrecht geschaffene Epitaph des Hendrik van Rijn (Antwerpen). Die drei zuletztgen. Werke zeigen – bei allen regional bedingten Unterschieden – stilist. Gemeinsamkeiten in den etwas derben, zum Häßlichen neigenden Gestalten und Gesichtern, die sie mit der Malerei Meister Theoderichs verbinden. Böhm. Kunst war einer der Ausgangspunkte der westfäl. T. der 2. Hälfte des 14. Jh. bis hin zu Meister →Bertram, dessen Hauptwerk der 1379–83 geschaffene ehem. Hauptaltar der Hamburger Petrikirche ist (Hamburg). Dieser Altar gehört zu einem bis zum Beginn des 16. Jh. in Deutschland häufigen Typ, der zweimal gewandelt werden kann, wobei die Außenseite und der einmal geöffnete Altar Malereien zeigen, die Innenseite meist Skulpturen, seltener ebenfalls Gemälde; um 1360 ist der Typ schon beim Kölner Klarenaltar vorhanden (Köln, Dom). Derartige Altäre boten sehr viel Platz für Malereien, mindestens 6 Flügelseiten; in Norddeutschland wurden die Außenseiten oft mit ganzformatigen Darstellungen versehen, während die einmal geöffneten Flügel meist in je 4 oder mehr Bildfelder unterteilt waren, so daß sich hier größere erzählende Zyklen anbringen ließen. Narrative Darstellungen waren auch auf den Flügeln sog. Baldachinaltäre üblich, die als Gehäuse um eine einzelne Hl.nfigur geklappt wurden; diese Konstruktion kam mindestens einmal um 1300 vor, in den Niederlanden um 1400 und später krönte sie häufig Altarretabel (z. B. Antwerpen, Mus. Mayer van den Bergh).

Die Malerei vom Ende des 14. und Anfang des 15. Jh. ist mitunter von einer realist., oft drast. Darstellung gekennzeichnet, die sich jedoch mit eleganter Linienführung und Farbschönheit verbinden kann. In T. wie Buchmalerei spricht man vom →Weichen oder Internationalen Stil. Wesentl. Anregungen gingen von der Kunst an den frz. Höfen, bes. Paris, aus. In Deutschland überwiegt die Zahl der erhaltenen Tafelbilder schon im 14. Jh. die der Buchmalereien, in Frankreich und den Niederlanden ist es dagegen umgekehrt. Aus Paris sind v. a. kleinere Tafeln, darunter Diptychen, der Zeit um 1400 erhalten. Auch bei diesen Werken lassen sich mitunter starke Ähnlichkeiten zu den am Hof hochgeschätzten Werken der Goldschmiedekunst feststellen, die v. a. in den aufwendigen und z. T. wie Kleinarchitektur gestalteten Rahmen und Bildträgern (z. B. Großes Bargello-Triptychon, Florenz) zum Ausdruck kommt. Dennoch mögen sie nicht ein billigerer Ersatz gewesen sein; ihre Besitzer, die Goldschmiedearbeiten reichlich besaßen, dürften die größere Feinheit und Belebtheit der Malereien gegenüber Darstellungen aus Email durchaus geschätzt haben.

Im deutschsprachigen Raum haben sich zahlreiche Werke des Weichen Stils erhalten, darunter einige hochqualitätvolle Arbeiten, die den eleganten und schönfarbigen frz. Malereien nahestehen. In Köln ist der →Meister der hl. Veronika, am Oberrhein der Meister des Frankfurter Paradiesgärtleins zu nennen; in Westfalen schuf →Konrad v. Soest 1403 ein durchgehend gemaltes großes Triptychon (Bad Wildungen). In den Niederlanden hat sich nur wenig dieser hier oft als 'vor-eyckisch' bezeichneten T. erhalten; bedeutendste Werke sind zwei Altarflügel aus den 1390er Jahren (Dijon) von Melchior →Broederlam, die in ihrer Naturbeobachtung wie auch der Raumerschließung und tiefen Farbigkeit auf die spätere Kunst vorausweisen.

Ungefähr in den 20er und frühen 30er Jahren des 15. Jh. fand in den südl. Niederlanden ein Umbruch in der T. statt: Es entstand mit den Werken Jan van →Eycks, des sog. Meisters v. Flémalle, meist identifiziert mit Robert →Campin, und →Rogier van der Weydens die eigtl. altndl. Malerei. Ihre Grundlagen dürften in Broederlams Kunst und monumentalen, sienes. beeinflußten frz. T. en des späten Weichen Stils (Dionysiustafel von →Malouel und →Bellechose, um 1415, Paris) ebenso liegen wie in der franco-fläm. Buchmalerei und der Großskulptur eines Claus →Sluter, ohne daß sie eine Summe dieser Tendenzen wäre. Die altndl. Malerei bildet Raum kohärent und Figuren blockhaft-körperlich; Wirklichkeit findet verstärkt Eingang ins Bild, bes. in einem bis dahin unbekannten Naturalismus bei der Abbildung von Materialität, Licht und Schatten. Letzteres wurde u. a. durch die schon länger bekannte, nun aber entwickelte Ölmalerei möglich. Der bis dahin übliche Goldgrund verschwand in den Niederlanden weitgehend – jedoch bis über 1500 hinaus nicht vollständig – aus der T., Vergoldung hielt sich dagegen auf den Rahmen. Tiefenräumlichkeit, zunächst noch aufgrund einer empir. Perspektivkonstruktion, ist mit einem Ineinandergreifen der Gegenstandsformen in deren Flächenprojektion verbunden, so daß die Bildfläche – stärker als bei nz. Malerei – wie mit einem dichten Muster gefüllt erscheint (PÄCHT). Trotzdem entstand hier das moderne Gemälde, das einen in sich geschlossenen Ausschnitt von Welt wie durch ein Fenster zeigt; der Blick durch das Fenster ist etwas später beinahe wörtlich im Gemälde inszeniert worden (Hans →Memling, Diptychon Martin van Nieuwenhove, 1487, Brügge). Damit änderte sich zumeist auch die Funktion des Rahmens, der nun den Durchblick in das Bild gestattet und als Grenze erscheint. Überschneidet ein Bildgegenstand den immer noch vom Künstler gefaßten oder bemalten Rahmen, geschieht das als trompe l'oeil (Jan van Eyck). Die T. wurde gegenüber der Buchmalerei die führende Bildkunst; Tafelmaler wie Jan van Eyck und Rogier genossen bereits zu Lebzeiten Ruhm. Selbst für Skulpturen wurden Kompositionen der T. vorbildlich. Gemalte Skulpturenimitation, z. B. bei den →Grisaillen auf Altaraußenseiten, entstand nicht in bewußter Auseinandersetzung mit dem anderen Medium, dabei spielte der Paragone, der Wettstreit der Künste, offenbar eine Rolle. Obwohl kunsttheoret. Schriften aus den Niederlanden des 15. Jh., im Gegensatz zu Italien, nicht existieren, dürften sich Reflexionen der Maler über ihr Tun in den Gemälden selbst aussprechen (PREIMESBERGER).

Wesentl. Aufgaben der T. blieben die Gestaltung von Altarretabeln, meist in Form von ganz gemalten Triptychen oder Polyptychen, und von →Andachtsbildern, bes. Marientafeln; auch Epitaphien waren gelegentl. gemalt. Vielfach überliefert sind Porträts, meist des Adels, die mit einem Marienbild zum Diptychon kombiniert sein können (Rogier van der Weyden). Das Festhalten des individuellen Aussehens und dessen Übermittlung über große Entfernungen war der T. möglich; so fertigte Jan van Eyck 1430 in Portugal ein Bildnis der Infantin, das Hzg. →Philipp v. Burgund gesandt wurde. Auch im profanen Bereich wurden Gemälde verwendet, wichtig waren hist. Exempla als sog. Gerechtigkeitsbilder in Rathäusern (z. B.

Dirk →Bouts' »Gerechtigkeit Kaiser Ottos« für Löwen, heute Brüssel). Im ndl. 15. Jh. lassen sich damit Ansätze zur Ausdifferenzierung der nz. Bildgattungen feststellen: Die Historie, auch als Privatbild (Turmbau zu Babel, Kopie nach Jan van Eyck?, Den Haag); das Porträt; die Landschaft, die noch den Hintergrund eines meist frommen Gegenstandes bildet, aber schon komplett entwickelt ist; das Stilleben, noch als untergeordnetes Motiv einer Darstellung oder als Tafelrückseite (z. B. Memling, Slg. Thyssen, Madrid); schließlich das Genre. Genreartige, zumeist wohl moralisierende Gemälde sind kaum überliefert, jedoch nachgewiesen, dabei scheinen erot. Darstellungen häufiger gewesen zu sein; im Inventar eines Privathauses von 1505 werden außer 10 religiösen Gemälden auch 2 auf Leinwand gemalte »amoureus-heyden« gen., damit fällt zugleich etwas Licht auf den privaten Bildbesitz. Eine Idee solcher Darstellungen vermittelt noch der »Liebeszauber« (Leipzig) eines rhein. Meisters von ca. 1480. Reproduktion, die im 15. Jh. mehrfach von Interesse ist (→Graphik, →Buchdruck), kommt auch in der T. vor, einerseits bei der formal modernisierenden Vervielfältigung älterer Gnadenbilder (z. B. Hayne de Bruxelles, 1454, Kansas), andererseits, am Ende des Jh., bei genauen Kopien nach Werken alter Meister, bes. Rogier van der Weydens (Granada, Frankfurt). Bei letzteren dürfte neben ma. Traditionsgebundenheit vielleicht auch ein modernes Sammlerinteresse eine Rolle gespielt haben.

Die Errungenschaften der Gründergeneration der altndl. Malerei wurden von nachfolgenden Malern wie Petrus →Christus und Dirk →Bouts weitergeführt, auch in den nördl. Niederlanden entwickelte sich eine wichtige Malerschule (Albert van Ouwater, →Gertgen tot Sint Jans); in Flandern sind →Joos van Wassenhove und Hugo van der →Goes in der 2. Hälfte des Jh. die bedeutendsten Erscheinungen. V. a. an Rogier orientierten sich zahlreiche andere Künstler, darunter Hans →Memling als herausragende Künstlerpersönlichkeit sowie die hauptsächlich in Brüssel und Brügge tätigen Kleinmeister. Um 1500 verbindet Gerard →David eine retrospektive Zusammenfassung mit neuen künstler. Mitteln; auch andere Maler des frühen 16. Jh., z. B. Quinten →Massys, sind den Meistern des 15. noch stark verpflichtet. Hieronymus →Bosch löst sich um die Jh.wende von der tradierten Ikonographie des MA und füllt die bis dahin nur für Altarbilder gebräuchl. Form des Triptychons mit eigenen schöpfer. Erfindungen (Garten der Lüste, Madrid), das Gemälde wird damit poet. nutzbar (BELTING).

Die altndl. Malerei übte ungeheuren Einfluß in ganz Europa aus, in Dtl. wird er in den 1430er Jahren spürbar. Hier traf er auf bestehende künstler. Traditionen, deren Konventionen, z. B. in der bis nach 1500 häufigen Verwendung von Goldgrund, teilweise fortlebten. Aus der Konfrontation entstanden individuelle, z. T. aber Schule machende Stile, z. B. eines Lucas →Moser in Schwaben, Konrad →Witz am Oberrhein, Stefan →Lochner in Köln, →Meister des Albrechtsaltars in Wien oder Hans Bornemann in Lüneburg. Zunächst herrschte der Einfluß Jan van Eycks und bes. des Meisters v. Flémalle vor, ab ca. 1450 setzte sich immer mehr die Kunst Rogiers als Vorbild durch (z. B. →Herlin in Rothenburg, der →Meister des Marienlebens in Köln). Im Vergleich zur ndl. Malerei ist die dt. des 15. Jh. mitunter durch sehr bewegte Kompositionen und einen Hang zur Drastik gekennzeichnet. Es entstanden Porträts, Andachtsbilder u. a., das wichtigste Betätigungsfeld der Maler lag aber bis zur Reformation bei Altären; die Bedeutung der T. in der dt. Kunstproduktion des 15. Jh. belegt die sehr große Zahl der zw. Alpen und

Ostsee erhaltenen Stücke. Ndl. Kunst spielte noch für Martin →Schongauer, der mit Rogiers Werken gut vertraut war, eine entscheidende Rolle; eine Blüte erlebte die T. in Süddtl. mit der folgenden Generation in den Gemälden Albrecht →Dürers, Grünewalds u.a., die bereits auf it. Anregungen zurückgriffen; nach ca. 1530 nahmen sowohl Qualität als auch Quantität der Produktion rapide ab.

In Frankreich haben sich auch aus dem fortgeschrittenen 15. Jh. weit weniger T.en erhalten; häufig handelt es sich um recht große Altarbilder, z.T. Triptychen. Der ndl. Einfluß wird in den 1440er Jahren in der Provence spürbar, wo Barthélemy d'Eyck, hauptsächl. Buchmaler und vermutl. ein Mitglied der ndl. Malerfamilie, und Enguerrand Quarton tätig waren und sich eine eigene Schule ausbildete. Zu Quartons Hauptwerk, einer Marienkrönung (Villeneuve-lès-Avignon), ist der Vertrag erhalten, der in exzeptioneller Weise den im MA möglichen Einfluß der Auftraggeberwünsche auf die Ikonographie und Gestaltung eines Gemäldes belegt. Wichtigster frz. Maler der Zeit war Jean →Fouquet, der fläm. und it. Elemente verband; von ihm sind mehrere, im Vergleich mit ndl. Porträts erstaunlich große Bildnisse in Halbfigur erhalten, die mit einer Madonnenfigur zu einem unbewegl. Diptychon vereint gewesen sein können (Dipt. des Étienne Chevalier, Berlin und Antwerpen). Auch Fouquet betätigte sich als Buch- und Tafelmaler; das gleiche trifft auf einige bedeutende Pariser Künstler der Jh.mitte zu, z.B. den Maître de Coëtivy. Am Ende des Jh. war der stark von Hugo van der Goes beeinflußte Meister von Moulins, vermutlich ident. mit Jean →Hey, der wichtigste Tafelmaler.

In England ist T. aufgrund systemat. Bilderstürme in noch weit geringerer Zahl überliefert, obwohl sie hier eine wichtige Rolle gespielt zu haben scheint und vermutl. häufig auf Hochaltären verwendet war. Ältestes Werk ist das »Westminster Retabel«, das am Ende des 13. Jh. wahrscheinl. für den Hochaltar der Abteikirche geschaffen wurde. Das sehr beschädigte Stück ist durch architekton. Elemente gegliedert, die reiche Verwendung von bunten Glasstücken und in Gesso imitierten Kameen evoziert kostbares Email, das Ganze ist stark von it. Cosmatenarbeit angeregt. Die dunkelfarbigen Malereien sind von höchster Qualität und repräsentieren vermutl. den Hofstil. Einige T.en aus dem 1. Drittel des 14. Jh. (z.B. Thornham Parva) erinnern an sog. »East Anglian« →Buchmalerei. Vom Ende des Jh. datieren die Reste des Hochaltars der Kathedrale v. Norwich, die einen der norddt. oder böhm. Malerei verwandten Stil zeigen. Um 1400 entstand das überlebensgroße Porträt →Richards II. (Westminster Abbey), das aufgrund seiner Ikonographie einzigartig innerhalb der ma. T. ist; Richards sog. »Wilton-Diptychon« (London) dürfte dagegen ein frz. Import sein. Im 15. Jh. ist die engl. T. stark von frz. und fläm. Einflüssen gekennzeichnet, die wenigen erhaltenen Stücke sind von relativ geringer Qualität, oft gehören sie zu den in England typischen, mit stehenden Hl.en bemalten hölzernen Chorschranken (z.B. Exemplar von 1451, London, V&A).

In Skandinavien hat sich mit 31 norw. Antependien die größte Gruppe nordeurop. T.en der Zeit zw. ca. 1260 und 1350 erhalten (heute fast alle in Bergen, Mus., und Oslo, Oldsaksamlingen). Meist wird eine zentrale Darstellung, etwa Majestas oder Madonna, von Hl.ngestalten oder Szenen umgeben. Die Stücke zeigen verschiedene Stilstufen zw. Früh- und Hochgotik und sind v.a. von engl. Kunst beeinflußt; einige Exemplare (z.B. aus Odda, um 1350, Bergen) sind sehr ausdrucksstark und von hoher

Qualität. In Norwegen gibt es außerdem aufwendig bemalte Altarbaldachine (Torpo, ca. 1260–90) und einige Retabelfragmente. In Dänemark und Schweden unterlag die T. des 14. Jh. stärker frz. Einfluß (Antependium aus Løgum, um 1325, Kopenhagen). Aus der Zeit um 1400 ist in Skandinavien nur sehr wenig T. erhalten; im Laufe des 15. Jh. spielten dann Importaltäre, bes. aus Norddtl. (Lübeck) und Flandern, die wichtigste Rolle, die einheim. Produktion war an diesen orientiert.

Die poln. T. zeigt im 15. Jh. ebenfalls starke Verbindungen mit der dt. Kunst, über die auch ndl. Elemente vermittelt wurden (z.B. Breslauer Barbara-Altar von 1447, Warschau). Eines der wichtigsten Zentren für T. war Krakau (Meister der Dominikaner-Passion, um 1460), daneben gab es auch bedeutende Schulen in Schlesien und Großpolen. Bezüge zur Krakauer Malerei lassen sich auch bei einigen ung. Werken erkennen, von denen jedoch nur sehr wenig erhalten blieb; der bedeutendste Künstler in Ungarn um 1500 war Meister M. S. (Altartafeln in Esztergom, Budapest), der teilw. auf Dürer zurückgriff.

S. Kemperdick

Lit.: J. v. SCHLOSSER, Beitr. zur Kunstgesch. aus den Schriftq. des frühen MA, SAW 123, 1891 – A. LINDBLOM, La peinture gothique en Suède et en Norvège, 1916 – A. STANGE, Dt. roman. T., MüJb NF 7, 1930, 125–181 – O. PÄCHT, Gestaltungsprinzipien der westl. Malerei des 15. Jh., Kunstwiss. Forsch. 2, 1933, 75–100 – A. STANGE, Dt. Malerei der Gotik, 11 Bde, 1934–61 – G. RING, A Century of French Painting. 1400–1500, 1949 – E. PANOFSKY, Early Netherlandish Painting, 1953 [Lit.] – M. RICKERT, Painting in Britain. The MA (Pelican History of Art), 1954 – P. PIEPER, Westfäl. Malerei des 14. Jh., Westfalen 42, 1964, 7–224 – M. J. FRIEDLÄNDER, Early Netherlandish Painting, 14 Bde, 1967–76 – A. STANGE, Krit. Verz. der dt. Tafelbilder vor Dürer, 3 Bde, 1967–78 – G. SCHMIDT, Malerei bis 1450 (Gotik in Böhmen, hg. K. M. SWOBODA, 1969), 167–321 – Vor Stefan Lochner, Ausst.kat. Köln 1974 – L. CAMPBELL, The Art Market in the Southern Netherlands in the 15th Cent., Burlington Magazine 118, 1976, 188–198 – A. CHÂTELET, Les primitifs hollandais, 1980 – R. NEU-KOCK, Das Walburgis-Antependium, Westfalen 59, 1981, 113–125 – A. WICHSTRØM, Maleriet i høymiddelalderen, Norges kunsthistorie, 2, 1981, 252–314 – D. L. EHRESMANN, Some Observations on the Role of Liturgy in the Early Winged Altarpiece, Art Bull. 64, 1982, 359–369 – C. STERLING, La peinture médiév. à Paris 1300–1500, 1987 – L. CAMPBELL, Renaissance Portraits, 1990 – H. BELTING, Bild und Kult, 1990 – Polyptyques, Ausst.kat. Paris, 1990 – J. DUNKERTON–S. FOISTER u.a., Giotto to Dürer, 1991 – R. PREIMESBERGER, Zu Jan van Eycks Diptychon der Slg. Thyssen-Bornemisza, ZK 54, 1991, 459–489 – R. SUCKALE, Die Glatzer Madonnentafel des Prager Ebf.s Ernst v. Pardubitz als gemalter Marienhymnus, WJKu 47, 1993/94, 737–756 – H. BELTING–C. KRUSE, Die Erfindung des Gemäldes, 1994 [Lit.] – A. LABUDA, Malarstwo Gotyckie w Wielkopolsce, 1994.

C. Faßmalerei, Fassung

Abgeleitet ist Faßmalerei, Fassung (F., Fg.) vom mhd. *vazzen* ʼ(sich) bekleiden'. Seit dem MA Bezeichnung für das Bemalen und Vergolden von Skulpturen, Altären, Architekturteilen, Einrichtungsgegenständen und Spielzeug aus diversen Materialien, z.B. Holz, Stein, Elfenbein, Alabaster (heute auch: polychrome – farbige oder monochrome – einfarbige Oberflächenbehandlung). Für Bildwerke des MA waren farbige Fg. – oder Teilfassung – und Vergoldung auf unterschiedl. dicken Grundierungsschichten üblich (im N meist Kreide, leimgebunden, selten bleiweißhaltig und ölgebunden, im S häufig Gipsbeimengungen). Fg. des 10. und 11. Jh. ist nur wenig belegt (neben ganz oder teilweise silber-/goldblechbeschlagenen Objekten, z.B. Hl. Fides, Essener Madonna, Kreuz des Gero-Kruzifixus, Imadmadonna, auch ganzfarbig gefaßte s. Köln, Kapitolstüren); sie scheint den Merkmalen der besser belegten des 12. Jh. zu entsprechen: bei unkompliziertem Aufbau zeigen die homogenen, oft stark farbigen

Oberflächen einheitl. Glanz. Maler. Details werden, auch abweichend von der plast. Vorgabe, in zeichner. Weise aufgetragen; die Nähe zur zeitgleichen →Buchmalerei ist offensichtl. Im 13. Jh. entwickeln sich, neben den häufigen Poliervergoldungen, die für das 14. Jh. typ. aufwendigen Materialdarstellungen: Goldschmiede-/Lederarbeiten, steinbesetzte Borten, Felle, Stoffe u.a.m. Die Wirkung entsteht durch Bearbeitung der Grundiermasse mittels Punzieren, Stempeln, Auftragen, Einlegen von Gläsern u.a. Materialien; in Modeln vorgeprägte Applikationen werden aufgebracht. Überzüge auch auf den vorherrschenden Goldflächen bestimmen den manchmal emailhaften Charakter, Preßbrokatapplikationen kommen gegen Mitte des 15. Jh. auf. Ab Ende 14. Jh. wird die plast. Wirkung oftmals durch unterschiedl. Oberflächenglanz (z.B. Glanzgold gegen mattes Azurit) erhöht, gegen Ende des 15. Jh. begegnet zusätzl. eine weitgehend monochrome Oberflächenbehandlung von Holzbildwerken; oft werden nur Augen, Münder, Blutstropfen u.ä. farbig angegeben, unterschiedl. dicht aufgetragene Überzüge prägen die plast. Wirkung (→Riemenschneider). Zahlreiche vielfigurige Altäre (→Antwerpen) erhalten auf Grundierung eine zum größten Teil polierte Polimentvergoldung, Inkarnate und sparsam verwendete Farben und Muster setzen Akzente. Die F. ist am besten belegt für Holzbildwerke.   Ch. Schulze-Senger

Lit.: J. Taubert, Farbige Skulpturen, 1978 – P. Tångeberg, Ma. Holzskulpturen und Altarschreine in Schweden, 1986 (Kungl. Vitterhets Historie och Antikvitets Akademien Stockholm, 1989), 57–126, 206–288 – Ch. Schulze-Senger, E. Jägers, W. Hansmann, Neue Erkenntnisse zu der Bildertür von St. Maria im Kapitol, 1991, Zs. für Kunsttechnologie und Konservierung 5, H. 2, 212–217.

Tafeln, astronomische und mathematische

I. Astronomische Tafeln – II. Mathematische Tafeln.

I. Astronomische Tafeln: Astronom. T. sind Zahlentabellen zur Lösung astronom. Probleme. Obwohl unterschiedl. je nach ihrem Verwendungszweck gestaltet, lassen sie sich in zwei Gruppen einteilen, von denen die eine die Bewegungen, die in der Ebene der Ekliptik ablaufen (Planetentafeln, Almanache), die andere die Bewegungen um die Weltachse zum Gegenstand hat.

[1] Die *Planetentafeln* sind Hilfsmittel bei der Bestimmung der Positionen der Planeten, geben diese Positionen jedoch nicht unmittelbar an; das ist vielmehr die Aufgabe der Almanache. Das lat. MA verfügte zuerst, seit dem 12. Jh., über arab. T., die, zwar in Lat. übersetzt, aber weiterhin nach dem arab. Kalender ausgerichtet waren. Es sind dies die nach ihren Autoren benannten T. von →al-Ḫwārizmī und von →al-Battānī, ferner die Toledanischen T., die →Ibrāhīm b. Yaḥyā az-Zarqālī für den Meridian dieser Stadt errechnete, hinzu kommen Anpassungen einiger der vorgen. T. an den chr. Kalender und an einen bestimmten Meridian des lat. Abendlandes (T. von Pisa, Marseille, London, Mecheln, Paris, Cremona, Toulouse usw.). Schließl. kamen die von lat. Astronomen erstellten universalen T. auf, die sog. »Alfonsin. T.«, die Kg. →Alfons X. v. Kastilien zugeschrieben werden, in Wirklichkeit aber um 1320 von →Johannes de Muris oder →Johannes de Lineriis in Paris für den Meridian von Toledo erstellt wurden. Die Alfonsin. T. verdrängten bald alle anderen T. und setzten sich bis ins 16. Jh. überall durch.

Die Anordnung der Planetentafeln geht im Prinzip auf die 'Handlichen T.' des →Ptolemaeus zurück. Sie leitet sich aus der Theorie der →Planeten im →Almagest her, nach der die scheinbar unregelmäßigen und damit schwer vorausbestimmbaren Planetenbewegungen in regelmäßige Bewegungen mit berechenbaren Korrekturen zerlegt

werden können. Die Planetentafeln umfassen also Tabellen der mittleren Bewegungen und T. der Korrekturwerte (equationes), welche die Werte enthalten, die man den mittleren Positionen hinzufügen muß, um die wahren Positionen zu erhalten. Letztere beruhen auf trigonometr. Berechnungen, denen die Exzentrizitäten der Planetenbahnen und die Länge der Radien ihrer Epizykel zugrunde liegen und sind sowohl vom Kalender als auch vom Bezugsmeridian unabhängig, weshalb sie auch keinerlei Änderungen erfahren, solange diese Parameter sich nicht ändern. Tatsächl. blieben sie bis ins 14. Jh. unverändert, so daß die meisten der chr. Adaptionen der Toledan. T. auf ihre Wiedergabe verzichten konnten. Dennoch verwenden die Alfonsin. T. – trotz Beibehaltung der gleichen Parameter – einige leicht abweichende Äquationen (bei Sonne, Mond, Venus und Jupiter).

Die T. der mittleren Werte enthalten die Aufstellung der regelmäßigen Schwankungen dieser mittleren Werte für einen gegebenen Meridian. Sie können entweder in sider. oder in trop. Koordinaten angegeben werden. In sider. Koordinaten gehalten sind die T. von al-Ḫwārizmī und die Toledan. T. sowie die zahlreichen davon abgeleiteten T. nach chr. Kalender. In trop. Koordinaten gehalten und damit an die ptolemäische Tradition anknüpfend sind die T. von al-Battānī und die Alfonsin. T. sowie deren Bearbeitungen im 15. Jh. (z.B. »tabule resolute«). Zur Vervollständigung der Bestimmung der Planetenpositionen mußten die Planetentafeln auch Angaben zur Bestimmung der Breiten enthalten, die sich auch tatsächl. in den ins Lat. übersetzten arab. T. finden, doch fehlen sie in den meisten chr. T., die aus den Toledan. und Alfonsin. T. hervorgegangen sind.

Da die T. per definitionem reine Zahlentabellen sind, gehört dazu üblicherweise eine Gebrauchsanweisung, die sog. »Canones«. Am weitesten verbreitet waren die Canones der Toledan. T., von denen es zwei Versionen gibt (»Scito quod annus lunaris...« und »Quoniam cuiusque actionis quantitatem...«), und die der Alfonsin. T., die →Johannes de Saxonia 1327 verfaßte. Mehrere der aus den Toledan. T. hervorgegangenen chr. T. haben keine eigenen Canones, wahrscheinl. weil sich die Canones der Toledan. T. mühelos auf sie übertragen ließen.

Die T. zur Bestimmung der →Konjunktionen von Sonne und Mond sind normalerweise Bestandteil der Planetentafeln, doch wurden für diejenigen Konjunktionen, bei denen einer der beiden Himmelskörper verfinstert wird (→Finsternisse), eigene Berechnungen angestellt. Diese T. und Canones für Mond- und Sonnenfinsternisse (Finsternistafeln) wurden zuweilen den Planetentafeln angehängt (T. von al-Battānī, Toledan. T.), kamen jedoch häufiger gesondert vor, bes. am Ende des MA, zur Zeit der unangefochtenen Herrschaft der Alfonsin. T.

[2] *Almanache* enthalten die Auswertung der Planetentafeln für einen bestimmten Zeitraum. Sie geben die wahren Positionen der Planeten in verschiedenen Zeitabständen (z.B. tägl., alle 5 oder 10 Tage) an, die man anhand der Planetentafeln errechnen kann. Die Unregelmäßigkeit der Planetenbewegungen (nur die mittleren Werte variieren regelmäßig) macht die Erstellung von Almanachen mit immerwährender Gültigkeit unmöglich. Immerhin hat zu Beginn des 14. Jh. →Prophatius Judeus einen auf der Grundlage der Toledan. T. berechneten Almanach für einen längeren Zeitraum erstellt, unterschiedl. je nach Planet (von 8 bis 83 Jahren); darüber hinaus schlug er Korrekturen vor, um seine Gültigkeit über die vorgesehene Dauer zu verlängern. Im 15. Jh.

finden sich weitere nach den Alfonsin. T. errechnete Almanache, die aber alle einen recht kurzen Zeitraum umspannen (meistens nur 1 Jahr).

Die Entwicklung der Astrologie am Ende des 15. Jh. sowie die Verbreitung von Drucken führten zu einer Veränderung des Charakters der Almanache, die von da an auf astrolog. und meteorolog. Voraussagen orientiert sind, wobei die Angaben der tägl. Positionen der Planeten zugunsten derjenigen von Sonne und Mond allein zurücktreten. Wie ein spezieller Teil der Planetentafeln allein der Ermittlung von Finsternissen dient, so können die Listen der wahren Planetenpositionen sich auf die Aufzählung vorausberechneter Finsternisse beschränken; Drucke sorgten für die Bekanntheit derartiger Listen von →Regiomontanus.

[3] Die nicht auf die Planeten bezügl. astronom. T. gehören in den Zusammenhang der tägl. Umdrehung des Himmelsgewölbes. Zu ihnen zählen einerseits die *Fixsterntafeln*, also Gesamtverzeichnisse der von Ptolemaeus im Almagest aufgeführten 1028 →Fixsterne, deren Ekliptikkoordinaten für ein bestimmtes Datum angegeben werden, oder kürzere Verzeichnisse der wichtigsten Fixsterne, die gewöhnl. Traktaten über die Konstruktion des →Astrolabiums beigegeben werden mit Ekliptik- oder Äquatorialkoordinaten (→Sterne, Sternbilder). Ebenso gehören hierzu die *Tafeln zur sphärischen Astronomie*. Das sind T. der geraden oder schiefen Aufgänge (ascensions) für verschiedene Breiten; sie verzeichnen die Werte für die Projektion von Ekliptikbögen auf den Äquator oder auf verschiedene Horizonte. Da diese Aszensionstafeln das Ergebnis trigonometr. Berechnungen sind, sind sie unverändert aus den arab. T. in die lat. Übers.en übernommen worden.

Abgesehen von einigen bemerkenswerten Ausnahmen (wie die T. von Johannes de Lineriis von 1322 oder diejenigen von Giovanni →Bianchini), enthalten eigtl. nur die arab. T. und deren lat. Übers.en die vollständige oder doch nahezu vollständige Palette der astronom. T. Die lat. T., bes. die Alfonsinischen, umfassen nur ein sehr begrenztes Programm. Doch einige unter ihnen bezeugen auch echte Kreativität, bes. bezügl. der Planeten, indem sie die herkömml. Darstellungsweise im Sinne einer knapperen oder leichter umzusetzenden Darstellung erneuern, z.B. die »Tabule magne« von Johannes de Lineriis (verschieden von seinen T. von 1322), die T. von Bianchini, die einen Ersatz für die Äquationstafeln bieten, die »Tabule principales« von Johannes de Muris, die zur Positionsbestimmung der Planeten von T. ihrer mittleren Konjunktionen mit der Sonne ausgehen, und die »Tabule resolute«, die die Alfonsin. T. einzig im chr. Kalender wiedergeben und zwar für einen anderen Meridian als den von Toledo.

Bisweilen werden auch T. fälschl. als astronom. T. bezeichnet, die wenig mit Astronomie zu tun haben, z.B. astrolog. T., die das Wirken oder die Eigenschaften aufführen, die den Planeten in bestimmten Konstellationen zugeschrieben werden (→Astrologie), Berechnungstafeln zur Bestimmung der veränderl. Elemente des Kalenders (→Komputistik) und sexagesimale Multiplikationstafeln, die die Interpolation bei der Benutzung von Planetentafeln erleichtern.   E. Poulle

Lit.: T. v. al-Ḫwārizmī: Die astronom. T. des Muḥammed ibn Mūsā al-Khwārizmī in ... der lat. Übers. des Athelhard v. Bath, hg. A. Bjørnbo, R. Besthorn, H. Suter, 1914 (Mém. de l'Acad. royale des sciences et des lettres de Danemark, 7ᶜ s., lettres, III, nr. 1) – O. Neugebauer, The Astronomical Tables of al-Khwārizmī, Transl. with Comm. of the Lat. Version ed. H. Suter, suppl. by Corpus Christi College MS 283, 1962 – *T. v. al-Battānī:* Al-Battānī ... Opus astronomicum, ed. C. A. Nallino, 3 Bde, 1899–1907 [Neudr. 1977] – *T. v. Toledo:* Ed. fehlt – G. J. Toomer, A Survey of the Toledan Tables, Osiris 15, 1968, 5–174 – F. S. Pedersen, Canones Azarchelis, Cah. de l'Inst. du MA grec et lat. 54, 1987, 129–218 [zweite Canones] – R. Mercier, Astronomical Tables in the Twelfth Cent. (Adelard of Bath, ed. Ch. Burnett, 1987), 87–118 – *T. v. Toulouse:* E. Poulle, Un témoin de l'astronomie lat. du XIIIᶜ s., les tables de Toulouse (Mél. G. Beaujouan, 1994), 55–81 – *Alfonsin. T.:* Les tables alphonsines avec les canons de Jean de Saxe, ed. E. Poulle, 1984 [vgl. auch Ders., Les tables alphonsines et Alphonse X de Castille, Acad. des inscriptions et belleslettres, Comptes rendus des séances, 1987, 82–102] – *Zum einzigen bis heute publizierten Almanach:* J. Boffito–C. Melzi D'Eril, Almanach Dantis Aligherii sive Profhacii Judaei..., 1908 – *Zu den Fixsternt.:* P. Kunitzsch, Typen von Sternverzeichnissen in astronom. Hss. des zehnten bis vierzehnten Jh., 1966 – Claudius Ptolemäus, Der Sternkatalog des Almagest, die arab.-ma. Tradition, hg. Ders., 3 Bde, 1986–91.

II. Mathematische Tafeln:

Es ist zw. T. für das elementare Rechnen und trigonometr. T. zu unterscheiden (→Mathematik). Beide Arten wurden auch für astronom. Aufgaben herangezogen.

[1] *Tafeln für das elementare Rechnen:* Recht verbreitet waren Multiplikationstabellen. T. für das kleine Einmaleins findet man in Boethius' »Arithmetik« und danach öfter; im 14. und 15. Jh. wurden sie – oft in Verbindung mit Algorismus-Traktaten – bis 20×20 oder 22×22 erweitert (z.B. Petrus de Dacia, Prosdocimo de Beldomandi). Der Multiplikation (und auch der Division) röm. Zahlen und Brüche diente der »Calculus« des →Victorius (um 450), eine Tabelle mit 98 Spalten, bei der die Zahlen von 2 bis 50 mit den röm. Brüchen sowie mit den Einern, Zehnern und Hundertern multipliziert werden (→Osterfestberechnung). Der »Calculus« wurde von Abbo v. Fleury (um 1000) kommentiert und von Abazisten (z.B. →Bernelinus) benutzt. Zur Erleichterung der Multiplikation im Sexagesimalsystem, die für astronom. Rechnungen erforderlich war, gab es – meistens als Teile astronom. T.werke – Multplikationst. von 1×1 bis 59×59.

Dem Erlernen der Eigenheiten des Stellenwertsystem dienten Zahlent., die den Wert der Ziffern im Dezimalsystem und die Namen der Zehnerpotenzen darstellten. Verbreitet waren auch Konkordanzen, die den Zahlenwert der griech. und röm. Buchstaben und ihr Äquivalent in röm. und arab. Ziffern angaben.

[2] *Trigonometrische Tafeln:* Um die in der →Astronomie erforderl. Berechnungen von Kugeldreiecken durchführen zu können, entwickelten die Griechen die Sehnenrechnung. Die älteste erhaltene Sehnent. findet man bei →Ptolemaeus (Almagest I, 11); sie gibt für ganze und halbe Grade die zugehörigen Sehnen an. Ptolemaios beschreibt auch die math. Grundlagen für die Berechnung dieser T. Durch die Übers. des →»Almagest« war die Sehnent. auch den Arabern und seit dem 12. Jh. im Westen bekannt.

Die Inder vereinfachten die Rechnung, indem sie die zu einem Winkel gehörige Sehne durch den Sinus ersetzten, d.h. durch die Halbsehne des doppelten Bogens. Sie besaßen schon im 5. Jh. Tabellen für den Sinus und den Sinus versus (Differenz zw. Radius und Kosinus). Ihre →Trigonometrie wurde v.a. durch →al-Ḫwārizmī den Arabern bekannt; sein Werk enthält in der Überarbeitung durch →al-Maǧrīṭī (um 1107; 1126 von →Adelard v. Bath ins Lat. übersetzt) ebenfalls eine Sinustafel.

Eine neue Methode zur Berechnung von Tabellen geht auf →Abū l-Wafā (gest. 997/998) zurück, der auch eine Sinustabelle mit Schrittweite 15' aufstellte. Die bes. genauen Sinus- und Tangenst. des →al-Bīrūnī (11. Jh.) blieben allerdings im Westen unbekannt. Großen Einfluß erlangten dagegen die für die Radien 150 und 60 erstellten Sinustabellen, die in den »Toledan. T.« vorhanden sind, und die dazugehörigen »Canones«, die erklären, wie man die Sinuswerte berechnet; von ihnen hängen u. a. die Sinust. in den sehr verbreiteten »Canones tabularum primi mobilis« des →Johannes de Lineriis (1322) ab. Weniger häufig als die Sinust. kommen bei den Arabern und im Westen Tangens- bzw. Kotangenst. vor; sie wurden wegen ihrer Beziehung zur Länge des Sonnenschattens als »tabula umbrae versae« bzw. »rectae« bezeichnet.

Um größere Genauigkeit zu erzielen, wurden im 15. Jh. die trigonometr. Zahlenwerte neu berechnet. Ausgehend von den Methoden in den Toledan. T. und bei Ptolemaios, erstellte →Johannes v. Gmunden im »Tractatus de sinibus, chordis et arcubus« (1437) neue Sinustabellen mit einer Schrittweite von 10'; sie wurden von Georg v. →Peuerbach im »Tractatus super propositionis Ptolemaei de Sinubus et Chordis« (gedruckt 1541) weitgehend übernommen. In Weiterführung von Peuerbachs Arbeiten berechnete Johannes →Regiomontanus um 1461–68 Sinust., die von Minute zu Minute fortschreiten. Sie beziehen sich auf den Radius 6000000 bzw. 10000000 (gedruckt erst 1541); eine weitere mit dem Radius 60000 (1400 gedruckt) ist aus der ersten durch Verkürzung entstanden. Von Regiomontanus stammt auch eine Tangenst. zum Radius 100000 mit der Schrittweite 1°. Dadurch, daß Regiomontanus den Radius nicht, wie bis dahin üblich, sexagesimal, sondern dezimal einteilte, wurde er zu einem Wegbereiter der positionell geschriebenen Dezimalbrüche. Die großen Sinust. des Regiomontanus bildeten noch bis Anfang des 17. Jh. die Grundlage für trigonometr. T.werke.   M. Folkerts

Lit.: A. v. BRAUNMÜHL, Vorlesungen über Gesch. der Trigonometrie, 2 Tle, 1900–03 – M. CURTZE, Urkk. zur Gesch. der Trigonometrie im christl. MA, Bibl. math., 3. F., 1, 1900, 321–416 – J. D. BOND, The Development of Trigonometric Methods down to the Close of the XVth Century, Isis 4, 1921/22, 295–323 – E. ZINNER, Leben und Wirken des Joh. Müller v. Königsberg gen. Regiomontanus, 1968[2] – H. L. L. BUSARD, Der Traktat De sinibus, chordis et arcubus von Joh. v. Gmunden, DÖAW 116, 3. Abh., 1971, 73–113 – D. A. KING, On Medieval Islamic Multiplication Tables, HM 1, 1974, 317–323; 6, 1979, 405–417 – M. FOLKERTS, Regiomontanus als Mathematiker, Centaurus 21, 1977, 214–245 – E. GLOWALZKI-H. GÖLLSCHE, Die T. des Regiomontanus, ein Jahrhundertwerk, 1990.

Tafelrunde, in der Artustradition (→Artus) die Gemeinschaft der vortrefflichsten Ritter. →Wace berichtet in 'Roman de Brut' (1155), Artus habe den runden Tisch eingeführt, damit es nicht zu Streitigkeiten um die besten Plätze kam. Der Kg. selbst saß nicht in der T.; die Zahl ihrer Mitglieder war nicht limitiert (frz. Texte des 13. Jh. sprechen von 150, 240 oder 366, →Laȝamons 'Brut' von 1600 Rittern). Wace (der den Hinweis auf die T. zu seiner Q. →Geoffrey v. Monmouth ergänzt hat) beruft sich auf das Zeugnis kelt. Spielleute; allerdings sind frühere Erwähnungen der T. nicht nachweisbar. B. SCHMOLKE-HASSELMANN hat versucht, die Erfindung der T. aus der polit. Situation in England um 1155 zu erklären (Hegemonieansprüche Kg. →Heinrichs II. gegenüber dem Hochadel).

Sekundär ist die christl. Deutung der T.: Der 'Merlin en prose' des Robert de Baron (→Graalsdichtung) aus dem Anfang des 13. Jh. berichtet, Joseph v. Arimathia habe nach dem Vorbild der Abendmahlsrunde die Gralstafel für 12 Ritter begründet (ein 13. Sitz mußte wegen Judas' Verrat leerbleiben), und analog dazu habe Merlin für Artus' Vater Utherpendragon eine Tafel für 50 Ritter, ebenfalls mit einem leeren Sitz, geschaffen. Im frz. →Lancelot-Graal-Zyklus gehören 12 Ritter zur T., den 13. Sitz

kann nur der Gottesstreiter Galahad einnehmen (so in der 'Queste del Saint Graal'). Auch in bildl. Darstellungen ist die T. nach dem Vorbild des letzten Abendmahls gestaltet. Neben den 12 Auserwählten (zu denen hier auch Artus selbst gehört) kennen die frz. Prosaromane die größere Gruppe der 'Ritter von der T.', die eine Art Orden (mit gleicher Kleidung und eigenem Wappen) bilden.

Von 1223 bis ins 15. Jh. fanden in vielen Teilen Europas »tables rondes« gen. Turniere statt, wobei die Teilnehmer die Identität arthur. Helden annahmen. Der sog. »Tisch der T.« in Winchester (13. Jh., Bemalung Anfang 16. Jh.) galt jahrhundertelang als authentisch; die 24 Plätze sind namentl. bezeichnet, Artus' Platz ist durch eine bildl. Darstellung des thronenden Kg.s hervorgehoben.

    A. Gier

Lit.: H. EBERLEIN-WESTHUES, Kg. Arthurs »Table Ronde«. Studien zur Gesch. eines lit. Herrschaftszeichens (Der altfrz. Prosaroman, hg. E. RUHE, 1979), 184–263 – B. SCHMOLKE-HASSELMANN, The Round Table: Ideal, Fiction, Reality, Arthurian Lit., II, 1982, 411–475.

Tafur, Pero, * Anfang des 15. Jh., wahrscheinl. in Sevilla, † zw. 1480 und 1485 in Córdoba, wo er zuletzt 1479 als Schöffe (*veinticuatro*) erwähnt wird, verfaßte 1454 den Bericht über eine Reise (»Andanças e viajes de P. T. por diversas partes del mundo avidos«), die er von Nov. 1436 bis April 1439 unternommen hatte (Reiseroute: Sevilla, Genua, Pisa, Venedig, Rom, Venedig, Jaffa, Jerusalem, Beirut, Kairo [Abstecher zum Katharinenkl. auf dem Sinai], Konstantinopel [Abstecher auf die Krim], Venedig, Ferrara, Basel, Köln [Abstecher nach Flandern und in die Picardie], Konstanz, Breslau, Wien, Budapest, Venedig, Spanien). Die im ganzen wahrheitsgetreue Schilderung, deren hist. Wert größer ist als der lit., wird immer wieder unterbrochen von umfangreichen Exkursen über gesch. Begebenheiten und Legenden.   W. Mettmann

Ed.: J. JIMÉNEZ DE LA ESPADA, 1874 – J. M. RAMOS, 1934 – *Lit.:* J. VIVES, Andanças e viajes de un hidalgo español, AST 19, 1946, 123–215.

Tag und Stunde. Eigtl. Träger des Datums sind der Licht- (Sonnen-) oder der Geschäftstag, die im allg. zusammenfallen; ihre natürl. Begrenzung wird durch den Sonnenaufgang und -untergang bestimmt. Die Römer haben wie die →Woche auch die Namen der T.e aus dem Orient übernommen, einerseits über die Juden, andererseits über Ägypten. Aus Ägypten stammt die Einteilung der T.e nach den sieben Planeten, daraus ergibt sich nach Cassius Dio folgende Reihenfolge: Saturn, Sonne, Mond, Mars, Mercur, Jupiter, Venus. Gegen Ende des 2. Jh. war die planetar. Woche vollständig im Röm. Reich im Alltag eingebürgert, obwohl sie immer noch offiziell ignoriert wurde. Die Bezeichnungen der Wochentage nach den Planeten finden sich auf christl. Inschriften aus dieser Zeit häufiger als auf heidn. Lange Zeit erregten die nach röm. Göttern benannten Wochentage bei den Christen keinen Anstoß und waren, als die Kirche gegen alles Heidn. vorging, bereits fest verwurzelt. – Die Germanen übernahmen von den Römern die T.esnamen, ersetzten jedoch diejenigen durch die Namen ihrer Götter, die sie mit den röm. identifizierten. Da die Übernahme zeitl. unterschiedl. im 4. und 5. Jh. erfolgte, wurden die T.e regional unterschiedl. benannt: 1. Sonntag, *Sunnendag, Sonnetag*; 2. *Manintac, Mondtag*, Montag – *Erictac, Erchtag* (bayer.); 3. *Ziestag* (schwäb.), *diestag* (mitteldt.), *Tiestag* (ndt.), *Dingstag*, woraus aufgrund eines Mißverständnisses Dienstag wurde; 4. *Godentstag, Gundenstag, Gaunstag, Gunstag, Woensdach* (fries., ndl.), *Woensdag, Goensdag, Wernsdei*; 5. *Donares Tac, Donrestag, Donderdag* (ndl.); 6. *Frije Tac, Fritac, Vritag*, Freitag; 7. *Saterstag, Saiterstag* (westfäl.), *Zaterdag* (ndl.), *Saterdei* (altfries.). Die skand. und engl.

T.e entsprechen den dt. Die Kirche versuchte, die heidn. T.esnamen durch andere zu verdrängen. Dies gelang ihr nur beim ersten T. der Woche, am Sonntag, den man als T. des Herrn bezeichnete (dies dominica); dem folgten nicht die germ., wohl aber alle roman. Völker: *Dimanche, Domenica, Domingo.* Der Versuch, den jüd. Namen →Sabbat durchzusetzen, glückte: *samedi, sabato, sabado – sambastac* (ahd.), *samstac* (mhd.); daneben erscheint auch die Bezeichnung Sonnabend, abgeleitet von der kirchl. Vigil, die dem Sonntag vorangeht. Ähnl. ist die Benennung *Aftermontag* für Dienstag, die sich letztl. nicht durchsetzen konnte. Die Kirche versuchte, auch die Namen für Dienstag bis Freitag zu ersetzen, indem sie möglicherweise unter Papst Silvester I. die jüd. Zählung einführte, den sog. ecclesiasticus (→Isidor v. Sevilla); die T.e wurden feria secunda, f. tertia, f. quarta, f. quinta, f. sexta genannt; in Ergänzung dazu wurde der Sonntag f. prima, der Samstag f. septima, f. Sabbati benannt. F. (auch: dies feriatus, ferialis) bezeichnete den Werktag, obwohl 'dies' im Lat. 'Festtag' bedeutet. Die Geistlichkeit hielt sich im MA sehr streng an diese Wochentagsbezeichnungen; in Portugal wurden sie auch für den Alltag üblich. Was letztl. zu der T.esbezeichnung Mittwoch führte, ist unklar. Schwierigkeiten macht auch die Bezeichnung *Phinstag, Pfingstag* (bayer., österr.) für Donnerstag. Im Abendland gab es außerdem zahlreiche andere T.esbezeichnungen, die zeitl. und regional unterschiedl. gebraucht wurden.

Stunde: Die Einteilung des T.es und die Messung der Teile des T.es waren während des MA bis zur Einführung der Schlaguhren (→Uhr) im 14. Jh. nur primitiv. Der T. wurde nach dem Schattenmaß und dessen ungleich langen Stunden (horae inaequales) geteilt. Diese einfache Stundenteilung findet sich in vielen Kalendarien (→Beda Venerabilis). Die ungleich langen Stunden gehen auf die röm. T.eseinteilung mane, hora tercia, sexta, nona, vespera, gallicinium ('Hahnenschrei') zurück; sie wurden bereits im FrühMA als horae canonicae (→Stundengebet, →T.eseinteilung im Kl.) übernommen. Bei dem völligen Mangel an Zeitbestimmungsmöglichkeiten regelte das kirchl. Glockengeläute den bürgerl. Alltag, so zeigten das Morgen- und Abendläuten (»Ave Maria-Läuten«) Beginn und Ende der Arbeitszeit an. Die Städte nutzten die Glockenzeichen, um die Tore zu schließen, das Ende des Markts anzuzeigen oder andere öffentl. Zeiten zu regeln. Da die ungleich langen Stunden für das aufkommende Gewerbe und den Handel sehr unbequem waren, wurden von Italien ausgehend seit Mitte des 14. Jh. in den Städten Schlaguhren aufgestellt. – Die gleichlangen Stunden (horae aequinoctiales), die bei den Astronomen des Altertums (Ptolemaios) bekannt waren, lassen sich im MA nur in astronom. und kalendar. Werken nachweisen.

P.-J. Schuler

Lit.: GINZEL III, 97ff. – G. BILFINGER, Der bürgerl. T., 1888 – F. RÜHL, Chronologie des MA und der NZ, 1897, 49ff. – P. RÜCK, Zur Verbreitung der Festdatierung im 13. Jh., ADipl 38, 1992, 146–191 [Lit.].

Tagebuch

I. Italien – II. Iberische Halbinsel, Frankreich – III. Deutschland – IV. Byzanz.

I. ITALIEN: T., mittellat. Diarium, lit.-historiograph. Genus, das sich seit dem SpätMA entwickelt hat; es besteht aus einer Reihe von täglich oder zumindest mit einer gewissen Regelmäßigkeit aufgezeichneten Notizen, ist gekennzeichnet durch Spontaneität und subjektive Darstellung und läßt keinen festgelegten Plan des Gesamtwerks erkennen. In eine erste Gruppe lassen sich Schriften mit rein historiograph. Charakter zusammenfassen: zu

diesen gehören das »Diario di Anonimo Fiorentino« (Documenti di Storia it. Ser. I, 6, 1876; S. 293, 481) für den Zeitraum von 1358 bis 1389, das vielleicht Boninsegna Machiavelli zugeschrieben werden kann, ferner drei kleinere Texte, ebenfalls in florent. Volkssprache, die den →Ciompi-Aufstand beschreiben: das »Diario Compagnano« (MURATORI², 18/3, 1917–34, 103–123), das die Ereignisse von 22. Juni bis zum 21. Dez. 1378 schildert; die »Cronaca terza d'Anonimo« (MURATORI², 18/3, 1917–34, 125–134) vom Juni 1378 bis März 1382, die »Cronaca dello Squittinatore« (MURATORI², 18/3, 1917–34, 67–102), die zu verschiedenen Zeitpunkten wahrscheinl. von ein und demselben Autor zw. 1378 und 1387 abgefaßt wurde. Das »Diario di anonimo fiorentino« bezeugt direkte Teilnahme des Autors an den beschriebenen Ereignissen und umfaßt die Jahre 1382 bis 1401. Ferner sind zu nennen: die »Diurnali del →Duca di Monteleone«, eine bedeutende Quelle für die Gesch. des Kgr.es →Neapel; das »Diario Ferrarese« (MURATORI², 24/7, Bd. 1, 1928–1933), verfaßt von einem anonymen Notar, vielleicht Francesco da Fiesso, im letzten Drittel des 15. Jh. in ferrares. Dialekt mit häufigen Einflüssen des kurialen Lateins, über die Gesch. →Ferraras vom Juni 1409 bis zum Juli 1502; die »Cronica gestorum in partibus Lombardie et reliquis Italie« (MURATORI², 22/3, 1904–10, 1–120), die in schlichtem Latein die Gesch. →Parmas vom Dez. 1476 bis zum Dez. 1482 beschreibt; das »Diarium Romanum« des Jacopo Gherardi v. Volterra (MURATORI², 23/3, 1904–11), des Sekretärs und Apostol. Nuntius der Päpste Sixtus IV. und Innozenz VIII., das in lat. Sprache die Ereignisse vom Sept. 1479 bis zum Aug. 1484 berichtet; eine deutlich antiklerikale und antikuriale Haltung spricht hingegen aus der als T. bezeichneten Chronik »Diario della città di Roma« des röm. Juristen Stefano Infessura (Fonti 5, 1890), die die Ereignisse der Jahre 1303 bis 1494 beschreibt. Zu dieser ersten Gruppe gehören außerdem die »Diarii« des Venezianers Girolamo Pricchi (MURATORI², 24/3, 1912–41, Bd. 1–2-4) vom Aug. 1494 bis 1512 und die berühmteren »Diarii« seines Landsmannes Marin →Sanudo d. Jg. (Venedig 1879–1902), die in 58 Bänden kleine und große Ereignisse der ven. Gesch. vom Jan. 1496 bis zum Sept. 1533 verzeichnen und die Erzählung mit Urkundenmaterial anreichern.

Eine zweite Gruppe bilden die T.er mit privatem und persönl. Charakter, die im Rahmen der Memorialliteratur entstanden sind und Ereignisse des tägl. Lebens und – in einer späteren Phase – moral. und philos. Reflexionen aufzeichnen. Das Genus entwickelt sich v. a. seit dem 15. Jh., nachdem der Humanismus den Begriff einer individuellen »Memoria« klarer definiert hatte. Unter den zahlreichen Beispielen seien genannt: »Il libro di ricordanze« der Familie →Corsini (1362–1457) und das T. des Florentiners Francesco Castellani (1418–94), in dem neben den Ereignissen des Familienlebens auch genau Käufe und Verkäufe von Gütern, Kredite, Ausgaben usw. verzeichnet wurden.

Interessant ist auch das private T. des Bartolomeo di Michele del Corazza, das die Jahre 1405–38 umfaßt und sorgfältig die in Florenz anläßlich öffentlicher Feiern oder des Besuchs weltl. oder geistl. Herren abgehaltenen Feste und Zeremonien verzeichnet (G. O. CORAZZINI, Diario fiorentino di Bartolomeo di M. del Corazza, ASI, ser. 5, XIV, 1894, 240–298).

Zu dem Genus der T.er kann man auch die Reiseberichte (→Reisen) zählen, die eine nach Tagen gegliederte Struktur aufweisen, wie die großteils verlorenen »Commentarii« des →Ciriaco d'Ancona (1391–1450) und v. a.

die Bordbücher, die aus der Notwendigkeit entstanden waren, die tägl. Geschehnisse auf See festzuhalten (s. Abschn. II).   L. Robertini

Lit.: DBI, s.v. Corsini, Castellani, Corazza – Il libro di ricordanze dei Corsini (1362–1457), ed. A. PETRUCCI, Fonti 100, 1965 – A. CICCHETTI–R. MORDENTI, I »Libri di famiglia«. Problemi di storiografia letteraria e metodologia della ricerca, 1983 – DIES., La scrittura dei libri di famiglia (Letteratura it., III: Le forme del testo 2 La prosa, 1984), 1117–1159 – Alle bocche della piazza. Diario di anonimo fiorentino (1382–1401), ed. A. MOLHO–F. SZNURA, StT 14, 1986 – G. CHERUBINI, I »libri di ricordanze« come fonte storica (Civiltà comunale: libro, scrittura, documento, 1989), 567–591 – Francesco di Matteo Castellani, Ricordanze I (1436–1459), ed. G. CIAPPELLI, 1992 – V. ROSSI, Il Quattrocento, ed. R. BESSI–M. MARTELLI, 1992² [Lit.].

II. IBERISCHE HALBINSEL, FRANKREICH: Das früheste Zeugnis im kastil. Schrifttum mit tagebuchartigen Zügen ist der Bericht des Ruy González de →Clavijo († 1412) über eine Gesandtschaftsreise nach Samarqand (1403–1406) im Auftrag des Kg.s v. Kastilien →Heinrich III. Der andalus. Ritter Pero →Tafur führt in »Andança e viajes por diversas partes del mundo avidos« (1435–1439) Buch über seine Beobachtungen und Erfahrungen auf Reisen in Italien, Deutschland und im östl. Mittelmeer. Den Charakter autobiograph. Erinnerungen tragen die persönl. Bekundungen der Leonor López de Córdoba (um 1412).

Im katal. Raum sind neben Aufzeichnungen (noticiari) aus dem Alltag von Joan Toralles aus Vic (an der Wende 14./15. Jh.) der »Dietari del capellà d'Alfons Magnànim«, ein wahrscheinlich von dem Valencianer Hofkaplan Melcior Miralles geschriebenes chronist. T. aus dem Umkreis von Kg. →Alfons V. v. Aragón sowie die Ratsprotokollbücher Manuel de Novells Ardits (»Dietari de l'Antich Consell Barceloní«, seit 1390) sowie der »Dietari de la Diputació« (ab 1412, zw. 1454–1474 von dem Schreiber Jacme Safont geführt) zu erwähnen.

Im Verlauf der Entdeckungsfahrten der Portugiesen und Spanier im 15. Jh. entstehen zahlreiche Schiffstagebücher mit Beschreibung der Reisewege, naut. Bestimmungen, naturkundlichen Beobachtungen, Aufzeichnungen über die Vorfälle an Bord und landeskundl. Nachrichten. Die Darstellung der Entdeckungen und Eroberungen in der ptg. und kast. Hofhistoriographie (etwa bei Gomes Eanes de Zurara [→Azurara], João de Barios oder Pedro Martic de Anglería) dürfte u. a. auf der Auswertung solcher Logbücher beruhen, da die Aufzeichnungen über die von der Krone zu genehmigenden Fahrten bei der Rückkehr an die kgl. Kanzlei abzuliefern waren. Der Venezianer Alvise →Ca'da Mosto stand seit 1454 im Dienst Prinz Heinrichs d. Seefahrers und beschreibt selbst seine »Navigazzioni« (gedr. 1507 in Vicenza). Bei der ersten Fahrt des Vasco da Gama nach Indien führt Alvaro Velho 1498 das Logbuch. Das berühmte Bordbuch des →Kolumbus über seine erste Fahrt zu den Westind. Inseln, Kuba und Haiti (3. Aug. 1492–15. März 1493) verzeichnet von Tag zu Tag den Kurs, zahlreiche Beobachtungen und Vorkommnisse. Der Text ist in zwei Fassungen überliefert: in der von seinem Sohn Fernando Colón verfaßten Biographie, die allerdings nur in der it. Übers. von Alfonso de Ulloa (Venedig 1571) vorliegt, sowie in der »Historia de las Indias« von Bartolomé de Las →Casas (erst 1825 veröff.). Beide beruhen wahrscheinl. auf einer Abschrift, die Kgn. Isabella an Kolumbus zurückgehen ließ. Die von Las Casas vermittelte Fassung ist insgesamt getreuer, wenngleich er die Vorlage kürzt und sprachlich verändert, den Bericht teilweise in die 3. Person umsetzt oder Interpolationen vornimmt. Möglicherweise hat Kolumbus sogar neben dem offiziellen ein geheimes Logbuch mit anderen Positionsbestimmungen und Geschwindigkeitsberechnungen geführt. In den frühen Entdeckungsberichten vermischt sich vielfach der Brief als Abhandlung mit Angaben Tag für Tag (z. B. bei Pero Vaz de Caminha, dem Schreiber von Pedro Alvares →Cabral, über die Inbesitznahme Brasiliens 1500) und der berichtenden Chronik.

In Frankreich ist das →Journal d'un bourgeois de Paris aus der Zeit des Hundertjährigen Krieges (1405–49) das früheste Dokument des aufkommenden neuen Genres T. Nicolas de Baye, Schreiber am Parlament von Paris, fügte den Protokollen persönl. Eintragungen (1400–1417) hinzu.   D. Briesemeister

Lit.: vgl. die Artikel zu einzelnen Autoren und Werken; →Autobiographie, →Biographie.

III. DEUTSCHLAND: T.er oder tagebuchähnl. Aufzeichnungen persönl. Erlebnisse, d.h. einigermaßen regelmäßige und kontinuierl. Notizen, gibt es mutmaßlich in allen Schriftkulturen; deren spätere Verwertung ist grundsätzl. bei vielen autobiograph. Texten (→Autobiographie) zu vermuten. Bestimmte Gruppen tendieren zu solchen Notizen, insbes.: Militärs (berühmtes Beispiel: die »Commentarii« Caesars), Reisende, Kaufleute sowie religiös gesinnte Personen. Aus dem deutschsprachigen MA sind davon allerdings nur Reflexe erhalten: in Reiseberichten von Pilgern (die auf irgendwelchen Notizen während der Reise beruhen müssen: vgl. etwa den Fall der verlorengegangenen Reiseaufzeichnungen des Tübinger Wundarztes und Weltreisenden Andreas Josua Ultzheimer, 1596–1609); in den Aufzeichnungen und Rechnungsbüchern von Kaufleuten (z.B. das 1360 begonnene »Puechel von meim geslecht und von abentewr« des Nürnbergers Ulman →Stromer; vgl. auch die lat. Reiseabrechnungen des Bf.s v. Passau, →Wolfger v. Erla, mit der einzigen hist. Nennung des 'cantor' Walther v. der Vogelweide [12. Nov. 1203]); sowie v.a. in den Textsammlungen mancher Mystikerinnen und Mystiker (z.B. von →Mechthild v. Magdeburg oder Heinrich →Seuse, deren offenbar kontinuierl. Einzelaufzeichnungen später durch eine Gesamtredaktion zusammengefaßt wurden). In verschiedene Sprachen übersetzt wurde das nicht in der Originalform erhaltene »Bordbuch« des Christoph →Kolumbus (1492); eine Fiktion des 19. Jh. sind die sog. 'Reise-Notate des Oswald v. Wolkenstein'. Tagebuchähnl. Texte des frühen 16. Jh. in dt. Sprache sind das Merkbuch von Albrecht →Dürer über seine Niederland-Reise (1520/21) oder 'Memoiren' in der Art des Götz v. Berlichingen.   U. Müller

IV. BYZANZ: Wenn man unter T. ein »Buch, Heft, für tägliche Eintragungen persönlicher Erlebnisse oder Gedanken« (Duden) versteht, so hat es eine solche Gattung in Byzanz nicht gegeben. Bei einer etwas weiteren Definition, nämlich chronolog. Aufzeichnungen persönl. oder öffentl. Ereignisse, bei denen (im Unterschied zu →Annalen) dem Verfasser ein Eigenanteil zukommt, sind auch aus Byzanz Beispiele anzuführen, die bisher nie systematisch gesammelt oder geordnet wurden und daher an dieser Stelle unvollständig bleiben müssen. Im öffentl. Bereich lassen sich in verschiedenen Geschichtswerken (z. B. →Theophylaktos Simokates, →Theophanes, Johannes →Skylitzes) Spuren von Kriegstagebüchern (aus der Feder von Offizieren) finden. Die Chronik des Georgios →Sphrantzes ist in vielen Teilen in der 1. Person abgefaßt. Publizist. Tagebuchcharakter haben die memoirenartigen Aufzeichnungen des Silbestros →Syropulos zum Konzil v. →Ferrara-Florenz. Im privaten Bereich ist auf gereihte Einzelnotizen über familiäre Ereignisse (Geburt, Ehe, Tod, kirchl. Weihen) hinzuweisen, die überwiegend un-

veröffentlicht blieben, wenn den handelnden Personen kein hist. Interesse zukam. Eine Ausnahme bilden die 89 (überwiegend ökonom.) Eintragungen zw. 1419 und 1438 in einer Pariser Hs. Auch verschiedenen Reiseberichten (z. B. →Thomas Magistros) liegen deutlich tagebuchartige Aufzeichnungen zugrunde.   P. Schreiner

Q.: S. Kugeas, Notizbuch eines Beamten..., BZ 23, 1914/19, 143–163 – P. Schreiner, Die byz. Kleinchroniken, 1, 1975, 643–645 – Ders., Eine Obituarnotiz.., JÖB 39, 1989, 206–216 – Ders., Texte zur spätbyz. Finanz- und Wirtschaftsgesch. 1991, 145f.

Tagelied

I. Allgemein – II. Deutsche Literatur – III. Romanische Literaturen – IV. Englische Literatur.

I. Allgemein: Im Zentrum des ma. T.es steht die Trennung eines (adligen) Liebespaares nach gemeinsam verbrachter Nacht. In seinen überlieferten Formen gehört es in den Kontext der →Troubadourlyrik (*alba*, ca. 18 Lieder) und des →Minnesangs (*tageliet*, ca. 120 Lieder); im nordfrz. Raum ist es kaum verbreitet (*aube*, ca. 5 Lieder). Die Entstehungsgeschichte der ma. Variante eines weltlit. Typs ist nicht präzise beschreibbar; in ihm verschmelzen Einflüsse klerikaler Kultur (Ovid, Vergil, Bibel, Hymnendichtung) mit volkstüml. Wurzeln (Alba v. Fleury, 10. Jh.). Im Gegensatz zur dominanten Minnekanzone fehlt dem T. das lyr. Ich; das T. reflektiert die erfüllte höf. Liebe, wobei die Leidthematik – inhaltl. anders gefüllt und gegenseitig – in der Trennung präsent bleibt. Die Reduzierung des T.es auf eine Ventilfunktion ist daher unangemessen. Erzählung und v. a. Dialog prägen diesen Liedtyp und geben ihm einen episch-dramat. Charakter. Das Personal besteht aus Wächter, Dame und Ritter; der Ort des Geschehens ist der Wohnbereich der Dame, der spannungsstiftende Zeitpunkt der Tagesanbruch und damit der unerbittl. Zwang zur Trennung, verbunden mit der existentiellen Gefahr des Entdecktwerdens. Das realitätsferne personale Dreiecksverhältnis ist ein unübersehbares Fiktionalitätssignal, schafft Raum zur lyr. Gestaltung und bietet in der Wächterrolle ein Medium der Vermittlung zw. Innen- und Außenperspektive, Liebespaar und höf. Publikum.

II. Deutsche Literatur: Aus der Kenntnis okzitan. Vorbilder und im Rückgriff auf Typen des »Donauländ. Minnesangs« wie Frauenklage, Wechsel und szen. Einzelstrophe entwickelt sich das dt. T. Als früher Vertreter gilt trotz gewisser Unsicherheiten →Dietmar v. Aist (MF 39, 18). Im klass. Minnesang ist das T. v. a. im Hintergrund, in der Form von Anspielungen präsent (u. a. →Friedrich v. Hausen [MF 48, 23], →Reinmar [MF 154, 32]). Virtuose Variationen des Grundmusters bieten →Heinrich v. Morungen mit seinem wächterlosen T.wechsel (MF 143, 22) und →Walther v. d. Vogelweide mit seiner Thematisierung des Liedtyps (L 88, 9). Erster Vertreter des voll entwickelten T.es ist →Wolfram v. Eschenbach: Gestalterisch und formal auf qualitativ höchstem Niveau steht das T. nur bei Wolfram im Mittelpunkt der lyr. Produktion (5:3). Er gestaltet bildmächtig den Tagesanbruch (MF I, MF II), nutzt die Möglichkeiten der Wächterrolle und konzentriert die Spannung aus Trennung und Begehren in einer letzten, unvergleichl. Vereinigung der Liebenden (MF I, 3, MF II, 5, MF V, 3, MF VII, 3). In einer kontrastreichen Spannung dazu steht sein kontrovers (Absage, Parodie) gedeutetes »Ehetagelied« (MF IV). Die Vorgaben Wolframs prägen die Entwicklung des T.es im 13. Jh. (vgl. u. a. →Otto v. Botenlauben, →Markgraf v. Hohenburg, →Ulrich v. Winterstetten), wobei insbes. die Rolle des Wächters zur Variation genutzt wird. →Ulrich v. Liechtenstein mißt ihn im »Frauendienst« erstmals an der

realen Gestalt und ersetzt ihn durch eine *maget* (KLD 58, XL). →Steinmar transponiert das T. ins dörperl. Milieu (SMS 26, 8). Der Liedtyp bleibt bis ins späte MA produktiv, dominiert aber nie das Œuvre eines Autors. Herausragende Vertreter im SpätMA sind Johannes →Hadlaub, der →Mönch v. Salzburg und →Oswald v. Wolkenstein.

Das geistl. T. ist ein eigenständiger Liedtyp, der erst im 14. und 15. Jh. nennenswerte Spuren hinterließ (u. a. →Hugo v. Montfort, →Mönch v. Salzburg, →Oswald v. Wolkenstein, Peter v. Arberg).   H.-J. Schiewer

Ed.: Des Minnesangs Frühling, bearb. H. Moser–H. Tervooren, 1988³⁸ – Dt. Liederdichter des 13. Jh., hg. C. v. Kraus, 1978² – Schweizer Minnesänger, hg. M. Schiendorfer, 1990 – *Anthologien:* Texte zur Gesch. des dt. T.s, hg. E. Scheunemann–F. Ranke, 1947 – Eos, hg. A. T. Hatto, 1965 – »Owî do tagte ez«, 1, hg. R. Hausner, 1983 – Dt. T.er, hg. S. Freund, 1983 – T.er des dt. MA, hg. M. Backes, 1992 – *Lit.:* W. Mohr, Spiegelungen des T.s [1971] (Ders., Ges. Aufsätze, 2, 1983), 129–150 – U. Müller, Ovid »Amores« – alba – tageliet [1971] (Der dt. Minnesang, hg. H. Fromm, 2, 1985), 362–400 – U. Knoop, Das mhd. T., 1976 – A. Wolf, Variation und Integration, 1979 – W. Hoffmann, T.kritik und T.parodie in mhd. Zeit, GRM 35, 1985, 157–178 – I. Beloiu-Wehn, »Der tageliet maneger gerne sanc«, 1989 – V. Mertens, Erzähler. Kleinstformen. Die genres ojectifs im dt. Minnesang (Kleinere Erzählformen im MA, hg. K. Grubmüller, 1989), 49–65 – E. Willms, Liebesleid und Sangeslust, 1990, 200–214 – C. Cormeau, Zur Stellung des T.s im Minnesang (Fschr. W. Haug–B. Wachinger, 2, 1992), 695–708 – H.-J. Behr, Die Inflation einer Gattung (Lied im dt. MA, hg. C. Edwards, 1996).

III. Romanische Literaturen: [1] *Okzitanische und frz. Lit.:* Der Begriff T. (frz. *aube*, okzitan. *alba*) bezeichnet ein Gedicht, in welchem in direkter Rede ein Liebespaar, nach einer gemeinsam verbrachten Nacht vom Ruf des verbündeten Wächters geweckt, seinem Schmerz über die bevorstehende Trennung Ausdruck gibt. Diese vorwiegend themat. Charakterisierung des T.es läßt sich, wenigstens für den okzitan. Bereich, mit dem formalen Kriterium der refrainartigen Wiederholung des Wortes *alba* am Ende jeder Strophe in Verbindung bringen. Für die okzitan. Lit. läßt sich somit von einer eigtl. lyr. Untergattung sprechen, zu der heute bei extensiver Zählung 18 Lieder v. a. des 12. und 13. Jh. gerechnet werden können. Quantitativ stellt das T. somit nicht das Gros der okzitan. Lit., und man hat deshalb, zusätzl. auf seine »popularisierende« Thematik hinweisend, vom T. als von einer »minderen Gattung« gesprochen, die im Gegensatz zur noblen und gelehrten →Canso stehe. Die ältere Forsch. stellte den Unterschied zw. der »vollzogenen« Liebe des »einfachen«, »naturverbundenen« T.es und der in der »noblen« Canso besungenen ewig ungestillten Lust in den Vordergrund, heute betont man mehr die Ähnlichkeiten der beiden. Vom Vokabular her unterscheiden sich die Gattungen nicht, und es besteht auch kein ideolog. Bruch, zumal die Liebesnacht im T. letztl. nichts anderes als die gesteigerte Form des in der Canso geforderten *celar* (Verbergen der Liebe) ist. Ebenso ist man von der »szen.-dramat.« Konzeption des T.es, in der mehrere Personen wie in der →Pastourelle dialog. interagieren, abgekommen: Die Sprecherwechsel innerhalb des T.es sind eigtl. eine Abfolge von Monologen, die alle, wie die Canso, den Schmerz der Trennung ausdrücken. Der richtigen Feststellung, daß die Thematik der sich trennenden Liebenden universell ist und weit in vorlit. Zeit zurückreicht, ist entgegenzuhalten, daß für das T., neben einer volkstüml., wohl auch der Einfluß einer religiösen Tradition anzunehmen ist, in welcher der Wächter die Schlafenden mahnt, das Licht des nahenden Tages (= Christus) nicht zu versäumen. 6 solcher »aubes religieuses« sind heute erhalten. Die Ursprungsfrage scheint um so unlösbarer, als bereits die sog. »aube bilingue« von Fleury, eines der ersten roman. Schriftdenkmäler überhaupt, im 11. Jh. sowohl die religiöse (lat.) als auch die erot. (okzitan.) Alba in sich vereinigt. Das T. als Gattung entwickelt diese beiden vortrobadoresken Stränge, integriert aber zugleich zeitgenöss., v.a. 'höf.' lit. Einflüsse. Auch der Hss. befund spricht nicht für eine scharfe generische Spaltung zw. Canso und T. Zwar sind 16 der erhaltenen Gedichte oder Frgm.e Unica, doch in den Hss. ist die Mehrzahl (13) der okzitan. T.er – oft namhaften – Autoren zugeschrieben, die auch Cansos verfaßt haben. Geradezu massiv überliefert sind die »alba« von →Cadenet und das »Reis glorios« von →Guiraut de Bornelh (10 bzw. 7 Hss.), für die bezeichnenderweise auch die Melodien (für Guiraut sogar zwei verschiedene) erhalten sind.

Im Gegensatz zum S, wo das T. gut vertreten ist, haben sich aus dem N Frankreichs nur 5 T.er erhalten (alle Unica, davon eines mit Melodie), so daß eine Analyse des Korpus sich beinahe notwendigerweise auf die Erkenntnisse aus dem okzitan. Bereich stützen muß. Wenn es auch plausibel scheint, daß das T. im N als Gattung existiert hat, so fällt die im S charakterist. Wiederholung des Wortes *aube* im 'Refrainvers' gemeinhin weg, so daß sich die 5 Gedichte nur themat. als T.er kennzeichnen, formal sogar zu anderen Gattungen gehören können. Ledigl. eine *chanson* Philipps von Novara weist die für das (okzitan.) T. typ. Wortwiederholung auf, es geht ihr aber wiederum das themat. Konstituens ab. Ebenfalls im Gegensatz zum okzitan. Bereich, in dem beinahe alle T.er signiert sind, steht der Umstand, daß nur für eine einzige *aube* ein Autor gen. wird (→Gace Brulé, Zuschreibung höchst unsicher).

[2] *Italienische Lit.:* Im it. Sprachbereich läßt sich für das ganze MA nur ein einziges, in einem Bologneser Codex aus dem Juristenmilieu (1286) erhaltenes, alba-ähnl. Gedicht finden. Dieses beinahe vollständige Fehlen schriftl. Spuren, die den Schluß auf die Existenz einer T.tradition in Italien zulassen, hängt wohl u.a. mit der Dominanz der okzitan. Lit. auf der Halbinsel zusammen.

[3] *Lit. der Iberischen Halbinsel:* Auch die Iber. Halbinsel kennt das T. als eigtl. Gattung im MA nicht, sondern folgt anderen Traditionen, in denen sich, wie bereits in gewissen arab. Muwaššahas mit mozarab. Ḫarǧa, die Liebenden im Morgenrot vereinigen. So kommt in einigen galic. →Cantigas de amigo das Wort *alba* vor, aber in der Regel fehlt das charakterist. Element der Trennung, einzig bei Nuno Fernandes Torneol (13. Jh.) findet sich eine Anspielung auf den Abschied am Morgen, ansonsten ist das thematische Moment der Vereinigung (*alborada*). Für das Spanische setzt die T.tradition mit der Rezeption des Gedichts »El rey de la gloria« von Fray Ambrosio Montesino 1485 ein, der den Refrain einer Alba anführt, nach dessen Melodie sein religiöses Gedicht zu singen sei.

R. Trachsler

Ed. und Lit.: übergreifend: Eos. An Enquiry into the Theme of Lover's Meeting and Parting at Dawn in Poetry, hg. A. T. Hatto, 1965 [Einzelsprachmonographien, Ed. relevanter Texte: E. M. Wilson, Iberian, 299–343; B. Woledge, Old Provençal and Old French, 344–389; R. G. Faithfull, Italian, 390–418 (403: Bologneser Frgm. v. 1286)] – *zu [1]:* A. Jeanroy, La Poésie lyrique des troubadours, 1934, II, 292–297, 339–341 [Liste der frz. und okzitan. T.er] – P. Bec, La Lyrique frç. au M-A (XIIᵉ–XIIIᵉ s.), 1977–78, I: Études, 90–107; II: Textes, 24–30 [Ed. der 5 frz. T.er] – G. Hilty, Die zweisprachige Alba (Fschr. M. Wandruszka, 1981), 43–51 – J. Saville, The Medieval Erotic Alba: Structure as Meaning, 1972 – D. Rieger, Gattungen und Gattungsbezeichnungen der Trobadorlyrik, 1976 (Beih. ZRPh 148), 1–44 – *zu [3]:* Antologia de Albas, Aloradas y poemas afines en la Península Ibérica hasta 1625, hg. D. Empaytaz, 1976 – G. Tavani,

Motivi della canzone d'alba in una cantiga di Nuno Fernandes Torneol, Quaderni degli annali dell'Istituto universitario orientale di Napoli 3, 1961, 199–205.

IV. Englische Literatur: Die me. Formen höf. Lyrik wurden aus Frankreich rezipiert. Zu diesen gehörte jedoch offensichtl. weder die prov. *alba* noch die *auba* oder die *aubade*, ihr nordfrz. Gegenstück. Die stärkere moral. Akzentuierung der höf. Liebe in England dürfte der Thematisierung des Abschieds nach nicht statthaftem Liebesvollzug im Wege gestanden haben. Die →Pastourelle, eine dem T. verwandte Gedichtart, ist hingegen belegt. – Die Grundsituation der alba ist jedoch Motiv der me. Epik des 13. und 14. Jh.: in der Spielmannsromanze »Sir Tristrem« und der höf. →Romanze »Kyng Alisaunder«. Bei →Chaucer begegnet der morgendl. Abschied der Liebenden mehrfach: im →Rosenroman, stellenweise in der frühen Lyrik, insbes. in »Troilus and Criseyde«. Der Dichter stand hierbei unter dem Einfluß →Ovids und der it. Renaissance (→Petrarca, →Boccaccio). Klass. gefaßt ist die T.situation auch bei →Gower (»Confessio Amantis«) und →Lydgate (»Troy Book«), wohingegen die Schotten →Dunbar und →Douglas eher der volkstüml., folklorist. geprägten und damit alba-fernen Handhabung des T.s in schott. und nordengl. →Balladen des späten MA (»Brown Robin«, »The Grey Cock«, u.a.m.) verpflichtet sind. P. Erlebach

Lit.: R. E. Kaske, The Aube in Chaucer's Troilus (Chaucer Criticism, II, 1961), 167–179 – T. J. B. Spencer, English (Dawn-Parting Poems), (Eos, hg. A. T. Hatto, 1965), 505–531 – J. Saville, The Medieval Erotic Alba, 1972 – J. Scattergood, The 'bisynesse' of Love in Chaucer's Dawn-Songs (Essays in Criticism, 1987), 110–120.

Tagelöhner → Lohn, A. II

Tageseinteilung (im Kl.). Eremiten kannten eine freie Einteilung ihrer Zeit, während Zönobiten bestimmte Liturgieformen regelmäßig einhielten. Schon nach der Regel des →Pachomios ist der klösterl. Alltag durch Gottesdienst, Schriftlesung und Arbeit bestimmt; gemäß der →Regula Magistri wird zu gewissen Tagzeiten gebetet. Das Tagwerk war grundsätzl. dem Gebet untergeordnet; Lesen, Schreiben, Lernen und körperl. Tätigkeit wurden von liturg. Pflichten unterbrochen (Caesarius v. Arles, Kap. 66; 69). Der Tagesablauf bei den →Benediktinern ist durch das →Stundengebet strukturiert (RB, Kap. 8–20). Dieser Zyklus mit acht Hauptzeiten begann bald nach Mitternacht und schrieb zw. Sonnenaufgang, Mittag und Abend verschiedene gemeinsame Gebete im Oratorium (Kap. 52) nach dem Brevier vor. Das Kl. leben wurde dem jahreszeitl. bedingten Rhythmus von Tag und Nacht angepaßt und variierte hinsichtl. des Wochen-, Sonn- oder Feiertages im Festkalender und der Fastengebote. Den Wechsel von Chorgebet, Eucharistiefeier, geistl. Lektüre, zugewiesener Handarbeit und individueller Erholung bestimmten die Anweisungen Benedikts (Kap. 43; 48). Erst bei den →Zisterziensern sang man neben dem gewöhnl. Konventsamt im Kirchenchor in Kapellen und an Altären auch Privatmessen zum Totengedenken. Zum Kapiteloffizium erfolgte der Vortrag aus Väterviten und Hl. nleben, von Abschnitten aus Regel und Gewohnheiten sowie die Ansprache durch Obere mit der tägl. Arbeitsregelung (Kap. 33; 50). Mahlzeiten wurden gemeinsam im Refektorium zu festgesetzten Zeiten eingenommen; an der Tafel herrschte Stillschweigen (Johannes Cassian, Institutiones IV, 17; RB, Kap. 42). Üblich war die Tischlesung von Evangelium und Epistel (Basilius, Kürzere Regel, Kap. 182; RB, Kap. 38). Zum Schlafen ruhten alle im Dormitorium (RB, Kap. 22); für das Studium war den →Dominikanern eine persönl. Zelle angewiesen. Die umherziehenden →Franziskaner verrichteten nicht den allg. verbreiteten Chordienst, sondern folgten einer kürzeren röm. Ordnung der capella papalis (Regula bullata, Kap. 3).

A. Rüther

Lit.: DSAM VIII, 1448–1451 – G. Muschiol, Famula Dei. Zur Liturgie in merow. Frauenkl. (Beitr. Gesch. des alten Mönchtums und des Benediktinerordens, 41, 1994) – La vie quotidienne du moine et chanoines réguliers au MA et Temps modernes, ed. M. Derwich (Travaux du laboratoire de recherches sur l'hist. des congrégations et ordres religieux. Colloquia, 1, 1995).

Tagewählerei, laienastrolog. Methode mant. Zukunftserkundung bzw. mag. Zukunftsbeeinflussung, die von iterativen Abläufen zykl. Zeitgestalten ausgeht und deren Gültigkeit anhand astronom. Geschehens rechtfertigt, aufgrund biorhythm. Abläufe zirkadianer bis zirkannualer Erstreckung legitimiert und im Hinblick auf rhythm. Prozesse patholog. Geschehens (z. B. →Malaria) zusätzl. bestätigt sieht. Zahlenspekulative Erwägungen unter bes. Berücksichtigung der ersten Tetraktys (Drei-, Vier-, Siebenzahl; oktad., dekad., duodezimale Serien) vermitteln die Infrastruktur für seriell gestaltete Wählmechanismen, die sich am Mondzyklus, an den Wochentagen, am Jahreslauf bzw. an saisonalem Geschehen festmachen. Von den frühen Hochkulturen vorgebildet, in der Antike sporad. belegt, im FrühMA selten, hat die T. seit dem SpätMA einen erhebl. Aufschwung genommen. Als gängige Wählverfahren standen zur Verfügung: a) das *Hebdomadar* nach den sieben planetaren Tagesregenten der Woche, das zunächst an sich, dann zirkannual zu Jahresbeginn (Christtags-, Neujahrsprognose) und des weiteren zum Bestimmen des Stundenregenten benutzt wurde; b) das →*Lunar* nach den Mondstationen, das bei Neumond einsetzt und dessen 30-Tage-Folge in drei dekad. Blöcke untergliedert ist, c) die »ägypt.« *Verworfenen Tage* mit ihrer paarweisen Verteilung über die Monate zu jährl. 24 und d) die »*Pariser*« *Verworfenen Tage* mit unterschiedl. Verteilung, saisonaler Häufung sowie einem Gesamt von jährl. 32 »dies incerti«. Als außersystem. Gruppierungen saisonaler Häufung traten hinzu: e) die *Hundstage,* f) die *drei bes. gefährl. Tage* nach Ps.-Beda und g) die *Raunächte.* Von →Petrus Hispanus stammt der Versuch, anhand der konziliator. h) *Juliansregel* eine Handhabe zu geben, sich als Arzt oder Laie im Verhau gefährl. Tage zurechtzufinden, und gleichzeitig das Dickicht der »dies infausti« zu lichten. Die 400 Jahre später sich abzeichnende Kampagne, mit dem Rüstzeug der Aufklärung das Gestrüpp der T. ganz zu roden, hat sich, wie ein Blick aufs 20. Jh. zeigt, als gänzl. unwirksam erwiesen (vgl. die polit. Terminierung unter Ronald Reagan). Der ma. Laienastrologe versuchte anhand eines günstig gewählten Tags inkohative Maßnahmen positiv zu beeinflussen (z. B. bei →Schröpfen, →Aderlaß, Purgaz, Schuleintritt, Reiseantritt, Schlachten, Holzfällen, Aussaat, Heirat, allg. Tagesqualität) oder hinsichtl. bereits eingetretener Ereignisse die Geschehnisse (z. B. Krankheitsdauer, Regendauer, Traum-Verwirklichung, Lebensweg, -erwartung, Wiedergewinnungs-Wahrscheinlichkeit bei Verlorenem) divinator.-prognost. auszuloten.

Ikonograph. hat die T. in farbigen Tabellen und →Kalendern ihren Niederschlag gefunden: kirchenrechtl. finden sich Ansätze, den Arzt zum Wählen des geeigneten Tags unter Androhung kanon. Strafen zu zwingen. Der Laie wurde durch Hinweis auf furchtbare Erkrankungen geschreckt.

G. Keil

Ed.: Ch. Weisser, Würzburger med.hist. Forsch. 21, 1982; 24, 1982, 637–653 – Vom Einfluß der Gestirne auf die Gesundheit und den Charakter der Menschen. Ms. C 54 der Zentralbibl. Zürich , hg. G.

Keil, F. Lenhardt, Ch. Weisser, I–II, 1981–82 – B. Neumann, Laßlunare [Diss. Würzburg 1996] – *Lit.:* Verf.-Lex.² V, 1054–1062; X, s.v. Verworfene Tage – G. Keil, Die verworfenen Tage, SudArch 41, 1957, 27–58 – Ch. Weisser, Ein mnd. Vers-Sammellunar, SudArch 71, 1987, 90–95 – O. Riha, Wissensorganisation in med. Sammelhss. (Wissenslit. im MA 9, 1992), 40–64 – Rhythmus und Saisonalität, hg. P. Dilg, G. Keil, D.-R. Moser, 1995 – G. Keil, Krankheit und Zeit (Zeitkonzeptionen, Zeiterfahrung, Zeitmessung in MA und früher NZ, hg. T. Ehlert, 1996).

Tagfahrt, -satzung bezeichnet allg. eine anberaumte Zusammenkunft sowie die tagende Versammlung selbst, jurist. den Gerichtstermin oder die gerichtl. Verhandlung.

In der engeren Bedeutung bezieht sich der Begriff Tagsatzung seit dem 17. Jh. auf die bis 1798 zusammentretende Versammlung der Vertreter der eidgenöss. Orte und später auf den Gesandtenkongreß der Kantone (1803–48). Die spätma. Q., denen der Begriff noch in seinen wertneutralen, d.h. allg. Konnotationen geläufig ist, bezeichnen gemeineidgenöss. Zusammenkünfte dagegen als 'tag von gemeinen eidtgenossen' oder sprechen von 'boten gemeiner eidtgenossen' u. ä. Den Strukturen der ma. →Eidgenossenschaft entsprechend handelte es sich bei der →T. nicht um ein den Orten übergeordnetes, institutionalisiertes Organ, sondern um ein Forum zur Beratung eidgenöss. Angelegenheiten, das zunächst unregelmäßig und an verschiedenen Orten zusammentrat. Während nach der älteren Forsch. die in den Bundesbriefen des ausgehenden 13. und 14. Jh. vorgesehenen Schiedsgerichte zur Beilegung von Streitigkeiten zw. den Orten den Anfang der eidgenöss. T. markierten, verweist die neuere Forsch. (Büttikofer) darauf, daß die Vereinbarungen der frühen Bundesverträge nur die Beziehungen zw. den jeweils vertragschließenden Orten regelten, aber keine Gültigkeit für die Gesamtheit der Eidgenossen beanspruchen konnten. Versammlungen aller eidgenöss. Orte blieben während des 14. Jh. die Ausnahme, nahmen aber seit dem 15. Jh. deutl. zu. Mit der Eroberung des Aargaus (1415) und der gemeinsamen Verwaltung der ehemals habsbg. Besitzungen sowie der Freien Ämter wurden vermehrt regelmäßige Treffen der an diesen Herrschaften beteiligten Orte, deren Boten jetzt jährl. zur Rechnungslegung des Landvogts in Baden zusammenkamen, erforderl. Neben diesen, v. a. die Verwaltung der Gemeinen Herrschaften betreffenden Verhandlungen wurden während des 15. Jh. zahlreiche T.en zur Behandlung weiterer, die gesamte Eidgenossenschaft berührender Themen (z. B. Konflikte zw. den Orten, außenpolit. Fragen etc.) einberufen. Beschlüsse der T. konnten nur einstimmig gefaßt werden; ledigl. bei Entscheidungen, die die Gemeinen Herrschaften betrafen, galt das Mehrheitsprinzip. Die Boten stimmten dabei gemäß den ihnen von ihren Orten erteilten Instruktionen. R. Mitsch

Q.: Amtl. Slg. der älteren Eidgenöss. Abschiede (1245–1798), 1839ff. – *Lit.:* Grimm, DWB XI – HBLS VI, 629–631 – L. Libson, Entstehung und Entwicklung der Vororte der schweiz. Eidgenossenschaft, 1912 – A. Heusler, Schweiz. Verfassungsgesch., 1920 [Neudr. 1968] – R. Joos, Die Entstehung und rechtl. Ausgestaltung der eidgenöss. T. bis zur Reformation, 1925 – E. Usteri, Das öffentl.-rechtl. Schiedsgericht in der Schweiz. Eidgenossenschaft, 1925 – M. Kopp, Die Geltung des Mehrheitsprinzips in eidgenöss. Angelegenheiten bis 13. Jh. bes. 1848, 1959 – W. Schaufelberger, SpätMA (Hb. der Schweizer Gesch., I, 1972), bes. 268–270 – H. C. Peyer, Verfassungsgesch. der alten Schweiz, 1978 – N. Büttikofer, Zur Funktion und Arbeitsweise der eidgenöss. T. zu Beginn der Frühen NZ, ZHF 13, 1986, 15–40.

Tagino, Ebf. v. →Magdeburg. Einer wahrscheinl. edelfreien Familie aus Bayern, vermutl. →Regensburg, entstammend, wurde T. im dortigen Kl. St. Emmeram erzogen, zugleich mit dem Sohn Heinrichs d. Zänkers v. Bayern, dem späteren Ks. Heinrich II. T. stand in der

Gunst Bf. →Wolfgangs, der ihn zum Vicedominus der Regensburger Kirche ernannte und als seinen Nachfolger vorsah. Die Wahl T.s wurde von Otto III. 995 zugunsten eines eigenen Kandidaten übergangen; T. schloß sich als Kapellan dem bayer. Hzg. an, bei dennoch gutem Verhältnis zu Otto III. 1011 wurde er Propst des Stiftes an der alten Kapelle in Regensburg. Nach dem Tod des Magdeburger Ebf.s →Giselher am 25. Jan. 1004 wählte das Domkapitel (Wahlprivileg Ottos II.) Propst Walthard. Heinrich II. setzte dennoch T. ein (Weihe in Merseburg am 2. Febr.), vielleicht nach Absprache mit Walthard, den T. zu seinem Stellvertreter (Archidiakon?) ernannte und der sein Nachfolger wurde. Aufgrund seines bes. Vertrauensverhältnisses zu Heinrich II. (als Kapellan und Berater in kgl. Umgebung, verstärkt 1006–08), der mit der Aufwertung Magdeburgs an Otto I. anknüpfte, kann er als Vertreter der kgl. und Reichsinteressen im Mittelelbegebiet gelten. Zunächst arbeitete er vordringl. an der (nicht vollständigen) Wiederherstellung des Bm.s →Merseburg. Wohl im Aug. 1004 wurde →Brun v. Querfurt durch T. dort zum Missionsbf. geweiht, am 21. Mai 1009 →Thietmar als Merseburger Bf. inthronisiert (Salbung durch T. am 24. April in Neuburg/Donau). Obwohl er als Förderer der Kl.reform galt, blieb T.s Eingreifen im Kl. →Berge (1105) umstritten. Im Polenkrieg verhandlungsbereiter als Heinrich II. (1005), trug er dessen Politik aber mit und beteiligte sich an Feldzügen (1008), insgesamt – wie auch in dem problemat. Verhältnis zu den →Lutizen – mit wenig Erfolg. Bedeutend waren hingegen seine Leistungen für die Reichskirche (bes. auf den Synoden in Dortmund 1005 und Frankfurt 1007).   M. Kintzinger

Q.: Thietmari Merseburgensis episcopi Chronicon (MGH SRG NS 9, 1935), bes. V, 3944; VI, 61 – Lit.: ADB XXXVII, 353–359 – GS I/1, 1.2, 1972 – D. Claude, Gesch. des Ebm.s Magdeburg bis 10. Jh., T. 1.2, 1972, 214–271 u.ö. – H. Hofmann, Mönchskg. und rex idiota. Stud. zur Kirchenpolitik Heinrichs II. und Konrads II., 1993.

Tagliacozzo, Schlacht v. (23. Aug. 1268), Entscheidungsschlacht zw. den Heeren →Karls I. v. Anjou und →Konradins, des Enkels Friedrichs II., in der Auseinandersetzung um die Herrschaft über das Kgr. →Sizilien. Konradin verließ Rom am 18. Aug. 1268 mit einem ca. 5000 Mann starken Heer, das sich neben den dt. Rittern und einem Kontingent span. Panzerreiter zu wesentl. Teilen aus Italienern – vornehml. Lombarden, Toskanern, Römern – zusammensetzte, und rückte auf der Via Valeria in Richtung Apulien vor, offensichtl. um in den Aufstandsgebieten der Abruzzen und Apuliens weitere Unterstützung und Zulauf zu erfahren und sich vor einer entscheidenden militär. Begegnung mit den rebellierenden Sarazenen von →Lucera zu verbinden. Karl v. Anjou, dessen Heer aus ca. 4000 Mann – im wesentl. Franzosen, Provenzalen und it. Guelfen – bestand, hatte bereits vor dem Abmarsch Konradins aus Rom in der 10 km ostwärts von T. gelegenen Palentin. Ebene sein Lager aufgeschlagen, um dem Staufer den Weg nach Apulien zu verstellen und ihn zur Schlacht zu zwingen. Nachdem ein Ausweichversuch Konradins an einer Gegenbewegung Karls, v.a. aber auch an den schwierigen Geländebedingungen gescheitert war, kamen beide Heere am Abend des 22. Aug. in der Palentin. Ebene – getrennt durch einen Bach – zum Stehen.

Am Morgen des 23. Aug. nahmen die Truppen Aufstellung und gliederten sich in je drei Schlachtreihen (dt. und toskan. Ritter, Spanier und Römer, Lombarden; Provenzalen und it. Guelfen, Provenzalen und frz. Söldner, frz. Ritter – die Kerntruppe Karls). Während das stauf. Heer insgesamt vorrückte, hielt Karl sein drittes

Treffen in einer Bodensenke verborgen. Den Staufern gelang es, die beiden ersten angiovin. Treffen aufzureiben und in die Flucht zu schlagen. Als sie nach dem vermeintl. errungenen Sieg die Schlachtordnung aufgaben, preschte Karl mit seiner Kerntruppe aus der Bodensenke vor und nutzte den Überraschungseffekt gegenüber den teilweise schon abgesessenen Anhängern Konradins. Karl v. Anjou konnte die Schlacht durch diese Hinterhaltstaktik, die zwar mit ritterl. Ethos nicht vereinbar war, wohl aber viele Vorbilder in der Kriegsführung muslim. Heere hatte, für sich entscheiden. Die Teilnahme kampferprobter und mit oriental. Taktik vertrauter Kreuzfahrer auf seiten Karls spricht dafür, daß diese mit ihren Erfahrungen wesentl. an der Ausarbeitung des Schlachtplans beteiligt waren. Der Sieg bei T. und die Hinrichtung des stauf. Thronprätendenten trugen wesentl. zur Festigung der Macht Karls I. v. Anjou in Süditalien bei und entschieden letztl. auch seinen Kampf gegen die siz. und apul. Aufstandsbewegung.   J. Göbbels

Lit.: DBI XXIX, 365ff. [Lit.] – P. Herde, Die S. bei T., ZBLG 15, 1962, 679ff.

Tagma (Pl. tagmata), wie auch 'numerus', 'ἀριθμός', 'κατάλογος', bedeutete ursprgl., im 6. Jh., die Grundeinheit von 300–400 Mann im byz. Heer. Später erweiterte sich die Verwendung auf die Gardeeinheiten, die im 9. Jh. von den Scholai, den →Exkubiten, der Bigla oder dem Arithmos und den Hikanatoi gebildet wurden. In der weiteren Umgebung der Hauptstadt stationiert, bildeten sie Elitetruppen, die auch an Feldzügen teilnahmen. Daher bestand das byz. Heer in der mittelbyz. Zeit aus den meist in den Prov.en aus lokalen Kräften rekrutierten Streitkräften der →Themen und den T.ta, deren Angehörige als 'Berufssoldaten' regelmäßig besoldet wurden. Im 10. Jh. verfügten die Streitkräfte der Themen auch über T.ta-Einheiten mit Sitz im Bereich des Themas. Zu dieser Zeit waren die T.ta bereits von ihrer ursprgl. Form als Palastgarde von ausländ. Kontingenten, den Hetaireiai, abgelöst worden. Im Laufe des 11. Jh. verwischte sich allmähl. der Unterschied zw. den T.ta und den Hetaireiai. Die T.ta waren v.a. Kavallerieeinheiten, die in Turmai und Drungoi gegliedert waren. Führer der Scholai war der Domestikos (→Domesticus, I). In der 2. Hälfte des 10. Jh. waren es zwei Domestikoi der Scholai, denen die Führung der Armee oblag, einer für die ö., einer für die w. Streitmächte. Die Exkubiten unterstanden ebenfalls einem – allerdings im Rang geringeren – Domestikos, die Bigla diente unter einem →Drungarios. Nach dem Vorbild der alten T.ta wurden später weitere gegründet: die Athanatoi ('die Unsterblichen'), die Satrapai, die Stratelatai in der 2. Hälfte des 10. Jh.; die Megathymoi, die Archontopuloi u.a. im 11. Jh. S. a. →Heer, B.   T. G. Kolias

Lit.: J. F. Haldon, Byz. Praetorians…, 1984 – M. Gregoriu-Ioannidu, Παρακμή καì πτώσις τοῦ θεματικοῦ θεσμοῦ, 1985 – H.-J. Kühn, Die byz. Armee im 10. und 11. Jh. Stud. zur Organisation der T., 1991 – Oxford Dict. of Byzantium, 1991, 2007.

Tāhiriden, muslim. Dynastie in →Persien, wurde begründet von Ṭāhir, der als Heerführer des Kalifen al-Maʾmūn (→Abbasiden) die Statthalterschaft über Ḫurāsān und andere östl. Gebiete des Abbasidenreiches erhielt und eine bis 873 bestehende, von der abbasid. Zentralgewalt in →Bagdad fakt. weitgehend unabhängige dynast. Herrschaft etablierte.   U. Mattejiet

Lit.: The Cambridge Hist. or Iran, IV, hg. R. N. Fryde, 1975.

Taiding. Das Wort entstand durch Kontraktion aus mhd. tagedinc 'Gerichtstag, -termin' (→Ding). Im bair.-österr. Raum war es im SpätMA die geläufige Bezeichnung für die Gerichtsversammlung. Zusammensetzungen wie mhd. *banntaiding*, *ehafttaiding* betonten die Gebotsgewalt des Richters (→Bann, A. I) bzw. die Rechtmäßigkeit (→Ehe, B. VI) des Gerichts. Entsprechend der Bedeutung der Verben mhd. *taidingen*, mnd. *dagedingen* konnte T. aber auch eine außergerichtl. Verhandlung bezeichnen. Vergleichbare Wortbildungen sind die hans. Tagfahrt und die eidgenöss. Tagsatzung (→Tagfahrt).

V.a. im Salzburgischen, in der Steiermark und in Kärnten wurde T. zur Bezeichnung für die in ländl. Gerichten 'gefundenen' und aufgezeichneten, später nur noch verlesenen →Weistümer.   K. Kroeschell

Lit.: HRG V, 113f. [D. WERKMÜLLER].

Taifen, -reiche → Mulūk aṭ-ṭawāʾif

Taille, direkte Steuer im Kgr. →Frankreich. Das Wort geht etymolog. wohl zurück auf t. im Sinne von →Kerbholz. Aus Frankreich haben sich (im Unterschied zu England: →tally) keine Kerbhölzer erhalten, obwohl sie in einigen Regionen lange benutzt wurden (Landes, Pyrenäen, Burgund: belegt noch 1578). Eine andere etymolog. Worterklärung verbindet 't.' dagegen mit 'tolte' (Abgabe, 'Zoll') von 'tollir' ('nehmen, einnehmen').

Als Rechtswort tritt t. bzw. 'tolte' erstmals im 11. Jh. auf als Abgabe an den Grundherrn, der die Höhe nach eigenem Gutdünken festsetzen konnte. Zunächst vorwiegend Naturalzins, wurde die t. allmähl. stärker zur Geldabgabe. Bei der auf der territorialen Banngewalt (→Bann, →Seigneurie) beruhenden t. wurde die Veranlagung manchmal von den Vertretern der Pfarrgemeinde oder der →Kommune (aufgrund mögl. verliehener Freiheiten) vorgenommen, stets aber auf der Grundlage der 'masures' (Haushalte, Feuerstätten). Die 't. a merci' war noch im 13. Jh. kennzeichnend für den Status des *serf* (→Leibeigenschaft). In der 2. Hälfte des 13. Jh. nahm die t. die Gestalt einer festen jährl. Steuer an. Bis dahin hatten viele Herren die t. nur im Bedarfsfall gefordert, doch hatte diese willkürl. Erhebung ('t.s arbitraires') immer wieder zu Widerstand geführt, so daß sich nun eine geregelte Erhebung nach festen Sätzen ('t.s abonnées', →Abonnement) durchsetzte.

Der Kg. erhob die t. zunächst in seiner Eigenschaft als 'seigneur banal'. Sie vermischte sich mit der Ablösung vom Aufgebot und wurde am Ende des 14. Jh zur direkten Steuer, die der indirekten Steuer (→Aides) gegenübergestellt wurde. Sie war eine auf dem Prinzip der 'Umlage' beruhende, nach einem bestimmten 'Schlüssel' verteilte Steuer: Eine Gesamtsumme wurde (unter Bewilligung der →États) beschlossen, worauf eine Evaluation der Zahl der Haushalte folgte. Die Erhebung der t. setzt die Aufstellung eines →Feuerstättenverzeichnisses (für das gesamte Kgr. Frankreich etwa →Paroisses et feux, 1328) voraus, aufgrund derer die fiskal. Leistungsfähigkeit eines jeden Haushaltes bestimmt wurde (Aufnahme in die 'rôle de la t.'). In Südfrankreich wurden von städt. Behörden 'estimes' oder 'compoix' (von denen einige erhalten geblieben sind) aufgestellt.

Die t.s wurden in der 2. Hälfte des 14. Jh. nach Beschluß der →États (généraux oder provinciaux) erhoben. Eine t. wurde grundsätzl. auf ein Jahr durch eine zu diesem Zweck einberufene Ständeversammlung beschlossen. Infolge der immer drückenderen Kriegslasten wurden aber nun im voraus zu entrichtende t.s ausgeschrieben. So stimmten in Okt. 1439 die États v. Orléans einer t. zu; im folgenden Jahr schrieb der Kg., obwohl die nach Bourges einberufenen États wegen der →Praguerie ausgefallen waren, dessenungeachtet eine t. aus. 1441 erklärte Karl

VII., daß er, wenn er die 'subside' ohne vorherige Einberufung der États erhebe, lediglich die Reise- und Unterhaltskosten der Delegierten ersparen wolle. Seit 1442 sah sich das Kgtm. im Besitz des Rechtes der Erhebung der t. ohne vorhergehende Beratung mit den États. Um 1450 hatte sich selbst in Gegenden, die (wie das Languedoc) lange der kgl. Steuergewalt widerstanden hatten, das fsl. bzw. kgl. Monopol bei Erhebung der t. und anderer Steuern durchgesetzt; die Konsuln v. Albi delegierten nunmehr die Erhebung der t. an einen reichen Steuerpächter. Der Kriegszustand, in dem sich das Land befand, erzwang im übrigen die weitere Erhebung der Steuer.
                                                       E. Lalou

Q. und Lit.: H. GÉRAUD, Paris sous Philippe le Bel, 1837 [Neued. L. FOSSIER–C. BOULET, 1992] – G. PICOT, Hist. des États généraux, I, 1888², 292–310 – G. DUPONT-FERRIER, Études sur les institutions financières de la France à la fin du MA, T. I, 1930 – J. R. STRAYER–H. TAYLOR, Stud. in Early French Taxation, 1939 – K. MICHAELSSON, Le livre de la t. de Paris: l'an 1296, 1958 – F. LOT–R. FAWTIER, Hist. des Institutions françaises au MA, T. II, 1958 – G. DUBY, L'économie rurale et la vie des campagnes dans l'Occident médiéval, 1962 – A. HIGOUNET-NADAL, La comptabilité de la t. à Périgueux au XIVᵉ s. (Finances et comptabilité urbaines, 1964), 170–179 – J. J. HEMARDIN-QUER, La t., impôt marqué au bâton, Bull. philol. et hist., 1969, 507–512 – D. NEIRINCK, L'impôt direct à Albi de 1236 à 1450 [Th. Éc. des ch., 1969] – I. VERNUS-MOUTIN, La t. en Dauphiné du »transport« de 1349 à la révision générale de 1474–76 [Th. Éc. des ch., 1988].

Taillebourg, Brückenort in der westfrz. →Saintonge, an der Charente (dép. Charente-Maritime, arr. St-Jean d'Angély, cant. St-Savinien), Ort einer Schlacht (20. Juli 1242) zw. →Ludwig IX. d. Hl.n, Kg. v. Frankreich, und →Heinrich III., Kg. v. England. Dieser hatte im Bündnis mit westfrz. Adligen erneut den Versuch gemacht, die von →Philipp II. Augustus zurückeroberten ehem. Festlandbesitzungen der →Plantagenêt wiederzugewinnen, insbes. das →Poitou. Im April 1242 sammelte Ludwig in →Chinon ein großes Heer zur militär. Besetzung der konfiszierten Territorien Hugos v. →Lusignan, des Gf.en v. der →Marche. Diesem eilte sein Schwiegersohn Heinrich III. zu Hilfe (Landung in Royan am 20. Mai 1242, anschließende Durchquerung der Saintonge). Die engl.-angevin. Streitmacht lagerte gegenüber v. T. auf dem linken Charenteufer, Ludwig IX. stand im Ort T. auf dem rechten Ufer. Nach Entrollen der →Oriflamme ließ Ludwig IX. seine Truppen über die Brücke vorrücken; das Heer Heinrichs III. trat den Rückzug an. Weitere, für die frz. Seite ebenfalls siegreiche Kämpfe folgten am 22. Juli 1242 in der Ebene v. →Saintes. Heinrich III. mußte sich aus Saintes in die Burg →Blaye zurückziehen, verfolgt von den Franzosen, die aber infolge einer Epidemie ihren Vormarsch schließlich abbrechen mußten. Der Vertrag v. Pons (1242), endlich der Vertrag v. →Paris (1258/59) sicherten den militär. Erfolg des Kg.s v. Frankreich ab.
                                                  Ph. Contamine

Lit.: J. RICHARD, S. Louis, roi d'une France féodale..., 1983, 116f. – J. LE GOFF, S. Louis, 1996, 153f.

Taillevent. 1. T., Guillaume Tirel gen. T., * um 1312/14, † wohl 1395, Küchenmeister Kg. Karls V. v. Frankreich; ihm wurde die Verfasserschaft des berühmten »Viandier T.« zugeschrieben, eines tatsächl. auf eine ältere Vorlage des späten 13. Jh. zurückgehenden Kochbuchs, das in Frankreich große Autorität genoß (mehrere, nach Zahl und Art der Rezepte unterschiedl. Hss.; Einfluß auf den um 1392 abgefaßten »Mesnagier de Paris«) und um 1490 erstmals im Druck erschien. →Kochbücher.
                                                    U. Mattejiet

Lit.: DLFMA, 1992², 647f. [Ed., Lit.].

2. T. (Michault Le Caron), * 1390/95, † vor 1462, war »joueur de farses« und »varlet de chambre« Hzg. →Philipps III. d. Guten v. Burgund, für den er »esbatemens« organisierte. Bestimmte Werke stehen im engen Zusammenhang mit dem Leben am Hof: der 'Songe' (1431) zelebriert die Gründung des Ordens vom →Goldenen Vlies, die 'Prise de Luxembourg' (1443) die Eroberung der Stadt durch den Hzg. Als dieser in Arras ein Abkommen mit dem Kg. Karl VII. unterzeichnet (→Arras, Frieden v.), ruft der Autor mit einer 'Moralité' (1435) zum Frieden auf; das 'Lai' (1446) beklagt den Tod der jungen Katharina v. Frankreich, Gattin →Karls des Kühnen. Andere Werke sind von lit. Traditionen geprägt: Der 'Psautier aux Vilains' zeichnet, in Anlehnung an Alain →Chartiers 'Bréviaire des Nobles', eine Galerie der personifizierten Ideale des Edelmannes; der 'Régime de Fortune' nimmt die →Fortuna-Thematik auf; der 'Débat du Cuer et de l'Oeil' (16 Hss.!) und andere Texte sind der höf. Liebesdichtung verpflichtet. Bes. Beachtung gebührt den »poésies 'personnelles'«: die 'Destrousse' schildert, um Geld vom Hzg. zu erhalten, wie der Autor ausgeraubt worden ist; der 'Dialogue' erzählt eine Reise in den Jura. Der 'Passe Temps' ist eine Klage über die verlorene Jugendzeit: Pierre →Chastellain nimmt im 'Temps Perdu' darauf Bezug, →Villon ist das Werk wahrscheinl. gekannt, das auch von Pierre de Hauteville ('L'inventaire', vor 1447) und von Pierre Fabri ('Grand Art de Rhétorique', 1521) zitiert wird. T.s Vorliebe für Wortspiele und Sprichwörter kündigt die sprachl. Experimente der →Rhétoriqueurs an.

J.-C. Mühlethaler

Ed.: R. DESCHAUX, Un poète bourguignon, 1975 – C. M. VAN DER WEL, Le Songe de la Thoison d'Or, 1981 – *Lit.*: DLFMA, 1992², 1012f. – J.-C. MÜHLETHALER, Poétiques du quinzième siècle, 1983.

Táin Bó Cúailgne ('Der Rinderraub v. Cooley'), der Weltliteratur angehörende Sagenerzählung, Hauptwerk der ir. Heldendichtung des MA und bedeutendster Bestandteil des 'Ulster Cycle'. Die Überlieferungsgesch. ist komplex: Die ältesten erhaltenen hs. Überlieferungen entstammen dem 12. Jh. (sprachl. und inhaltl. glättende Version im →Book of Leinster), doch rechnet die Forsch. mit verlorenen älteren (bis ins 7. Jh. zurückreichenden) Fassungen, die wohl wesentl. auf mündlich tradiertem Erzählgut (4. Jh.?) beruhten. Die T. entwirft mit erzähler. Meisterschaft und packender Dramatik ein (wohl idealisiertes) Bild der mit archaischen Zügen (ritualisierte Zweikämpfe ebenbürtiger Helden auf Streitwagen, abgetrennte Köpfe der unterlegenen Kämpfer als Siegestrophäen, Initiationsriten der Helden, Kriegergefolgschaften, Eingreifen mißgünstiger oder wohlgesonnener Gottheiten) ausgestatteten, noch wesentlich heidnisch geprägten air. Kriegergesellschaft, ihrer Waffentaten und Sportwettkämpfe, zeremoniellen Eß- und Trinkgelage (bei denen auch anmutige Frauen sowie die Dichter als wortmächtige Rezitatoren von Preis- oder aber Schmähgesängen hervortreten), Sitten und sozialen Gebräuche (z. B. →Fosterage). Im Mittelpunkt des Geschehens steht der junge Held *Cú Chúlainn* der, von halbgöttl. Abkunft, Kg. und Volk v. →Ulster gegen den Kg. v. →Connacht heroisch verteidigt und schließlich im Kampf stirbt. Zur sprachl. Gestaltung, Text- und Wirkungsgesch. s. a. →Irische Sprache und Lit., V (Heldenlit.).   U. Mattejiet

Ed. und Lit.: E. WINDISCH, Die air. Heldensage T. nach dem Buch v. Leinster, 1905 – R. THURNEYSEN, Die ir. Helden- und Königssage bis zum 17. Jh., 1921 – Irish Sagas, hg. M. DILLON, 1959 [Neudr. 1968] – K. H. JACKSON, The Oldest Irish Tradition, 1964 – T. from the Book of Leinster, ed. C. O'RAHILLY, 1967 – T., Rec. I, ed. DIES., 1976 – S. SCHAUB, Das Epos vom Rinderraub, 1976 [dt. Übertragung nach einer engl. Übers.] – J. CARNEY, Early Ir. Lit.: The State of Research (Proceedings of the 6th Internat. Congr. of Celtic Stud., 1983), 113–131 – M. RICHTER, Irland im MA, 1983, 19–22 – →Ir. Sprache und Lit.

Taio (Taius) **v. Zaragoza**, Bf. v. Zaragoza, † spätestens 683. In den frühen dreißiger Jahren ist er als Priester bezeugt. Später reiste er nach Rom, wo er Werke →Gregors d. Gr. suchte, die in Spanien nicht vorhanden waren (nach der populären »Visio Taionis«, die zuerst in der »Chronica Muzarabica« von 754 [→Continuatio Hispana] auftaucht, wurde er dank himml. Offenbarung fündig). Um 650 begegnet er als Abt eines unbekannten Kl., 651 wurde er Nachfolger Bf. →Braulios v. Zaragoza. – T. kompilierte zwei Exzerptsammlungen, die im MA wenig Beachtung fanden. In der einen (5 Bücher »Sententiae«) stellte er die Theologie anhand von Auszügen aus Werken →Gregors d. Gr. systematisch dar; in der anderen bot er aus Gregorzitaten zusammengestellte Kommentare zu denjenigen bibl. Büchern, die Gregor nicht eigens ausgelegt hatte. Die exeget. Kompilation (4 Bücher zum AT, 2 zum NT) ist großenteils verloren.   J. Prelog

Ed.: MPL 80, 727–990; Suppl. 4, 1670–1678 [Sententiae] – MPL Suppl. 4, 1680ff. [mutmaßl. Teil der exeget. Slg.] – *Lit.*: BRUNHÖLZL I, 110f., 524 – RBMA IX, 400–402 – DSAM XV, 12–14 [Lit.].

Takkana → Taqqana

Taksony (lat. Toxun, gr. Taxis), Gfs. bzw. Kg. (in den Q. z. T. rex) der →Ungarn, zw. 955–ca. 970, Enkel des Gfs.en →Árpád, Sohn von Hzg. Zulta. An der Spitze eines Heeres wurde T. 947 nach Pavia zur Hilfe für die it. Kg.e Hugo und Lothar gegen die Byzantiner in Apulien entsandt; zugleich sollte er den üblichen it. Tribut (10 Scheffel Silbermünzen) an die ung. Fs.en in Empfang nehmen. Nach ihrer Niederlage auf dem →Lechfeld (955) wählten die Ungarn T. zum Gfs.en. Als der byz. Ks. Konstantin VII. den Tribut verweigerte, schickte T. vergebl. den ung. Heerführer Apor gegen Konstantinopel. T. strebte nach friedl. Ausgleich mit den Nachbarn, schloß Bündnisse mit →Pečenegen und →Rus', siedelte fremde Bevölkerungsgruppen im Grenzland an und wählte seine Quartiere an der Ostseite der Donau, wo er das castrum Pest (→Buda und Pest) oriental. »Ismaeliten« übergab. 963 vereitelte Ks. Otto I. seinen Versuch, einen lat. Bf. aus Rom nach Ungarn zu holen. 970 war T., gemeinsam mit Rus' und Pečenegen, an dem Angriff auf Byzanz beteiligt, der bei Arkadiopolis scheiterte. Danach beendete T. die seit 862 geführten ung. Streifzüge in Europa. Doch erst seinen Nachkommen →Géza (Geycha) und →Stephan I. gelang es, Ungarn in das christl. Abendland einzureihen.

Gy. Györffy

Lit.: GY. GYÖRFFY, Système des résidences d'hiver et d'été chez les nomades et les chefs hongrois au Xe s., Arch. Eurasiae Medii Aevi I, 1975, 76ff. – Magyarország története, I, 1984, 707–716 [DERS.].

Taktika. 1. T. im klösterlichen Bereich →Typika

2. T. im militärischem Bereich: T., in der byz. Lit. nicht von den Strategika zu unterscheiden, sind Werke, die – in Anknüpfung an die antike Tradition – Anweisungen an die Feldherren enthalten und verschiedenste Bereiche des Kriegswesens behandeln (u. a. Kriegstaktik, Heeresaufbau, Ausrüstung, Disziplin). Da die Verf. sowohl (spät-) antikes als auch jüngeres Quellenmaterial verwendeten, ist die Auswertung ihrer Schrr. für die Militärgesch. erschwert. Der ins 6. Jh. zu datierende, anonyme Text »Περὶ στρατηγίας« erlaubt Einblick in das Kriegswesen z. Z. Justinians. Von der Wende 6./7. Jh. stammt das »Strategikon« eines Maurikios (vielleicht des Ks.s), das in zwölf Büchern u. a. über Bewaffnung, Strafbestimmungen, Schlachtaufstellung, Troß, Hinterhalt und Schlachtvorbereitungen des byz. Heerwesens zu einer Zeit der Anpassung an neue Anforderungen berichtet, wobei ein Kapitel den Gewohnheiten und der Taktik fremder Völker gewidmet ist (Perser, Avaren, Franken, Langobarden, Slaven, Anten). Die »Problemata« (ed. A. Dain, 1935) Ks. →Leons VI. (886–912) sind eine Bearbeitung des Werkes in Dialogform, während sich d. Ks. bei seinen »T.« (ed. MPG 107, 668–1094), einem reichhaltigen Werk ähnl. Inhalts, zum großen Teil auf das »Strategikon«, daneben aber auch auf Material aus seiner Zeit stützte. In den Hss. wird auch die »Sylloge Tacticorum«, die zumeist auf älteren Q. beruht, Leon zugeschrieben, während der Autor der »Praecepta militaria« mit dem Ks. und Feldherrn →Nikephoros Phokas (963–969) identifiziert wird. Aus der Mitte des 10. Jh. vermittelt das Werk »De velitatione bellica« ein lebendiges Bild von den Auseinandersetzungen zw. den Byzantinern und den Arabern im O; die Schrift »De re militari« gehört in das Milieu der Kämpfe gegen die Bulgaren. Weitere Werke behandeln Seeschlachten (»Naumachika«) und die Verteidigung bei Belagerungen (»De obsidione toleranda«). Nach dem Beginn des 11. Jh. wird die lit. Gattung der T. nicht mehr gepflegt.   T. G. Kolias

Ed. und Lit.: A. Dain, Les stratégistes byz., TM 2, 1967, 317–392 – Hunger, Profane Lit., II, 321–340 – G. T. Dennis–E. Gamillscheg, Das Strategikon des Maurikios, 1981 – G. T. Dennis, Three Byz. Military Treatises, 1985 – G. Dagron–H. Mihăescu, Le traité sur la guérila (De velitatione) de l'empereur Nicéphore Phocas, 1986 – E. McGeer, The Byz. Army in the 10th Cent.: The Praecepta militaria of the Emperor Nikephoros Phokas, 1990 – Oxford Dict. of Byzantium, 1991, 1962f.

3. T. (Ranglisten): Die T., die am byz. Hof vom 9.–15. Jh. als Ranglisten in Gebrauch waren, bilden eine wichtige Quellengattung, da sich aus ihnen ein gewisses Gesamtbild der Verwaltungsorganisation des Byz. Reiches (→Beamtenwesen, B) ablesen läßt. In den Hss. begleiten die T. die Traktate über das Hofzeremoniell (→Zeremoniell) sowie jurist. Abhandlungen. Zwei Gruppen sind zu unterscheiden:

[1] *Die T. des 9.–10. Jh.:* Es handelt sich um Listen für die Sitzordnung der Gäste an der ksl. Tafel. Die Rangfolge bei Tisch entsprach in der Regel dem Ehrenrang des betreffenden Würdenträgers sowie (innerhalb einer bestimmten Gruppe) der jeweils ausgeübten Funktion. Auf den unteren Rängen wurden die höheren und unteren Beamten wieder gemäß den Rängen ihrer Vorgesetzten plaziert, wobei es jedoch auch Ausnahmen gab. Im einzelnen sind folgende T. überliefert:

a) das Taktikon des Cod. Hierosolymitanus Sancti Sepulcri 39 (*Taktikon Uspenskij*, ben. nach seinem ersten Editor), das zw. 842 und 856, sehr wahrscheinl. 842–843, angefertigt wurde.

b) der Traktat des →Philotheos Protospatharios (899/900), eine gemeinsam mit »De Cerimoniis« des Ks.s →Konstantin VII. Porphyrogennetos überlieferte systemat. Abhandlung, mit Erläuterungen des Systems der Ränge und der Listen sowie auch Beschreibungen von Zeremonien.

c) das Taktikon des Cod. Hierosolymitanus Sancti Sepulcri 24 (*Taktikon Beneševič*, ben. nach seinem ersten Editor), das zw. 934 und 944 als reine Liste entstand.

d) das Taktikon des Cod. Scorialensis gr. R-II-11, das zw. 971 und 975 abgefaßt wurde.

[2] *Die Taktika der spätbyz. Periode:* Für die Zeit der →Komnenen liegen keine den älteren T. vergleichbaren Listen vor, v.a. weil der Rang nun oft nach dem Grad der Verwandtschaft mit dem Ks. bemessen wurde. Erst in der Zeit der →Palaiologen treten wieder T. auf, die sich aber aus dem Kontext des ksl. Bankets gelöst haben:

a) der anonyme Traktat des Ps.-Kodinos (s. dazu →Kodinos, Georgios), abgefaßt zw. 1350 und 1360, ein systemat., in zahlreichen Hss. überliefertes Werk, das mehrere Kapitel über Ranglisten, Amtstrachten und dienstl. Obliegenheiten der Würden- und Amtsträger enthält, desgleichen Beschreibungen von Zeremonien.

b) einfache Ranglisten, die in mehreren spätbyz. Hss. enthalten sind; sie lassen sich einteilen in fünf Gruppen und sind (mit Ausnahme eines dem Matthaios →Blastares zugeschriebenen Verzeichnisses) anonym überliefert. Zwei sind (im Sinne des bequemeren Memorierens durch Merkverse) versifiziert, eine der Listen bezieht sich auf den Komnenenhof in →Trapezunt.   N. Oikonomidès

Lit.: J. Verpeaux, Hiérarchie et préséance sous les Paléologues, TM 1, 1965, 421–437 – Ps.-Kodinos, Traité des Offices, ed. Ders., 1966 – N. Oikonomidès, Listes de préséance byz. des IXe et X^e s.s, 1972 – F. Winkelmann, Rang- u. Ämterstruktur im 8. u. 9. Jh., 1985.

Tal (vallis; auch: 'der tal') bezeichnet v.a. in Mittelhessen bis zum Rhein hin eine Siedlung (etwa 60 Beispiele), die in engem funktionalen und topograph. Zusammenhang mit einer →Burg stand. Der Terminus reichte in zahlreichen Fällen über diesen Raum hinaus, die Sache selbst war unter anderen Bezeichnungen (Burgflecken, Freiheit, Städtle) weit verbreitet. Die T.er verdankten ihre Entstehung dem Willen der Burgherren, die jedoch für ihre Burgsiedlungen trotz zahlreicher von ihnen erwirkter Stadtrechtsverleihungen (von Ludwig d. Bayern und Karl IV.) eine volle Stadtqualität nicht anstrebten. Die T.er werden zu den spätma./frühnz. städt. →Minderformen gerechnet. Im Vergleich mit den Städten waren die Verfassung reduziert, die Rechtsstellung und Freiheiten der Bewohner eingeschränkt; sie bewirkten jedoch eine Besserstellung gegenüber den Dörfern und der ländl. Bevölkerung. In vielen T.ern hatten auch die Burgmannen ihren Sitz. Die Lebens- und Wirtschaftsweise der T.siedlungen wurde von den Bedürfnissen der Burg und der Burgherren bestimmt. Die Bewohner trugen zur Versorgung der Burg bei, mußten im Notfall Unterkünfte bereitstellen, Schanz- und Bauarbeiten verrichten, Wachdienste leisten und notfalls bei der Verteidigung helfen. Die Bindung an die Burg war eng, häufig auch topograph. (Einstraßenanlage am Weg zur Burg; hangparallele Terrassensiedlung mit an die Burg anschließender Bewehrung). Oft waren die T.er in einen Burgfriedensbezirk eingefügt und unterlagen dessen Rechtsordnung ebenso wie der Befehlsgewalt des Burgkommandanten. Wie groß die Abhängigkeit der T.er von den Burgen war, zeigt sich auch daran, daß, nachdem die Burgen ihre Bedeutung eingebüßt hatten oder aufgegeben worden waren, viele der ohnehin durch schlechte Lagemerkmale benachteiligten T.er zu unbedeutenden Flecken oder gar Dörfern herabsanken; nur wenigen gelang es, Stadtqualität zu erlangen (Dillenburg, Hadamar, Bad Homburg; Kronberg u.a.).
                    F. Schwind

Lit.: E. Schröder, Burg und T., ZONF 4, 1928, 100–110 – M. Schaab, Städtlein, Burg-, Amts- und Marktflecken Südwestdtl.s in SpätMA und früher NZ (Städteforsch. A 8, 1979, 219–271) – H. Bitsch, Die T.siedlungen in Hessen, BDLG 116, 1980, 139–188 – →Minderformen, städt.

Talar → Kleidung, II

Talaru. 1. T., Amédée de, Ebf. v. →Lyon, * 1377/79 (?), † 11. Febr. 1444 in Lyon, ☐ ebd., Kathedrale; aus einer Adelsfamilie des Lyonnais stammend, studierte das Mitglied des Lyoner Kathedralkapitels (1389 Kanoniker,

1389/91 Kantor, 1414 Dekan), von seinem Onkel Jean gefördert, Kirchenrecht in Avignon und Paris, wo er zugleich am →Parlement, Kg.shof und auf den Synoden (→Gallikanismus) das Kapitel vertrat. 1415 zum Ebf. gewählt, wurde der wiederum im Kapitelauftrag auf dem →Konstanzer Konzil weilende T. 1417 in Lyon inthronisiert. Seine Bitten an →Martin V. um Bestätigung der Lyoner Primatialrechte und an Jean Gerson (→Johannes Carlerius) um ein Gutachten zur adligen Exklusivität des Kathedralkapitels spiegeln das von den Traditionen des Regionaladels geprägte Amts- und Standesbewußtsein seiner Kirche; doch war er auch auf Reform und Pflege der Lyoner Liturgie bedacht (Missale und Pontifikale, um 1420, mit zahlreichen Abb. des Ebf.s). Im wieder aufflammenden →Hundertjährigen Krieg stand er auf seiten der →Armagnacs (Aufnahme ihrer nach Lyon geflüchteten Vertreter Jean Gerson und Gérard →Machet). Als Präsident der frz. Klerusversammlung v. Bourges votierte er im Febr. 1432 für das von Eugen IV. aufgelöste →Basler Konzil, in das er persönlich im Okt. und als einer der Leiter der kgl. Gesandtschaft im Nov. 1432 inkorporiert wurde und zu dessen zentralen Persönlichkeiten er schon bald aufgrund seines geistl. und diplomat. Ranges wie seiner Beziehungen zu vielen Teilnehmern aus Frankreich, Savoyen und Burgund zählte. Neben umfangreicher jurist. Tätigkeit und der Wahrung von Interessen der Lyoner Kirche gegen Savoyen und Bourbon engagierte er sich v. a. bei den großen Fragen der Synode (Hussiten, Suspension Eugens IV., Zulassung päpstl. Präsidenten, Simonie- bzw. Annatendekret). Seine ablehnende, bald offen feindselige Haltung gegenüber →Eugen IV., bes. in der Frage eines Unionskonzils mit den Griechen, brachte A. zunehmend in Zwiespalt zw. geistl. Gewissen und Gesandtschaftsmandat. Wenn er seiner Abberufung als Gesandter im Mai 1439 Folge leistete und den ihm vom Gegenpapst →Felix V. im Nov. 1440 angetragenen Kardinalat ignorierte, zeigt dies, daß er letztlich in alte Traditionen und Loyalitäten eingebunden blieb. Während seiner letzten Jahre beschränkte A. sich auf Lyoner Amtsgeschäfte und förderte den geistl. Nachwuchs in seiner Familie.

Heribert Müller

2. T., Hugues de, Elekt v. Lyon, Großneffe von 1, * um 1450 (?), † 21. Dez. 1517 in Lyon; Mitglied des Lyoner Kathedralkapitels (1460 Kanoniker, 1473/75 Archidiakon), seit 1486 Generalvikar des Ebf.s Charles' II. de →Bourbon. 1488 zu dessen Nachfolger gewählt, vermochte er sich nicht gegen den päpstl. und kgl. Kandidaten, Ebf. André d'→Espinay v. Bordeaux, durchzusetzen. Seine nach langem Prozeß 1499 erfolgte Resignation markiert auch den schwindenden Einfluß des Lokaladels auf die Besetzung des Lyoner Erzstuhls. Mit dem von Espinay an St-Corneille de →Compiègne gehaltenen Abbatiat entschädigt, amtierte H. aber weiterhin als Archidiakon und in anderen Kapitelfunktionen an seiner Heimatkirche.

Heribert Müller

3. T., Jean II. de, Ebf. v. Lyon, Kard., Großonkel von 1, * um 1325, † 24. Sept. 1392 in Lyon, ▭ ebd., Kathedrale. Als Mitglied des Lyoner Kathedralkapitels (1353 Kanoniker, 1360 Dekan) war er mit dem Problem der nach der frz. Niederlage bei →Poitiers seit 1356 auch im Land um Lyon marodierenden Soldateska (*Tard-Venus*) und der Aufbringung des Geldes zur Auslösung von Kg. Johann II. aus engl. Gefangenschaft befaßt. 1375 zum Ebf. gewählt (und damit auch zum Abt v. St-Just/Lyon), zeichnete sich sein Pontifikat durch reformer. Impulse aus: 1376 berief er ein Provinzialkonzil ein, 1378/79 leitete er per-

sönlich eine Pastoralvisite, deren Akten erhebl. materielle Schäden und Mißstände im Klerus nach Pest- und Kriegszeit bezeugen. Von Clemens VII., ehemals Kanoniker und Archidiakon in Lyon, 1389 zum Kard. erhoben, trat er vom Bf.samt zurück, dessen Rechte er zuvor energisch gegen Jurisdiktionsansprüche kgl. Beamter verteidigt hatte; in Avignon förderte er seine Großneffen Amédée und Hugues, die 1391 an der dortigen Univ. als Studenten des Kirchenrechts belegt sind.

Heribert Müller

Lit.: J. BEYSSAC, Notes pour servir à l'hist. de l'Église de Lyon: Les dernières élections épiscopales, 1912, 24–30 [cf. Lyon, Arch. dép. du Rhône 10G 1377/8] [zu 2] – DERS., Les chanoines de l'Église de Lyon, 1914, 101f., 113f., 138 [zu 1–3] – J. EPINAT, La situation religieuse dans le dioc. de Lyon d'après la visite pastorale de J. de T., Cah. d'hist. 6, 1961, 217–243 [zu 3] – R. FÉDOU (Le dioc. de Lyon, hg. J. GADILLE, 1983), 104–112 [zu 1–3] – DERS. (Les Lyonnais dans l'hist., hg. J.-P. GUTTON, 1985), 378f. – H. MÜLLER, Die Franzosen, Frankreich und das Basler Konzil, 1990, 27–219, 957 [Q., Lit.] [zu 1–3].

Talavera (de la Reina) (arab. Ṭalabīra), Stadt und Festung am Tajo in Neukastilien (heute Prov. Toledo), entspricht vielleicht dem spätröm. Caesarobriga und dem westgot. Aquis, diente nach der Eroberung durch →Ṭāriq (712) im muslim. Taifen-Kgr. →Toledo der Grenzsicherung gegenüber dem christl. Bereich, bis sie nach wechselhaften Kämpfen 1082 erobert, 1085 von Kg. →Alfons VI. v. →Kastilien-León im Zuge der →Reconquista v. Toledo übernommen wurde, fortan zum kgl. →Realengo gehörte, 1110 wieder in die Hände der →Almoraviden fiel, erneut eingenommen und Sitz eines Archidiakonats der Erzdiöz. Toledo wurde, aber im 12. Jh. auch noch einen geflohenen mozarab. Bf. beherbergte. 1295 durch Ferdinand IV. seinem Onkel, den Infanten →Heinrich v. Kastilien, übertragen, 1303 bei dessen Tod an den →Realengo zurückgefallen, 1328 durch Alfons XI. seiner Gattin Maria v. Portugal als *Arras* (→Arra) übertragen; diese ließ 1351 in der Burg v. T. die Konkubine →Leonor de Guzmán töten. Heinrich II. Trastámara ließ die zum Besitz seiner Gemahlin Johanna zählende Stadt mit ihrer inzwischen verkleinerten *Tierra* 1369 dem Toledaner Ebf. Gómez Manrique im Tausch gegen Alcaraz übertragen; bis zur Auflösung der alten →Señoríos durch die Cortes v. Cádiz (1811) gehörte T. zur 'Toledaner Mitra'. Die Ausdehnung des *Alfoz* (Bezirks) v. T. wurde durch die Gebiete v. Trujillo (erst 1232 zurückerobert), Ávila (Übereinkunft 1152), Montalbán (Übereinkunft 1209) Escalona (Übereinkunft 1210) und Toledo (Übereinkunft 1262) begrenzt, konnte jedoch unter Ferdinand III. bis zum Guadiana vorgeschoben werden. Die Einwohner v. T. erwirkten unter Alfons X. v. Kastilien die Bestätigung der Geltung des Fuero Juzgo (→Fuero) sowie des Fueros für die Kastilier in Toledo (1254), das Zugeständnis des Fuero del Libro (1257) und schließlich durch Sancho IV. die Gewährung des Fuero Juzgo de León als einzig gültige Rechtsgrundlage (1290).

L. Vones

Lit.: J. GÓMEZ MENOR, La antigua tierra de T., 1965 – S. DE MOXÓ, La disolución del régimen señorial en España, 1965 – J. F. RIVERA RECIO, La Iglesia de Toledo en el s. XII, 2 Bde, 1966–76 – S. DE MOXÓ, Los señoríos de Toledo, 1972 – DERS., Los antiguos señoríos de Toledo, 1973 – J. GONZÁLEZ, Repoblación de Castilla la Nueva I, 1975 – M. J. SUÁREZ ÁLVAREZ, La villa de T. y su Tierra en la Edad Media (1369–1504), 1982 – DIES., La expansión del régimen señorial con Enrique de Trastámara: el ejemplo de T. (La ciudad hispánica durante los siglos XIII al XVI, T. II, 1985), 1133–1155 – J. VALLVÉ, La división territorial de la España musulmana, 1986, 310–313 – G. MARTÍNEZ DÍEZ, Estructura administrativa local en el naciente reino de Toledo (Estudios sobre Alfonso VI y la Reconquista de Toledo, II, 1988), 107–115.

Talavera, Arcipreste de →Martínez, Alfonso de Toledo

Talavera, Hernando (Pérez) **de**, Ebf. v. →Granada 1493–1507, * 1430/31 in Talavera, † 14. Mai 1507 in Granada, entstammte mütterlicherseits der jüd. Konvertitenfamilie Contreras, war eng verwandt mit Hernando Álvarez de Toledo, Herrn v. Oropesa, sowie dem Hieronymitengeneral Alonso de →Oropesa. Chorknabe in Talavera, um 1442 Schüler der Kalligraphie in Barcelona, dann Studium in →Salamanca (Artes seit 1445, 1448 Bacc., dann Lic.; Theologie, 1455 Bacc., 1460 Lic.), im Herbst 1460 Priesterweihe. Seit 1460 Lehrer in Salamanca, Okt. 1463–Juli 1466 Lehrstuhlinhaber (Moralphilosophie). Er gehörte seit 14. Aug. 1466 dem →Hieronymitenorden an (Kl. S. Leonardo in Alba de Tormes, 1470 Prior im Kl. Prado de Valladolid und Generalvisitator), 1483 Administrator des Bm.s Salamanca, fungierte seit 1486 als Bf. v. →Ávila. T. stieg als Beichtvater (→Confesor) →Isabellas d. Kath., aber auch →Ferdinands II., und Mitglied des →Consejo Real (seit 1475/76) zu einer der einflußreichsten Persönlichkeiten der kast. Krone auf, reformierte (nach dem Beschluß der Cortes v. Toledo, 1480) das kgl. Steuerund Finanzwesen und reduzierte die Einkünfte des Adels aus staatl. Verpfändungen. Nach dem von ihm propagierten Kreuzzug gegen Granada (1492) lenkte er, seit 1493 als Bf., gemeinsam mit dem Generalgouverneur, dem 2. Gf.en v. →Tendilla, Íñigo López de →Mendoza (1442–1515), die Geschicke des Kgr.es Granada, dessen verbliebene Muslime er durch friedfertige Überzeugungsmission zu gewinnen suchte. Als sich (seit 1499) die unnachgiebige Haltung (Zwangsbekehrungen) des Kard.s →Cisneros durchsetzte und einen Aufstand der →Mudéjares (Moriscos) in der granadin. Vorstadt Albaicín provozierte, wirkte T. gemeinsam mit Tendilla als Schlichter. Ein hervorragender Seelsorger, Prediger und theol.-myst. Schriftsteller, förderte T. nachhaltig das kirchl. Leben (u. a. Gründung eines Priesterseminars in Granada), den Buchdruck (erste kast. Druckerei in Prado/Valladolid, 1480) und (nach anfängl. Zweifeln) das Unternehmen des →Kolumbus. Nach dem Tod seiner Beschützerin Kgn. Isabella wurde er mit seinen Familiaren und Verwandten von der Inquisition der Häresie des ʼJudaisierensʼ beschuldigt, Anfang 1506 in Córdoba eingekerkert und verhört. Seine Appellation an den Hl. Stuhl führte zur apostol. Absolution, die aber vielleicht erst nach seinem Tode eintraf.   L. Vones

Ed.: Escritores místicos españoles, ed. M. Mir, I, 1911 – Católica Impugnación, ed. F. Márquez Villanueva, 1961 [Einl.] – *Lit.:* DHEE IV, 2517–2521 [Q. Aldea; Lit.] – F. González Hernández, Fr. H. de T., Hispania Sacra 13, 1960, 143–174 – I. Rodríguez, Autores espirituales españoles en la edad media (Rep. de Hist. de las Ciencias Ecl. en España 1, 1967), 333–335, Nr. 241 – T. Herrero del Collado, El proceso inquisitorial por delito de herejía contra H. de T., AHDE 39, 1969, 671–706 – C. Romero de Lecea, H. de T. y el tránsito en España »del manuscrito al impreso«, Studia Hieronymiana, I, 1973, 317–377 – Q. Aldea, H. de T., su testamento y biblioteca (Hom. Pérez de Urbel, I, 1977) – H. Nader, The Mendoza Familiy in the Spanish Renaissance, 1979 – J. Meseguer Fernández, Fernando de T., Cisneros y la Inquisición en Granada (Inquisición española, hg. J. Pérez Villanueva, 1981), 371–400 – J. Suberbiola Martínez, Real Patronato de Granada. El arzobispo T., la Iglesia y el Estado Moderno (1486–1516), 1985.

Talbot, engl. Adelsfamilie, deren Name zuerst um 1060 in der Normandie und am Anfang des 11. Jh. in England erscheint, wo sie als Landbesitzer in Herefordshire bezeugt ist. Im 13. Jh. waren Mitglieder der Familie in Kriege gegen die Waliser verwickelt und mit der Verteidigung der Grenze beauftragt. *Gilbert* T. (1276–1346), der 1332 von Eduard III. zum Baron ernannt wurde, diente dem Kg. in S-Wales. Sein Sohn *Richard* (1305–56) kämpfte unter Eduard III. gegen die Schotten und begleitete ihn bei

den Feldzügen in Frankreich, wo er 1342 Geoffroy de →Charny in Morlaix gefangennahm und 1346 in der Schlacht v. →Crécy kämpfte. Nachfolger wurde sein Sohn *Gilbert* (1332–87), der die Tradition des Dienstes im kgl. Heer fortsetzte und Thomas of Langley in Portugal sowie →John of Gaunt in Portugal und Spanien diente, wo er an der Pest starb. Ihm folgte sein Sohn *Richard* (1361–96), der bei der Krönung Richards II. zum Ritter geschlagen wurde. Den Kg. begleitete er 1394 nach Irland. Zehn Jahre zuvor war er durch seine Heirat Richard T. of Blackmere geworden. Bei seinem Tod ging die Nachfolge an seinen ältesten Sohn *Gilbert* (1383–1418) über, der als erstes Mitglied der Familie in eine enge Beziehung zum Kg.shaus der →Lancaster trat. Gilbert diente sowohl Heinrich als auch Thomas, den ältesten Söhnen Heinrichs IV., in Wales und Irland und wurde 1409 zum Ritter des →Hosenbandordens gewählt. Als Heinrich V. Kg. wurde, folgte Gilbert der bewährten Tradition, den Kg. auf seinen Feldzügen in Frankreich zu begleiten, wo er bis zu seinem Tod bei der Belagerung von →Rouen im Okt. 1418 verblieb. 1413 war er seiner Mutter als Lord Strang gefolgt und um 1415 hatte er wahrscheinl. eine ptg. Adlige aus der Pinto-Familie geheiratet. Als seine Tochter *Ankaret* (1416–21) früh starb, folgte als Erbe ihr Onkel *John* (1384–1453), der zweite Sohn von Richard. Er wurde das berühmteste Mitglied der T.-Familie. 1407 heiratete er Maud und erwarb so die Ländereien der Furnival, deren Zentrum →Sheffield war. Wie sein Bruder versah auch John seinen militär. Dienst in Irland, wo beider Bruder *Richard* Ebf. v. Dublin (1417–49) war und John für zwei verschiedene Perioden (seit 1414 und 1445) kgl. *lieutenant* wurde. 1424 zum Ritter des Hosenbandordens gewählt, diente John mit wachsender Berühmtheit in den Kriegen Heinrichs VI. in Frankreich und nahm an einer Reihe bedeutender Gefechte teil. 1434 wurde er mit der Gft. v. Clermont und 1437 mit der Ernennung zum *marshal* v. Frankreich belohnt. Im Mai 1442 erfolgte die Erhebung zum Earl of Shrewsbury und im Juli 1446 zum Earl of Waterford in Irland. Er fiel in der Schlacht v. Castillon am 17. Juli 1453 (→Hundertjähriger Krieg). Sein Sohn *John* (um 1413–60) diente ebenfalls in Frankreich; er wurde in der Schlacht v. →Northampton getötet, als er für die Lancaster kämpfte. Es folgte *John* (1448–73) und nach dessen Tod sein Sohn *George* (1468–1538).   C. T. Allmand

Lit.: DNB XIX, s.v. – Peerage XI, 698–709; XII, 606–620 – A. J. Pollard, John T. and the War in France, 1427–1453, 1983 – G. W. Bernard, The Power of the Early Tudor Nobility; a Study of the Fourth and Fifth Earls of Shrewsbury, 1985.

Tale mot biskopene, En (Oratio contra clerum Norvegiae, ʼEine Rede gegen die Bf.eʼ), anonyme norw. Streitschrift, entstanden um 1200. Der antiklerikale Text liegt in einer Hs. von 1320/30 (AM 114 a, 4°) vor, geht aber auf eine an. Verteidigungsschrift aus dem Umkreis des 1198 von Papst →Innozenz III. exkommunizierten Kg.s v. →Norwegen, →Sver(r)ir Sigurdarsson, zurück. Zunächst wird Klage über die Sittenlosigkeit und Habgier der Geistlichkeit geführt, die den Gläubigen kein Vorbild mehr ist, sondern das Leben des einzelnen mit Bann und Verurteilung bedroht. In zahlreichen Rückgriffen auf das →»Decretum Gratiani« werden die Bf.e als schlechte Hirten angeprangert und die Forderung einer notwendigen Aufsicht des Kg.s als ʼpatronusʼ über die Kirche (mit dem Recht der Bf.seinsetzung) erhoben. Der Text schließt mit einer verhüllten Kritik an Bf. Nikolas v. Oslo, dem Führer der kirchentreuen Partei der →Bagler, und mit einem Aufruf zu Frieden und Einigkeit. Mit ihrem durchdachten Aufbau und einer »verblüffend modernen Argumentation« (GUNNES) bildet die Streitschrift ein wichtiges Dokument der europ. Diskussion über geistl. Privilegien und die Reichweite weltl. Macht in Nachfolge der →Publizistik des →Investiturstreites.   R. Volz

Ed.: G. STORM, 1885 – A. HOLTSMARK, 1931 – *Übers.:* A. TEICHMANN, Eine Rede gegen die Bf.e, Progr. z. Rektoratsfeier, Univ. Basel, 1899 – *Lit.:* KL XVIII, 98–102 [E. GUNNES] – A. SALVESEN, En t. og Corpus Iuris Canonici, HTOs 37, 1955, 204–224 – E. GUNNES, Kongens ære. Kongemakt og kirke i »En t.«, 1971.

Taler (von Joachims*taler*). Auf den 1486 in Tirol eingeführten silbernen →Gulden zu 60 Kreuzern (31,9 g), als Äquivalent eines goldenen Guldens auch Guldiner genannt, folgte alsbald in schweiz. und anderen Münzstätten (Bern, Sitten, Solothurn, Lothringen, Ungarn) die Prägung ähnl. großer Silberwerte, die nunmehr als Guldengroschen bezeichnet wurden. Der ebfl. Bremer Guldengroschen (1511) trägt die ausdrückl. Legende MONETA NOVA STATVS FLORENI RHENENSIS. Entscheidende Daten in der Frühzeit des T.s sind die Jahre 1500, als in Annaberg die Prägungen sächs. Guldengroschen aus erzgebirg. Silber in großem Umfang einsetzten, und 1518, der Beginn der Guldengroschenprägung in Joachimstal durch die Gf.en v. Schlick. Der Joachimstaler gab dann dem T. seinen Namen, der sich seit 1525 einbürgerte und zum Oberbegriff für eine Vielzahl von Großsilbermünzen der NZ wurde.   P. Berghaus

Lit.: F. v. SCHROETTER, Wb. der Münzkunde, 1930, 676f. – J. WESCHKE, Dt. T. von den Anfängen der Prägung bis zum Dreißigjährigen Krieg, 1966, IX–XII – V. A. B. BEEK, Encyclopedie van munten, 1988, D-3–D-5 – M. NORTH, Von Aktie ins Zoll, 1995, 390f.

Talg (Unschlitt; lat. sebum), tier. Fett härterer Konsistenz. T. wurde in Antike und MA bis in die NZ zusammen mit den weicheren Fetten (Schmalz) – adeps und axungia – unter dem Oberbegriff pinguedo als Wirkstoffträger (u.a. zu →Salben) in Pharmazie und Kosmetik genutzt. Rinder- (sebum bovinum) und Hammel-T. (s. ovile) waren offizinell (→Materia medica). Bes. Bedeutung hat T. (u.a. mit →Pottasche vermischt) für die ma. Herstellung von →Seife und für die auch von Seifensiedern produzierten T. – →Kerzen, welche in der profanen →Beleuchtung zusammen mit den T. – →Lampen (später dann konkurrierend mit dem Tran) das teurere →Wachs und das →Öl zunehmend ersetzt haben. Bis in 13. Jh. ist T. – auch anstelle von Wachs mit →Pech – beim Guß von →Glocken als Formmantel eingesetzt worden, desgleichen auch zur Formung für den Geschützguß.   G. Jüttner

Lit.: →Beleuchtung, →Lampe, →Kerze, →Seife.

Taliesin, walis. Dichter und Druide, 6. Jh. (laut Annales Cambriae). Nach der »Geschichte v. T.« (überliefert 16. Jh., situiert Handlung in »die Zeit Arthurs«) fallen auf ihn drei (nicht für ihn bestimmte) Zaubertropfen, die ihn zum Dichter und Hellseher machen. Er entzieht sich der Strafe durch zwei Metamorphosen und eine Reinkarnation; schließlich sticht er am Hof des Kg.s Maglocunus (6. Jh.) alle 24 dort angestellten Dichter aus. Das »Buch des T.« (Hs. ca. 1300) überliefert unter T.s Namen über 60 Gedichte. Als echt gelten 12 Preislieder auf kelt.-brit. Kg.e, die im 6. Jh. auf dem Boden des heutigen SW-Schottland bzw. NO-England gegen die ags. Eroberer kämpften. Als apokryph, aber alt gilt das Gedicht über den mißlungenen Raubzug Arthurs in das jenseitige Land *Annwfn*. Ins 9. Jh. datiert werden 10 polit.-prophet. Gedichte, welche die bevorstehende Vertreibung der Engländer in ihre sächs. Heimat ausmalen, während 15 weitere Gedichte den Stoff der »Geschichte v. T.« aufgreifen.   H. Pilch

Ed. und Lit.: The Book of T., ed. J. G. EVANS, 1910 [diplomat. Ausg.] – Canu T., ed. I. WILLIAMS, 1957 [echte Gedichte] [engl. Übers. C.

WILLIAMS, 1968] – A Guide to Welsh Lit., I., ed. A. O. H. JARMAN–G. R. HUGHES, 1976, 51–67 – T. Poems, ed. M. PENNAR, 1988 [echte Gedichte; Einl., engl. Übers.] – Ystoria T., ed. P. K. FORD, 1992 – Literacy and Orality in Early Middle English, 1996, 147–166 [Raubzug ins Jenseits, ed. H. PILCH].

Talio(n), auch »lex talionis«, von »talis« ('so beschaffen'), meint 1. im eigtl. (engeren, strengen, echten, materiellen) Sinn als »t. identica« den unmittelbaren Ausgleich eines Verlustes durch denselben Verlust. Die bekannteste Formulierung für dessen zwei Formen enthält das AT: »Leben für Leben, Auge für Auge« usw. als Anweisung an den Täter (»dann mußt du geben«; Ex 21, 23–25) und »Bruch um Bruch, Auge um Auge, Zahn um Zahn« als Anweisung an die Rechtsinstanz (»soll man ihm antun, was er getan hat«; Lev 24, 19–22). Die erstere Form betraf sicherl. die Begrenzung der Sippenkriege (→Fehden, →»Blutrache«, »Privatjustiz«) sowohl auf die Person des Täters als auch auf das Maß der zugelassenen Rachehandlung, stellte daneben aber auch eine Rechtfertigung einer solchen Tötungsrache durch die Angehörigen des Getöteten dar (vgl. Num 35, 19). Die zweite Form begründete bereits das Maß für die öffentl. Bestrafung und galt nur für Körperverletzungen, allerdings hier wohl nur subsidiär (beim Fehlschlagen von Bußverhandlungen und bei Unmöglichkeit einer Ablösung). Sonst war einerseits Schadenersatz vorgesehen (Lev 24, 18, 21); andererseits ordneten für Tötung eines Menschen Ex 21, 12; Lev 24, 17, 21; Num 35, 31 die – bei →Mord nicht ablösbare – Todesstrafe an, die aber nicht aus der T. folgte, sondern – wie andere Taten auch – aus der Bewertung dieser Tat als Verletzung des Bundes mit Jahwe (vgl. Lev 18, 24, 28) mit der Folge der Ausmerzung des Täters aus der Gemeinschaft (vgl. unter 4.). Doch mag bei der blutigen Tötung eines unschuldigen Menschen die Auffassung der notwendigen Entsühnung des dadurch befleckten Landes (der verunreinigten Gemeinschaft) durch das Blut dessen, der es vergossen hatte, mitbestimmend gewesen sein (zum Ganzen WEISMANN). Diese erste Form der materiellen T. findet sich in den diese Fehden noch voraussetzenden frühma. Rechtsq. (Volksrechten, Kapitularien) ausdrückl. nicht: auch Tötung sollte durch Bußleistung (compositio, →»Wergeld«) ausgeglichen werden, was sicherl. gegen eine geübte (und wohl auch an sich für Recht gehaltene) Praxis der Blutrache gerichtet war; anders hier schon früh die →Decretio Childeberti (aus 596), die bei Tötung auf Vollzug einer Todesstrafe beharrte und sogar deren Ablösung ablehnte. Dies verweist bereits auf die spätere zweite Form der materiellen T., die sich offensichtl. unter kirchl. (und röm.) Einfluß schon in der Lex Visigothorum (6. Jh.) und der Lex Baiuvariorum (6.–8. Jh., II. 2) fand. Ein Kapitular aus 835 enthielt einen Lobpreis der atl. T.; die dem →Benedictus Levita zugeschriebene (gefälschte) Kapitularienslg. (um 850) brachte eine Übers. der einschlägigen Bestimmungen der Bücher Mose (als »lex divina«). Die mit der Friedensbewegung einhergehende Herausbildung des peinl. Strafrechts (→Strafe) führte dann häufig zur ausdrückl. Übernahme einschlägiger Formulierungen dieser T., v.a. in süddt. Stadtrechten, meistens bezogen auf Körperverletzungen, manchmal aber auch ausgedehnt auf →Totschlag (Enns 1212, Augsburg 1276, Österr. Landrecht 13. Jh., Memmingen 1396). Auch der →Schwabenspiegel (um 1275) übernahm für Körperverletzungen ausdrückl. das »Moyses buch«, ihm folgten das alte Kulm. Recht (14. Jh.) und das Rechtsbuch Ruprechts v. Freising (1328); dagegen kannte der Sachsenspiegel (um 1225) diese T. nicht. Für die Beliebtheit dieses Prinzips sprechen auch zahlreiche Rechtssprichwörter (z.B.: »mit gleicher Münze heimzahlen«). Doch war wohl in der Praxis im Regelfall eine Ablösung der Strafe möglich; z. T. drohten die Vorschriften eine solche Strafe nur bei Vermögenslosigkeit an. Mit der allmähl. Anerkennung der Voraussetzung der (inneren) Willensschuld des Verbrechers mußte diese erste T.sform als unmittelbare, nur auf den äußeren Schaden bezogene in den Hintergrund treten. – Daneben gibt es drei Formen einer unechten T. (t. analogica). Zu nennen ist zunächst 2. die Androhung der T.sstrafe für falsche Anschuldigung (Klage, Zeugenaussage, Eid, später auch Unterliegen im gerichtl. Zweikampf), die sich ebenfalls im röm. Recht (als »calumnia«) und im AT (Dtn 19, 16–21: hier auch auf »Leben für Leben« ausgedehnt) fand, dann – vielleicht sogar unbeeinflußt davon – bereits in der Lex Baiuvariorum, Lex Visigothorum, Lex Burgundionum und den langob. Leges Liutprandi vorgesehen war. Die schweiz. Rechtsq. ab dem 14. Jh. verwendeten dafür das Bild, daß der Täter in den Fußstapfen des (vorgesehenen) Opfers stehen oder diese Fußstapfen diesem bessern solle. Diese T.sstrafe, die auch im kanon. Recht anerkannt war, galt in der Regel zunehmend für die Fälle, in denen es zu einer tatsächl. Verurteilung oder Bestrafung des Opfers nicht gekommen war, und war deshalb auf den bösen Willen des Täters ausgerichtet. Verwandt damit waren die angedrohten T.sstrafen für den rechtsverweigernden Richter, für das Entweichenlassen eines Gefangenen durch den Gefängnishüter oder durch jedermann und für Unterstützung eines flüchtigen und/oder friedlos gelegten Missetäters. – Als weitere Form dieser unechten T. ist 3. die symbol. (oder ideelle) T. zu nennen, die eine bes. Ausgestaltung des Strafaktes meint: in ihm soll(te) sich die Missetat wenigstens in einem für charakterist. gehaltenen Merkmal widerspiegeln. Dem Täter widerfuhr etwa das, was er eigtl. – in einem ideellen Sinne – verübt hatte. Diese »spiegelnden« Strafen sollten somit auf die Tat in einem äußeren oder auch inneren Merkmal zurückdeuten und so einen Zusammenhang herstellen für die Öffentlichkeit, die dadurch belehrt, abgeschreckt, erzogen werden sollte. Der Körper des Bestraften diente so als Objekt für demonstrative rechtl. Zeichen. – Schließlich kann 4. die geistige (oder wertmäßige, ideelle) T. genannt werden, wie sie in der allg. Vergeltungsidee zum Ausdruck kam: dem Täter soll(te) in der Bestrafung das angetan werden, was sein Verbrechen an rechtl. Unwert enthielt. Die Verbindung von Tat und Sanktion liegt hier nicht (mehr) in der unmittelbaren und symbol. konstituierten Gleichartigkeit, sondern in der Gleichwertigkeit, d. h. letztl. in der Bewertung der menschl. Handlung als Rechtsbruch. Diese T.sidee lag vielleicht unausgesprochen auch den anderen T.formen zugrunde, v. a. in Verbindung mit der Todesstrafe.

W. Schild

Lit.: HRG V, 114–118 – L. GÜNTHER, Die Idee der Wiedervergeltung, I–III, 1889–95 – J. WEISMANN, T. und öffentl. Strafe im Mosaischen Rechte, 1913 – R. HIS, Das Strafrecht des dt. MA, I, 1920, 356, 371 – DERS., Gesch. des dt. Strafrechts bis zur Karolina, 1928, 75 – F. STURM, Symbol. Todesstrafen, 1962 – B. H. D. HERMESDORF, Poena talionis, 1965 – U. EBERT, T. und Spiegelung im Strafrecht (Fschr. K. LACKNER, 1987), 399–422 – DERS., T. und Vergeltung im Strafrecht – ethische, psycholog. und hist. Aspekte (Recht und Moral, hg. H. JUNG u. a., 1991), 249–267.

Talisman Karls des Großen, wohl der Hofschule des Ks.s zuzuschreibende Goldschmiedearbeit, nach der Überlieferung als Brustreliquiar dem Grabe Karls entnommen. Aufgrund nachma. Q. zu identifizieren als »cleinodium continens de capillis et lacte b. Mariae Virg.«. Es handelt sich um ein goldenes, bullaförmiges Behältnis (Höhe 7,3 cm, Breite 6,5 cm), jetzt mit (sichtbarer) Kreuzreliquie (Kette modern). Hauptmerkmale sind große Steineinsätze in breiter Fassung, vorn rund (blauer Glasfuß, späterer Ersatz), rückseitig viereckig (heller Saphir-Cabochon). Die Rahmungen sind mit getriebenen Blattbüscheln, Filigran, Palmetten und zahlreichen Edelsteinen (Granate, Smaragde, Perlen) in schlichten Kastenfassungen geschmückt, in der Art frühma. →Fibeln kreuzförmig geordnet. Vergleiche mit der Goldkanne v. St-Maurice und anderen karol. Arbeiten erlauben die Datierung ins (frühe) 9. Jh. – Von bes. Bedeutung ist die Gestaltung des T.s im Typus der palästinens. Pilgerampulle (Monza, Bobbio). Es ist anzunehmen, daß Haar der Gottesmutter mit einer der Reliquiensendungen an Ks. Karl gelangte (799, 807) und ein kostbares neues Behältnis erhielt. – Das *cleinodium* wurde 1804 vom Aachener Domkapitel an Ksn. Josephine geschenkt und gelangte aus napoleon. Besitz durch Ksn. Eugénie 1919 nach Reims (Kathedrale).

V. H. Elbern

Lit.: B. DE MONTESQUIOU-FÉZENSAC, Le T. de Charlemagne, Arts de France II, 1962, 66ff. – Kat. Karl d. Gr., Werk und Wirkung, 1965, Nr. 557 – J. TARALON, Note Technique sur le »T. de Charlemagne«, Mon. Hist. de la France NS XII, 1966, 24ff. – V. H. ELBERN, Die Goldschmiedekunst im frühen MA, 1988, 35f.

Talk (arab. *ṭalq*; span. *talque*; mlat. talcum; dt. seit dem 16. Jh. T.), natürl., weiches, oft blättriges Magnesiumsilikat: Steatit (lat./gr. [Plinius] steatites [Fett-Stein]), wegen scheinbar fettiger Konsistenz). Unter T. (auch Magnesia alba; Federweiß) wurden im MA auch Schichtsilikate (Glimmer) sowie durchsichtiger →Gips (Marienglas; Lapis specularis 'Spiegelstein' – daraus später Speckstein für T.) verstanden. Als Gleit- und Wundpuder und in Lotiones, wie auch als Kosmetikum ('Bleichen') und als 'Schneiderkreide' im MA und später weiterhin vielfach genutzt, ist es als T. erst im 16. Jh. in den Arzneibüchern zu finden. Die →Alchemie dagegen hat sich wegen der 'fettigen' Konsistenz sowie der bes. Härtung durch Hitze vielfach damit beschäftigt. Letzterem verdankt die leicht bearbeitbare T. auch seine ma. techn. Verwendung (T.-Schiefer) für die Herstellung von Öfen, Töpfen und Gefäßen (Topf-, Ofen-, Gefäß- [Gilt-]Stein) sowie seine Nutzung im Kunstgewerbe.

G. Jüttner

Lit.: D. GOLTZ, Stud. zur Gesch. der Mineralnamen, SudArch Beih. 14, 1972 – H. LÜSCHEN, Die Namen der Steine, 1979².

Tallaght, Kl. in Irland, sw. v. Dublin, gegr. von Maelruain († 792), dem Vorkämpfer der Reformbewegung der →Céli Dé. Nach hoher Blüte im frühen 9. Jh. verfiel es im Zeitalter der Wikingereinfälle (840 Plünderung). – T. ist berühmt als Entstehungsort bedeutender Texte der ir. Kirche. Hier entstanden die beiden großen ir. →Martyrologien: das zw. 826 und 833 kompilierte *Martyrologium v. T.* (M.), der älteste erhaltene Textzeuge der ir. Version des →Martyrologium Hieronymianum, sowie das dem M. nahestehende metr. Martyrologium →*Félire Óengusso*. Das M. ist eine verkürzte Fassung des Martyrologium Hieronymianum, eng benachbart dem Echternacher Kalendarium, dem mit dem hl. →Willibrord assoziierten Martyrologium (Paris, Bibl. Nat. lat 10837), mit dem es einige sonst unbekannte Einträge gemeinsam hat. In bemerkenswerter Weise hebt sich das M. jedoch ab durch die Hinzufügung zahlreicher ir. Heiligennamen, wodurch die in der frühen ir. Kirche kommemorierten Personen und Daten beleuchtet werden. Das M. vermerkt auch die Heiligenfeste einer Reihe ags. Kleriker und Laien, deren Feiertage wohl bereits in der dem M. zugrundeliegenden Version des Martyrologium Hieronymianum, die entweder aus Kontinentaleuropa oder Northumbria nach T. gelangt war, enthalten waren. Die Aufnahme von zwölf